KB252984

함께 읽는
기독교 윤리

함께 읽는
기독교 윤리

한승진 지음

한국학술정보㈜

이 책은 장남이면서도 이렇다 할 자식 된 도리를 다하지 못하는

오빠를 대신해서 오랫동안 부모님께 효를 다하면서

자신의 일에 충실하게 살아가는 사랑하는 동생 한승희에게

오빠의 사랑을 담아 줍니다.

책을 펴내며

이 책의 제목은 "함께 읽는 기독교 윤리"이다. 혼자보다는 여럿이 함께함이 즐겁고 안전하다. 이런 점에서 이 책의 제목은 기독교 윤리가 지향해야 할 방향을 분명히 한다.

> 우리는 하나님을 사랑하는 사람들, 곧 그분의 뜻을 따라 부르심을 받은 사람들에게는 모든 것이 합력해 선을 이루는 줄을 압니다.[1]

여럿이 함께하면 험한 길도 즐겁다.
한 사람의 열 걸음보다 열 사람의 한 걸음이 소중하다.
혼자 꾸는 꿈은 꿈이지만 함께 꾸는 꿈은 현실이 된다.

한 개인이 원만한 사회생활을 영위하면서, 공동체의 구성원으로서 만족스러운 삶을 누리기 위해서는 일정한 형식과 제도와 규범의식으로서 '윤리'라는 사회규범이 필요하다. 이러한 윤리규범은 사회를 유지하기 위한 법의 기초가 되고, 사회제도의 근거가 되는 것으로 일정부분 고정불변의 기준으로 절대적 가치와 당위를 지녀왔다. 그러나 현대사회는 급격한 정보통신의 발달로 인해 미처 생각하지도 못했던 분야에서 새롭게 지켜야 할 윤리들이 생겨나고 있다. 이에 따라 이제까지 통용되어 온 윤리규범에 불합리한 요소가 발견되기도 하고, 기존의 윤리규범으로는 설

---

1) 로마서 8장 28절. 이하 모든 성경 번역본은 『우리말성경』으로 한다.

명되지 못하는 삶의 양상들이 나타나기도 한다. 이것이 바로 오늘날 윤리학의 위기이다.

그러나 달리 생각해 보면 이러한 위기가 있기에 치열하게 윤리학을 해야 할 필요도 있다. 왜냐하면 급변하는 사회현실에서 질문되어지는 윤리적 물음이 많을수록 윤리학은 그에 따른 해답을 끊임없이 제시해야 하기 때문이다. 그런 점에서 오늘날의 윤리학은 전통적인 방식의 주입식 윤리일 수 없다. 변하는 세상을 주의 깊게 살펴보고 그에 따라 적합한 해답을 제시하기 위한 부단한 자기갱신이 수반되어야만 한다.

이런 점에서 오늘날의 윤리학도는 인문학적 소양은 물론 사회학적인 시야도 갖춰야만 한다. 이는 논자가 수행하는 기독교윤리학도 마찬가지이다. 오늘날 기독교윤리는 어떤 형태로든 사회와의 연관성 속에서 배태되어야 한다. 그런 측면에서 논자가 수행하는 기독교윤리학은 기독교 사회윤리학이라고 해야 할 것이다.

2010년에 이어 2011년에도 대한기독교교육협회가 간행하는 월간 ≪기독교교육≫에 기독교 윤리를 연재하였다. 지나고 보니 어떻게 이 작업을 수행할 수 있었을까 하는 생각에 스스로 감탄하기도 하지만 아쉬움도 많다. 좀 더 논의를 진전시켜보고 싶은 것도 있었고 마음은 간절한데 학문적 역량과 시간적 여유와 지면의 제약으로 수행하지 못한 주제들도 있다. 그러나 아쉬움은 아쉬운 대로 다음의 과제로 삼고 다음을 향해 나가는 것을 다짐하고자 한다.

지난 해에 지면관계로 충분히 논의를 전개하지 못한 것들에 대한 아쉬움이 마음을 무겁게 하기에 내용을 보완하고 추가하면서 『쉽게 읽는 기독교윤리』를 출간하였다. 이렇게 단행본을 내고 보니 성급히 책을 낸 것 같아 부끄러움도 느끼고 미진한 부분이 보여 책을 낸 것을 후회하기도 하였다. 그럼에도 이번에도 부끄러움을 뒤로한 채 또 한 번의 만용을 부려본다. 이는 지난번에 비해 학문적 역량이 깊어지고 책의 완성도가 갖춰져서가 아니다. 그저 지면의 제약상 펼치지 못한 미진함과 연재 이후 더러 독자님들이 보내 준 의견에 따라 보완한 것을 보이고 싶은 생각에서이다.

이 책은 기독교(개신교) 연합기관인 대한기독교교육협회2)에서 발행하는 월간 ≪기독교교육≫에 교회학교 교사들을 위한 강좌로 펼쳐낸 "함께 읽는 기독교윤리"라는 주제로 지난 2011년 1월~12월(7·8월호는 합본호로 하나)에 연재한 것과 이와 연관된 논자가 덧붙여 본 글샘을 모은 것이다(연재 글이 아닌 것으로 게재된 것은 각주로 출처를 밝혔다). 되도록 읽기 쉽고, 알기 쉬우면서도 교회학교 교사들이 함께 생각해 보면 어떨까 하는 것을 염두에 두고 기독교윤리적 주제를 교육과 연관해 나가는 것이었다. 쓰고 나니 생각한 것보다는 이러한 목표에 부응하지 못한 것 같아 아쉽지만 그런대로 다양한 주제와 방대한 기독교윤리학을 정리해 본 것 같았다. 그러나 분량의 제한과 쉽게 읽히도록 해야 하는 것이 자칫 한 번 읽고 마는 글로 그치는 것은 싫었다. 그런 이유로 연재의 목적에 충실하되, 더 읽을거리로 출처를 밝혀 관심 있는 이들에게는 전문적인 정보를 제공한다는 생각으로 쓰다 보니 준학술논문의 형식도 곁들이게 되었다.

이 지면을 빌려 교육일념으로 아이들과 함께해 주시는 황등중학교 김의숙 교장 선생님 이하 교직원들과 학생들, 같은 재단 성일고등학교 이석일 교장 선생님과 교직원들, 황등기독학원 김기성 이사장님과 이사님들, 황등교회 정동운 담임목사님과 교인들, 황등교회 아동부 김연희 부

---

2) 우리나라 대표적인 기독교(개신교) 연합기관으로 1922년 11월 1일 설립되어 90년을 이어온 기관이다. 현재 가맹교단 및 교육협약 교단을 보면, 기독교의 교파적 다양성 속에서 보수와 진보·교파의 교리와 상관없이 '기독교교육'이라는 틀에서 화해와 일치를 이루는 연합기관으로서, 그 위상과 의의가 남다르다. 현재 참여하는 교단 명을 가나다순으로 정리하면 다음과 같다. 구세군대한분영, 그리스도의 교회협의회, 기독교대한감리회, 기독교대한복음교회, 기독교대한성결교회, 기독교대한하나님의 성회, 기독교한국루터회, 기독교한국침례회, 기독교한국하나님의교회, 대한기독교나사렛성결회, 대한성공회, 대한예수교장로회(개혁), 대한예수교장로회(통합), 대한예수교장로회(합동), 대한예수교장로회(호헌), 예수교대한성결교회, 한국기독교장로회.

장선생님과 교사들과 어린이들 모두에게도 감사의 말씀을 전하고 싶다.

이 자리를 빌려 감사한 분들을 떠올려 본다. 부족한 사람을 위해 추천사를 써 주신 한신대학교 신학대학원 기독교윤리학 전공 유일한 동기 김동환 목사님(현재 연세대학교 교목 겸 연합신학대학원 교수로 인천 송도캠퍼스 영어 예배 채플린 담당), 한 해 동안 "함께 읽는 기독교 윤리"를 연재하도록 기획하시고 맡겨 주신 대한기독교교육협회 엄문용 총무님과 관계자분들과 매달 거친 졸고를 꼼꼼하게 교열해 주시고, 조언을 해주시면서 오랜 벗처럼 사랑으로 큰 힘이 되어 주신 조소연 편집기자님, 매달 어눌한 초고를 교정해 주신 황등중학교 송정규 선생님, 바쁜 일상에도 교정의 노고를 감당해 주신 미아역 근처에서 호밀호두점을 운영하시는 한지연 님께 진심으로 감사드린다. 그리고 늘 내 곁에서 다함 없는 사랑으로 힘이 되어 주면서 교정해 주는 사랑하는 아내 이희순과 아이들(사랑, 겨레, 가람)에게도 고마움을 전한다.

이번에도 역시 어려운 출판 여건에도 책을 낼 수 있도록 해주신 한국학술정보(주) 채종준 대표이사님과 여러분의 노고에 감사드린다. 또한 이 책을 만드는 과정에서 노고를 감당해 주신 노동의 일꾼들께도 진심으로 감사드린다.

새로운 다짐으로 새 날 새 일꾼이 되려는 날에
익산 황등중학교에서
한승진

추천사

『함께 읽는 기독교 윤리』는 제목처럼, 신학생·목회자·평신도 그 누구든 기독교윤리에 관심을 가지고 있는 모두와 "함께" 읽을 수 있는 이 시대의 좋은 기독교윤리의 지침서이다.

이 책을 읽어나가는 동안 기독교윤리학의 서적을 읽고 있다기보다는 신학대학원 동기로서, 교단의 동역 목사로서, 기독교학교의 동역 교목으로서, 그리고 기독교윤리학의 동역 전공자로서 한승진 박사와 나누었던 15년간의 기독교윤리적 삶의 이야기를 그와 함께 얼굴과 얼굴을 맞대고 나누고 있는 듯했다. 그만큼 이 책은, 그동안 출판되어 왔던 많은 기독교윤리학의 신학적 담론들을, 학문의 전당인 신학교의 울타리를 넘어서서 구체적으로 현 한국의 정황이라는 테이블에 누구하고든 함께 둘러앉아, 솔직히 그러나 정확히, 편히 그러나 분명히, 무엇이든지 그러나 사려 깊이, 자유롭게 그러나 책임 있게 나눌 수 있으며, 또한 나누어야만 하도록 만들어주는 그런 기독교윤리적 삶의 방향서이다.

이러한 기독교윤리적 삶의 지침서이자 방향서를 동시대를 살아가는 한국 기독교인들에게 추천하지 않는다면, 그것이야말로 기독교윤리를 전공하는 가장 비윤리적인 기독교인의 모습이 아닐 수 없겠다.

김동환

(연세대학교 교목 겸 연합신학대학원 기독교윤리학 교수)

목 차

목 차

제13장

다음 세대와 함께하는 교회 윤리 ▪ 391

제14장

기독교학교가 이루어가는 선교적 사명 ▪ 443

제15장

자기 딸을 존경한다는 어떤 아빠 이야기 ▪ 449

제1장

송구영신 예배에 따른 교회변혁 윤리

1. 들어가는 말

해마다 연말연시가 되면 '망년회(忘年會)'다, '송년회(送年會)'다 하여 각종 모임으로 분주하게 보낸다. 기독교인 또한 연말연시를 맞아 교회에서 송구영신(送舊迎新) 예배를 드린다. 이렇게 한 해의 마지막과 첫날을 교회에서 보내는 모습은 교인으로서 마땅히 수행해야 하는 것처럼 생활화되었다. 이렇듯 우리나라 교인들은 신앙생활의 근간을 교회를 중심으로 한다. 이 예배를 통해 묵은 해를 보내고 새 해를 맞으면서 하나님께 잘못된 삶을 반성하고 새로운 삶의 다짐을 올려드린다.

우리는 흔히 지나간 시간을 뒤로하고 새로운 시간을 맞이하면서 희망찬 기대감으로 가슴 설레곤 한다. 새 해를 맞이하면서 지난 삶을 반성하며, 어제보다는 성숙한 삶을 다짐해 본다. 그러기에 새로운 시간을 맞이하는 오늘 우리에게 송구영신 예배는 그저 그런 시간으로 흘려보낼 수 없다.

논자는 송구영신 예배를 드리면서 착잡한 마음이 들었다. 우리 한국 교회는 세계 선교역사상 그 유례를 찾아보기 어려운 성장으로 세계 교회를 놀라게 했다. 그에 따라 한국 교회가 지닌 영향력 또한 그 어떤 종교보다 막강했다. 이는 지금도 위축되지 않았다. 그러나 한국 교회의 놀라운 성장과 발전에 비해, 오늘날 한국 교회의 상황은 매우 비관적이다. 잘 아는 바와 같이 한국 교회는 심각한 위기에 직면해 있다. 지난 1990년대부터 교인수의 증가가 정체를 보이더니 급기야 감소되는 모습마저 보이고 있고, 질적인 면에서도 문제를 드러내고 있다. 교인들의 신앙적 열정이 식어가고, 교회가 사회적 공신력을 잃어버린 듯 여기저기서 삐걱대곤 한다. 그야말로 한국 교회가 총체적인 난관에 직면해 있다.

1517년 10월 31일 마르틴 루터가 비텐베르크 성의 교회당에 '95개조의 논제'를 게재하면서 시작된 기독교개혁[1]이 올해로 495주년을 맞이하게 된다. 기독교개혁 500주년을 5년 남긴 오늘, 한국 교회의 개혁 목소리가 갈수록 높아지고 있다. 그러나 교회는 이러한 개혁적 목소리에 둔감하다. 그로 인해 한국 교회에 대한 불신이 팽배하고, 교회의 사회적 지도력은 현저한 저하현상을 보이고 있다. 루터가 기독교개혁을 시작할 당시의 로마 가톨릭과 현재의 한국 교회가 같은 상황이라는 지적이 들릴 정도이다. 한국 교회는 이를 근거 없는 공격이라고 반박할 수 없을 정도의 상황에 직면해 있다. 성경 중심을 기치로, 성직매매 등 교회의 세속주의를 비판했던 당시 기독교개혁가들의 지적은 지금의 한국 교회에도 그대로 적용될 사안이기 때문이다.

---

1) 16세기에 가톨릭교회의 타락과, 특별히 교황의 면죄부 발행 사건이 도화선이 되어 루터에게서 시작된 큰 개혁이 마침내 개신교를 탄생케 한 운동을 일반적으로 '종교개혁'이라 일컫는데, 이것도 엄밀히 말하면 잘못된 말이다. 이 말에 대한 영어는 The Reformation 으로서, 문자 그대로 '개혁'이란 말이지, 거기에 '종교'라는 말은 전혀 없다. 이 말은 동양에서는 한자어로서 먼저 중국에서 썼고, 같은 한자를 쓰는 일본과 우리나라가 그것을 따라 '종교개혁'으로 쓰고 있는데, 우리로서는 그렇게 쓸 이유가 없다. 왜냐하면 서양에서는 그 당시 종교라면 그대로 기독교(넓은 뜻)를 의미했지만, 동양으로 말하면 불교 유교 도교 등 여러 종교가 있으므로 그 의미를 분명하게 나타내기 위해는 '기독교개혁'이라 함이 옳다.

　짧은 역사 속에서 사회의 주류로 자리잡은 한국 교회가 너무 빨리 폭죽을 터뜨리며 자축하는 사이, 내부는 곪을 대로 곪고 있다는 지적의 목소리가 높다. 자성의 목소리보다 변명으로 일관하며 자신의 주어진 권력을 마음껏 주무르고 있다. 권력행사는 교권에 머무르지 않는다. 세속의 권력을 얻으려고 기를 쓰고, 그 중심에서 권력을 마음껏 행사하는 모습도 심심치 않게 발견된다.

　가난하고 소외된 이들의 중심에서 예수 그리스도의 가르침에 충실해 왔던 한국 교회는 1990년대 이후 물질에 취하고, 권력에 취한 채 교회 내부가 멍드는 것을 인식하지 못했다. 1980년대까지 민주화와 인권을 위해 노력하는 등 이웃과 함께하는 과정에서 쌓았던 교회의 긍정적 이미지는 최근 20년간 거의 소진됐다. 이른바 대형교회는 대부분 물질주의에서 자유롭지 못하다. 부유해진 교회는 이웃에 대한 선교보다 교회 자체의 부를 축적하는 데 여념이 없다. 일부 목회자들에게서는 청빈이나 가난의 모습을 찾기 어려울 정도이고, 그것을 기대하기도 어렵다. 또 사회적 지도층에게 요구되는 '오블리스 노블리제'도 발견하기 어렵다.

　우리 사회에 많은 공감을 일으키며, 회자(膾炙)되는 말로 '노블레스 오블리주'라는 말이 있다. 이 말은 초기 로마시대에 왕과 귀족들이 보여준 투철한 도덕의식과 솔선수범하는 공공정신에서 비롯된 것으로 노블레스는 '닭의 벼슬'을 의미하고 오블리주는 '달걀의 노른자'라는 뜻이다. 닭의 사명이 '자신의 벼슬'을 자랑함에 있지 않고 '알'을 낳는 데 있다고 하는 뜻일 것이다. 이 말은 우리 사회에서 사회 지도층의 도덕적 의무, 역사적 사명을 뜻하는 말로 닭의 벼슬로서의 명예(노블레스)를 누리는 만큼 의무(오블리주)를 다해야 한다는 의미로 받아들여지고 있다. 로마

귀족들의 절제된 행동과 납세의 의무를 다하는 모범적 생활은 평민들에게 귀감이 되어 천 년 국가를 이루는 데 초석이 되었다. 그들은 전쟁이 일어나자 국가에 자신들의 재산을 헌납하고, 솔선수범하여 전쟁터에 나가 피를 흘리는 것을 영광으로 생각하였다.

영국과 아르헨티나 전쟁 때도 영국의 왕자 앤드류는 헬기조종사로 전쟁에 참여하여 많은 사람들을 대신하여 죽을 수 있다는 지도층의 책임감을 보여 주었다. 또 다른 예로 14세기에 있었던 백 년 전쟁 당시 영국이 프랑스 칼레 마을을 점령하였을 때 영국군이 많은 피해를 입었다. 이에 영국의 왕 에드워드 3세는 칼레 시민을 살려 주는 조건으로 이 저항을 책임질 시민 6명의 희생을 원했다. 이러한 때 국민들은 "누가 나설 것인가?"라며, 숨죽인 채 서로를 바라만 보았다. 얼마 후 제일 먼저 나선 사람은 그 도시의 최대 부자인 '외스타슈 드 생 피에르'이었다. 뒤이어 자원해서 나온 다섯 사람들도 시장을 비롯한 상인과 법률가 등 귀족 또는 사회지도층이었다. 마침내 희생자 여섯 명이 결정되었고, 그 다음 날 아침 처형장으로 모든 인원이 집결하였다. 그런데 영국 왕실의 임신한 왕후가 왕에게 이 여섯 명을 살려달라고 간곡히 간청하여 특별히 살려 주었다고 한다. 죽음을 각오하고 나선 이들 여섯 명의 사회지도층 때문에 칼레 시민들은 살 수 있었다. 노블레스 오블리주를 실천한 사람들로 기록되어 오늘까지 전해져 온 이 일화는 높은 신분에 따른 도덕적 의무를 다한 진정한 '노블레스 오블리주'가 무엇인지를 보여준다.

우리나라에서도 과거 조선시대에 노블레스 오블리주를 실천한 이야기가 기록돼 있다. 정조 대왕 당시 흉년으로 인한 기근으로 백성들은 식량난에 허덕였다. 이때 재상 김만덕은 제주도 도민을 위하여 전 재산으로

쌀을 사서 분배했다. 그래서 그는 '노블레스 오블리주'를 실천한 사람으로 기록되었다.

그러나 오늘날 우리 사회는 이러한 모습을 찾아보기가 어렵다. 사회 일각에서는 아직도 저명인사나 상류계층이 자신의 의무를 회피하고 있다. 이들은 병역기피를 비롯해 뇌물수수와 탈세, 부동산 투기 등을 자행하며 자신이 반드시 행해야 할 의무를 외면하고 있다. 이러한 모습은 다른 지도층에 영향을 끼쳐 병폐로 작용한다. 특히 국민들에게 박탈감을 심어 주고, 자신의 권위마저 낮춰 비난을 받고 있다. 지금이야말로 우리나라의 사회 지도층 인사들이 서양의 지도층 인사들을 본받아야 할 때이다. 권력이 있는 사람들과 많은 재력가들이 이제 자신들의 생각을 바꾸고, 노블레스 오블리주를 실천에 옮겨야 할 때이다. 단순히 생각만 갖고 있다고 해서 세상은 바뀌지 않는다. 그 생각을 행동으로 옮길 수 있는 결단이 필요하다.

권력은 누가 준 것이며 그 재산의 형성은 누가 가능케 한 것인가? 국민을 위해 겸손한 자세로 섬기고 소비자를 위해 무엇을 할 것인가를 생각해야 한다. 누리는 만큼 의무도 다해야 한다. 그리고 지도층이나 가진 자들만 탓할 것이 아니라, 우리 모두가 자기 자리에서, 사회에서 대접 받은 만큼 자신들도 의무를 다하는 자세를 가져야 한다. 다른 사람이 아닌 내가 의무와 책임을 다하는 '노블레스 오블리주'를 실천하며 사는 자세가 필요하다.

한국 교회는 선교 초기에 비해 엄청난 교인 수와 자산을 보유한 기득권 종교가 되었다. 이제 한국 교회는 세상을 섬기는 그리스도의 삶을 재현해 내는 자세로 노블레스 오블리주를 보여주어야만 한다. 그러나 일부

이긴 하지만 대형교회 목사들의 불투명한 재정과 부정이 세간의 관심거리가 되고 있을 정도이다. 교회 내부에서 변형된 형태의 성직 매매가 횡행하고, 교회당 매매를 둘러싼 논란이 심각한 실정이다. 이와 함께 교회의 권력지향주의가 일반화되고 있어 한국 교회의 대사회적 이미지가 하락하고, 지도력이 갈수록 저하되는 현실이다.

이 글은 지난 삶을 반성하고 새로운 삶을 다짐하는 송구영신 예배를 맞이하면서 한국 교회의 문제와 위기를 살펴보고, 이를 어떻게 극복해 나가야 하는가에 대한 진지한 반성을 통해 새로운 교회의 모습을 모색해 보려는 것이다. 이러한 논의는 한국 교회가 반드시 풀어가야 할 하나의 숙제이다. 만약 우리가 이 숙제를 잘 풀어내지 못하고 은근슬쩍 외면한다면 우리가 드리는 송구영신 예배는 허울뿐인 형식에 지나지 않을 것이다. 철저한 반성으로 지난날의 잘못을 씻어내야만 새로운 시대를 맞이할 수 있다. 한국 교회는 미래지향적이고, 성숙한 교회로 거듭나기 위한 철저한 자기반성과 의식의 전환이 요구되고 있다.

2. 한국 교회의 현실 윤리

윤동주 시인은 '서시'에서 고백하기를 "하늘을 우러러 한 점 부끄러움 없기를 잎새에 이는 바람에도 괴로워했다"는 말로 도덕적인 자신의 삶을 되새기며 자기성찰적인 삶을 되새기곤 하였다. 한국 교회가 하나님께 한 점 부끄러움이 없을 수는 없지만 끊임없이 반성하고 참회하는 자세는 중요하다.

제(齊)나라 경공(景公)이 정치에 대하여 묻자 공자가 답하기를 '임금은 임금답고, 신하는 신하답고, 아버지는 아버지답고 아들은 아들다워야 한다(君君臣臣父父子子).' 이 말의 뜻은 임금은 임금답고 신하는 신하다워야 하며, 아비는 아비답고 자식은 자식다워야 한다.2)

그런데 우리 기독교는 우리가 지닌 사회적 위상과 우리의 영향력에 비해 기독교답지 않은 모습들이 비춰지곤 하였다. 최근 기독교는 사회적 신뢰를 주지 못한 것은 물론이고, 천덕꾸러기 취급을 받거나 비도덕적인 단체로 보도되는 일들이 많았다.

2011년 8월 2일 소천한 하용조 목사는 변질된 교회상을 바라보면서 사도행전적인 교회를 되살려 내야 함을 강조하였다. 그의 말을 발췌하여 정리해 보면 다음과 같다.

교회만 생각하면 밥을 먹지 않아도 배부르고 잠을 이루지 못해도 신이 난다. 아무리 고통스럽고 힘들어도 교회만 생각하면 행복하다. 교회는 세상을 움직이는 열쇠요, 방향이요, 정신이다. 그래서 교회가 타락하면 세상이 타락하지만, 반대로 교회가 살아 있으면 세상은 희망이 넘친다. 생기와 기쁨이 넘치고 능력과 기적이 역사하는 교회, 사랑과 은혜가 흘러넘치는 교회를 경험한 적이 있는가? 세상이 타락한 이유는 교회가 죽었기 때문이요, 변질되었기 때문이다.3)

오늘날 교회가 그 힘을 잃은 것 같아 안타깝다. 교회가 세상의 빛과 소금이 되어야 하는데 오히려 세상이 교회를 걱정하는 지경에 이른 것만 같다. 이런 이유는 하용조 목사의 말대로 교회가 못하기 때문이다. 박정

---

2) 『논어』(論語), ≪안연≫(顔淵).
3) 하용조, 『사도행전적 교회를 꿈꾼다』(서울: 두란노, 2007), pp.8~23 참조.

신은 오늘날 한국 교회의 문제를 천박한 물량주의, 이기적 기복신앙 그리고 전투적 반공주의로 지적하면서 이를 극복해 나가는 개혁이 필요함을 강조하였다.[4]

지난 2010년 11월 12일에 열린 한국기독교학술원 학술대회에서 오영석은 한국 교회가 사회적으로 지탄받고 침체기에 빠진 이유를 다음과 같이 분석하였다.

한국 교회가 사회의 지탄을 받고 있고 침체기로 빠진 이유는 한국 교회가 사회에서 특히 청소년들에게서 신뢰와 신망을 상실하고, 미래를 위한 비전을 제시하지 못하기 때문이다. 연구과제를 수탁하여 발표한 서울대학교의 기독교사회문제 연구소의 내용을 기독교신문이 보도한 바가 있었다. 그 보도에 의하면 한국의 젊은 층에서 가장 신뢰하는 종교는 가톨릭이고, 그 다음이 불교이고 마지막이 개신교이다. 개신교를 신뢰하지 못한 이유는 언행일치가 되지 않기 때문이라는 것이다. 목사들이 강단에서 윤리적인 설교를 하면, 위선적인 소리로 들리고 목사들이나 잘해보라는 비아냥거림을 한다는 것이다. 한국 교회에 그러한 조소와 비난을 받게 된 이유는 한국 교회 안에서 발견된다. 개교회의 교세확장을 위한 이전투구와 악성 교파 싸움박질과 일부대형교회의 세습 문제와 교회의 사유화문제, 국가적인 사회이슈에 대한 예언자적인 비판정식과 방향제시 부재와 교권주의자들의 바리세적이고 전투적인 독단주의와 사회와의 소통부재와 폐쇄적인 교회지배구조, 일부목회자들의 성윤리문제와 불법적인 교회재정처리 문제들로 인하여 한국 교회의 이미지는 추락되어 있다. 교인들의 기도의 눈물과 땀과 피와 소망이 들어간 헌금을 남용한 일부 교회지도자들은 교회를 강도의 굴혈로 만들어가고 있다. 이러한 교회의 모든 부조리와 모순은 교회의 영성생활과 교회 안팎의 철저한 제도적인 개혁을 요구하고 있다.[5]

한국 교회는 1960년대 이래로 1990년대까지 양적으로 급성장했다. 교회 수는 1929~1960년의 40년간 약 5천 개에서 6만 개로 12배가량 늘어

---

4) 박정신, 『한국기독교읽기』(서울: 다락방, 2004), p.197.
5) 오영석, "한국 교회의 영성문제와 교회변혁"(한국기독교학술원 제 14회 학술대회 미간행자료집, 2010), pp.11~12.

났다. 같은 기간 동안 교인 수는 약 60만 명에서 900만 명으로 15배 늘어났다. 그러나 2000년대에 들어서면서 교회 성장이 둔화되더니 이제는 오히려 감소의 추세로 돌아서고 말았다. 한국 교회는 그 교세에서 1980년대까지는 급성장했고, 1990년대에는 그 성장이 둔화되다가 급기야 2000년대에 와서는 서서히 쇠퇴하고 있다.

통계청이 발표한 2005년 "인구주택총조사"에 의하면, 우리나라 총 인구 4,728만 명 가운데 53.1%에 해당하는 2,497만 명이 종교 인구인데, 기독교(개신교) 인구는 전체의 18.3%에 해당하는 876만 명인 것으로 나타났다. 이는 불교가 22.8%인 것에 비해 상대적으로 낮은 수치일 뿐만 아니라, 1995년을 기준으로 천주교가 무려 74.4% 증가하고, 불교가 3.9% 증가한 것에 비해, 기독교는 오히려 1.6% 감소한 것이다.[6] 도대체 왜 한국 교회가 더 이상 성장하지 못하고 침체의 늪에서 헤어나오지 못하는 것일까? 이에 대한 답은 간단하다. 하나는 교회 밖에 있는 사람들이 교회로 들어오지 않고 있으며, 다른 하나는 교회 안에 있는 사람들이 교회를 떠나가고 있기 때문이다. 오늘날에 와서 왜 새 신자는 늘지 않고, 기존 신자는 이탈하는 것일까?

새 신자가 늘지 않는 근본적인 이유는 교회 밖의 사람들에게 교회가 사회적 공신력을 잃고 존경과 신뢰를 얻지 못하며, 이에 따라 교회가 그들에게 더 이상 매력을 주지 못하기 때문이다. 한국인의 종교와 종교의식에 관한 조사 결과, 개신교는 비종교인의 종교 선호도 혹은 호감도에서 최하위였다. 그리고 비종교인이 보는 개신교의 인상은 가장 부정적이었다.

---

6) 박상진, 『교회교육현장론』(서울: 장로회신학대학교, 2008), p.342.

가장 신뢰 받는 종교는 천주교였다(57.6%). '가장 신뢰하는 종교단체 두 개를 꼽아 달라'는 질문에 불교(50.0%)·개신교(26.4%)·원불교(6.2%) 순으로 답했다. 지난해에 이어 천주교 신뢰도는 개신교보다 두 배 높게 나왔다. 이번에도 개신교 신뢰도(26.4%)는 천주교나 불교보다 옅었다. 이런 흐름은 개신교 내부 여론조사에서도 확인된다. 지난해 11월 기독교윤리실천운동(기윤실)이 시민 1,000명을 대상으로 한 여론조사를 발표했는데, 이 조사에서도 개신교를 신뢰한다는 응답은 19.1%에 그쳤다. 기윤실 조사에서 2~3년 전과 비교해 '더 적게 신뢰한다'는 응답이 26.6%나 늘었다. 기윤실 여론조사를 분석했던 김병연 교수(서울대 경제학부)는 개신교 신뢰도가 하락한 이유를 정·관계 지도자 때문에 46.9%가 부정적으로 바뀌었다는 응답에서 찾기도 했다. 알려진 대로 이명박 대통령이 개신교 장로이다.7)

조사 결과를 요약해 보면, 교회의 문제는 사회봉사 및 이웃 사랑의 실천에 인색하다는 것, 전도활동이 지나쳐서 혐오감을 준다는 것, 헌금을 너무 강조한다는 것, 타종교를 비방하는 등 지나치게 배타적이라는 것, 참 진리 추구보다는 교세 확장에만 집착한다는 것, 너무 시끄럽고 요란하다는 것, 물량주의에 물들어 있다는 것, 도덕적으로 사회에 물의를 일으키는 경우가 많다는 것 등이다. 흥미로운 것은 이러한 문제가 가장 적은 것으로 인식되고 있는 천주교가 가장 성장하고 있다는 사실이다.

그러면 기존 신자들은 왜 교회를 떠나가는 것일까? 교회를 떠나는 사람은 세 부류가 있다. 첫째는 다른 교회로 옮기는 수평이동으로, 이들 가운데 많은 사람들이 이중등록이 되어 있어 교인 숫자 파악에 혼선을 주곤 한다. 이들은 교회를 떠났다고 보기는 어렵다. 둘째는 교회를 떠나 다른 종교로 개종한 경우로 이들 대부분이 천주교로 옮겨간 것이기에 개신교는 줄고 천주교는 급격히 성장한 것이다. 셋째는 아예 무종교인이 되는 경우로 이 경우가 숫자상 가장 많다. 사람들이 교회를 떠나는 이유

---

7) "천주교 부동의 1위", ≪시사IN≫(통권 157호, 2010년 9월 18일), pp.36~37.

는 무엇일까? 무엇보다 교회가 돌봄과 나눔의 공동체가 되지 못하고, 세속주의(예를 들면 돈과 권력에 집착하는 경향)에 물들어 있는 모습에 대한 반발 때문이다.

한국 개신교의 위기는 교회가 양적으로 성장이 멈춰버렸다는 사실 자체에만 있는 것이 아니다. 그러한 침체의 이면에는 질적으로도 성숙하지 못한 교회 현실에 문제가 있다. 즉, 교회가 교회답지 못하고, 교인이 교인답지 못하다는 말이다.

대형교회 목회자 중에서 사회적으로 존경 받는 인물을 찾아보기 어려운 것이 지금 한국 교회의 현실이다. 이러저러한 문제로 구설수에 오르는 등 도덕적으로 흠집이 있다. 다른 종교에 비해 명백하게 내세울 만한 지도자가 없다는 것은 한국 교회가 처한 현실이 얼마나 엄중한 지를 보여 준다. 교회 리더십의 부재는 한국 교회 자체에 원인이 있다. 일반 언론이 기독교를 외면한다며, 애써 외부에 원인이 있는 것처럼 호도할 문제도 아니다. 일반 사회도 기독교 지도자들이 존경 받을 만한 일을 하지 않으니 외면하는 것은 당연한 결과이다. 자신과 자신이 속한 집단의 이해만 추구하는 그룹을 존경할 리 만무하다. 대놓고 손가락질하지 않는 것에 그나마 위안을 삼아야 할 정도로 한국 교회의 현재 위치는 심각한 지경이다.

오늘날 한국 교회가 처한 현실은 암울하다. 겉으로는 2만 명의 해외 선교사를 파송할 정도로 미국의 대를 잇는 선교강국으로 성장했다고 하지만, 급성장을 멈춘 채 급속히 침체되는 '조로현상'이 곳곳에서 드러나고 있다. 겉으로는 활기찬 것 같지만, 내부에서는 미래적 동력을 잃은 채 절망의 탄식소리만 들리고 있다.

이런 점에서 한국 교회는 내부의 문제로 눈을 돌려야 할 시점이다. 우리 스스로를 향한 듣기 싫은 말이고, 인정하고 싶지 않은 문제이지만, 근본적으로 개혁이 되지 않으면 한국 교회의 미래를 보장할 수 없다. 현상태에서 변화가 없다면, 다수종교로서의 기독교가 아닌 소수종교로 전락할 수 있다는 위기감이 팽배하다. 보다 근본적인 개혁과 갱신이 절실하다는 지적이 거세다.

우선 세속화의 극복을 서둘러야 한다는 목소리가 높다. 현재 한국 교회가 보여 주는 모든 문제는 극심한 세속화에서 비롯되고 있다. 교회가 공공성을 상실한 채 사유화되었다는 비판을 받고 있다. '맘몬주의'로 칭해지는 자본주의적 물량주의는 세상의 모든 것이 하나님의 소유란 정신을 갉아먹으며, 교회를 병들게 하고 있다.

교회를 바르게 이끌어야 할 성직자들은 세속의 논리로 움직이고, 생활을 영위하기 위한 직업정신에 몰두해 거룩해야 할 성직을 팔고 있다. 신학교육을 제대로 받지 못한 채 대거 배출된 목회자들은 교회성장 지상주의 관점에서 교회를 기업화하는 모습이다. 교회를 돈으로 사고파는 '매교행위'가 일상화됐고, 영적 지도력을 발휘해야 할 성직과 감투를 돈으로 사고파는 '매직행위'가 판을 치고 있다. 현실이 이러함에도 도덕적 불감증이 심한 실정이다.

돈으로 직분을 사고파는 행위는 시급히 근절되어야 할 한국 교회의 개혁과제다. 교단선거나 교회기관 선거에서의 매표행위는 이제 새로운 뉴스거리가 되지 않을 정도다. 교회의 지도자를 세우는 과정에서 빚어지는 매표행위는 해를 거듭할수록 더 노골화되고 구조화되는 양상이다. 갈수록 돈 선거의 은밀함이 심해지고 있다. 돈을 주고받는 것에 대한 부끄러움도 느끼지 못할 정도의 불감증 현상도 나타나는 실정이다. 후보는 상대편이 어느 정도의 금전을 쓰는지 눈치를 보면서, 당선을 위해서 얼마만큼의 자금을 마련해야 하는지 고민하고 있을 뿐이다. 총대들은 선거철만 되면 제철을 만난 것처럼 이 후보, 저 후보를 만나며 돈 봉투의 두께를 저울질한다. 노골적인 금액을 요구하는 선거브로커도 부지기수다. 그 과정에서 판단의 잣대는 후보의 정책이 아닌 금전의 규모와 후보자와의 연고가 최우선이다.

한국 교회는 부정한 돈의 거래에서 실정법의 사각지대다. 사회에서는 적은 금액의 부정한 돈일지라도 실정법의 제재대상이 된다. 대통령이나 국회의원, 지방자치제 선거에서 매표행위가 발각되면 당사자는 법정 구속된다. 그러나 교회는 이 문제에서 여전히 자유롭다. 경찰이나 검찰도 교회의 선거문제에 개입하기를 꺼려한다. 법적 장치가 미흡할 뿐 아니라, 종교문제에 대한 개입을 극도로 조심하기 때문이다.

개교회주의 극복은 한국 교회의 또 다른 개혁과제다. 교회일치와 연합이 박제된 박물관의 구호로만 그쳐서는 안 된다. 같은 하나님과 그리스도를 고백해야 할 한국 교회가 여전히 분열의 늪에서 허덕이며, 이합집산을 거듭하고 있다. 교회일치와 연합은 단순히 그리스도의 지체가 수없이 나누어 있는 것을 하나의 교회, 한 교단으로 묶는 것이 아니다. 오히려 개교회주의적 사고를 지양하고, '다양성 속의 일치'를 추구하는 것이다. 그럼에도 한국 교회는 여전히 개교회주의적 사고에서 벗어나지 못한 채, '내 교회', '내 교단' 의식에 사로잡혀 있다. 이것이 더욱 구조화되다 보니 교회연합은 점점 쇠락하는 실정이다. 또 교회의 연합기관이 제 역할을 수행하지 못한 결과로 기독교의 단일한 목소리가 사회로 전달되지 않는다. 이는 교회의 사회적 신뢰도를 떨어뜨리는 결과로 이어진다.

더욱 심각한 것은 '공교회성'을 잃은 채, 사적인 이해에 따라 교회나 기독교집단이 이리저리 휘둘린다는 사실이다. 자신의 이익을 위해서는 사회의 법적 장치를 이용하기 일쑤이다. 사단법인이나 재단법인, 또는 학교법인을 이용해 교단이나 한국 교회 재산을 사유화하는 것에서 잘 나타나는 현상이다. 재단법인 한국찬송가공회 논란이 대표적인 사례이다. 이러한 과정에서 한국 교회의 공공성은 사라진 채, 개인의 이해만 활개 친다.

심각한 문제 중 하나가 교회지도자들의 도덕성 문제이다. 교회의 신뢰도가 떨어질 대로 떨어진 현실은 한국 교회 개혁이 얼마나 시급한지를 역설적으로 보여 준다. 잊을 만하면 터져 나오는 목회자들의 부적절한 이성문제는 목회자의 권위를 스스로 실추시키는 요인이 되고 있다. 정신적 지주로서의 역할을 해야 할 목회자들이 타락한 모습을 저지르고도 회개는커녕 감추고 변명하는 모습에서 목회자 일반에 대한 신뢰도는 점차 하락한다. 유명한 목회자 중에 이 문제에서 자유로운 사람을 꼽기 어려울 정도로 한국 교회의 현실이 참담하다는 지적을 받고 있다.

불투명한 교회재정 운용도 교회 신뢰도를 떨어뜨리는 한 요인이다. 개교회의 갈등과 분열도 교회재정의 불투명성 때문에 발생한 경우가 대부분이다. 교회예산에 따라 재정파트의 결의를 거쳐 집행돼야 함에도 담임목사의 일방적 지시에 따라 불투명하게 집행되는 사례도 많다. 또한 '교인만의 교회재정 운용'은 일반인의 교회 불신을 부추기는 결과를 초래한다. 구제와 봉사비를 더욱 늘여야 할 교회가 교회건물 신축 등 부동산 문제에 관심을 기울이고, 교회지도자들의 사례비 확대에 열중하는 모습에 불신자들의 시선이 따갑기만 하다.

오늘날 한국 교회는 교회의 막중한 사역을 망각한 채 오로지 교회 자체를 확장하고 세력화하는 일에만 몰두하므로, 목사도 장로도 아울러 지탄의 대상이 되고 있다. 목사는 목사대로 교회성장에 열을 올리고, 장로는 장로대로 관습에 따라 정치에 자연스럽게 참여한다. 새롭게 점검되어야 할 교회의 궁극적 목표를 잊어버렸다. 교권을 세우는 과정에서 나타나는 금권선거문제는 심각한 부패로 지탄을 받고, 교회공동체가 공멸의 위기에까지 몰리게 됐다.

한국 교회의 2011년은 한 마디로 '후안무치'의 부끄러운 해였다. 2011년 내내 한국 교회를 우울하게 만든 단체가 있다. 한국기독교총연합회(대표회장 길자연, 이하 한기총)이다. 1월 20일 총회에서 길자연 대표회장 인준을 놓고 빚어진 파행은 전임 이광선 대표회장과 후임 길자연 대표회장에 의해 주거니 받거니 이어졌다. 이광선 전임회장은 2월 9일 기자회견을 열어 자신의 금권선거를 고백했다. 이후 길자연 목사의 금권선거를 고발하는 양심선언이 이어져, 한기총의 금권 타락선거는 SBS TV 〈현장21〉로부터 '10당 5락의 진실'이라는 제목으로 시사고발을 당하기도 했다. 길자연 목사는 총회 파행 후 무리하게 진행한 속회에서 대표회장 인준을 받았다는 이유로 사상초유로 대표회장 직무 정지를 당했고, 평신도가 한국 교회 전체를 아우르는 수장의 역할을 대행하게 되는 굴욕을 당해야 했다. 이때 '한기총 해체운동'도 일어났다. 6월 1일 이광선, 길자연 두 사람의 화해 선언과 7월 7일 한기총 특별총회 개최로 대표회장 직무에 복귀할 길이 열려, 길자연 목사는 9월 27일 정식으로 한기총 대표회장에 취임했다. 대표회장 복귀 후의 길자연 목사는 '화장실 가기 전과 화장실 가고 난 후'라는 표현이 딱 맞을 정도의 행보를 보였다. 그

로 인해 한기총은 거의 두 동강 났고, 내년 1월 19일 선거를 앞두고 그 정도가 극에 달하고 있다.[8]

대형교회의 교회세습[9]과 재정운영의 불투명성과 은퇴교역자의 성직 매매와 교회 안의 성차별과 성폭력, 권위주의적 성직자 중심주의[10] 무분별하고 전투적인 해외선교 행태 등이 비판의 표적에 들어올 것이다. 또한 제도로서의 한국 교회의 문제로 친미 반공주의, 정치-경제 권력과의 유착목사와 장로의 정치적 결탁과 공조[11]도 공공연하게 이루어지고 있는 현실이다.

3. 법고창신(法高倉新)의 교회개혁

우리가 떠올려 보는 한국 교회의 모습은 어떠한가? 새로운 시대, 새로운 교회를 지향하기 위해서는 어떤 교회의 모습이어야 하는가? 논자는 새롭게 구현해야 할 교회의 모습을 논함에 있어 몇 가지 기준을 제시하고자 한다. 기존의 교회가 잘못된 것은 사실이다. 이를 냉정하게 비판하고 지적해 나가야 한다. 그러나 자칫 이것이 지나쳐서 비판이 아닌 비난으로, 그저 부정하는 것으로만 그친다면 교회개혁을 위한 유익이 되지 못한 채 그저 울리는 꽹과리에 불과할 수도 있다. 이런 점에서 논자는

---

8) "2011년 결산–교계, 한기총 사태로 대변되는 '후안무치'", 〈뉴스미션〉(2011년 12월 31일).

9) 이진구, "개신교와 성장주의 이데올로기", ≪당대비평≫(2000년 가을호), pp.225～228 참조.

10) 장석만, "한국종교, 열광과 침묵 사이에서", ≪당대비평≫(2000년 가을호), pp.220～221 참조.

11) 황홍열, "한국 교회의 선교역사", 한국선교신학회 엮음, 『선교학개론』(서울: 대한기독교서회, 2001), pp.269～270 참조.

‘법고창신’[12]이라는 말처럼 지금의 교회 모습에서 건강하게 방향전환이 가능한 것들을 오늘에 맞게 변형해 나가야 한다고 생각한다.

교회는 끊임없이 개혁을 이루어가야 한다. 고인 물이 썩듯이, 개혁이 멈춘 교회는 제 역할을 감당할 수 없다. 이제 교회는 한쪽으로 치우쳐서 생긴 부작용들을 인정하고 이를 개선해 나가는 건전한 방향전환을 모색해 나가야 한다. 이렇게 함으로써 총체적이고 통전적인 건강한 교회의 모습으로 방향을 전환해 나갈 수 있다.

1517년 10월 31일 마틴 루터(Martin Luther)에 의해 기독교개혁이 시작된 지 500여 년이 가깝다. 중세 기독교가 부패하고 지나치게 제도화되어 생명력을 잃어갈 때, 마틴 루터가 비텐베르크 슐로스 교회 정문에 교회의 오류 95개 조항을 게시해 놓고 잘못된 것에 대해 함께 토론하며 반성하고 새롭게 하자고 외쳤다. 앞으로 2017년 기독교개혁 500주년을 바라보면서 한국 교회는 적극적으로 기독교개혁의 정신을 되새기며 하나님의 말씀에 근거하여 가고 있는지 살펴야 할 것이다.

‘개혁(Reformation)’이라는 말은 ‘틀을 바꾼다’는 뜻인데 이는 원형을 잃어버린 상태에서 본래의 모습으로 되돌려 놓는 것을 뜻한다. 기독교개혁 운동은 교회의 암흑시대라고 일컬어지는 동시에 기독교가 하나님 중심의 본질을 잃어버리고 비정상적인 형태로 타락하고 있을 때 기독교 본질을 회복하기 위한 영적 각성 운동이며, 교회 혁명 운동이었다. 개혁은

---

12) ‘법고창신’이라는 말은 옛것을 본받아 새로운 것을 만들어 낸다는 말로서 연암 박지원이 제자인 박제가의 초정집 서문에서 사용한 말이다. 이는 ‘온고이지신’보다 훨씬 강한 뜻을 지닌 말이다. ‘법고창신’이란 옛 것을 본받아 새로운 것을 만들어낸다는 말로서 연암 박지원이 제자인 박제가의 초정집 서문에서 최초로 사용한 말이다. 이는 ‘온고지신’보다 훨씬 강한 뜻을 가진 단어이다. 법고만 하는 것은 옛 것을 흉내내고 본뜨면서도 부끄러워하지 않는 것이고, 창신만 하면 그 정신에서 벗어나 근원을 떠나게 되기 때문에 기본에 충실할 때에만 새로운 열매를 얻을 수 있게 된다는 가르침이다.

타락하고 변질된 것을 다시 복원시키고 더욱 새롭게 변화시키는 것이다. 그런 의미에서 기독교개혁은 어느 특정한 어느 한 시대에만 있었던 사건으로 치부하는 것이 아니라 지속적으로 추구해 나가야 할 것이다.

한국 교회를 자주 방문했던 영국의 강해설교자 데니스 레인 목사는 한국 교회를 향하여 다음과 같이 지적하곤 하였다.

한국 교회의 부흥과 성장을 자랑만 하지 말라. 한국 교회도 이제 변하지 않으면 시대 속에 버려진 창고나 박물관이 될 수 있다는 사실을 뼈저리게 느껴야 한다. 100년 전 영국은 한국과는 비교할 수 없을 만큼 교회의 전성기를 누렸다. 그러나 그 화려하고 자랑스럽던 영국 교회는 지금 텅텅 비어 있고 박물관처럼 전설이 되어가고 있다. 앞으로 50년, 100년 후 한국 교회가 지금의 영국 교회와 같이 되지 않는다는 어떤 보장도 없다.

중세시대 기독교의 문제는 성경에 대한 무지와 성경을 가볍게 여기는 것이었다면 오늘날 한국 교회의 문제는 말로는 성경을 강조하면서 하나님의 말씀을 빙자해 자신들의 말을 하고 있다. 복음을 말하고 있지만 자기의 목적을 이루기 위해서라면 어떤 수단과 방법이든지 상관없다는 식의 개념이 현실에 직면해 있다. 기독교개혁자들이 그렇게 싸워서 찾아주었던 신앙의 본질인 "오직 성경의 가르침"이 아니라 외형적인 물량주의화 되어가고 있다. 한국 교회 교인들의 삶이 오직 믿음이 아니라 개인적인 편리주의, 체험, 세속주의에 물들어 가고 있는 현실 앞에 서 있다. 기독교개혁의 정신대로 한국 교회는 날마다 새로워져야 할 것이다.

최근 한국 교회의 상황은 혼돈과 공허, 그 자체다. 크고 작은 개교회뿐만 아니라 교단, 교계 주요 단체들이 각종 다툼과 분란을 일으키며 혼란의 블랙홀에 빠져 있다. 또 그런 모습이 대중 방송과 신문을 통해 보도되면서 한국 교회의 이미지는 바닥까지 추락하고 있다. 총체적인 위기 상황이다. 그런데 대부분의 혼란과 다툼의 시작과 배경에는 교회 개혁이라는 명분이 자리잡고 있다. 물론 지상의 교회는 끊임없이 개혁되어야 한다. 잘못한 일은 징벌하고 고쳐야 할 부분은 수정해야 한다. 개혁의 요구와 외침 앞에 한국 교회는 자성하며 참회해야 한다.

하버드대학 마이클 샌델 교수의 『정의란 무엇인가』[13])가 베스트셀러에 오른 것도 현 사회가 부정의하다고 생각하는 저항 의식의 발로라고 볼 수 있다. 그만큼 지금 우리 사회는 공정한 사회 개혁과 법질서에 대한 갈급함이 있다. 개혁은 필요하다. 더욱이 교회 개혁은 더욱 절실하다.[14])

오늘의 한국 교회 현실에 대해 개탄하는 목소리가 높다. 숭실대학교 김회권 교수는 오늘의 한국 교회 강단은 십자가의 진리를 가르치기보다는 성공 처세술, 기복신앙적 야심과 열정 고취, 영웅적 간증과 만담 등으로 채워져 있고, 대형교회 목회자들의 재정 및 성 스캔들은 쉴 없이 터져나오고 있고, 금권이 오고 가는 한기총 대표회장 선거와 교단 총회장 선거는 중세의 성직매매와 다를 바 없고, 교회 안에서도 선거형식을 취하고 있지만 돈을 내고 장로와 권사직에 취임하는 항존직 선거도 성직매매의 변형일 뿐이라고 비판하였다.[15]) 대전 새로남교회 오정호 목사는 가난하고 어려운 농어촌 교회와 목회자를 무시하는 도시의 일부 대형교

---

13) 마이클 샌델, 『정의란 무엇인가』, 이창신 옮김(서울: 김영사, 2010).

14) 한국 교회의 문제를 비교적 상세히 정리해 낸 책으로는 김선주, 『한국 교회의 일곱 가지 죄악』(서울: 삼인, 2009); 한용상, 『교회가 죽어야 예수가 산다』(서울: 해누리, 2001); 제3시대그리스도교연구소 편, 『한국기독교 그 어두운 자화상』(서울: 다산글방, 2002)이 있다.

15) 대형교회 안에서 직분이 직분 소유자의 사업과 맞물려 돌아가는 현실이다. 이것은 한국의 대표적 대형 교회를 분석한 신학자 하비 콕스(Harvey Cox)가 『영성, 음악, 여성』, 유지황 옮김(서울: 동연, 1996)에서 지적한 바 있다.

회 목회자들의 오만함과 큰 교회들이 작은 개척교회를 외면하는 현실에
서 한국 교회의 권위주의와 물량주의를 비판하였다. 새맘교회 박득훈 목
사는 대형교회 목사가 주고자 하는 영적 상품은 성공의 복음, 값싼 은혜
다. 교회가 하나님 공동체가 아니라 소비공동체로 변화됐음을 비판하였
다. 서울신학대학교 남태욱 교수는 성장제일주의는 당연히 전도, 그리고
헌금과 십일조에 집착할 수밖에 없도록 만들어, '부자가 천국에 가는 것
은 낙타가 바늘구멍에 들어가는 것보다 더 어렵다'는 성경 구절을 강조
하는 교회를 더 이상 찾아보기 어렵게 됨을 비판하였다.16) 이러한 시각
에 따라 교회의 모습을 살펴보면서 그에 따른 개선점을 살펴보면 다음과
같다.17)

1) 성장 중심의 교회

그동안 한국 교회가 추구해 온 중요 가치 중의 하나가 성장제일주의
였다. 1960년대 이후 한국 교회의 중점 과제는 '교회성장'이었다. 이것
은 개교회만이 아닌 교단 차원에서도 마찬가지였다. 각 교회마다 부흥운
동, 성령운동, 전도운동, 배가운동 등 교회와 교단의 활발한 운동의 목표
는 교회성장이었다. 그야말로 명분이나 구호만 달리해 왔을 뿐 총력을
기울어 성장이라는 목표점을 향해 전력 질주해 왔다. 그 결과 한국 교회
는 양적으로 급성장했다. 지난 몇십 년간 교회 수와 신도 수에 있어 한

---

16) "총체적 난국으로 몰고 간 '세속화' 청산의 자정능력 필요", 〈기독교연합신문〉(2012년 1월 1일).

17) 이원규는 한국 교회의 목회 패러다임을 성장 중심, 신앙 중심, 교회 중심, 조직 중심의 목회로 대별하
여 논의를 전개하였다. 이 글은 이 분석의 틀을 따르면서 그에 대한 논의를 더 진전시켜 나갈 것이다.
이원규, "급변하는 한국 사회와 새로운 목회 패러다임에 대한 종교사회학적 고찰", ≪신학과 세계≫
(통권 43호, 2001년 가을호), pp.263~281 참조.

국 교회는 괄목할 만한 성장을 이루어냈다. 이는 마치 박정희 군사정권에 의해 이루어진 1960년대 '경제개발 5개년 계획'이라는 국가적 프로젝트에 따른 괄목할 만한 경제성장을 연상케 한다. 한국 사회의 경제적인 성장은 상대적으로 교회의 부유화를 초래하였다. 거기에 따라 한국 교회는 한편으로 점차 세속화되고 다른 한편으로는 종교적인 한 조직으로 전락되고 있다. 교회는 구원함을 얻은 교인들이 모여 하나님의 사랑과 희생, 봉사와 정의를 나누고 그리스도의 복음을 전하고 실천하는 공동체인데 이러한 자기 정체성을 점차 상실하고 현실에 영합하여 세속적인 성취를 이룩하는 수단으로 전락하고 있다. 더구나 엄청난 신자 수와 물적, 인적 자원을 자랑하며 세력을 과시하기도 하였다. 이렇게 되면서 한국 교회는 자기 정체성과 본래적인 사명을 제대로 감당하지 못하였고, 신흥 종교귀족을 양산하면서 종교적 왕국구축에 더 많은 관심을 가져왔다.[18]

급기야 한국 교회는 막강한 세력을 과시하려는 듯 기독교은행 설립을 꾀하였다. 한국사회복지금융 설립위원회 위원장 강보영 목사는 연간 헌금 총액만도 4조 8천억 원이라며 기존 은행을 인수하거나 새 은행을 설립하는 방법으로 자본금 1조 5천억 규모의 제1금융권 기독교은행 설립을 추진할 것을 말했다.[19]

그러나 교회성장에 따른 부작용의 그림자도 짙다. 오늘날 한국 교회는 크면 좋은 것이라는 의식이 팽배하다.[20] 대형화 추세에 따라 더 넓고 높은 교회 건물을 짓고, 대형 버스로 지역의 교인들을 실어 나르며, 물

---

18) 한종호, "한국 종교에 소망은 있는가", ≪기독교사상≫(통권 622호, 2010년 10월호), pp.64~70 참조.

19) "장로 대통령 주신 하나님, 이번엔 은행도 주소서……", 〈한겨레신문〉(2010년 11월 1일).

20) 이원규, 『한국 교회의 현실과 전망』(서울: 성경연구사, 1994), pp.189~192 참조.

좋고 산 좋은 곳에 기도원을 짓고, 풍수 좋은 곳에 교회 묘지를 구입하고, 헌금을 적립하는 등의 부의 축적을 꾀한다.[21] 이런 모습은 예수님이 책망하신 부패한 성전이요, 종교가들의 모습이 아닐까? 1980년대 후반부터 불기 시작한 교회의 대형화 바람에 따라, 한국 교회는 양적인 증가에 치중해 왔다. 이러한 부작용으로 전도에 의한 실질적인 교인의 증가가 아닌, 수평이동이나 위성처럼 떠도는 거품교인들도 늘어났다. 이러한 거품교인의 유형도 다양하다. 우리 사회가 체면을 중시하는 사회이기 때문에 할 수 없이 교회에 나가는 경우, 기복적 신앙에 의해 믿음 없이 교회에 출석하는 경우, 실리추구적인 측면, 교육의 현장으로서 교회를 이용하는 경우, 친교를 위한 장으로서의 교회의 이용 등 이런 저런 목적으로 출석하는 교인의 거품교인의 수가 한국 교회의 양적 통계에 일정 부분 영향을 미쳤다. 그러나 1990년대에 들어 이른바 거품교인들이 경제 성장에 다른 여가문화와 다변화된 사회에 관심을 돌림으로 통계상 교인 수는 줄어드는 현상이 나타났다. 이성희는 한국 교인들이 대형교회를 지향하는 하나의 이유로 대형교회가 가지는 익명성(匿名性)을 지적한다. 이는 개인으로서 교인을 돌보는 측면이 약화되고 나아가서는 흩어지는 교회로서의 책임성도 갖추지 못하게 만든다. 익명성은 결국 모이는 교회의 기능은 가능했지만, 흩어지는 교회로 사회적 책임과 공동선을 지향하는 기능을 수행하지 못한 결과를 가져왔다.[22]

---

21) MBC 시사프로 〈뉴스후〉가 이번에는 대형 예배당 짓는 일에 혈안이 된 한국 교계를 비판했다. 〈뉴스후〉는 2일 방송을 통해 예배당을 짓기 위해 은행에서 파격적인 조건으로 대출 받고 있는 미션대출, 교회 직분자들의 건축 헌금 할당, 땅 투기 등을 소개하며 불법, 탈세를 동원해 대형 예배당을 짓고 있는 교회들을 조목조목 소개했다. "한국 교회, 딱 세 마디. 모여라, 돈 내라, 집 짓자", 〈뉴스파워〉(2008년 2월 3일).

22) 이성희, 『미래사회와 미래교회』(서울: 대한기독교서회, 1996), p.48 참조.

성장제일주의 가치관은 팽창주의 및 업적주의와 결합되어 교회 내에 물량주의, 물질주의 가치관을 조장했고 성장주의는 교회 간, 교단 간에 경쟁을 부추겨 결국 조급하게 수단과 방법을 가리지 않고 숫자를 늘리려는 교인쟁탈전을 벌임으로써 지역교회 간 윤리의식이 상실되었다.[23] 또한 오늘날 한국 교회는 도시와 농촌의 양극화는 물론 도시에서도 지역에 따른 규모와 서열화가 전체 교회의 건강성을 해치고 있다. 이로 인해 교회의 대사회적인 위상이 추락하였다.

이제 한국 교회는 성장 중심의 무분별한 팽창주의와 외형적 성장주의를 벗어버리고 성숙 중심의 교회 모습으로 바꿔나가야 한다. 교회성장은 교회의 질적 성숙의 틀 안에서 이루어져야 한다. 성숙한 교회의 발전은 내실을 다져나가면서 교회의 공동체성을 회복하고 활성화 해 나가면서 이루어가야 한다. 성숙한 교회란 교인의 숫자를 늘리는 데만 총력을 기울이는 것보다는 기존 교인에 대한 교회 교육, 봉사, 친교 기능 등을 제대로 수행하도록 내실을 기하는 교회를 말한다. 그래서 교회 내적 공동체성과 유대감으로 사회의 빛과 소금의 역할을 제대로 감당해 나아가야 한다.

2) 교회 중심 믿음생활

지금까지 한국 교회는 모이는 교회, 교회 중심의 믿음생활을 철저하게 강조하였다. 아마도 한국 교회만큼 설교가 많고, 예배가 많고, 모임이 많은 곳도 드물 것이다. 한국 교회는 교회를 통한 하나님 섬김의 철저한

---

23) 노치준, 『한국개신교사회학』(서울: 한울, 1998), pp.104~105 참조.

믿음생활을 강조해 왔다. 이러한 믿음생활은 하나님께 대한 교리적 믿음을 철저하게 고수하고, 교회에 열심히 출석하며 기도생활과 성경읽기를 열심히 하고, 전도를 많이 하며 헌금 잘 내는 것으로 요약된다. 이러한 교회 중심의 믿음은 교인들의 하나님에 대한 신앙심을 매우 굳건하게 만들었다. 실제로 교인들은 다른 종교인들과 비교해서 정통적인 교리에 대하여 가장 확고하게 믿으며, 예배 참석도 적극적이고, 기도와 성경읽기도 열심이고, 헌금도 많이 한다. 그러나 한국 교회는 하나님을 향한 믿음에만 집착한 나머지 이웃 사랑의 책임을 소홀히 하게 되었고, 세상의 빛과 소금이 되는 역할을 제대로 감당하지 못했다.

믿음은 수레의 양쪽 바퀴처럼 어느 한쪽만으로는 제대로 나갈 수 없다. 앞으로 나가려면 어느 한쪽이 아닌 두 개의 수레바퀴가 조화와 균형을 갖추고 함께 나가야 한다. 믿음은 두 가지 차원이 함께 어우러져야 한다. 하나는 하나님을 향한 수직적 믿음이고, 다른 하나는 이웃을 향한 수평적 믿음이다. 이렇게 믿음이 수직과 수평이 조화를 이룰 때, 이상적인 십자가(✞)의 믿음을 이룰 수 있다. 그러나 믿음 중심주의는 행함이 뒤따르지 않는, 하나님 믿음과 이웃 사랑이 조화를 이루지 못하는 치우친 믿음의 모습을 보이고 있다. 믿음 중심주의는 지나치게 개인구원을 지향하게 만들어 사회문제에 무관심하거나 이를 수수방관하게 만든다. 이러한 기저에는 이기적인 욕망추구의 기복 신앙이 잠재되어 있다. 결국 믿음이 개인적이고 이기적인 수단에 따른 축복의 통로로 전락한 모습이다.

믿음 중심의 교회 모습은 생활 중심의 교회 모습과 조화를 이루어야 한다. 교회는 주로 하나님 잘 믿고 교회 열심히 나오라는 것을 가르쳐왔지, 하나님 믿는 사람은 어떻게 살아야 하는지에 대해서는 중요하게 가르치지 않았다. 결과적으로 교인이 다른 사람보다 이웃을 더 사랑하는 것도 아니고, 신자가 비신자보다 착하고 정직하고 정의롭게 살고 있는 것도 아니다. 교회의 가르침은 실제 생활에서 교인이 어떻게 기독교인답게 살아가야 하는지를 일깨워 주는 방식으로 이루어져야 한다. 따라서 믿음 중심의 교회 모습은 생활 중심의 실천과 조화를 이루어야 한다.

3) 개별교회 중심주의

개별교회 중심이란 교회가 자기정체성을 확립하고 자기표현을 해 나갈 때, 그 목표가 철저히 개별교회 논리와 이익에 따른 것을 말한다. 교회 내 인적, 물적, 시설 자원을 사용하는 데 있어 개별교회의 유지와 확장에 우선순위를 둔다. 이렇다 보니 교인의 믿음을 측정하는 것도 그들이 얼마나 교회를 위해 모이고, 봉사하고, 충성하는가이다. 이러한 개별교회주의는 개별교회의 양적 성장과 교인들의 소속의식을 심어 주면서 결속력을 강화시켰다.[24] 그러나 개별교회 중심은 교회의 양극화와 불균형 현상을 초래하였다. 저마다 자기 교회의 성장, 발전에만 몰두하다 보니 인적, 물적, 시설 자원이 풍부한 교회는 그 자원을 최대로 활용하여 점점 대형화되어가는 반면에, 빈약한 자원을 가진 교회는 생존마저 위협받을 정도로 열악해졌다.[25]

더욱이 대형교회의 경우, 담임목사의 권한이 절대화되면서 마치 절대왕정과 같은 모습과 우상화의 모습마저 보인다. 또한 이것이 지나쳐 개

---

24) 노치준, 『한국의 교회조직』(서울: 민영사, 1995) 참조.
25) 김병서, 『한국사회와 개신교』(서울: 한울, 1995), pp.204~207 참조.

별교회의 이익이 교단의 헌법을 넘어서기도 할 가능성이 있다.

2010년 연말 주안장로교회가 해당 교단을 탈퇴할 수 있다는 보도를 접했다. 다행히 이에 대한 시도가 당회를 통과하였으나 안수집사회 등의 반발로 실제로 이루어지지는 않았다. 그러나 이것이 가능한 구조가 바로 대형교회의 힘의 현실이다. 갑작스럽게 교회가 교단을 탈퇴하려는 이유는 담임목사의 정년이 만 70세라는 교단헌법의 규정에 따라 은퇴를 앞둔 시점에서 5년을 더 재임하기 위한 방안이라는 것이다. 세계선교와 교회성장을 위해서는 담임목사의 주도적인 역할이 필수적이라는 것이다. 그동안은 목사의 정년이 없는 독립교단으로 옮겼다가, 5년 후 해당 교단으로 재가입하면 된다는 논리였다. 나겸일 담임목사는 1978년 당시 200명가량이던 교회에 부임해서 32년간 담임하면서 재적교인 10만 명의 규모로 성장시켰다고 하니 그 영향력은 상상을 초월할 것이다. 그러니 대형교회의 담임목사의 제왕적 목회와 우상화와 세습이 이루어짐도 당연할 것이다.[26]

교회를 이끌어 가는 담임목사의 영향력으로 담임목사직 세습으로까지 이어지기도 한다. 사회적으로도 개별교회 중심주의는 개별교회의 성장과 발전에만 치중함으로써 사회봉사와 같은 공동선을 도외시하여 사회적 공신력을 잃게 하였다.[27]

개별교회 중심은 개별교회의 성장과 발전에 기여했지만, 개별교회 중심이 초래하는 여러 가지 역기능도 가져온 것이 사실이다. 이를 개선하

---

26) "나겸일 목사, 5년 후에 복귀한다", 〈에클레시안〉(2010년 11월 10일).

27) 중대형교회는 담임목사나 소수의 장로들에 의해 교회가 종교사업체로 변질되거나 사유화되기도 한다. 실제로 교회 재산이 재단법인이 아닌 경우도 많다. "교회 재산 목회자 개인의 것 아니다", 〈크리스찬신문〉(2010년 11월 20일).

고 예방하기 위해서는 지역사회와 함께하며 섬기는 모습이 되어야 한다. 지역사회와 함께하며 섬기는 일은 교회의 본질적 사명의 하나이기도 하고, 교회의 사회적 공신력을 회복하는 지름길이기도 하다. 이것은 나아가서 오늘날 선교에 있어서도 효과적인 방법의 하나이다. 사회봉사는 교회적으로나 교인 개개인에 의해서나 매우 폭넓고 다양한 형태로 이루어져야 한다. 여기에는 물적, 인적, 시설 자원의 과감한 투자와 활용이 필요하다.

교회는 지역사회의 구성원으로서 지역 사회에서 교회가 감당해야 할 사회적 책임이 있다. 교회도 하나의 사회자본(social capital)으로서 시민조직에 참여하는 데 필요한 인간관계를 형성하고 공공 활동에 필요한 정보를 교환하는 연결망 역할을 할 수 있다. 교회가 지역사회를 돕고 섬기는 일에 함께한다면 사회적 책임을 다하고 교회의 공신력을 회복하는 데 크게 기여할 수 있을 것이다.[28]

4) 조직 중심의 교회

한국 교회는 비효율적이고, 복잡하게 얽힌 조직을 토대로 적극적인 활동을 전개해 왔다. 예를 들면 교회에는 교회학교, 남녀 선교회, 구역회(속회, 목장, 순) 조직 등이 있고, 그 외에도 각종 위원회들이 있다. 이러한 조직 중심은 교회 유지나 프로그램 개발 및 교인들의 신앙 교육에 있어 중요한 역할을 해왔다. 그러나 오늘에 와서는 개별교회 안의 조직구

---

28) 정재영·조성돈, 『더불어 사는 지역공동체 세우기』(서울: 예영커뮤니케이션, 2010) 참조.

조가 전근대적이고, 비민주적으로 운영되는 경향이 강하다.

한국 교회의 조직을 살펴보면, 정부조직이나 대기업, 아니, 군부대 조직 못지않은 비민주적인 형태로 관료적이며, 권위적인 위계와 서열로 이루어져 있다. 교회 일에 대한 의사결정은 담임목사, 장로, 소수의 임원 중심, 남성 중심, 장년 중심으로 이루어져 있다. 또한 가부장적 권위주의가 한국 교회의 전형적인 모습으로 그 역할에 있어 여성과 젊은 층은 소외되어 있다. 새 천 년의 시대, 21세기의 지구촌 시대에 아직도 한국 교회는 전근대적인 가부장제와 비민주적인 구조로 성별, 연령, 계층, 지위에 따른 차별과 불평등이 심각하게 제도화되어 있다. 그야말로 교회생활을 잘할수록 성숙한 민주시민의식이나 인권과 평등과 같은 의식을 함양하기 어려워질지도 모른다.[29]

이제는 조직 중심의 교회를 사람 중심으로 개선해 나가야 한다. 현대 사회에서 조직이란 일의 효율성과 능률을 위해 불가피하고, 때로는 바람직하다. 그러나 조직이 지나쳐 사람이 무시되고, 희생된다면 그야말로 본말(本末)이 전도된 자기모순에 빠지고 말 것이다. 사람 중심의 교회는 개별 교인 한 사람, 한 사람을 소중한 인격체로 존중하면서 사람을 위해 조직이 있는 것이지, 조직을 위해 사람이 있는 것이 아님을 분명히 해야 한다. 이를 위해 민주적인 교회운영 방식이 채택되어야 하며, 이른바 풀뿌리 민주주의가 교회 제도에 정착되어야 한다. 권위주의, 편견과 차별, 불평등 구조는 오늘 우리가 사는 세상에서는 어울리지 않는 시대착오적인 구조이다.

---

29) 김동호는 한국 교회의 병폐로 담임목사와 당회와 같은 소수의 권력집중을 지적한다. 이에 대한 개혁안으로 목사와 장로의 재신임 묻기, 정확하고 깨끗한 은퇴, 교회의 권한 분립 등을 제시하였다. 김동호, 『생사를 건 교회개혁』(서울: 규장문화사, 1999), pp.141~168 참조.

이제는 교회에서 절대 다수를 차지하는 여성의 지위가 대폭 상승해야
하고, 미래의 주인공인 젊은이들의 목소리가 반영되어야 한다. 또한 교
인이 그의 재산이나 지위, 학식이나 직책으로 평가되어서는 안 되고, 존
엄한 인격으로 대우 받아야 한다. 목회자의 권위도 전근대적인 제왕적
방식이 아닌 합리성, 정당성, 효율성, 설득력에 근거한 것이어야 한다.

5) 목회자의 자질과 개혁

한국 교회의 문제는 목회자의 문제로 귀결된다. 지금의 한국 교회의
위기는 목회자의 위기로 봐도 지나친 말이 아니다. 최근 ≪시사저널≫과
"한국반부패정책학회"가 공동으로 조사한 '2011년 대한민국 부패지수'
측정 결과 12개의 직업군 중에서 종교인이 7번째로 부패한 직업인으로
나타났고, 종교인 가운데 목회자가 가장 부패하다고 응답한 이들은
87.5%였다. 기독교 윤리실천운동이 2010년에 발표한 '한국 교회 사회적
신뢰도'와 별 차이가 없다. 당시 목회자들의 신뢰도는 20% 수준에도 미
치지 못했다.[30] 이것은 한국 교회의 부정과 부패, 타락의 중심에 언제나
목회자가 있다는 것을 말해 주는 대목이다.

감리교 감독회장 선출문제, 한기총 사태를 지켜보면서 한국 교회 지
도자들을 신뢰할 수 없는 이유를 발견할 수 있다. 이처럼 목회자 위기의
중심에는 항상 '돈'이 관련돼 있다. 사실 돈과 관련된 교회의 타락은 이
미 중세교회로부터 시작됐다. 중세시대 말엽에 전 유럽의 교회를 타락의

---

30) "기윤실 2010 신뢰도 조사, 성인 17.6%만—한국 교회 신뢰—교회 지도자 · 교인, 언행일치 보여야" 〈국민
　　일보〉(2010년 12월 14일).

나락으로 몰고 갔고 급기야는 유럽의 기독교를 가톨릭교와 개신교로 분열하게 한 도화선도 성직자와 관련된 돈의 문제였다. 당시 로마 가톨릭교회는 방만한 규모의 재정을 요구하는 성당건축과 성직자들의 필요를 충족시키기 위해 돈을 받고 구원표를 판매하는 방식으로 교인들로부터 돈을 갈취했고, 이러한 무리한 돈 모으기가 기독교개혁을 촉발시켰다.

2011년부터 이어오는 한국 교회 최대 이슈였던 한기총 사태도 결국 '돈'이 문제였다. 오죽하면 한기총 해체운동이 벌어지고 있다. 사실 한기총의 임원선출 과정은 오랫동안 금권선거로 얼룩져왔다. 또한 교단의 임원 선출에 있어서도 의례히 돈 봉투를 주고받는 것이 공공연한 비밀이 됐다. 이 때문에 금권선거를 방지하는 제비뽑기 선거제도를 시행하고 있거나 도입하려는 교단들도 있을 정도다. 심지어는 신학대학교 총장을 선출하는 과정도 돈거래로부터 자유롭지 못한 실정이다. 돈 문제를 둘러싼 목회자들의 잘못된 관행이 교회와 교계 전반에 걸쳐 나타나고 있는 것이다.

일부 대형교회 목회자들은 교회 재정을 주머닛돈이 쌈짓돈이라는 생각으로 개인적인 용도로 물 쓰듯이 쓰는 일을 자행하고 있다. 무엇보다 이와 같은 목회자들의 비윤리적 행동이 교회 분쟁을 일으키는 주요 원인이 되고 있다. 헌금을 갖고 영리사업에 투자하는 목회자, 그 수익금 또한 교회운영을 위해 사용하지 않고 독식하고 있는 목회자, 은퇴할 때 수십억 원에 이르는 거액의 퇴직금을 요구하는 목회자, 예배당과 성도를 묶어 후임 교역자나 타 교회에 팔아넘기는 목회자, 교회 건축, 차량 구입, 교회 리모델링(구조변경) 등 교회의 외적 확장을 위해 직분을 수여하는 목회자 등 '돈'에 사로잡힌 목회자들이 한국 교회를 위기로 몰아가는 주 원인제공자다. 이처럼 돈의 노예, 세속화로 치닫는 목회자에게 예수 그리스도의 모습을 기대하기는 어렵다. 슬픈 현실은 교회 개혁의 대상이 바로 목회자들이 되어 버렸다는 것이다.

2011년 9월 20일 MBC TV 〈PD수첩〉에서는 "나는 야간이 아니다"라는 제목으로 연간 추정 예산이 1,500억에서 1,800억에 달하는 여의도순복음교회 문제를 다루었다. 신도 수만 45만이라고 하니, 인구수 49만 명인 룩셈부르크보다는 좀 작고, 3만 2천 명 정도인 모나코보다는 무려 10배 이상 큰 그야말로 하나의 왕국이요, 교회라고 부르기는 힘든 곳이 바로 이곳이다. 이 교회는 전 세계에서 단일 교회로 가장 규모가 큰 교회이다. 아니 기독교 2천년 역사에서도 가장 규모가 크다.

〈PD 수첩〉에서 방영한 내용을 보면 여의도순복음교회 재정이 조용기 목사와 일가로 흘러들어가고 있다. 조 목사의 차남인 조민제 국민일보 사장이 조 목사에게 전달한 '최후통첩'이라는 문건을 토대로 조목조목 의혹을 제기했다. '최후통첩'이라는 문건에는 아래와 같은 문구가 담겨 있다.

"김성혜 씨가 베데스다대 학생들을 동원해 밀반출한 외화규모와 관련 계좌를 공개하고, 검찰에 고발하겠습니다."

"김성혜 씨의 국내외 부동산 차명 보유 현황을 공개하고, 국세청과 검찰에 고발하겠습니다."

"김성혜 씨가 미국 LA 도피 중에 무슨 짓을 하고, 어떻게 지냈는지도 상세히 공개하겠습니다."

김성혜 씨는 조용기 목사의 아내로 현재 한세대학교 총장과 베데스다대 명예총장을 맡고 있다. 이 문건 대로라면 김 총장이 미국 캘리포니아에 위치한 베데스다대학교 학생들을 동원해 외화를 밀반출했다는 것인데, PD수첩은 먼저 '최후통첩'이라는 문건이 조민제 사장을 통해 작성한 것임을 확인한 후 본격적인 취재에 나섰다.

문건에 등장한 베데스다 대학교는 조용기 목사가 1976년에 설립한 신학대학이다. 1999년까지만 해도 베대스다대의 재정 상태가 상당히 열악했지만 김 총장이 미국에 거주하기 시작한 2001년 이후 여의도순복음교회 해외선교자금이 흘러들어왔고, 급기야 인편을 통해 현금이 쌓이기 시작했다고 한다. 또 PD수첩은 여의도순복음교회와 관련한 사람들이 미국에서 부동산을 매입한 후 이를 베데스다대에 증여했으면서도 이를 관련기관에 신고하지 않아 외국환거래법 위반 의혹이 있다고 지적했다. 과거 김 총장의 관계자라고 밝힌 익명의 취재원은 PD수첩과 인터뷰에서 김 총장이 베대스다대의 명예총장이긴 하지만 사실상 총장의 역할을 하고 있다고 언급하기도 했다.

PD수첩은 서울 대림동에 위치한 한세대학교 소유 건물에 대해서도 문제를 제기했다. 건물이 들어선 당시 땅의 소유주는 여의도순복음교회 계열 출판사인 '서울말씀사'라는 출판사였는데, 김 총장이 1997년 이 땅을 담보로 12억 원의 돈을 대출을 받았다고 한다. 이와 관련해 김경률 회계사는 PD수첩과 인터뷰에서 "1997년 당시를 보면 서울 말씀사의 자본금 총액이 5천만 원이다. 아주 영세한 규모라고 할 수 있는데 그런 영세한 규모의 회사에서 대림동 소재 토지를 담보로 김성혜 개인이 약 12억 원을 대출받을 수 있다면 이것은 김성혜 씨가 서울말씀사의 실질적인 오너라는 것이다"고 말했다.

이어 PD수첩은 한세대학교는 물론 국민일보도 재정 상태가 넉넉하지 못한 상황에서 대림동 토지에 53억 원의 비용을 들어 건물을 신축할 수 있었던 것은 교회에서 돈이 들어 왔기 때문이라고 의혹을 제기하며, 이 돈 중 일부가 김 총장에게 들어간 경우도 있었다고 덧붙였다.

또 PD수첩은 지난 3월 6일 조 목사가 설교 단상에서 "제 나이가 일흔 다섯이고 우리 집사람의 나이가 일흔 살이 됐다. 집 한 채가 없다. 교회 사택에 살고 있는데 교회에서 나가라고 하면 길거리에 나앉아야 한다."고 말한 설교와 현재 그가 거주하고 있는 서울 서초동의 거액의 고급 빌라를 대비하기도 했다.

이 밖에 PD수첩은 조 목사가 과거 신도들에게 100만 원에 달하는 국민일보 평생 구독권을 구입하도록 한 사실을 언급하며, 이렇게 모인 342억 원의 행방이 묘연하다고 지적했다. 또 여의도순복음교회에서 570억 원을 출자해 만든 영산 조용기 자선재단이 조 목사의 장남인 조희준 씨와 김 총장이 각각 대표사무국장과 이사에 선임한 데 대해서도 문제를 제기했다.

이날 PD수첩이 붙인 "나는 아간이 아니다"라는 제목은 지난 7월 조 목사가 설교단상에서 자신과 가족의 청렴함을 강조하며 "나는 아간이 아니다"고 말한 데서 따왔다. 아간은 구약성경에 등장하는 인물로 하나님께 드려진 성물에 손을 댓다가 가족들까지 죽임을 당한 바 있다.

한때 교계 차세대 리더로 주목 받던 제자교회 정삼지 목사가 교회 돈 32억여 원을 횡령한 혐의로 징역 4년을 선고 받고 2011년 12월 2일 법정 구속됐다. 교회를 개척한 담임목사라 할지라도 교회 헌금을 투명하게 관리해야 한다는 점을 강조한 판결이어서 주목된다. 서울남부지방법원 406호 법정, 제12형사부(재판장 김용관)는 선고공판에서 정삼지 목사에 대해 징역 4년을 선고했다. 공범으로 기소된 교회성도 서 모 씨와 홍 모씨에 대해서는 각각 징역 2년을 선고하고 홍 모 씨에 대해서만 집행유예 2년을 선고했다.

재판부는 판결문에서 "피고인은 교인들이 선교와 구제 등에 투명하게 사용될 것으로 믿고 낸 헌금을 횡령했다."며 죄질이 무겁다고 밝혔다. 특히 피고인은 연 예산이 135억 원에 이르고 신도가 9천여 명에 달하는 교회의 담임목사로서 높은 도덕성이 요구되는데도 성도들의 신망을 악용했다고 질타했다. 이로 인해 성도들은 금전적 피해를 입었고 믿고 따르던 목사에 대해 신뢰를 잃고 깊은 상실감에 빠졌으며 교회는 극심한 분열을 겪었지만, 피고인은 횡령 의혹을 제기한 장로 7명을 출교·제명하는 등 범행을 감추고 뉘우치지 않아 엄벌에 처한다고 밝혔다. 이번 판결은 교회를 설립한 담임목사가 교회 돈을 주먹구구식으로 관리해 온 교계의 일부 관행에 적지 않은 영향을 미칠 것으로 보인다.[31] 이러한 예는 정삼지 목사만이 아니다. 강북제일교회 황형택 목사는 교회의 재정 절차 없이 10억 원을 개인이 사용해 문제가 됐다. 분당중앙교회 최종천 목사는 100억 원이 넘는 돈을 펀드에 투자해 문제가 됐다. 이렇듯 목회자들의 불투명한 재정처리 문제로 교인들이 친목사파와 반목사파로 나누어 분쟁으로까지 이어지고 있다. 교인들 사이의 분쟁은 1년이 넘게 이어져 주일예배가 제대로 드려지지 못하는 것은 물론, 교회 분열이 아니면 해결될 수 없을 정도다.

목사의 의식을 드러내주는 실제 이야기이다. 이른바 "빤스 목사"라 불리는 전광훈 목사(사랑의 교회, 청교도훈련원 대표)는 수백 명의 목사들에게 행한 공개적인 강연에서 이런 말을 하였다. "여성 교인을 보고

---

31) "제자교회 정삼지 목사, 징역 4년 '법정 구속'" 〈뉴스앤조이〉(2011년 12월 2일).

빤스를 내리라고 해서 내려야 그게 자기 교인이다." 어느 여론조사 기관에서 목사들에게 물어보니 상당수가 이거 별 문제없는 발언이라고 하였다고 한다. 더 큰 문제는 이런 목사들의 설교에 아무런 비판적 생각 없이 마치 집단 최면에 걸려 있는 것 같이 그저 습관적으로, 자동적으로 "아멘"을 연발하는 교인들이 너무나 많다. 이들을 향해 인터넷에서는 목사의 말에 무조건 "아멘"하는 교인들을 좀비라고 지칭한다. 좀비(zombie)는 역사적 사실로 증명된 바는 없지만, 아이티 원시종교 의식을 통한 살아 있는 시체를 말한다. 아프리카 신비주의 종교에 뿌리를 두고 있는 아이티 부두(voodoo)교의 주술사가 마약성분의 약물로 희생자를 가사(假死) 상태에 빠트려 의사로 하여금 사망 진단을 하게 한 후 묘지에 묻고, 밤중에 다시 꺼내어 악덕 농장주들에게 팔아치운다. 그러면 농장주들은 장기적으로 약물을 투여하여 자기 말에 무조건 복종하는 동물 노예로 만들었는데, 이들이 바로 좀비이다.

이러한 일들이 버젓이 일어나고 있는 이유는 하나님의 권위를 빌어 말도 안 되는 말과 행동을 해대는 목사들 몇 사람 때문인가? 또한 엄청난 액수의 헌금을 사유재산처럼 마음대로 주무르는 것 또한 일부 목사와 몇몇 가족들 때문인가? 아니면 비상식적인 그 교회만의 논리에 매몰되어 있는 수천, 수십만의 교인 때문인가?

손규태는 목회자의 자질의 심각한 수준임을 지적하였다.

수능 시험 성적이 별로 좋지 못한 대부분의 목사 후보생들은 신학교를 다니면서도 별로 학문에는 뜻이 없다. 도덕적으로 건강하고 사회적으로 책임을 질 줄 아는 가정에 태어나지 못한 목사 후보들은 목회의 성공을 정당한 길을 통해서 달성하려 하지 않고 비정상적인 방법을 통해 그런데 문제는 한국 교회가 기형적인 목회자 양산을 해오고 있다는 사실이다. 1990년대를 기점으로 교회성장은 멈춘 지 오래인데 목사후보생 배출은 더욱 더 늘어만 가는 실정이다. 어디서나 수요와 공급의 비중이 맞아야 정상적 관리가 됨이 상식이다. 그러나 오늘날 우리 한국 교회의 목회자 공급은 수요와의 차이가 너무나 크다. 대표적인 예로 대한예수교장로회(통합)는 무임목사가 1,100명 선에 육박하고 있는 상황에서 교단 산하 7개 신학대학교가 배출하는 신학대학원과정을 마친 목사후보생의 수가 973명에 이른다. 매년 목회자 수요가 700명이라는 교단 연구보고서에 의하면 300명의 잉여 목회자가 해마다 과잉 배출되고 있다. 교단 산하 7개 신학대학교중 대표적인 장로회신학대학교에서도 2006년 2월 졸업생 기준으로 졸업생의 45%만이 전임전도사 진출했을 정도이다.33) 그런데도 이 교단의 경우 해마다 목사고시 응시생이 1,500여 명씩 되니 목사 실직자는 계속 늘어나 안수를 못 받거나 안수는 받았으나 갈 곳이 없는 젊은 목사들이 늘어날 것이다.

대한예수교장로회(합동)도 마찬가지이다. 무려 10개의 지방 신학교에서 배출되는 신학생들이 총신대 신학대학원 과정을 거친 뒤 800여 명이 배출되고 있다. 기독교대한감리회의 경우도 3개의 신학대학교에서 500

---

32) 손규태, 『세계화 시대 기독교의 두 얼굴』(서울: 한울아카데미, 2007), p.350.
33) "이제 이들은 어디로 갈꼬!" 〈신학춘추〉(2011년 11월 22일).

여 명 정도의 목회후보생들이 배출된다.

교육과학기술부에 따르면 인가를 받은 학교의 신학생들만 따졌을 때 한 해 4,000여 명이 배출된다. 여기에 비인가 신학교의 인원까지 고려할 경우, 그 수는 엄청나다. 그럼에도 각 교단은 경쟁적으로 더 많은 신학생들을 양산해서 교단 세를 늘리려고 한다. 이를 위해서 목사 안수 조건으로 단독목회란 미명 하에 교회 개척을 강제하기도 한다. 또한 교단 내에서도 출신학교 졸업생들이 많아야 교단 내에서 힘을 발휘할 수 있다는 생각으로 신학생들을 양산한다. 이를 위해서 교육과학기술부 학위가 아닌 과정을 교육부 인가 없이 '교단 인정'이라는 명목으로 신학생들을 양산해 내고 있다.

이렇듯 수많은 신학대학교와 신학교의 난립과 목사후보생들의 양산은 지나친 교단 간 경쟁을 가져오고 목회자 간 자리다툼으로 이어지게 한다. 이렇듯 상식 밖의 신학교육 정책이야말로 한국 교회의 심각한 위기를 가져올 것이다. 이재철 목사는 고등종교가 타락하면 가장 먼저 성직자가 급증한다고 지적하였다. 현재 국내 각종 신학교에 다니는 신학생 총수는 대한민국을 제외한 세계 모든 나라의 신학생 수보다 더 많다는 통계를 본 적이 있다고 비판하면서 이것이 한국 교회의 타락 현상을 불러온 주된 요인임을 지적하였다.34)

이에 따라 한국 교회 현장은 교회의 필요에 따라 언제든지 채용할 수 있는 대체가능한 교회인력으로 여기는 풍조마저 엿보인다. 목회자들은 교회 부임을 위해 자신의 상품성을 높이듯이 경쟁적으로 학위를 취득하

---

34) 이재철 목사는 신학생 숫자 이외에도 종교기관의 급증과 신앙의 기복화, 해당 종교의 이해집단화 등을 지적하였다. 이재철, 『비전의 사람』(서울: 홍성사, 2010), pp.17~27 참조.

거나,[35] 각종 자격증 취득, 교인들의 구미에 맞는 설교와 처세를 감수하기도 한다. 이에 대해 이재철 목사는 바른 목회자상을 되새겨야 함을 강조하였다. 오늘날 목사들은 박사학위와 그 명예가 주는 짜릿한 맛에 미혹되어 있다. 성경말씀만을 전하는 것을 부끄럽게 생각해서 유식한 학문의 지식을 설교에 도배를 한다. 예화는 물론이고 쓸데없는 개인의 간증까지 설교를 장식한다. 그리고 본문과는 전혀 상관없는 말들을 해도 신자들은 아멘을 하니 더욱 기고만장이 되고 드디어는 성경이 없이도 설교를 할 수 있다는 착각을 하고 스스로가 모델이 되어서 신학생들에게 심어 주기까지 하는 것이다.[36] 이런 현실에서 참된 목회자상을 찾아보기 어려운 게 현실이다.

이재철 목사는 목사를 불가의 선승이나 가톨릭 수도원의 수도사들이 구도의 삶을 이루기 위해 얼마나 정진하는지를 되새기면서 목회자도 구도자의 삶이어야 함을 강조하였다. 또한 철저한 자기점검과 섬김을 강조하였다. 이를 위해 그는 본인 명의의 집과 통장을 갖지 않는다.[37]

이재철 목사는 목회자가 갖춰야 할 자질을 제시하였다. 그가 "주님의 교회" 담임목사일 때 부교역자들과 나눈 자기관리의 원칙들로 내용을 보면 지나칠 정도로 철저하다. 다소 길지만 중요하다고 보기에 그 내용을 제시하면 다음과 같다.[38]

35) 이에 대해서는 졸저, 『쉽게 읽는 기독교윤리』(파주: 한국학술정보(주), 2010), "목사가 채워야 할 참된 가치", pp.185~194 참조.

36) 이재철 목사의 설교준비는 철저하다. 그는 치열하게 성경을 묵상하고 연구하고 집필하고 설교 전문을 외운다. 이재철, 『회복의 목회』(서울: 홍성사, 1998), p.94.

37) Ibid., pp.92~95 참조.

38) Ibid., pp.107~112 참조.

- 어떤 교인보다 더 많이 성경을 읽고, 어떤 교인보다 더 많이 기도하는 자가 되라. 말씀과 기도는 습관이 되지 않으면 안 된다.
- 새벽기도회가 끝남과 동시에 개인기도를 충분히 하라. 그 시간을 놓치면 하루 중 따로 시간을 내어 기도하기는 어렵다.
- 새벽기도회가 끝난 다음 집에 가서 다시 자지 말라. 하루 중 그 시간보다 영성을 기르기에 더 좋은 시간은 없다.
- 심방의 대가로 어떤 경우에도 돈을 받지 말라. 그것은 상대에게 자신의 인격을 파는 짓이요, 스스로를 삯꾼으로 전락시키는 짓이다.
- 반드시 시간을 지켜라. 어떤 예배든지 정해진 시간 정각에 시작하라. 사람이 많이 오지 않았다고 예배 시간을 늦추지 말라. 예배 시작 시간이란 사람과의 약속인 동시에, 그 예배를 받으실 하나님과의 약속이다.
- 교인들이 보지 않는 곳에서도 목회자이어야 한다. 교인들이 없다고 해서 목회자의 정체성을 망각한다면 결국 사람들 앞에서는 목회자의 연기를 하는 셈인데, 연기를 통해서는 성령님께서 역사하시지 않는다.
- 토요일은 주일을 준비하는 날이지 반공휴일이 아니다. 만약 목회자의 토요일이 반공휴일이 된다면, 그 순간부터 목회자는 교인과 구별되지 않는다.
- 어떤 경우에도 자신을 위하여 교회에 금전적인 요구를 하지 마라. 목회자는 주어진 것 속에서 자족하며 살 수 있어야 한다. 그렇지 않으면 영적 권위는 주어지지 않는다.
- 교인들에게 대접만 받는 사람이 되지 마라. 먼저 베푸는 사람이 되

라. 목회자가 나눔의 종착역이 되려 하면 스스로 썩어 버린다.

- 어떤 경우에도 거짓말을 하지 마라.

- 실수를 깨달았을 때는 즉시 사과하라. 실수 자체는 잘못이 아니다. 잘못은 실수를 깨닫고서도 사과하지 않는 것이다. 그러나 같은 실수를 세 번 이상 반복하는 것은 목회자의 자질 문제다.

- 자신이 행하지 못하는 것은 교인에게 요구하지 말고, 교인들에게 설교한 것은 무조건 실행하라. 참된 설교는 강단에서 내려가는 것으로 끝나는 것이 아니라, 오히려 그 순간부터 시작된다.

- 목회 활동 중에 알게 된 교인의 비밀은 누구에게도 누설해서는 안 된다. 내일 떠나더라도 지금 섬기는 교회를 중간 기착지라 생각지 말고 종착역으로 여겨라. 내일이 되기 전에 내 생명이 끝날지도 모른다.

- 명단을 작성할 때에는 교인들의 이름을 먼저 쓰고, 교역자의 이름은 제일 말미에 넣어라. 교인들을 위한 섬김은 종이 위에서도 나타나야 한다.

- 교회 재정에 관여치 마라. 한 번 관여하기 시작하면 재정이 목회의 핵심이 되어 버린다. 목회의 핵은 복음이지 재정이 아니다.

- 예배를 영어로 service라 한다. 그러므로 교인들에 대한 서비스 정신에 투철하지 않는 한 진정한 목회자는 될 수 없다.

- 교인수첩 제작 등 교인 명부를 작성할 때에 교인의 이름이 틀리거나 빠지지 않도록 유의하라. 사람의 이름을 빠뜨리거나 틀리게 기재하는 것은, 그 사람의 존재와 인격 자체를 부정하는 것이다.

- 장례식 때 하관예배의 설교는 5분 이상을 초과하지 말라. 그때가 유

족들이 가장 지쳐 있는 시간이다.

- 하관예배까지 다 끝난 후에는 유족의 집까지 따라가서 위로의 기도를 해드려라. 장례식을 마치고 집 문을 열고 들어서는 순간이 유족이 가장 외로울 때이다.

- 이성(異性)이 교역자 혼자 심방해 줄 것을 요구하면 절대로 응하지 말라. 이성과는 단 둘이 식사도 하지 말라. 이성과 상담할 때에는 반드시 교회 사무실 공개된 장소에서 하라. 정신질환자인 이성이 상담을 요구할 때에는 반드시 누군가를 배석시켜야 한다.

- 다른 목회자가 어떤 일을 주관할 때 반드시 자기 자신을 그 자리에 세워 보라. 그렇지 않으면 자신에게 그 일이 맡겨졌을 때 제대로 감당하기 어렵다.

- 월요일 아침에는 자기 교구 교인 명단을 놓고, 주일에 누가 보이지 않았는지를 대조하면서 전화로 확인해 보라. 목회는 관심이고 관심은 쏟아야 계발된다.

- 좋은 설교는 그 전체의 내용을 한 문장 혹은 한 단어로 표현할 수 있어야 한다. 이것이 불가능하다면, 그것은 설교에 초점이 없다는 의미이다.

- 목회자끼리 서로 사랑해야 한다. 목회자가 서로 사랑하지 못하면, 그 입에서 말해지는 말들은 모두 공허한 메아리일 뿐이다.

- 토요일 신문이 오면 주일에 대한 일기예보를 확인하고 필요한 조처를 미리 취하라.

- 부목사 시절에 세계문학전집 한 질은 반드시 읽어라. 목회의 대상은 사람이고 문학은 사람에 관한 사람의 이야기이기에, 문학은 사

람에 대한 앎의 깊이를 더해 준다. 사람을 알지 못하는 자의 설교는 사람을 변화시키지 못한다.

- 다른 사람이 설교할 때 주의를 집중하여 설교를 경청하라. 타인의 설교를 소홀히 하면 다른 사람도 나의 설교에 집중하지 않는다. 다른 사람의 설교에 목회자가 귀 기울이는 것 자체가 이미 교인을 향한 훌륭한 설교다.
- 지식과 정보는 반드시 공유하라.
- 교회의 모든 행사는 교역자 위주가 아니라 교인 위주여야만 한다.
- 신학자는 수직적인 사고만으로도 족하지만, 목회자는 수직적인 사고와 수평적인 사고가 교직되어야 한다.
- 절대적인 것을 위해서는 목숨을 걸 수도 있어야 하지만, 상대적인 것이라면 모두를 양보할 수 있어야 한다.

이러한 이재철 목사의 몸부림이 오늘날 목회자들의 자세가 되어야 할 것이다. 이재철 목사의 철저한 목회자상은 죽는 날까지 하늘을 우러러 부끄러움이 없기를 소망하며 주어진 길을 묵묵히 걸어야 함을 다짐하는 윤동주의 '서시'를 연상케 한다.

서시

죽는 날까지 하늘을 우러러
한 점 부끄러움이 없기를
잎새에 이는 바람에도
나는 괴로워했다.

별을 노래하는 마음으로
모든 죽어가는 것을 사랑해야지.
그리고 나한테 주어진 길을
걸어가야겠다.

오늘 밤에도 별이 바람에 스치운다.

박광철 목사는 "목사에게 필요한 10가지"를 제안하며 내놓았다. "교회를 생각하면 목사의 인격을 돌이켜 보게 된다"며 말문을 연 박 목사는 "공부를 많이 해야 좋은 목사가 된다고 보증할 수는 없지만, 몸의 질병을 고치는 의사가 되려고 해도 적어도 6년 동안의 공부와 수년에 걸친 고된 인턴과 레지던트 훈련을 받아야 하고 전문의가 되려면 거기에 더 많은 임상훈련을 해야 하지만, 사람의 영혼을 다루는 목사가 되는 길은 왜 그렇게 쉬운가"라며 목회자가 갖추어야 최선의 요소들을 제시했다. 이를 요약하면 다음과 같다.[39]

첫 번째 조건은 '신뢰성'이다. 무엇보다 목사의 말을 믿을 수 있어야 한다. '책임감'도 갖추어야 할 부분이다. 함부로 말하고 나중에 그럴듯한 변명을 자주 말하고 책임을 회피하는 것은 천박한 인격의 모습이라는 점에서 책임감을 강조했다. 편견과 아집이 없는 '공정성'과 시민으로서 갖추어야 할 '시민성', 그리고 거짓이 많은 세상에서 어렵지만 그래도 '정직성'을 가지고 정직한 거래와 정직한 삶을 살아야 한다는 점도 목회자에게 필수적으로 동반되는 요소로 꼽았다. 목회자에게 때론 '용기'도

---

[39] 박광철 목사가 제안한 목회자가 갖춰야 할 필수 10가지는 "신뢰성, 존경심, 책임감, 공정성, 시민성, 정직성, 용기, 근면성, 배려심, 충성심"이다. 그리고 목회자가 피해야 할 함정으로는 "교만, 존경심, 욕심, 독선, 위선, 나태, 분주함, 숨겨진 악습"이다. "얼굴과 설교와 태도가 목사의 인격을 말한다" 〈기독교연합신문〉(2010년 12월 19일).

필요하다. 꼭 필요한 때에는 하기 힘든 말도 해야 하고, '근면성'도 필요한데, 남의 사정도 돌아볼 줄 아는 '배려심'과 무슨 일을 하든지 최선을 다하는 '충성심'을 갖출 것을 권고했다.

목회자가 갖추어야 할 것도 있지만 버려야 할 것, 조심해야 할 것들에 대해서도 지적했다. 가장 조심해야 할 함정은 무엇일까? 교만의 함정이다. 아무도 자신을 교만하다고 생각하지는 않겠지만 단체에서 더 높아지고 더 커지고 더 많이 소유하고 싶어 하는 마음이 바로 교만이다. 두 번째 조건은 '욕심의 함정'이다. 남보다 더 성장해야 하고 더 큰 예배당을 지어야 한다는 욕심에서 벗어나야 한다. 이웃 교회와의 비교는 결국 더 큰 욕심, 죄를 잉태하게 된다.

그리고 모든 사람에게서 찾을 수 있는 '숨겨진 악습'과 '독선의 함정'도 목사를 넘어뜨리는 올무이다. 자신의 주장이 항상 옳다는 확신이 양보를 어렵게 하고 타협을 어렵게 한다. '위선'과 '나태'도 경계를 필요로 하는 문제이다. 늘 분주한 목회자도 문제이다. 사역으로 바쁘겠지만 '분주함' 또한 경계의 대상이다. 너무 많은 위원회와 각종 모임들은 하나님의 말씀을 묵상하고 연구할 시간을 빼앗는다. 억지로라도 조용한 곳을 찾아 고요히 자신을 돌아보는 시간을 가져야 한다.

4. 나오는 말

한국 교회는 지금까지 교회 중심의 믿음만 강조하면서 제도화된 개체 교회 중심의 성장에만 관심을 가졌다. 결과적으로 한국 교회는 적극적인 교회 중심의 믿음, 일사불란한 조직체계, 결속된 교회, 성공적인 양적 성장의 열매를 맺을 수 있었다. 그러나 우리 삶의 방식은 급속하게 변하면서 사람들의 의식구조, 가치관, 삶의 방식 또한 크게 변하고 있다. 세상은 다원화·합리화·기계화·자동화로 치닫고 있다. 한국 교회는 이러한 시대 변화에 능동적으로 대처하기 위한 끊임없는 자기변혁을 이루어가야 한다.

교회의 공공성을 요구하는 시민 사회는 교회 재정 및 의사결정 구도에서도 투명성을 요청한다. 교회는 이들의 요청 앞에 무언가 숨기기에 급급한 공동체라는 인상을 주어서는 안 되고, 기독교인은 자기들끼리의 이야기에 만족하는 사람들이라고 오해를 받아서도 안 된다.[40]

정치, 경제, 사회, 문화 상황은 말할 것도 없고, 과학기술문명의 눈부신 발전은 우리 사회에 풍요함과 편리함과 즐거움을 가져다 주었다. 이러한 물질적인 풍요가 정신적인 행복으로 직결되지는 않는다. 오히려 현대인들은 정신적으로는 두려움과 불안, 소외감과 박탈감을 심하게 경험하고 있다. 그에 따라 현대인들은 정신적인 가치의 목마름으로 새로운 감성적 요구에 따른 영성에 대한 갈망도 생겼다.[41]

한국 교회는 이성과 감성의 불균형의 시대에 하나의 빛으로 거듭나야 한다. 지금까지 한국 교회를 추동(推動)해 온 모습들에 대한 면밀한 분석을 통해 긍정적인 측면은 더욱 활성화해 나가되, 잘못된 부분은 바로잡아야 한다. 이렇게 해 나갈 때만이 한국 교회는 새로워질 수 있다. 성장과 성숙이, 믿음과 삶이, 교회와 지역사회가, 조직과 사람이 조화를 이

---

40) 문시영, "시민사회를 향한 교회의 아름다운 몸짓, 공공성" 목회와 신학 편집부 엮음, 『기독교윤리』(서울: 두란노아카데미, 2010), p.43; 이런 점에서 교회 재정과 운영 등을 투명하게 공개하는 교회들의 모습은 한국 교회만이 아니라 우리 사회에 신선한 자극이 되고 있다.

41) 이원규, op. cit., pp.281~284 참조.

룰 수 있는 건강한 교회야말로 묵은 해를 보내고 새로운 해를 맞는 진정한 의미의 송구영신예배가 될 것이다. 이를 위해서는 뼈를 깎는 아픔이 있다고 해도 도려내야 할 것은 반드시 도려내는 각오도 필요하다.

"낡은 옷에 새 천조각을 대고 깁는 사람은 없다. 그렇게 하면 새 천조각이 낡은 옷을 잡아당겨 더 찢어지게 된다. 또한 새 포도주를 낡은 가죽부대에 담는 사람도 없다. 그렇게 하면 포도주가 부대를 터뜨려 포도주와 부대 모두를 버리게 되기 때문이다. 새 포도주는 새 부대에 담아야 하는 법이다."[42]

'바보는 항상 결심만 한다'라는 말이 있다. 매일 결심만 하고 실천하지 못하는 사람들을 빗대어 한 말이다. 오늘날 한국 교회를 바라보면서 많은 비판과 대안이 제시되곤 한다. 이에 따라 목회자나 신앙인, 그리고 교회와 교단이 저마다의 모습에서 스스로를 개혁하고자 굳게 다짐한다. 이를 위해 기도하며 개혁의 목표를 정하기도 한다. 그러나 중요한 것은 여기서 그치곤 하는 것 같아 안타깝다. 중요한 것은 말로만이 아닌 진정성이 담긴 실천이다. 하나님의 말씀은 우리가 사랑함에도 이 두 가지를 지녀야 함을 일깨워 준다.

"자녀들이여, 우리가 말과 혀로만 사랑하지 말고 행동과 진실함으로 사랑합시다."[43]

개혁을 다짐하면서 세운 목표에 대해 말로만 기도하고 결심만 하지 말고 하나라도 진심으로 실천해 나가는 것이 중요하다. 이를 위해 교회

---

42) 마가복음 2장 21~22절.
43) 요한일서 3장 18절.

의 사명을 되새겨 나가야 한다. 교회가 하나님이 많은 사람들 가운데서 그의 백성을 삼고자 택하여 불러낸 '부름 받은 공동체'라면, 여기에는 이미 하나님의 부르심에 응답하는 공동체[44]의 사명이 전제되어 있다. 즉, 부르심의 공동체라고 할 때, 이미 응답이 전제되어 있으며, 이 둘은 동시적인 사건이다. 그리고 부르심은 하나님의 전적인 의지이므로, 부름 받은 공동체로서 교회는 그 성격이 부르시는 분의 의지에 종속된다고 할 수 있다. 따라서 응답은 하나님의 뜻에 순종함에 있어서 선택의 문제가 아니라 얼마나 충실히 하느냐의 문제이다. 때문에 위로부터 주어진 부르심의 성격에 합당한 열매를 맺는 것이 응답하는 공동체로서 교회의 사명이며, 하나님이 교회에 내리신 모든 명령에 대하여 교회는 응답해야 할 의무가 있다.

예수님은 제자공동체에 새 계명을 통하여 부름에 대한 바른 응답을 하도록 하셨다. 이를 요약하면 경천애인(敬天愛人), 즉 하나님을 사랑하고 이웃을 사랑하라는 명령이다. 그러므로 교회는 하나님을 사랑하고 이웃을 사랑하는 공동체일 때 그 존재의 의미와 가치를 지닐 수 있다.

"선생님, 율법 가운데 어느 것이 가장 중요한 계명입니까?" 예수께서 대답하셨습니다. "'네 마음을 다하고 네 생명을 다하고 네 뜻을 다해 주 네 하나님을 사랑하여라.' 이것이 가장 중요하고 으뜸 되는 계명이다. 그리고 둘째 계명도 이와 같다. '네 이웃을 네 몸처럼 사랑하여라.' 모든 율법과 예언자들의 말씀이 이 두 계명에서 나온 것이다."[45]

"내가 너희에게 새 계명을 준다. 서로 사랑하라. 내가 너희를 사랑한 것같이 너희도 서로 사랑하라. 너희가 서로 사랑하면 이로써 모든 사람들이 너희가 내 제자임을 알게 될 것이다."[46]

---

44) 하비 콕스, 『세속 도시』, 구덕관 외 옮김(서울: 대한기독교서회, 1995), p.121.
45) 마태복음 22장 36~40절.
46) 요한복음 13장 34~35절.

제2장

세상을 섬기는 교회 윤리

1. 들어가는 말

한국 교회는 짧은 선교역사에 비해 놀랄 만한 성장을 거듭해 왔다. 선교 초기의 한국 교회는 민족적 수난의 역사에 함께 동참하면서 복음증거의 교회적 사명을 잘 감당하고, 교육과 의료사업을 중심으로 사회에 봉사하는 역할을 활발하게 전개해 왔다. 3·1운동 때는 민족대표 33인 중 17명이 기독교인이었고, 일제강점기에도 수많은 항일 독립투사들이 기독교인이었다.[47] 이토록 짧은 선교 역사 속에서도 암울한 세상의 빛과 소금의 역할을 감당해 온 한국 교회가 오늘에 와서는 사회적 신뢰를 얻지 못함은 물론 안티기독교 사이트마저 생길 정도로 반기독교 정서가 심상치 않다. 기독교를 '개독교', 목사를 '먹사'로 부르는 등 '안티기독교' 운동이 네티즌 사이에 확산되고 있다. 2003년에는 안티기독교 운동의 기치를 들고 반기독교시민연합(반기련)이 출범하면서 그 선언문으로 "이 사회에서 기독교가 패악질을 일삼지 못하도록 기독교를 박멸하겠

---

47) 대표적인 인물로는 YMCA를 시작하신 월남 이상재 선생, 무궁화를 심어 애국심을 고취하신 한서 남궁 억 선생, 교육운동과 국민교회운동을 펼치시며 흥사단을 만드신 도산 안창호 선생 그리고 지금도 애국의 표상이신 백범 김구 선생 등이 있다.

다."고 밝혔다.[48]

우리의 교회가 세상을 향한 섬김과 봉사를 소홀히 하고 있다는 지적을 받으면서 사회로부터 신뢰를 얻지 못하는 하나의 종교집단으로 비판받고 있다. 교회는 인적, 물적 자원들의 대부분을 교회 유지를 위해 쓰고 있어, 정작 교회 밖으로 흘러가야 할 사랑의 실천이 기대에 못 미친다. 안타까운 것은 오늘 우리 교회는 선교 초기와는 비교할 수 없을 정도로 인적·물적 자원을 보유하고 있다는 사실이다. 도대체 왜 우리는 선교 초기에 보여 주었던 사회적인 공신력을 상실하고 만 것일까? 신앙 선배들이 보여 준 삼일정신은 다 어디로 간 것일까?

이 글은 이와 같은 문제의식에서 출발한다. 오늘 우리가 생각해 볼 참된 교회의 모습은 무엇인지, 우리가 구현해야 할 빛과 소금의 역할을 감당하기 위한 교회의 모습을 생각해 보려 한다.[49]

2. 교회란 무엇인가?

먼저 교회라는 말의 의미를 살펴보면 다음과 같다. 교회라는 말의 영어(church)나 독일어(kirche) 단어들은 원래 고대 그리스어 큐리아코스(kuriakos)라는 말에서 유래하였는데 그 뜻은 '주께 속하다'라는 의미이다. 그러나 교회라는 말을 더 정확히 이해하기 위해서는 그 말이 생겨난

---

48) 이원규, 『힘내라, 한국 교회』(서울: 동연, 2009), p.133.

49) 일반적으로 교회의 5대 사명은 레이투르기아(예배), 디다케(양육, 교육, 훈련), 케리그마(선교, 전도), 디아코니아(봉사, 사회적 책임), 코이노니아(교제, 연합)이다. 이 중에서 이 글은 오늘날 교회의 사회적 사명으로 절실히 요청되는 디아코니아를 중점적으로 다루고자 한다.

성경에서 의미를 찾아보아야 할 것이다.

구약성경에서 교회라는 말에 해당하는 히브리어는 '카알'(kahal)이다. 이 말은 70인역 성경에서 100여 차례 사용되고 있다. 사전적인 의미는 '부른다' 혹은 '의논하기 위하여 소집된 모임'이라는 뜻이다. 이를 깊이 살펴보면 좁은 의미로 '이스라엘 사람들 중에서 하나님의 일꾼들로 부름을 받은 무리'를 뜻하고, 넓은 의미로는 '온 인류를 대상으로 하는 하나님이 펼치시는 구원의 일에 있어서 이스라엘을 인류의 대표로 뽑아 그들과 계약을 맺어 그들이 구원의 일을 담당하게 하셨다.'라는 것을 의미한다. 그러므로 구약성경에서 말하는 교회는 하나님이 당신의 뜻을 이 땅에 실현하시기 위해 사명자들을 불러 모은 공동체를 일컫는다.

신약성경에서 교회라는 말은 에클레시아(ekklesia)이다. 이 말은 '밖으로 불러낸 사람들'을 뜻하는 것으로, 신약성경에 115번이나 사용되었다. 원래는 고대 그리스(희랍) 도시국가 시대에는 시민모임을 가리키는 말이었으나 그 말이 성경에 사용되면서 교회, 즉 '세상으로부터 불러냄을 받아 하나님을 섬기는 신앙공동체'의 의미로 사용되었다.

오늘 이 시대에 교회란 무엇인가? 오늘 이 시대는 교회의 자기이해, 특히 교회가 수행할 사명에 대한 이해를 분명히 할 것을 촉구하고 있다. 우리 사회는 실제적인 현실과 상황 속에서 교회를 향해 특별한 사명을 강조하며, 이를 위한 구조적인 쇄신을 요구한다. 초기 기독교는 자신들의 정체성을 에클레시아(εκκλεσια)라는 용어를 씀으로써 의도적으로 참된 하나님의 백성임을 자처했다. 즉, 교회는 하나님의 뜻을 이루기 위해 부름 받은 하나님의 백성들의 공동체이며, 예수 그리스도의 몸으로서 예수 그리스도를 주로 고백하고 믿고 순종하는 사람들의 모임이고, 재림

하실 때까지 성령의 인도함을 받는 사람들의 공동체이다.

교회는 하나님의 선택에 의해 세상으로부터(from the world) 부름을 받아, 예수 그리스도 안에서(in Christ) 성장한 후, 다시 세상으로(into the World) 파송되는 공동체이다.[50] 여기서 하나님의 선택에 의해 세상으로부터 부름을 받았다는 것은 교회의 거룩성을, 예수 그리스도 안에 있다는 것은 그리스도 중심성과 그리스도의 몸을, 세상으로 파송되는 것은 지향해야 할 사명을 내포한다.

이런 점에서 오늘날 교회를 가르칠 교(敎)에 모일 회(會)로 쓰는 것은 적절하지 않은 것 같다. 헬라어 '에클레시아'가 어떻게 해서 교회(敎會)라는 한자로 번역되었는지, 그 기원에 대해서 불명확하다. 아마도 종교(宗敎)라는 의미에서 교(敎)를 취한 것 같고, 우리 개신교가 설교(說敎)와 교회교육을 중시하는 경향이 강하기에 그렇게 붙인 것 같다. 그렇게 볼 때, 이에 대한 의미도 있기에 별다른 이의를 제기하지 않는다. 그러나 '에클레시아'라는 어원의 본래적 의미나 신약성경의 의미를 따져 볼 때, 가르친다는 의미는 전혀 없다.[51]

김동수는 가르치는 모임이라는 의미가 강한 교회(敎會)라는 용어보다는 영적인 일을 포함해서 물질적인 상호부조, 마음의 나눔, 상호 식탁 교제, 하나님과의 사귐 등 관계론적인 소통의 공동체로서 사귀다 교(交)에 모일 회(會)로 교회(交會)가 더 적절한 것으로 제시하였다.[52] 이러한 교회에 대한 이해를 통해, 가르치는 자로서 소수의 목사 중심에서 목사와

---

50) 박철수 외, "교회의 본질과 모습", 『오늘의 기독교 어떻게 거듭나야 하는가?』(서울: 대장간, 1991), p.70.

51) 김동수, 『성서로 본 열린 세계』(서울: 한들출판사, 2006), p.31.

52) Ibid., pp.32~33 참조.

교인이 한데 어우러지는 공동체성을 되새길 수 있다. 이를 통해 오늘 우리 교회가 직면한 비판으로서 말만 앞서고 실천이 없다는 것과 세상과 소통하지 않음에 대한 성찰도 가능할 것이다.

또한 교회는 하나님의 친교를 이 세상 속에서 이루어 가야 하는 책임이 주어져 있다. '에클레시아'라는 용어가 제일 먼저 사용된 것은 안디옥에서 '유대인이나 이방인의 회중'을 일컫기 위해서였다. 이 용어는 고대세계에서 구분하는 요소였던 종교, 인종, 계급, 국가, 성별 그 어느 것도 가리지 않고 자발적으로 모인 사람들의 친교공동체였으며 그리스도 안에서 한 형제자매공동체였다.53) 이러한 공동체에는 어떤 차별이 있을 수 없다.

유대 사람도 없고 그리스 사람도 없고 종도 없고 자유인도 없고 남자도 없고 여자도 없습니다. 여러분 모두는 그리스도 예수 안에서 하나이기 때문입니다.54)

오늘날 교회가 무엇인지에 대해 현대 신학자들은 교회의 정체성을 역동적인 사명체로 제시하였다. 바르트(K. Barth)는 하나님을 위한 교회의 존재, 세상을 위한 교회 존재의 본질을 봉사를 위한 교회공동체로 보았다.

교회는 세상과 하나님의 백성을 위하여 존재할 뿐만 아니라 그 자신을 위해서도 존재한다고 본다. 그리고 교회는 세상을 위하여 존재하시는 하나님 자신이기에 예수 그리스도의 교회는 하나님을 위하여 존재하고 또한 세상을 위하여 존재한다.55)

---

53) Jürgen Moltmann, "The Life Signs of the Spirit in the Fellowship Community of Christ", *in Hope for the Church* (Nashville: Abingdon Press, 1979), p.38
54) 갈라디아서 3장 28절.
55) Karl Barth, *Church Dogmatics IV/3* (Edinburgh: T. S. T. Clark, 1962), pp.762~768 참조.

본회퍼(D. Bonhoeffer)는 예수님이 보여 주신 다른 사람을 위해 사신 모습을 뒤따름으로 이해하여, 자신을 위해서 존재하는 것이 아니라 오직 세상을 위해 존재해야 함을 말했다.

교회는 인류를 위해서 실존할 때만 참다운 교회가 존재하게 된다. 교회는 새로운 출발로서 자기의 모든 것을 가난한 사람과 궁핍한 사람들에게 내주어야 한다. 그리고 교회는 이 세상의 사회생활에 깊이 참여해야 한다. 그러나 교회는 사람들 위에 군림하는 것이 아니라 사람들을 돕고 섬겨야 한다. 교회는 무슨 직업의 사람들에게도 그리스도 안에 산다는 것을 타자를 위해서 실존한다는 것을 의미한다.[56]

몰트만(J. Moltmann)은 그리스도의 제사장적 직무를 이어받은 것으로 그 사명을 감당해야 함을 말했다.

교회는 십자가 아래 있는 공동체로서 십자가에 달린 그리스도로부터 자신의 정치적 사명을 부여 받으며, 십자가의 고난에 참여함으로써 그리스도의 사도직을 계승하는 동시에 정치적 사명을 실천적이고 구체적으로 감당해야 하고, 그리스도의 왕적 직무를 따라서 권력의 행사가 아니라 사랑과 봉사의 실천, 섬김을 받음이 아니라 섬김을 통하여 세계를 해방하는 데 있다.[57]

교회의 본질과 사명은 세상과 이웃을 섬기고 봉사하는 데서 찾아야 한다. 교회는 끊임없이 섬김의 대상을 찾고 이를 실천해야 한다. 이에 대해 본회퍼는 교회가 오직 남을 위해 존재할 때만 교회임을 강조하면서,[58] 교회의 성장과 성숙은 세상과 이웃을 향한 사랑과 봉사로 이어져

---

56) 디트리히 본회퍼, 『옥중서신』, 고범서 역(서울: 대한기독교서회, 1991), p.242.

57) 위르겐 몰트만, 『성령의 능력 안에 있는 교회』, 박봉랑 외 4인역(서울: 한국신학연구소, 1990), p.146.

58) 디트리히 본회퍼, 『기독교윤리』, 손규태 역(서울: 대한기독교서회, 1982), pp.181~182 참조.

야 한다고 말했다.[59] 큉(Hans Küng)은 섬김과 봉사를 교회의 정체성으로 여기면서 섬김과 봉사를 망각한 교회는 그 존재가치를 상실하는 것이고 그리스도에 대한 따름을 포기하는 것이라고 말했다.[60] 몰트만은 교회를 카리스마적인 공동체로서 봉사하는 공동체라고 말했다.[61] 덜레스(Avery Dulles)는 세상을 향한 역사적 책임을 지닌 하나의 공동체로서 종된 교회(Servant Church)를 강조하고 있다.[62]

교회는 돌봄(care)과 교제와 나눔과 사랑의 공동체이다. 기독교 초기교회[63]는 서로 물건을 통용하고 재산과 소유를 팔아 각 사람의 필요를 따라 나누고 교제하였다. 예수를 따르는 교회는 예수를 본받아 봉사하는 공동체이다. 교회를 교회답게 하는 것이 섬김과 봉사라 할 수 있다. 김명용은 교회가 사회와 이웃에 대한 섬김과 봉사의 사명을 잘 감당하게 될 때에 비로소 사회와 이웃으로부터 사랑과 신뢰를 받을 수 있다고 말했다.[64]

이를 정리하면 교회의 정체성은 하나님의 백성으로 부름 받은 사람들의 모임이며, 하나님 나라 실현을 목적으로 하는 신앙고백의 공동체로서 이웃과 세상을 위한 존재임을 분명히 한다. 이러한 이웃과 세상을 향한

---

59) 디트리히 본회퍼, 『신도의 공동생활』, 문익환 역(서울: 대한기독교서회, 1977), pp.10~11 참조.

60) 한스 큉, 『교회란 무엇인가』, 이홍근 역(왜관: 분도출판사, 1997), p.106.

61) 위르겐 몰트만, 『십자가에 달리신 하나님』, 김균진 역(천안: 한국신학연구소, 1988), p.33.

62) 에버리 델레스, 『교회의 모델』, 김기철 역(서울: 조명문화사, 1979), p.93.

63) 일반적으로 기독교초기교회를 '초대교회'라는 말을 기독교에서 많이 쓰고 있는데, 깊이 생각 보면 이 말이 나타내고자 하는 의미와는 맞지 않는 말이다. 바른 말은 '기독교 초기 교회'이다. 영어로 말하면 early church 이지 first church 가 아니다. '초대'(初代)라 하면 어떤 직위의 선후를 나타내는 것이지 어떤 시기를 나타내는 것이 아니다. 예컨대, '초대 대통령' '2대 대통령'과 같은 경우이다. '초대 교회'라 하면 2대 교회, 3대 교회 등을 예상하는데 이는 성경(사도행전 제2장)에서 말하는 사도들의 교회를 나타내는 말이 아니다.

64) 김명용, 『열린 신학 바른 교회론』(서울: 장로회신학대학교 출판부, 1997), p.37.

온전한 섬김을 위한 삶은 바로 예수님의 삶과 그의 십자가의 길에서 그 원형을 발견할 수 있다. 예수님의 제자공동체로서 그 사명을 감당해야 하는 교회는 마땅히 예수님을 본받아 이웃과 세상을 위한 존재로서 교회 안을 넘어서는 책임을 다해야 한다. 그러나 오늘 우리 교회는 이웃과 세상과 제대로 소통하지도, 섬김을 통한 책임도 다하지 못하고 있다. 이에 대해서 얼마 전에 실시한 "기독교윤리실천운동"의 한국교회 사회적 신뢰도 조사에 주목해야 한다.

성인 6명 중 1명 정도만 한국 교회를 신뢰하는 것으로 나타났다. 종교별 신뢰도나 호감도에서는 가톨릭, 불교에 밀렸다. 한국 교회를 신뢰하느냐는 질문에 응답자 17.6%만이 '신뢰한다(매우+약간)'고 응답했다. 지난해 조사 때의 19.1%보다 1.5% 포인트 하락했다. 반면 '신뢰하지 않는다(별로+전혀)'는 지난해(33.5%)보다 크게 증가한 48.4%나 됐다. 한국 교회 신뢰도를 5점 척도로 환산하면 2008년 2.55점에서 지난해 2.82점으로 반등했다가 올해 다시 2.58점으로 떨어졌다. 3년 동안 계속 '신뢰하지도 불신하지도 않는' 수준인 3점을 밑돈 것은 한국 교회의 낮은 신뢰도가 어떤 특정한 사건의 영향 때문이 아니라 구조적 문제임을 시사한다고 기윤실은 분석했다. 가장 신뢰하는 종교 기관을 묻는 질문에서 개신교(20.0%)는 천주교(41.4%), 불교(33.5%)에 이어 세 번째로 조사됐다. 가톨릭에 대한 평가가 3년째 상승세를 보인 반면 기독교는 지난해 2위에서 3위로 내려왔다. 종교별 호감도 역시 개신교가 22.4%로 천주교(35.5%)와 불교(32.5%)에 뒤졌다. 무종교자(47.0%) 중 67.0%는 향후에도 종교를 가질 생각이 없다고 했으며, 가질 의향이 있는 응답자 가운데는 가톨릭이란 응답이 14.2%로 가장 높고 그 다음이 기독교(10.6%)였다.[65]

우리의 이웃과 세상은 교회가 이웃을 위해, 세상을 위해 존재한다고 여기지 않는다. 오히려 무관심한 교회, 자기들밖에 모르는 교회라고 여긴다. 사랑의교회(오정현 목사)가 새 성전의 얼개를 공개했다. 기자회견

---

65) "기윤실 2010 신뢰도 조사, 성인 17.6%만-한국 교회 신뢰-교회 지도자·교인, 언행일치 보여야"
　　<국민일보>(2010년 12월 14일).

을 갖고 서울 서초동 1541번지 7,533㎡(2,278평) 부지 위에 12~13층 높이의 가칭 '사랑 글로벌 미니스트리 센터'를 2012년 10월 완공한다고 밝혔다.[66] 이 발표에 대해 많은 비판적 시각이 나오자 보수적인 기독교계의 반응은 교회 돈 가지고 교회에서 쓴다는데 뭐가 잘못된 것이냐 하는 식이었다. 이것은 그야말로 교회가 세상과 소통할 생각조차 없음을 보여 주는 예이다. 교회는 세상 안에서 하나의 공공성을 띤다. 또한 오늘 우리 사회에서 대형교회는 규모에 걸맞게 사회적인 책임적 자세도 보여야 한다. 그런 점에서 사랑의교회와 같은 대형교회가 천문학적인 비용을 들이는 건축을 시작하기 전에, 교인들이 교회에 십일조 헌금을 하듯이, 교회가 사회에 십일조를 하듯이, 우리 사회의 어두운 곳을 위해 내놓았다면 이러한 사회적 비난이 있었을까 하는 생각을 해보았다.

이처럼 교회가 세상 안에 있으면서 이웃과 세상의 절박한 욕구와 기대를 외면한다면 교회는 세상의 비판의 대상이 될 뿐만 아니라 교회의 본래적 사명을 감당하지 못하고 말 것이다. 예수님은 선한 사마리아 사람의 비유[67]를 통해 곤경에 처한 사람을 돌보지 않는 종교지도자들을 풍자하면서, 종교적·인종적·지역적·문화적 차원을 뛰어넘어 누구든지 이웃이 될 수 있음을 보여 주시면서 이와 같이 할 것을 명령하셨다. 또한 부자와 나사로 비유[68]를 통해, 부자가 자기 이웃인 거지 나사로를 돕지 않은 것을 지옥에 갈 죄로 보여 주셨다. 이것은 곤경에 처한 사람이 우리 주변에 있을 때 우리가 마땅히 해야 할 일을 하지 않은 것이 죄

---

66) "사랑의교회 새 성전 윤곽……부지매입·건축 등 2,000억 원을 들여 2012년 완공" 〈국민일보〉(2009년 11월 23일).
67) 누가복음 10장 25~37절.
68) 누가복음 16장 19~31절.

임을 분명히 하신 것이다.[69]

교회는 세상의 문제에 대해 분리될 수 없고, 방관할 수 없다. 공동선을 위해 함께 풀어가는 공동체 연대의식과 책임 의식을 가지고 있어야 한다. 하나님은 우리 사회의 공평과 정의를 이루어가는 삶의 중요성을 예배드리는 것보다 더 나은 것으로 말씀하셨다.[70] 이에 따라 김명용은 세상 속에서 정의를 위해 일하는 것은 영적인 것과 구별되는 것이 아닌 하나님께 드리는 예배와 마찬가지로 매우 종교적이고 성스러운 것이라고 말했다.[71]

오늘날 우리 교회가 잃어버린 신뢰를 회복하고 세상의 빛과 소금의 역할을 감당하기 위해서는 먼저 교회의 사명을 다시금 되새겨 보아야 한다. 지난 1997년 11월말에 시작된 I.M.F. 경제위기에서 많은 사람들이 고통을 받았다. 그 당시 온 국민이 너와 내가 아닌 우리라는 하나 된 마음으로 정부와 온 국민의 노력으로 그나마 오늘에 이르는 경제회복을 이루었다. 그 당시 교회에서 선포되는 위로와 격려의 말씀, 사랑의 사귐은 절망 속에서 희망을, 어둠 속에서 빛을 찾게 해주는 역할을 하였다. 경제한파로 교회 재정도 어려웠지만 우리 교회들은 그 어느 사회단체나 이웃 종교보다 더 적극적인 자세로 빈민자활과 구호를 위한 노력에 힘썼다.

그러나 세상을 향한 교회의 섬김은 어느 순간 그쳐버린 듯한 인상을 준다. 많은 사람들이 체감하듯이 오늘 우리의 경제는 I.M.F. 경제위기를 완전히 극복한 것이 아니다. 극심한 경제난으로 인한 청년 실업의 문제

---

69) 한기채, 『기독교이야기윤리』(서울: 예영커뮤니케이션, 2006), pp.211~215 참조.

70) 공의와 정의를 행하는 것은 제사 드리는 것보다 여호와께서 기쁘게 여기시느니라(잠언 21장 3절)

71) 김명용, 『현대의 도전과 오늘의 조직신학』(서울: 2005), p.139.

와 비정규직 문제 등은 우리 사회 전체의 난제(難題)로서, 사회적 갈등의 불씨로 남아 있다. 또한 가중되는 정치적·사회적 혼란으로 국민화합이 이루어지지 않고 있다.

이렇게 사회가 혼란할 때, 종교의 사회적 역할이 중요하게 요청된다. 세상에 생명을 주고 섬기기 위해 인간의 모습으로 오신 예수 그리스도를 따르는 교회는 사랑과 섬김의 정신을 적극적으로 실천해야 할 때이다. 오늘 우리의 현실은 우리 사회의 아픔과 시대적 고난을 함께 나누는 섬김의 모습이 필요한 때이다. 이런 국가적 위기 앞에 교회는 새로운 시대적 도전 앞에 서 있다.

윌리엄스는 교회는 하나의 사건(event)이며 하나의 운동이라고 말했다. 즉, 교회는 예수 그리스도를 통한 하나님의 선교에 참여하는 것으로, 시간과 공간을 넘어서는 움직이는(力動;mobile) 순례(pilgrims)의 백성이다. 이 참여가 일어나야 하기 때문에 교회는 사건이다. 이러한 사건은 제도적인 유산으로만 보증되는 것이 아니다.[72] 교회는 하나님의 백성이 세상의 요청과 희망을 중심으로 종의 형태를 취하는 장소이다.

그리스도는 자신을 전폭적으로 세상에 내어 주었으며 종으로서 세상 속에 사셨다. 이같이 오늘의 교회도 하나님이 창조하신 세상 속에서 하나님의 역사적인 사건에 종 된 자세로 참여해야 한다. 이제 교회는 현대의 중대한 사건들 속에서 하나님의 종으로서 존재해야 한다.[73] 그리고 교회는 그리스도가 일으키는 사건이요, 하나님 사건의 한 부분으로서 종이다.[74] 교회는 세상을 섬기기 위해 존재할 때 교회다운 교회가 될 수

---

72) C. W. 윌리암스, 『교회』, 이계준 역(서울: 대한기독교서회, 1973), p.25.
73) Ibid., p.37.

있다. 교회의 머리이신 예수님은 이를 분명히 하셨다.

인자가 온 것은 섬김을 받으려 함이 아니라 도리어 섬기려 하고 자기 목숨을 많은 사람의 대속물로 주려 함이니라[75]

너희는 그렇게 해서는 안 된다. 오히려 누구든지 너희 중에서 큰 사람이 되려는 사람은 너희를 섬기는 사람이 돼야 하고 누구든지 첫째가 되려는 사람은 너희의 종이 돼야 한다. 인자 역시 섬김을 받으러 온 것이 아니라 섬기러 왔고 많은 사람을 위해 자기 목숨을 대속물로 주려고 온 것이다.[76]

교회는 세상을 섬기기 위해 자신의 생명을 바치기까지 하신 예수님의 정신을 이어받은 공동체로서 단순히 교회 안에서 교인들만을 위한 도움과 봉사에만 그치는 것이 아니라 사회 전체를 하나님 나라로 변화시키며 섬김의 대상으로 삼아야 한다. 이는 단순히 구제사업 차원의 좁은 의미를 말함이 아니다. 보다 넓은 의미로 확대된 신학적 지평으로 나아가 진정한 교회의 성숙과 갱신의 길로 나아갈 수 있도록 세상을 섬기는 교회의 모습으로 나아가야 한다.

교회의 본질은 형이상학적인 불변성이 아니라 언제나 변화하는 역사적인 형태 속에서만 나타난다.[77] 그러므로 교회가 직면한 역사적인 현실은 교회의 본질을 이해하는 데 매우 중요하다. 교회가 마주하고 있는 구체적 상황 속에서 끊임없이 개혁해 나가는 교회의 자기이해는 교회가

---

74) 세계교회협의회(World Council of Churches), 『세계를 위한 교회』, 박근원 역(서울: 대한기독교출판사, 1979), p.126.

75) 마가복음 10장 45절.

76) 마태복음 20장 26~28절.

77) 한스 큉, 『교회』, 정지련 옮김(서울: 한들출판사, 2007), pp.3~7 참조.

바로 그 상황 속에서 적절한 자리매김을 하도록 도와줄 것이다. 만일 교회가 자신과 세상의 밀접한 관계에서 비롯되는 교회의 자기이해에 대한 초대와 도전을 거부하거나 외면할 경우, 자신의 제자들을 세상의 빛과 소금이 되도록 초대하는 예수 그리스도의 교회가 되기는 힘들게 된다.

교회는 당시의 세상 사람들의 기쁨과 고민을 함께하려는 노력으로 세상을 향해 창문을 활짝 열고, 자신을 세상 한가운데에 놓아야 한다.[78] 교회는 세상 안에 존재하며 세상을 위해 존재한다. 교회가 세상 안에 존재한다는 것은 교회의 현실적인 위치를 말한다. 이는 교회가 세상 속에서 생활하는 사람들로 구성되어 있고, 교회 자체도 복잡한 사회제도의 하나이다. 그러므로 교회가 실현해 나갈 섬김의 대상은 교회에 출석하는 사람만이 아니라 교회가 위치한 지역사회의 주민 전체이기도 하다.

교회는 그 자체가 목적이 아니다. 교회의 목적은 교회의 건물이나 교인 수가 아니다. 교회의 존재 목적은 교회가 속해 있는 세상과 시대를 하나님 나라로 만드는 것이다. 지난 2011년 5월 11일 미래목회포럼 '시대상황과 교회의 역할, 그 해답을 찾다'에서 기조연설을 한 김동호 목사(높은뜻교회 연합대표)의 말이다.

교회의 목적은 교회가 아니다. 교회의 존재 목적은 시대와 세상이다. 교회가 속해 있는 세상과 시대를 하나님 나라로 만드는 것이 교회의 존재 목적이다. 그런데 오늘 우리 한국 교회의 존재 목적은 교회 자체인 것같이 느껴진다. 교회의 부흥과 성장이 교회의 존재 목적이 되어버린 듯하다. 한국의 기독교 초기 교회가 배타적인 이 땅에 성공적으로 뿌리를 내린 데에는 당시의 한국 교회가 시대적인 상황을 잘 파악하고 거기에 적절한 역할을 잘 감당했기 때문이다. 최근

---

78) 조현철, "용산참사 현장의 교회: A. 덜레스의 교회 모형에서 본 교회의 자기이해", 「신학과 철학」(제17호, 2010년 가을호), p.2.

개신교의 약세와 가톨릭의 성장을 비교해 볼 때, 개신교는 교회(건축)에 마음을 쏟았지만 가톨릭은 시대와 세상에 관심을 쏟았기 때문이라며 교회는 세상과 시대를 위해 존재하는 만큼 세상과 시대를 읽고 교회가 마땅히 해야 할 역할을 감당할 때 한국 교회는 다시 회복될 것이다.[79]

교회는 과정이다. 우리는 그 과정 속에 있는 무리일 뿐이다. 교회란 과정이고 진행이다. 즉 목적이 아닌 임시라는 말이다. 세상에 정착하고 안주하기 위한 교회가 아니다. 교회는 수단일 뿐이지 목적이 아니다.

이 모든 사람들은 믿음을 따라 살다가 죽었습니다. 그들은 약속하신 것을 받지 못했지만 그것들을 멀리서 보고 환영했으며 세상에서는 외국 사람이며 나그네임을 고백했습니다.[80]

교회의 모형은 출애굽 이후 광야생활에서 보여준 성막이다. 항상 이동형인 광야교회이다. 언제나 이동할 수 있도록 성막을 비롯해 법궤나 번제단 등 백성의 장막기구들은 한결같이 어깨에 멜 수 있도록 펠 채와 고리가 준비되었다. 교회가 본연의 기능을 발휘하려면 이러한 광야생활의 성막정신을 되새겨야 한다. 이럴 때 교회의 기능을 제대로 수행할 수 있다. 이럴 때 교회 내의 가난하고 어려운 교인이 보이고 교회 밖의 이웃이 보이고 함께할 마음이 열린다.

현대사회의 특징을 일컫는 말 중 하나가 모바일(mobile)이다. 이 말은 자동차나 이동용장비가 일상화된 현대사회의 특징을 말하는 것이다. 이런 점에서 현대인의 특징은 나그네의 삶이다. 그런데 수백 년을 버터낼 돌집을 짓고 지속적으로 수양관, 교육관, 기도원, 묘지까지 세상의 보장

---

79) "미래목회포럼, '시대상황과 교회의 역할, 그 해답을 찾다' 주제 포럼 개최", 〈기독타임즈〉(2011년 5월 18일).
80) 히브리서 11장 13절.

을 쌓아놓는 것은 교회가 자기 스스로 교회임을 포기하는 모습이다. 광야시대 성막으로 대표되는 구약성경 시대의 교회가 타락한 것은 예루살렘에 화려한 성전을 짓고부터이다. 정착과 안주와 편안함은 타락의 지름길이다. 하나님의 나라를 향한 순례의 길에서 멈춤이고 포기이다.

오늘날 솔로몬이 희망 사항으로 고백했던 하나님상을 한국 교회는 무비판적으로 따르는 것만 같다. 높고 크고 넓은 교회당을 짓고는 화려한 헌당예배를 드린다고 야단법석이다.

그러자 솔로몬이 말했습니다. "여호와께서 캄캄한 구름 속에 계시겠다고 말씀하셨지만 제가 주를 위해 웅장한 성전, 곧 주께서 영원히 계실 곳을 지었습니다."[81]

솔로몬의 성전을 현대적인 교회 건물로 착각하는 것은 성경적이지 않다.

그 신은 온 세상과 그 안의 모든 것을 창조하신 하나님이십니다. 하나님께서는 하늘과 땅의 주인이시며 사람이 손으로 지은 신전들 안에 살지 않으십니다. 하나님께서는 뭔가 부족해서 인간의 손으로 섬김을 받으실 분이 아닙니다. 하나님께서는 바로 모든 사람에게 생명과 호흡과 다른 모든 것을 주시는 분이시기 때문입니다.[82]

3. 이웃과 세상을 섬기는 자세

1959년 영화로 〈로베레 장군〉(General della Rovere)[83]에 보면 오늘

---

81) 열왕기상 8장 12~13절.
82) 사도행전 17장 24~25절.
83) 로베르토 로셀리니 감독의 영화로 1959년에 제작된 영화이다.

날 한국 교회와 기독교인의 모습을 되새기게 하는 구절이 나온다. 독일 히틀러 정권에 저항했던 레지스탕스, 프랑스의 저항운동가들이 감옥에서 처형당하는 장면이 있다. 이 중에는 잘못 붙잡혀 온 사람도 있었다. 이 사람의 생각이었다.

'다른 사람은 모두 저항운동에 참여했다가 잡혀온 사람들이니까 처형당하는 것이 당연하지만 조용히 장사나 하며 가정의 행복만을 위해 살던 내가 길거리를 잘못 걸어가다가 잡혀 들어온 것이니 억울하다.'

그래서 그는 감옥 안에서 큰소리로 외쳤다.

"나는 아무 일도 하지 않았다. 나는 저항운동을 하지 않았다. 유대인도 아니다. 나는 그저 평범한 시민에 불과하다. 그런데 내가 왜 처형을 당해야 한다 말인가? 나는 억울하다."

이때 옆에 있던 한 저항 운동가가 조용히 말했다.

"당신이 아무 것도 하지 않았다는 것, 그것이 잘못이다. 당신이 아무 것도 하지 않았다는 그것만으로도 당신은 죽어 마땅하다. 전쟁은 5년이나 계속되고 있고, 수백만 명의 사람들이 무참하게 피를 흘렸고, 수많은 도시들이 파괴되었다. 조국과 민족이 멸망 직전에 이르렀는데, 당신은 왜 아무 일도 하지 않았단 말인가?"

마르틴 니묄러가 히틀러와 나치의 횡포에 침묵하는 지식인들을 비판한 시이다.

처음 그들이 왔을 때

나치가 공산주의자를 잡아갔을 때

나는 아무 말도 하지 않았다.
나는 공산주의자가 아니었으니까
그들이 사민주의자들을 가두었을 때
나는 침묵했다.
나는 사민주의자가 아니었으니까
그들이 노동조합원을 체포했을 때
나는 항의하지 않았다.
나는 노동조합원이 아니었으니까
그들이 유대인을 잡아갔을 때
나는 방관했다.
나는 유대인이 아니었으니까
그들이 나를 잡아갔을 때
항의해 줄 누구도 남아있지 않았다.

기독교인들은 교회에 오고가면서 경제난으로 주위 가게들이 문을 닫은 것도 보고, 재개발로 곤혹을 치루는 사람들을 보고, 불법철거민들의 아픈 사연들을 접하게 된다. 때로는 추운 겨울 이렇다 할 지붕이나 난방 시설도 없이 가판대 하나를 놓고 노점상을 하는 이들을 만나게 된다. 비가 오나 눈이 오나 영하의 날씨에도, 살을 에는 찬바람이 불든, 30도가 훨씬 웃도는 찜통 바람이 불든 한결같이 그곳에서 노점으로 생계를 유지하는 이들을 본다.

기독교는 인간이 실천해야 할 마땅한 본분으로 하나님에 대한 사랑과 이웃에 대한 사랑(敬天愛人)을 말하고 있다. 하나님에 대한 사랑이 수직적 사랑이라면, 인간에 대한 사랑은 수평적 사랑이다. 이것이 십자가의 원리이며, 올바른 그리스도인의 모습을 여기서 찾을 수 있다. 인간은 어린이나 노인이나 여자나 남자나 장애인이나 가난한 사람이나 병든 사람이나 죄인이나 악한 사람 할 것 없이 모두 예수 그리스도 안에서 하나님의 자녀이며, 그들은 한 형제·자매이다. 우리의 아버지 되시는 하나님의 본질적 속성을 한 마디로 표현하면 사랑이시다.

우리는 우리를 위한 하나님의 사랑을 알고 또한 믿었습니다. 하나님은 사랑이십니다. 누구든지 그 사랑 안에 거하는 사람은 하나님 안에 있고 하나님도 그 사람 안에 계십니다.[84]

예수님은 가난하고 불행한 사람들을 네 몸과 같이 사랑하라고 말씀하셨고, 지극히 작은 사람 하나에게 베푼 것이 곧 내게 한 것이며, 그들이 주릴 때에 먹을 것을 주고, 목마를 때 마실 것을, 나그네 되었을 때 거처할 곳을, 헐벗었을 때 입을 것을 주며, 병들었을 때 문안하고, 옥에 갇혔을 때 찾아보는 것이 하나님의 자녀인 인간의 도리이며 의무임을 말씀하셨다.[85] 이러한 기독교의 기본적인 가치야말로 나와 내가 한데 어우러지는 대동(大同)의 삶을 이루는 참된 복지일 것이다. 교회는 이웃과 세상을 향해 섬기도록 요청 받고 있다. 교회가 감당할 사회봉사 기능은 교회의 머리되시는 예수 그리스도의 '종 되심'으로 표현된 디아코니아에 대한 이해에 기초하고 있다. 몰트만은 교회를 종말론적인 이해와 종으로서 교회의 사명을 소개하였고,[86] 본회퍼는 교회가 수행할 사회봉사와 섬김은 이웃과 밀접한 관계를 가지고 그들을 섬기는 종의 기능을 가지고 있음을 말했다.[87]

---

84) 요한일서 4장 16절.

85) 마태복음 25장 35~46절.

86) 위르겐 몰트만, 『희망의 신학』, 이신건 역(서울: 대한기독교서회, 2002) 참조.

87) 박재순, "본회퍼의 교회이해", 『신학사상』(통권 55집, 1986년 겨울호), p.765.

쿠싱(R. C. Cushing)은 종으로 오신 그리스도의 모습을 보다 분명하게 제시하였다. 예수님은 하나님 나라의 도래를 선포하기 위해서뿐만 아니라, 실현을 목적으로 자신을 몸소 주기 위해 세상에 오셨다. 그는 이웃을 향한 섬김·치유·화해를 위해 오셨고, 그러한 삶의 독특한 모습이 선한 사마리아인의 행동양식 속에 나타났다. 그는 인간의 필요를 채워 주기 위해 인간의 몸과 삶의 방식을 취하셨다. 그리고 자신을 모든 것을 우리 위해 기꺼이 내놓으셨다. 그는 우리가 살 수 있도록 실제로 죽으시며 또 우리가 치유될 수 있도록 우리의 종이 되셨다. 그러므로 교회는 말(설교와 전도)만이 아니라 화해, 치유, 봉사의 구체적 실천행위 속에서 하나님의 나라가 임하기를 선포해야 한다. 그래서 예수님이 다른 사람을 위해 존재하신 것처럼 교회 역시 이웃을 위한 공동체가 되어야 한다.[88]

섬기는 공동체로서 교회의 모습을 정립하기 위해서는 교회의 본질로서 섬김의 의미가 무엇인가를 살펴보는 것이 중요하다. 헬라어의 디아코니아(διακονια)란 말은 일반적으로 섬김 혹은 봉사로 번역하는데, 신약성경에는 여러 의미로 사용되었다. 그 용례를 보면, 식탁에서 시중들기와 육신의 양식을 조달하기 혹은 식사를 관장하여 식사를 공궤하는 일을 의미하였다. 또한 넓은 의미로서 이웃을 향해 사랑을 담아 섬기는 일이다. 이 섬김에서 가장 중요한 것이 평화를 실현하는 것이다. 디아코니아에서 중심이 바로 그리스도의 평화를 실현하는 것이다. 이는 강도를 만나 가진 것을 다 빼앗기고 죽게 된 이웃을 지극정성으로 돌본 사마리아

---

88) Richard C. Cushing, *The Servant Church* (Boston: Daughters of St. Paul, 1966), pp.6~8을 "교회의 사회봉사와 기독교 교육적 이해", 『교회사회봉사총람』(서울: 한국장로교출판사, 1994), pp.153~154 에서 재인용.

인처럼 귀와 눈이 열리고, 마음이 움직여서 생명을 살리는 봉사를 해야한다. 거창한 봉사가 아니라 하나님의 마음에 합당한 방식, 그리스도의 마음으로 이웃을 돌보는 선교를 실현해 나가야 한다. 가난한 이웃을 돕기 위해 모금하는 행위를 '디아코니아'라고 한다.

제자들은 각자 자기 형편에 따라 유대에 살고 있는 형제들을 돕기로 했습니다. 그들은 이렇게 해서 모은 헌금을 바나바와 사울 편으로 예루살렘 교회 장로들에게 보냈습니다.[89]

그러나 지금은 성도를 섬기는 일로 예루살렘으로 가는 길입니다. 이는 마케도니아와 아가야 사람들이 예루살렘의 가난한 성도들을 위해 기꺼이 얼마를 기부했기 때문입니다.[90]

형제들이여, 우리는 마케도니아 교회들에게 주신 하나님의 은혜를 여러분에게 알리고자 합니다. 그들은 수많은 시련 가운데서도 기쁨이 넘쳤고 극한 가난에도 불구하고 넘치는 헌금을 했습니다.[91]

모금하는 행위를 '디아코니아'라고 하는 것은 모금이 결코 부수적인 행위가 아니라 그리스도교적 사랑에서 우러나오는 참된 봉사이기 때문이다. 디아코니아는 사람이 사람을 섬기는 일이다. 봉사와 섬김으로서 디아코니아의 진정한 의미는 치유와 화목의 행위를 통해 기독교 공동체를 확대하는 일로 상처를 싸매고, 갈라진 틈을 메우며, 공동체의 건강을 회복시키는 행위이다. 선한 사마리아인의 행위[92]는 디아코니아의 가장 좋은 예이다.

---

89) 사도행전 11장 29~30절.
90) 로마서 15장 25~26절.
91) 고린도후서 8장 1~2절.
92) 누가복음 10장 25~37절.

헤셀(D. J. Hessel)은 디아코니아에 대한 성경적 개념 두 가지를 제시한다. 첫째, 디아코니아에는 어려운 처지에 있는 개인이나 단체를 해방시키는 목적이 있다. 둘째, 단순히 교인 증가수단으로서가 아니라 그 자체에 가치가 있다.[93] 박화경은 디아코니아는 우선 사회적 약자를 돕는 일을 의미하지만, 나아가 사화역사 속에 교회가 담당해야 할 세상의 과제들을 포함함을 말했다. 이런 의미에서 디아코니아는 사회와 역사 속에서 하나님 나라를 위하여 교회가 담당해야 할 사회적인 책임이나 역할을 지칭한다.[94]

이러한 섬김은 예수님의 화해의 사역에서부터 비롯된다. 즉, 섬김의 원형은 예수 그리스도께서 수행하신 화해의 섬김(봉사 혹은 사역)이다.[95] "인자가 온 것은 섬기러 왔다."(마태복음 20장 28절)는 예수님의 말씀대로 교회의 봉사는 참으로 큰 사명이다. 예수님은 세상에서 가난한 사람들에게 복음을 전하셨고, 병든 사람들을 치료하시며, 눌리고 소외당한 사람들을 위로해 주셨다.

그러나 너희가 그래서는 안 된다. 오히려 너희 중 가장 큰 사람은 가장 어린 사람과 같이 돼야 하고 다스리는 사람은 섬기는 사람과 같이 돼야 한다. 누가 더 높은 사람이냐? 밥상 앞에 앉아 있는 사람이냐, 그를 시중드는 사람이냐? 밥상 앞에 앉아 있는 사람이 더 높지 않느냐? 그러나 나는 섬기는 사람으로 너희 가운데 있다.[96]

---

93) D. J. Hessel, *Social Ministry* (Philadelphia: Westminster, 1982), p.147.

94) 박화경, 『하나님 나라와 기독교교육』(서울: 한국장로교출판사, 2006), p.313.

95) Rene Leudesdorff, *Diakonie in Praktisch-theologisches Handbuch*, hg. Von Gert Otto, Furche-verlag, 1975, p.121을 김종렬, "섬기는 교회상의 회복과 정립" 『기독교사상』(통권 365호, 1989년 5월), p.57에서 재인용.

96) 누가복음 22장 26~27절.

이런 점에서 사회적 섬김과 봉사의 시원자(始原者)는 예수님이시다. 그러므로 필리피(Paul Philippi)는 교회가 행할 봉사는 그리스도 사건에 근거되어 있기 때문에 그리스도 중심의 봉사자가 되어야 함을 강조하였다. 이런 측면에서 세상을 섬기는 것은 곧 복음의 핵심인 구원과 그리스도 중심의 섬김의 실천으로 이루어지는 사람과 사회를 향한 모든 행위를 말한다. 그러기에 예수님은 우리에게 좁은 문으로 들어가라고 말씀하셨다. 이 길이 좁고 길이 협착하여 찾는 사람이 적지만 우리는 이 길을 걸어가야 한다.

최근 "바른교회아카데미"가 실시한 설문조사에서 10년 후 한국 교회를 위해 지금 가장 필요한 일은 '디아코니아(Diakonia)'라는 주장이 모아졌다. 부정과 부패로 사회적 신뢰를 잃어가는 한국 교회가 살아남기 위해서는 '디아코니아'로 돌아가야 한다는 것이다. '섬김' 혹은 '봉사'로 풀이할 수 있는 것이 디아코니아이다. 사실 디아코니아는 '기독교개혁'과 함께 출발했다. 말씀을 민중에게 돌려 준 개혁자들은 디아코니아를 통해 가난한 이웃을 섬기며 하나님의 사랑을 몸소 실천했다. 1521년 보름스 제국의회에서는 루터에게 자신의 주장을 취소할 기회를 주었다. 당시 루터는 비텐베르크 성 교회 문에 95개조 반박문을 써 붙이며 교황과 사제들의 면죄부 판매에 저항했다. 마치 약장사들처럼 "궤짝에 돈을 넣

---

97) 마태복음 7장 13~14절.

으면 그 즉시 당신들의 영혼은 천국으로 갈 수 있다"며 면죄부를 팔아댔던 수도사들을 비판한 루터는 "가난한 신도들의 돈을 뜯어 성당을 짓고 치장하는 것"에 대해 강하게 질타했다. 그리고 '돈'은 가난한 이웃들을 위해 사용해야 한다는 '디아코니아'를 강조했다. 기독교개혁의 정신에서 디아코니아는 출발했다.[98]

와일드(Oscar Fingal O'Flahertie Wills Wilde)가 쓴 『행복한 왕자』라는 단편이 있다. 이 작품은 영국사회의 물질주의를 우회적으로 비판한 작품으로 오늘날 우리 한국 교회가 세상을 향해 나아갈 자세를 되새겨 보게 한다. 이 단편의 내용을 간략히 요약하면 다음과 같다.

남쪽을 향하던 제비 한 마리가 행복한 왕자의 동상에서 쉬는 순간 왕자의 눈물이 떨어졌다. 살아 있을 때 불행을 몰랐던 왕자는 죽어 동상이 되어 높은 곳에 자리 잡게 되자 세상의 온갖 슬픈 일을 목격하고는 눈물을 흘리게 되었다. 왕자는 제비에게 부탁해 자신의 몸을 치장한 많은 보석을 떼어 내어 그들에게 나눠 주게 하였다. 제비는 왕자의 보석을 가난한 이들에게 전해 주다가 떠날 시기를 놓쳐 동상 밑에서 얼어 죽게 되었다. 봄이 오자 마을 사람은 한때 마을의 자랑거리였던 왕자 동상이 흉물스러운 쇠붙이로 몰락하자, 녹여버렸다. 이 모습을 지켜본 하나님이 제비와 왕자를 하늘나라에서 행복하게 살게 했다.[99]

---

98) "기독교개혁 발상지 독일에서 '디아코니아'의 길을 찾다" 〈기독교연합신문〉(2011년 10월 19일).
99) 오스카 와일드, 『행복한 왕자』, 이정주 옮김(서울: 작가정신, 2004) 참조.

4. 나오는 말

교회는 건물이 아니다. 교회를 구성하는 사람들이다. 이 사람들은 단순히 하나님의 이름만 찬양하는 것이 아니다. 하나님이 집중해서 바라보는 이 땅의 사회적 약자들의 권리와 복지를 하나님의 시각에서 바라보고 마음과 뜻과 정성을 다해 손과 발로 실천하는 사람들이다. 하나님 사랑은 이웃 사랑을 통해 실현되는 것임을 깨닫는 사람들이다. 사람은 누구나 이기적인 욕망과 본능이 있다. 교회공동체에서 선포되는 하나님의 말씀과 배움과 친교와 나눔은 바로 이기심을 깨는 작업이다. 이것이 바로 자기 십자가를 지고 예수를 따르는 것이다. 십자가는 자신도 모르게 자꾸만 이기심, 파편화, 물질숭배에 빠져드는 자신을 이타심으로 공동체주의로 생명존중 쪽으로 다잡아 가기 위한 믿음생활의 상징이다.

한국 기독교 선교 초기 한국 교회는 종교역사도 짧고 교인의 숫자도 적었지만 한국 사회의 향도역할을 하였다. 하지만 현재 한국 교회는 당시에 비해서 훨씬 비대해졌지만 그때와 같은 영향력을 발휘하지 못하고 있다. 초기 기독교는 서구문명을 전달하는 통로역할을 하였기 때문에 여러 측면에서 유리했다. 하지만 현재는 그와 같은 프리미엄이 없다.

현재는 세상이 현대 문화에 있어서 교회를 훨씬 앞지르고 있다. 이런 사회에서 교회가 선교 초기에 수행하고 누렸던 문화 창달의 기능을 하기는 어렵다. 이제 한국 교회는 종교 본연의 자세로 세상의 빛과 소금이 되도록 자기갱신을 지속해 나가야 한다.

오늘날 우리 교회 현실은 새로운 시대를 맞아, 새로운 사회적 역할과 사명을 요청 받고 있다. 급속한 사회변화와 정보화 사회, 개인주의, 포스트모더니즘과 다원주의 사회 속에서 우리 교회는 새 시대의 도전에 직면해 있다. 다원화된 사회일수록 교회는 사회를 떠나서는 존재 의미가 없고 사회적 역할이 중요시될 수밖에 없다. 교회와 사회와의 관계는 바지의 두 가랑이 혹은 새의 두 날개와 같다. 이 동반관계는 복음을 선포하셨을 뿐만 아니라 주린 자들을 먹이시고 병든 자들을 고치셨던 예수님의 공생애 사역 가운데 분명히 나타난다.[100]

우리 교회가 배타적이지 않고 포괄적이기 위해서는 사람들을 교인과 비교인으로 구분하는 것보다는, 교인과 가서 모두가 하나님의 형상을 지닌 하나님의 자녀로 보는 것이 바람직하다. 섬김과 봉사도 교회 안에서 교인들끼리 서로 심부름하거나 어떤 행사에 보조자로 참여하는 정도에서 그치는 것이 아니라 개인뿐만 아니라 세상 전체의 복리(well-being)를 증진시키는 보다 넓은 의미의 인간 섬김(human services)이 되어야 한다.

교회는 이웃과 세상을 섬기기 위해 존재할 때 교회다운 교회가 될 수 있다. 이러한 섬김을 교회의 머리이신 예수님이 분명히 말씀하셨다.

예수께서 제자들을 함께 불러 놓고 말씀하셨습니다. "너희도 알듯이 이방 통치자들은 자기 백성들 위에 군림하고 그 고관들도 권력을 행사한다. 너희는 그렇게 해서는 안 된다. 오히려 누구든지 너희 중에서 큰 사람이 되려는 사람은 너희를 섬기는 사람이 돼야 하고 누구든지 첫째가 되려는 사람은 너희의 종이 돼야 한다. 인자 역시 섬김을 받으러 온 것이 아니라 섬기러 왔고 많은 사람을 위해 자기 목숨을 대속물로 주려고 온 것이다."[101]

---

100) 존 스토트 편, 『복음전도와 사회적 책임』, 한화룡 역(서울: 두란노서원, 1986), p.33.
101) 마태복음 20장 25~28절.

본회퍼는 "성경에 계시된 그리스도께서 어떻게 이 세상의 삶 가운데에 진정으로 현존하시고, 현실적으로 파악될 수 있는가?"라는 질문에 대하여 "그리스도께서는 이 세상 안에서 이 세상을 위하여 교회로서 실존하신다."라고 대답했다.[102] 교회는 세상을 섬기기 위해 자신의 생명을 바치기까지 하신 예수 그리스도의 정신을 이어받은 공동체로서, 단순히 교회 안에서 신도들만을 위한 도움과 봉사에만 그치는 것이 아니라 사회 전체를 하나님 나라로 변화시키며 섬김의 대상으로 삼아야 할 것이다. 교회는 이 땅에 예수님의 모습을 드러내는 담지체가 되어야 한다. 이를 되새기는 하나님의 말씀이다. 예수 그리스도가 보이신 모습을 되새겨 보고 그 마음으로 세상을 섬기는 교회상을 기대해 본다.

그러므로 그리스도 안에 무슨 격려나 사랑의 무슨 위로나 성령의 무슨 교제나 무슨 자비와 긍휼이 있거든 같은 생각을 품고 같은 사랑을 나타내며 한마음으로 같은 것을 생각함으로 내 기쁨을 충만하게 하십시오. 무엇을 하든지 이기심이나 허영으로 하지 말고 서로 겸손한 마음으로 다른 사람들을 자기보다 낫게 여기십시오. 여러분은 각자 자기 자신의 일을 돌아볼 뿐더러 다른 사람의 일도 돌아보십시오. 여러분 안에 이 마음을 품으십시오. 이것은 그리스도 예수 안에 있던 마음이기도 합니다. 그분은 본래 하나님의 본체셨으나 하나님과 동등됨을 기득권으로 여기지 않으시고 오히려 자신을 비워 종의 형체를 가져 사람의 모양이 되셨습니다. 그리고 그분은 자신을 낮춰 죽기까지 순종하셨으니, 곧 십자가에 달려 죽으신 것입니다. 그러므로 하나님께서는 그를 지극히 높여 모든 이름 위에 뛰어난 이름을 주셨습니다. 이는 하늘과 땅과 땅 아래 있는 모든 사람들이 예수의 이름 앞에 무릎을 꿇게 하시고 모든 입으로 예수 그리스도를 주라 시인하게 하셔서 하나님 아버지께 영광을 돌리게 하시려는 것입니다.[103]

---

102) 이형기, 『교회와 사회』(서울: 장로회신학대학 출판부, 1987), p.184.
103) 빌립보서 2장 1∼11절.

제3장

교회가 펼쳐나갈
사회복지선교 윤리

1. 들어가는 말

한국 교회는 사회복지선교에 관심과 노력을 기울일 때가 되었고, 그래야만 하는 시대적 요청을 받고 있다. 한국 교회는 최근 교회 수와 규모 및 신도 수에 있어서 급속한 성장을 기록하고 있다. 이러한 한국 교회의 성장은 교회 안으로는 예배와 선교 및 교육 등에 있어서 새로운 변화를 가져왔고, 교회 밖으로는 변화된 사회적 환경과 조건에 따른 교회에 대한 새로운 기대와 비판적인 시선을 받고 있다. 이렇듯 사회가 교회의 양적 성장에 따른 기대를 하는 것은 교회가 사회적 책임을 얼마나 수행하고 있는가이다. 즉, 기독교 신념체계의 핵심이라고 말할 수 있는 사랑이고, 이를 구체적이고 순수한 형태로 드러나는 것이 '사회복지'이다.

성경은 구약과 신약 모두 이러한 사랑의 실천으로서 사회복지를 강조한다. 구약성경은 가난한 사람들을 보호할 것을 명령하고, 신약성경은 고난 속에서 신음하는 형제·자매들에 대한 구원과 봉사를 강조해 왔다. 그러나 한국 교회는 사회복지선교에 대한 신앙적·신학적 이해가 부족하고, 이에 대한 깊이 있는 논의조차 부족한 실정이다. 우리 교회가 사회에 비춰지는 모습이 폐쇄적이거나 배타적이지 않고 개방적이고 포용적이기 위해서는 교회 자체의 교제와 사랑의 공동체성을 회복하고, 사회를 섬기는 사명을 감당해 나가야 한다.

이 글은 오늘의 한국 교회가 어느 정도 사회적 책임으로서 복지를 실현해 왔는지에 대한 것을 반성하면서 오늘날 우리 교회가 수행할 기독교 사회복지의 바른 이해와 방향을 윤리적 시각에서 살펴보고자 한다.

2. 왜 한국 교회는 사회복지선교에 관심이 적을까?

일반적으로 한국 교회가 사회복지와 선교에 소극적이라는 시각이 강하다. 한국 교회가 다른 종교에 비해 사회적 관심이 적은 이유는 무엇일까? 이에 대해 살펴보면 다음과 같다.

첫째, 한국 교회의 개교회주의 성향에 기인한다. 개교회주의란 교회의 인적·물적 자원을 개별교회 유지와 확장에 집중·투자하는 경향을 말한다. 한국 교회는 대체로 개교회주의를 표방하면서 개교회의 성장과 발전을 추구해 왔다.

둘째, 한국 교회가 대체로 성장제일주의를 표방하며 주로 대형화를 추구해 왔다. 교회가 지향할 중요한 목표를 성장에 두고 여기에 모든 관심과 노력이 집중하다 보니 사회선교나 복지에 관심과 힘을 기울일 남은 힘이 없었다.

셋째, 한국 교회의 전통적인 이분법적 신앙구조에 문제가 있다. 성

(聖)과 속(俗)의 이분법적인 사고에 따라 교회와 사회를 구분하고 신앙적 관심은 교회 안에서만 표출되어야 한다고 보는 시각이 강했다. 이렇게 되다 보니 교회 안의 일만을 하나님의 일로 제한하여 직장과 가정생활을 가볍게 여기는 모습을 보여 주기도 하였다. 기독교 신앙을 그저 예수님 믿고 천국 간다는 식으로 단순화시켜 예수님을 믿는 이유를 죽어서 천국에 이르는 수단으로만 여겼다. 이런 신앙이 지배적이다 보니 현실문제에 관심을 기울이지 않았다.

넷째, 개인적인 기복주의 신앙관이다. 축복은 개인에게 내리는 선물이라고 믿는 신앙으로, 이러한 신앙 자세는 반사회적, 탈역사적 세계관을 만들어내며 사회복지선교의 사명과 책임을 외면하게 만들게 되었다. 이러한 신앙관은 개인적인 이익을 중요시하는 이기적인 신앙인을 양산함으로써, 신앙의 본질을 상실하게 되었고, 교회가 기복종교로 전락되었다. 또한 사회적 신뢰감과 공신력을 약화시켜 결국 교회가 사회의식이 강한 지성인과 젊은 층으로부터 외면당하게 되었다.

버스나 지하철이나 기차를 타보면 무례한 사람들을 종종 만나게 된다. 연세 드신 분들이야 이해가 되지만 귀가 어두울 나이도 아닌 젊은 사람들이 시시콜콜한 것을 큰 소리로 통화하는 모습을 보면 눈살이 찌푸려진다. 자신 이외의 다른 사람들을 의식해서 손을 대고 조용히 이야기하는 사람은 드물다. 그런데 이렇게 무례한 사람들 중에도 많은 숫자가 기독교인이다. 도대체 왜, 다른 사람들도 아닌 기독교인들이 기본적인 공중도덕조차 지키지 않는 사람이 되었을까? 그 이유는 앞에서 말한 기복주의 신앙관에 따른 이유가 크다.

기복주의 신앙이란 자기만의 축복을 간구하는 태도이다. 여기엔 다른 사람이나 공동체가 없다. 그러니 대중교통을 이용할 때 다른 사람을 밀어내고는 아무 거리낌 없이 "집사님! 여기 자리 맡아났어요." 하며 큰 소리로 외칠 수 있다. 문제는 이런 무례한 행동이 교회에서 학습된다는 사실이다. 이른바 대형교회에 가보면 '은혜 충만한 자리'라고 하는 앞자리 싸움이 치열하여 가방, 모자, 성경, 찬송가 등으로 자리를 확보하는 꼴불견을 쉽게 볼 수 있다.

이렇게 다른 사람을 배려하지 않는 또 하나의 교회 문화가 '통성기도'이다. 통성기도는 옆 사람을 의식하면 기도를 하기가 어렵다. 자신의 기도 소리가 작으면 옆 사람 기도 소리가 계속 들리게 되니 크게 해야 한다. 예배당에 자신과 하나님 단 둘만 있고 하나님은 가는귀가 먹었다고 생각하는 것만 같다. 젖 먹는 힘을 다해 큰 소리를 냅다 질러대는 것이 통성기도의 모습이다. 이런 교회 문화에 익숙해지면 조용히 기도하는 것을 불편해하고 기도같지 않게 느끼게 된다. 노방전도(路傍傳道)도 그렇다. 공공장소에서 주위 사람들을 무시하고 확성기에 대고 소리를 질러댄다. 이것이 교회의 부정적인 이미지에 부채질을 하는 것을 생각하지도 않는 것 같다. 그저 자기만족, 자기확신이면 그만이다.

이런 한국 교회의 모습은 신학적인 문제도 있다. 한국 교회의 신학의 주류는 이른바 근본주의 혹은 복음주의로 지칭되는 보수주의적 신학노선이다. 이러한 보수신앙은 사회복지나 사회선교에 대해 중요성을 두지 않고, 오직 복음 선포에 우선순위를 둔다.

이처럼 보수신학이 복음 선포를 지나칠 정도로 강조하는 이유는 사회선교 진영(에큐메니컬)104)이 펼치는 사회참여에 대한 반발, 근본주의 신

---

104) 교회일치와 연합운동은 에큐메니컬 운동(Ecumenical movement, ecumenism) 그리스어 οἰκουμένη

학과 전천년설 등의 영향으로 사회에 대한 관심 결여, 교회와 사회에 대한 이분법적 사고방식 때문이다.[105] 이처럼 보수신학은 교회의 정체성 유지와 말씀선포에 지나칠 정도로 집착하기 때문에 사회를 전도의 대상으로만 여긴다. 이로 인해 다른 사람으로부터 하나님과 성경에 대한 새로운 이해를 얻는 측면이 무시되고, 그들로 인해 자신의 신앙과 신학이 왜곡될 수 있다는 부정적 측면만 강조하는 경향이 강하다. 이런 태도는

오이쿠메네로부터 유래한 것으로 기독교의 각 교파들간의 다양성 존중과 일치, 교리보다는 '나를 따르라'(마태복음 16장 24절)고 명령한 예수님의 제자로서의 삶의 강조, 선교를 개종에서 하나님의 통치영역인 사회, 정치, 문화, 경제에서의 복음의 실천으로 이해하는 하나님의 선교(Missio Dei)를 주장하는 사회선교 진영의 운동이다. 교회일치를 위한 대화인 에큐메니컬 운동, 즉 일반적 의미의 교회 일치 운동은 개신교에서 17~18세기의 복음주의 운동과 19세기의 아시아 등의 선교 운동 및 기독교 청년 운동의 과정을 거쳐 20세기에 들어서면서 시작되었다. 현대교회에서는 기독교인들이 개신교, 로마 가톨릭 교회, 성공회, 정교회, 오리엔탈 정교회 등의 여러 교파들로 분열되어 다툼을 벌임으로써 선교활동에 지장을 주는 문제를 교회 일치 운동으로 극복하고자 하였다. 제2차 세계 대전 이후, 개신교 교파들과 정교회, 성공회는 세계 교회 협의회(World Council of Churches)를 결성하면서 두 교파간의 일치 운동이 활발히 이루어지고 있다. 정교회는 세계 교회 협의회 결성에 참여하기는 했지만, 1961년에 비로소 회원교단으로 가입했으며, 우리나라에서는 한국기독교교회협의회(NCCK)의 협력교단으로 활동하고 있다. 세계 로마 가톨릭 교회에서는 교황 요한 23세가 즉위한 후에 참관인 자격으로 참여한 바 있다. 로마 가톨릭 교회에서는 교황 비오 9세가 1869년 제1차 바티칸 공의회를 개최하면서 힘을 얻기 시작했으나 제2차 바티칸 공의회(1962~1965년) 이전까지는 방어적인 자세를 지니고 있어 큰 진전을 보기 힘들었다. 제2차 바티칸 공의회를 통해 로마 가톨릭 교회는 성공회, 정교회, 개신교 교파들을 한 형제라고 고백하였다. 제2차 바티칸 공의회를 거치며 본격화된 교회 일치를 위한 로마 가톨릭 교회의 노력은 공의회가 진행 중인 1964년에 교황 바오로 6세가 정교회 수장인 콘스탄티노폴리스 총대주교 아테나고라스를 방문함으로써 교회 일치 운동에 신기원을 이룩했으며 이듬해 12월에는 1054년의 상호 파문을 취소하는 공동선언을 발표하였다. 이를 바탕으로 1979년에는 로마 가톨릭 교회와 정교회 사이의 대화위원회를 구성해 신학적 대화를 시작하기도 했다. 아시아 차원에서는 1994년에 아시아 주교 회의 연합(FABC)과 아시아 기독교 교회 협의회(CCA) 사이에 만들어진 "아시아 기독교 일치운동(AMCU)"을 중심으로 일치 운동이 활발하게 전개되고 있다. 여기에는 아시아 각국의 교회 지도자들과 신학자들, 평신도 대표들이 참가해 서로의 차이점을 딛고 함께 협력해 일하도록 한다는 궁극적 목표를 확인하고 구체적인 행동방침을 논의하는 등 활동 폭을 넓혀나가고 있다. 일치 운동의 상징성을 드러내는 일 가운데 하나가 바로 성경 공동 번역 사업이다. 우리나라에서 에큐메니컬 운동에 참여하는 기독교 단체로는 한국기독교교회 협의회(KNCC)가 있으며, 회원교단으로 대한성공회, 대한예수교장로회(통합), 한국기독교장로회, 기독교대한감리회, 기독교대한복음교회, 한국정교회, 기독교대한하나님의성회, 기독교한국루터회 등 총 9개 교단(교회)이 가입되어있다. 한국 로마 가톨릭 교회는 제2차 바티칸 공의회 직후 교황청 일치사무국에서 성경 공동번역을 위한 규정을 마련하고 세계 성경공회 연합회와의 협조를 지침을 시달함에 따라 1968년에 로마 가톨릭 교회와 개신교 대표로 공동번역위원회를 구성해 1971년에 공동 번역 신약성서를 출판했으며, 1977년에 구약성경을 공동 번역하기도 했다. 『공동번역성서』는 현재 대한성공회와 한국정교회에서 예배용 성경로 쓰이고 있고 그 외 에큐메니컬 진영의 교회들이 사용하고 있다.

105) 서정운, "사회선교에 대한 선교신학적 이해" 유의웅 편저, 『현대교회와 사회봉사』(서울: 대한예수교장로회총회출판국, 1991), pp.76~79 참조.

하나님의 선교에서 선교사와 선교 공동체 역시 하나님의 선교 대상이라는 것을 부정하는 것이다. 선교는 하나님의 뜻을 다른 사람에게 증거하고 변화를 기대할 뿐 아니라 선교사 자신들도 이 과정에서 정체성이 변화할 수 있음을 내포한다. 사회적 상황과 관계없이 복음 전파의 우선권만 강조하다 보면 교회 중심적 선교가 될 수밖에 없다.

보쉬(David J. Bosch)는 교회 중심적 선교는 교회가 지향해야 할 하나님의 나라 대신에 세상의 가치를 은연중에 강조하게 되고, 교회의 양적 성장을 강조하는 사람들은 정통교리와 사회적 보수주의가 습합(褶合)된 것을 의식하지 못함을 지적하였다.[106] 이들은 성공이나 성장과 같은 자본주의적 가치관이 자신의 선교관에 내재해 있음을 깨닫지 못한다. 그러기에 호켄다이크(J. C. Hoekendijk)는 교회 중심적 선교는 비합법적이고, 불의한 중심의 주위를 맴돌기 때문에 결국 타락할 수밖에 없다고 단언하였다.[107]

다행스럽게도 오늘날 복음주의 진영은 사회선교 진영이 펼친 운동에 자극을 받고, 사회적 책임에 대한 자각이 일어나면서 정체성의 변화가 서서히 일어나고 있다. 1974년 로잔 대회에 전도와 사회, 정치적 참여가 그리스도인의 두 가지 임무라고 받아들였고, 1982년 그랜드래피즈 대회는 사회행동과 복음전도의 관계를 사회행동을 복음전도의 결과, 복음전도의 다리, 동역 관계로 보았다.[108] 그러나 이러한 변화는 우선권에 대한 집착에서 벗어난 것은 아니다.

---

106) David J. Bosch, *Witness to the World: The Christian mission in theological perspective*, (London: Morgan & Scott, 1980), p.207.

107) J. C. Hoekendijk, "The Church in Missionary Thinking" in *The International Review of Missions*, vol.41.(1952), p.332.

108) 김범석, "새로운 나눔의 시작 '사회적 기업'", ≪GOOD CHURCH REPORT≫(바른교회 아카데미, 2009년 9월호), pp.8~9 참조.

3. 교회의 사회선교적 사명

교회가 사회복지선교에 대한 관심과 참여가 높은 것은 사실이다. 그러나 이것이 단지 교회 중심적 차원에서, 교회성장을 위한 하나의 방법으로 수행하는 경우가 많다. 한국 교회는 세계 선교 역사상 그 유례를 찾아보기 어려울 정도로 급성장해 왔다. 그러던 흐름이 1980년대 후반 이후 주춤하기 시작했고, 1990년대에는 성장률이 둔화되고, 정체되고 있다. 이러한 모습은 한국 교회의 심각한 위기로 받아들여지면서 그에 대한 자성의 목소리도 높고, 이를 타개할 방안을 모색해야 한다는 공감대도 형성되고 있다. 이러한 흐름 중 하나로 떠오른 것이 바로 사회봉사와 복지를 통한 대안모색이었다. 이에 따라 많은 기독교 대학들이 사회복지학과를 학부와 대학원 과정에 개설하였고, 중대형교회들은 어린이집, 노인대학, 사회복지관 같은 교회 부설시설을 개설해 나갔고, 소형교회들도 실현 가능한 아동복지센터 등을 개설해 나갔다. 이처럼 사회복지를 마치 교회가 수행해야 할 당연한 것처럼 여겼고, 이를 통해 교회의 양적 성장과 질적 성숙을 다시금 회복하려고 했다.

오늘날 한국 교회는 사회복지에 대한 관심과 그에 따른 실천적 모습을 보여 주고 있다. 기독교 대학과 신학대학들의 학과 편성에서 신학과를 두면서 그에 따라 하나의 묶음처럼 사회복지학과를 두는 경우가 많고, 대학원 과정으로 사회복지학을 이수하도록 권장하거나 의무화한 경우들도 많다. 이런 분위기로 인해 사회복지학 공부가 목회자로서 당연하게 갖춰야 할 것으로 여겨지고, 그에 따른 학위와 사회복지사 자격증을 취득하였다. 웬만한 규모의 중대형 교회는 마치 당연한 모습처럼 교회 부설 사회복지관을 운영하는 경우가 많다. 이러한 모습은 한국 교회의 선교초기 역사에서 보여 준 사회선교 차원의 복지가 교회성장으로 이어진 성과에 대한 재현을 갈망함이기도 하다.

19세기 말에 한국에 전파된 기독교는 신교육과 의료사업 등 개화 사업을 펼침으로 인해, 한국 사회 전반에 침투하여 생활을 개혁시키고 봉건적 의식을 변화시켜 나갔다. 이러한 기독교 정신은 우리 민족이 일제의 식민지로 전락하고 난 이후에는 3·1운동과 같은 항일운동에 앞장서는 등 민족의 고난과 함께하면서 독립운동에 기여해 왔고, 해방 후에는 암울했던 독재정권에 맞서 민주화운동을 펼쳐나가는 역할을 했다. 이처럼 한국 교회는 역사의 한복판에서 교회가 해야 할 일들을 올곧게 수행했다. 뿐만 아니라 이러한 사회적 역할의 수행과 더불어 교회 자체의 성장에서도 세계에서 유래를 찾아볼 수 없는 놀라운 성장을 거두었다. 그러나 이러한 한국 교회의 사회적 역할과 외형적인 놀라운 성장에도 사회 일반에서는 자기 지역사회에 교회가 들어오는 것을 달가워하지 않는다. 도대체 왜 이렇게 된 것일까?

이러한 이유는 우리 사회가 기독교에 대한 배타성에 기인함이 아니다. 오히려 오늘날 한국 교회가 지닌 정복성, 공격성, 배타성에 기인한다. 이웃종교나 비기독교 문화, 세계관에 대해서 포용하고 이해하려는 자세보다는 그러한 문화들을 배타시하고 정복해야만 하는 것으로 여기고 있는 것이 한국 교회의 모습이다. 특히 성장에 대한 교회의 견해에서는 질적인 내용의 변화보다는 양적 성장에 초점이 맞추어져 있으며, 또한 교회연합적 사고보다는 개교파, 개교회 중심적 모습에 치중하고 있다. 교회의 성장은 교회 자체만의 성장이 아니라, 그 지역사회의 성장에도 기여해야 하는데 교회만의 성장, 교회만의 잔치가 되어왔다. 이러한 교세확장의 정체 내지 하락현상에 대해 많은 교회들이 교회 갱신의 필요성에 대해 절감하고 있으며, 갱신을 위해 몸부림을 치고 있다.

오늘날 많은 교회가 계속해서 교회갱신의 주목적을 교회의 빈자리를 채우기를 위한 기술적인 방법만 치중하고 있다. 이러한 노력의 일환으로 펼쳐나가는 것 중의 하나가 바로 교회사회복지의 현실이다. 그렇다 보니 교회가 운영하는 사회복지사업도 교회 중심성에서 벗어나지 못한다. 이처럼 오늘날 교회가 사회복지에 대한 관심이 많고 복지실현을 위한 노력이 많은데 굳이 기독교 사회복지에 대한 기독교윤리적 논의가 필요한 이유는 무엇일까?

논자는 오늘날 한국 교회가 보여 주는 사회복지에 대한 관심과 실제적인 실천에 대해 긍정적으로 바라보고 그에 따른 사회적 공헌을 자랑스럽게 생각한다. 그럼에도 기독교사회윤리적인 시각에서 다시금 기독교 사회복지를 생각해 보는 것은 오늘날 사회에서 우리 기독교의 신뢰도가 낮은 이유 중의 하나가 바로 사회복지를 제대로 수행하지 않는다는 인식이 일반화되어 있기 때문이다. 이에 대해 우리 교회가 천주교나 불교 등이 홍보에 열중하는 데 비해 왼손이 하는 일을 오른손이 모르게 하라는 말씀을 충실히 따르다 보니 홍보를 제대로 하지 않아서 그렇다고 말하는 이들도 있다. 그러나 우리 교회가 드러내지 않고 진정한 의미의 사회복지실현을 해왔다면 우리 기독교의 신뢰도는 우리가 접하는 심각한 수준에 이르지 않고 오히려 높았을 것이다.

오늘 우리 교회는 심각한 수준에 이른 사회적 신뢰도 하락을 변명하기보다는 깊은 반성을 통해 새롭게 거듭나야 할 것이다. 이런 점에서 한 국 교회가 펼치는 사회복지선교의 문제와 아쉬운 점을 살펴보고 바람직한 방향을 모색해 나가야 할 것이다. 실제로 우리 교회가 수행한 사회복지 실적을 따져보면 다른 종교나 사회단체에 비해 더 많다는 견해들도 있다. 그러나 논자는 이러한 견해가 과연 사회적 신뢰도를 얻지 못한 이유로 답변 될 수 있을까 하는 의문이 든다. 아마도 일반인들은 이러한 견해에 수긍하기보다는 변명으로 듣지는 않을까?

4. 바람직한 사회복지선교

사회복지선교에 대한 관심의 고조는 시대적 흐름이기에 거스를 수 없다. 그런데 사회복지선교에 대한 심층적인 논의나 연구, 교회와의 관계를 어떻게 설정해 나가야 하는가에 대한 논의가 깊이 있게 진척되지 않음으로 인해 이에 대한 개념규정과 방향설정이 모호하다. 많은 사회복지선교학자들이 지적하는 바와 같이 '기독교사회복지', '교회의 사회사업', '교회의 사회봉사', '기독교 사회복지선교' 등의 용어들이 제대로 정의되지 않거나 용어들 사이의 관계를 규명하지 않은 채 사용되고 있다. 교회는 사회복지와 사회선교에 대한 충분한 준비를 갖추지 못한 채, 사회복지선교를 해야 함이 요구되는 현실에 직면하면서 이에 대한 혼란을 가져왔다.

실질적으로 사회봉사나 사회복지에 대한 교회의 관심이 고조되는 시점에도 정작 교회 예산의 10% 이상을 사회봉사나 사회복지에 사용하는 경우가 드물다. 한국 교회는 전체 예산에서 7.82%를 사회봉사비로 지출하고 있다. 그런데 이것도 따져보면 비교인보다는 교인들을 위해 사용되고, 비교인을 위해서 사용되는 비용도 수재민 돕기, 고아원, 양로원, 교도소 방문 지원 등 일시적이고 전도를 목적으로 한 프로그램이 대부분을 차지하고 있어 지속적인 봉사에는 매우 소홀하다.[109]

1995년 정부에서 발행한 한국종교연감의 통계표에 의하면 대한예수교장로회(통합)측의 경우 재정의 1~2%만을 구제 및 봉사비로 사용한다는 교회가 전체 교회의 29.9%로 가장 많았다. 대한예수교장로회(합동)측은 3~5%, 한국기독교장로회는 6~10%, 구제 및 봉사비의 비율이 가장 높은 교단은 11~20%를 지출하는 구세군이었다. 그런데 일반사람들에게 한국 교회가 순수하게 외부에 지원할 사회봉사 비용에 대한 설문조사 결과는 17.5%였다. 결국 전체 평균 3~5%의 현실과 17.5%의 바람의 차이가 한국 교회의 신뢰를 하락시킨 원인 중의 하나라고 볼 수 있다.[110]

사회복지선교는 하나님의 계명에 대한 복종이고, 종들이 그들의 주인에게로 마땅히 돌려야 할 의무로서 사랑의 실천이다. 사랑의 실천은 인간에 의해 이루어지는 것이 아니라 예수님이 사랑하심으로 이루어진다. 즉, 인간의 의지적 결단과 행위가 아니라 겸손히 하나님의 일하심을 기다리는 절대 의존의 자세에서 시작된다. 사회복지선교는 교회의 특정한 사람들이나 단체가 하는 것이 아니라 교인 모두가 해 나가야 한다. 이를

---

109) 박준서 외, "한국 교회의 사회복지 참여에 관한 연구"(연세대학교 한국기독교문화연구소, 1991)를 박창빈, "한국 교회와 사회선교─향후 10년의 사회변동의 전망과 한국 교회의 사회선교적 과제" 유의웅 편저, 『현대교회와 사회봉사』(대한예수교장로회출판국, 1991), pp.30~31에서 재인용.

110) 김범석, "한국사회복지현황과 기독교사회봉사위치─복지사회 진입의 시대", ≪GOOD CHURCH REPORT≫ (바른교회 아카데미, 2009년 10월호), p.8.

위해서 교회 내에서 모두가 하나 되는 참된 대동공동체를 이루어감이 중요하다. 교회에서 구성원들과의 상호존중과 협력을 통한 만남과 교제의 경험이 인간을 자유롭게 하고, 참된 건강으로 이끈다.

이러한 대동공동체는 이웃의 고난과 아픔의 이야기를 들을 수 있는 공간과 기꺼이 자신의 마음을 열어 경청할 자세를 가질 수 있다. 이러한 교회의 목표는 궁극적으로 하나님의 나라를 지향한다. 사회복지선교를 위한 교회는 이 세상 질서에 안주하거나 타협하지 않고, 억압과 불의의 체제를 정면으로 부정하고, 가난하고 억눌린 사람들을 해방하여 하나님의 정의와 평화를 세우고자 한다. 연약한 사람과 고난 받는 사람들은 성령님으로부터 온 전체 공동체를 위해 특별한 선물이다.[111]

교회는 가난하고 고난 받는 사람들이 없으면 대동을 이루는 사랑과 평화 공동체를 이루지 못하게 되어, 결국 하나님 나라를 실현할 수 없다. 그러므로 이들은 구제의 대상이 아니라 구원의 구성적 계기이다. 교회의 사회복지선교는 힘과 재정과 인력이 있을 때 수행하는 주변사업이 아니라 교회의 존재를 가름하는 핵심 사업으로, 가난하고 외로운 사람에 대한 봉사활동은 튼튼한 기독교공동체를 이루는 필수요소이다.

그런데 사회복지선교를 편협한 시각에서 이해하는 전도의 연장선으로, 자기중심적 성취욕과 관심에 집중하는 성향들이 보인다. 이와 같은 것은 가난한 이웃을 돕고, 섬기고, 치유하는 것이 아니라 이들을 이용하려는 반윤리적인 의미에서 폭력이 될 수 있다. 사회복지선교는 교인 개개인의 자아실현을 위한 도구나 교회성장의 수단이 되어서는 안 된다.

---

111) Jaap van Klinken, *DIAKONIA: Mutual Helping with Justice and Compassion*(Grand Rapids: W. B. Eerdmans Publishing Co, 1989), p.45.

교회가 펼칠 사회복지선교는 사랑이 필요한 사람들의 이웃이 되어 주는 일이다.[112] 이러한 사회복지선교는 교회 안에서 신자들끼리 서로 심부름하거나 어떤 행사에 보조자로 참여하는 정도의 편협한 것이 아니라 개인과 사회 전체의 복리(well-being)를 증진시키는, 보다 넓은 의미의 인간봉사(human services)여야 한다.

이런 점에서 봉사와 섬김의 대상은 교회에 나오는 사람만이 아니라 교회가 위치한 지역사회의 주민 전체이다. 지역사회는 나름대로 문화, 전통, 기대, 금기, 취약점 등을 갖고 있기 때문에 교회는 이러한 요소들을 민감하게 인식해야 하며, 이러한 인식의 바탕 위에 사회복지선의 계획이 수립되어져야 한다. 현대에 보다 효과적인 선교와 봉사의 대책은 말과 동시에 성실한 행동으로, 말씀의 선포와 동시에 구체적인 프로그램으로, 그리고 잘 모이는 것과 동시에 잘 흩어져 있게 하는 것에 초점이 모아져야 한다.[113]

한국 교회가 펼칠 사회복지선교는 구호품 전달이나 원조를 넘어서야 한다. 나눔과 연대 그리고 근본적인 해결책으로 나아가야 한다. 알린스키(S. D. Alinsky)는 받는 사람의 입장의 문제점을 지적했다.[114] 만약 가난한 복지수혜자가 복지제공자의 제안을 받아들이면 그들 자신은 자존감이 낮아지는 입장에 서야 하고, 그런 자신의 모습을 인정해야 하기에 그 제안을 받아들이지 않을 수 있다. 그는 이런 현상을 일종의 정신적 원죄라고 불렀다. 심리적으로 도움을 청한 사람이 도움을 얻으면 그

---

112) 김홍일, "나눔의 집에서 바라보는 한국 교회의 봉사", ≪기독교사상≫(1999년 9월), pp.51, 53.
113) 이윤철, "교회와 지역사회봉사", ≪신학과 사회≫(제9집, 1995), p.45.
114) S. D. Alinsky, *Reveille for Radicals*(New York: Vintage Books, 1969), p.104.

는 그를 도와준 사람에게 감사함뿐만 아니라 무의식적 적대감을 보이게 된다.115)

실제로 많은 교회가 이 점을 이해하지 못하기 때문에 그들의 제안들은 복지수혜자에게 깊은 공감으로 이어지지 못하는 경우가 있다. 도움을 받는 사람들이 주는 사람들에게 갖는 무의식적인 적대감은 그들의 문제를 드러낸다. 그들은 항상 받는 사람의 입장이기 때문에 하나의 내적 장애인(crippled inside)이라고 말할 수 있다.116) 이들의 위치는 항상 '받는 사람'의 역할로 고정되어 남에게 의존하는 사람으로만 취급 받게 된다. 이런 역할은 그들 자신의 내면을 장애인으로 만들고 만다. 이것은 우리 기독교가 강조하는 인간존엄의 근거인 하나님의 형상에 위배된다. 그러므로 교회는 은혜를 베푼다는 자세로 비춰지지 않도록 삼가하며 주의를 기울이면서 낮은 자세에서 만남을 통한 사회복지선교를 이루어가야 한다.

또한 오늘날 부각되는 사회적 기업과 같은 형태의 복지적 방안을 모색해 나가야 한다.117) 이런 점에서 높은뜻연합선교회(대표목사 : 김동호)가 빈민자활을 위한 사회적 기업운동으로 펼치는 노숙자들의 일터 마련, 탈북자들을 고용하는 사회적 기업과 일자리 창출과 탈북자 자녀들을 위한 학교 운영 등은 한국 교회가 펼칠 사회복지선교의 모델로 볼 수 있다.

---

115) S. D. Alinsky, *Rules for Radicals: A Practical Primer for Realistic Radicals*(New York: Vintage Books, 1972), p.93.

116) Jaap van Klinken, op. cit., Introduction, ix.

117) 이에 대해서는 김범석, "2차적 사회복지 사회적 기업의 모형", ≪GOOD CHURCH REPORT≫(바른교회 아카데미, 2009년 11월호), pp.6~7 참조 바람.

5. 나오는 말

1979년 마더 테레사가 노벨평화상을 수상하면서 밝힌 수상소감이다.

며칠 전 저는 20년 동안 침대에 누워 움직일 수 있는 신체 기관이라고는 오른팔밖에 없는 한 남자로부터 15달러를 받았습니다. 그가 즐기는 유일한 벗은 흡연입니다. 그는 저에게 말했습니다. "저는 일주일동안 담배를 피우지 않기로 결심하고 당신께 이 돈을 보냅니다." 그 15불은 그의 유일한 인생의 기쁨과 맞바꾼 돈이었습니다. 저는 그 돈으로 빵을 사서 굶주린 캘커타의 사람들에게 나누어 주었습니다. 그것은 양편 모두의 기쁨이 되었습니다. 여러분과 제가 행할 수 있는 일이 바로 이런 것입니다. 우리의 사랑을 다른 사람들과 나눌 수 있다는 것은 하나님이 우리에게 베푸시는 귀한 선물입니다. 우리의 사랑을 다른 사람들과 나눌 수 있도록 합시다. 그리고 우리의 사랑은 예수님의 사랑을 닮아가야합니다. 예수님이 우리를 사랑하셨듯이 우리도 서로를 사랑해야합니다.

어느 신학대학에서 헬라어 학기말 시험을 앞두고 교수는 사전에 힌트를 주었다.

"이번 시험은 누가복음 10장의 착한 사마리아 사람의 이야기에서 나옵니다."

이 말에 학생들은 이 이야기를 열심히 공부했고, 특히 까다로운 헬라어 동사의 변형에 집중하여 학기말 시험 준비를 했다. 아니나 다를까 교수가 예고한 대로 이 비유가 시험 문제로 출제가 되었고, 학생들은 답을 열심히 썼다. 모두가 A+ 학점을 기대했다. 그런데 결과는 모두가 F로 낙제 점수를 받았다. 학생들은 항의하였다. 이에 교수는 그 이유를 알려주었고 여기에 그 어느 학생도 이의를 제기하지 못하고 말았다.

"저는 학기말시험 바로 당일 아침 거지 차림을 하고 학교 정문에 거의 쓰러진 상태로 앉아 있었습니다. 그런데 여러분 중에서 어느 누구도 저에게 다가와 따뜻한 말 한마디의 위로나 관심이나 선행을 베풀지 않았습니다. 착한 사마리아 사람의 비유는 거리에 쓰러진 사람들을 도우라는 말씀입니다. 성경은 지식의 양이 중요한 게 아니라 진실한 사랑의 실천이 중요합니다”

한국 교회는 사회봉사와 사회복지에 관심이 모아지고 있다. 최근 한국 교회는 사회복지선교에 대한 바른 이해뿐만 아니라, 기독교사회복지 또는 교회의 사회봉사에 대한 명확하고도 통일된 개념 규정이 필요하다. 이를 위해서는 교회뿐 아니라 일반 사회복지, 사회사업 학계 등 다양한 시각을 지닌 전문가들이 동참하는 여러 학문을 통합해서 연구하는 것이 필요하다. 사회복지와 혼동되어 사용되었던 사회사업은 사회복지의 전문화된 직업의 이름 또는 전문직의 실천방법을 가리키고, 사회복지는 상호부조의 기능을 수행하는 사회활동의 영역으로 사회제도에 붙여진 이름이다.118)

사회복지를 인간의 복지 증진을 위한 정부나 민간단체들의 사회적 서비스, 제도라고 한다면, 사회사업은 사회사업가가 제공하는 전문적 활동을 말한다.119) 이처럼 사회복지는 정부나 민간단체가 수행하는 제도적 측면을 가리킨다. 이에 대해 정부나 사회단체들에 속한 제도나 사람들에 의해 구체적으로 수행되는 여러 활동을 통해 사회복지가 실현된다. 따라서 사회복지에 대한 바른 이해를 갖기 위해서는 사회복지에서 파생되는 유사개념들을 다루는 것이 불가피하다.

---

118) 장인협·이혜경·오정수, 『사회복지학』(서울: 서울대학교 출판부, 1999), p.12.
119) 전국대학사회복지교육협의회 편, 『사회복지개론』(서울: 유풍출판사, 1999), p.20.

최근 미국에서는 사회복지 대신에 인간봉사라는 용어를 사용한다. 사회복지란 말은 복지수혜자들을 격하하는 일종의 복지수혜자란 낙인 내지 복지수치감(welfare stigma)을 야기할 수 있기 때문이다.[120]

우리나라의 보건복지부에 해당하는 미국 행정부의 명칭은 보건인간봉사부(Department of Health and Human Service)이다. 이처럼 사회복지라는 용어가 내포하는 의미가 시혜나 구제, 일방적 도움이어서 부정적이기에 이에 따른 용어를 개선해 나가는 논의도 필요하다. 이제 교회는 개인의 신앙과 사회 섬김, 그리고 교회 중심 봉사와 교회 밖으로 봉사함이 수레의 두 바퀴처럼 함께 가야 한다.[121] 이를 통해 신앙공동체인 교회는 교인들이 하나님의 선교를 위해 합력하는 아름다운 교제를 이루어나갈 수 있고,[122] 건강한 의미의 전도도 가능해진다.[123] 오늘 우리 시대의 전도는 복음 선포의 생명력만이 아닌 사랑의 실천적 나눔과 섬김을 통해 이루어져야 한다.

한국 교회는 더 이상 이 세상의 변화에 눈을 감은 채 자기 중심적인 존재로만 남아 있을 수 없다. 사회복지선교를 실천하기 위해 모이는 교회만이 아닌 흩어지는 교회로서 교회의 모습을 재정립해 나가야 한다. 이를 위해 이웃과 함께하며 이웃을 섬기는 교회가 되도록 구체적인 발상의 전환을 정관으로 명시, 사회복지선교의 과제를 설정하는 교회 내 조직구성, 이를 뒷받침할 수 있는 예산의 갱신, 교회건축에 대한 새로운 시각, 평신도 자원봉사자 훈련 등을 통해 교회의 인적·물적 자원을 재조

---

120) 김기원, 『기독교사회복지론』(서울: 대학출판사, 1998), p.27.
121) 마태복음 25장 31~46절, 사도행전 9장 36~43절, 야고보서 2장 14~17절.
122) 히브리서 10장 23~25절, 13장 16절.
123) 마태복음 5장 16절, 야고보서 4장 14~17절, 베드로전서 2장 11~12절.

직해 나가야 한다.

이런 점에서 세상과 소통하며 나눔을 실천하는 몇몇 교회의 모습에 주목하고 싶다. 그 대표적인 교회로는 빈민자활·평화통일 준비 등을 위해 예배당 없이 4개 교회로 분립한 높은뜻연합선교회(김동호 목사), 일명 감자탕교회로 유명한 교회건물 없이 사회봉사를 교회의 우선 과제로 삼는 광염교회(조현삼 목사), 노숙자들의 자활자립을 돕고 함께함에 역점을 두는 산마루교회(이주연 목사), 시대적 고난의 현장과 함께하는 향린교회(조헌정 목사), 한국 교회 선교역사를 기념하고 이를 관리·홍보하고 세상과 소통하는 양화진문화원 운동을 펼치는 100주년기념교회(이재철 목사) 등이다.

제4장

바람직한 죽음 이해를 위한 기독교윤리적 의미124)

---

124) 이 글은 한일장신대≪신학과 사회≫(제24집 2호, 2012)에 학술논문 형식으로 게재하였다.

1. 들어가는 말

논자는 목사로서 늘 고민하고 부담으로 느끼는 난제(難題)가 하나 있다. 바로 '죽음'에 대한 생각과 이를 접하면서 보게 되는 사람들의 다양한 모습이다. 아무래도 연로한 분들이 많은 농촌 지역에 살다보니 문병차 병원을 찾거나, 장례식에 가는 경우가 종종 있다. 사실 곰곰이 생각해보면 삶과 죽음은 마치 동전의 양면처럼 부정할 수도 없고, 분리할 수도 없다. 그럼에도 사람들은 애써 죽음을 잊고 삶에만 지나치게 집착하는 것은 아닌가 싶기도 하다. 이는 신앙인들도 마찬가지일 것이다.

목사로서 병원심방을 가보면 의학적으로 치료가 어렵다고 하는 환자 앞에서 기도를 할 때, 평안한 안식처로 인도해 달라고 기도하기가 주저된다. 왜냐하면 환자와 가족들은 품위 있게 죽음을 준비하는 일보다는 치료의 기적을 바라는 경우가 대부분이기 때문이다. 험하고 어려운 인생길을 잘 견디고 살아온 분이 중환자실에서 약물이나 인공호흡기 등에 의지해서 혼수상태로 격리되어 있다가 사랑하는 가족들과 작별도 제대로 못하고 외롭게 죽어가는 경우는 무척이나 안타깝다.

최근 일반학계와 교육현장에서 죽음에 대한 논의가 하나의 화두처럼 제시되고 있다.[125] 그러나 기독교계는 아직까지도 이에 대한 논의와 교육이 걸음마 수준에 머문 듯한 인상을 준다.[126] 논자는 피하고 싶고, 꺼려지는 죽음의 의미를 기독교윤리적인 시각과 죽음교육의 필요성에 따라 제시해보려고 한다. 이러한 논의는 부정적이고 꺼림의 죽음의 이해를 넘어 적극적이고 바람직한 죽음의 의미를 찾게 하는 하나의 의미를 제공할 것이다. 이를 위해 이 글에서는 기독교윤리의 관점만이 아니라 기독교교육의 측면에서 죽음에 대한 교육의 필요성을 평생교육적 차원에 따라 전생애적인 관점에서 호소해 나갈 것이다.

현대 기독교윤리학에서 많이 논의되고 있는 아른바 생명윤리의 담론들이 '삶'에 집중된 반면, '죽음'에 대해서는 다소 소원한 것이 사실이다. 기독교가 눈에 보이는 것만이 아니라 보이지 않는 것을 추구하는 종교가 분명할진데, 눈에 보이는 삶만이 아니라 보이지 않는 죽음에 대하여 다룬다는 것은 세상의 흐름 속에 흠뻑 젖어 있는 현 기독교윤리학의 담론 속에 큰 교훈을 줄 수 있을 것이다. 더불어 한국의 현 실정 속에서 특히 OECD 가입국들 중 자살률이 세계 1, 2위를 다투고 있는 한국의 현 실정 속에서, 죽음에 대한 올바른 기독교적 이해를 제시하려는 노력은

---

125) 1991년 사회복지법인 각당복지재단(http://www.kakdang.or.kr)에서 '삶과 죽음을 생각하는 회'를 만든 것을 시작으로 2005년에는 한국죽음학회가 창립되었다. 최근에는 죽음에 대한 강연과 연구와 교육이 다양한 분야에서 펼쳐지고 있다.

126) 최근 자살자가 급증함에 따라 종교적 논의도 많아졌다. 이는 사회저명인사 등의 자살이 사회적 이슈가 되면서 이에 대한 종교학계도 그에 대한 논의를 펼쳐낸 것이다. 그러나 정작 죽음과 죽음맞이에 대한 종교적 논의는 드물다. 이는 기독교계도 마찬가지이다. 그나마 죽음을 학문적으로 논의한 것은 지난 2006년 5월 서울신학대학교에서 한국기독교윤리학회가 '삶, 죽음 그리고 기독교윤리'라는 주제로 연차대회를 진행한 정도이다. 이에 대해서는 한국기독교교윤리학회 편, 『삶, 죽음 그리고 기독교윤리』(서울: 예영커뮤니케이션, 2006) 참조; 그러나 이 연차대회 이후에 기독교윤리학계는 물론 다른 기독교학계에서 죽음에 대한 학회, 학술대회, 학술지의 성과를 찾아보기 어렵다.

의미 있는 일일 것이다. 또한 죽음을 터부시하고 있는 한국사회의 일반적인 태도를 수정하는 데 기여할 수 있을 것이다.

논자는 지면관계상 임종환자와 같이 곧 죽음을 맞이하게 되는 사람들을 위한 죽음준비와 그에 따른 의미 그리고 죽음 프로그램을 분석하는 구체적인 연구는 차후의 과제로 삼고자 한다.

2. 죽음, 그 두려움에 대한 이해

존재하는 모든 것은 시작과 끝이 있다. 우리 속담에 '시작이 반'이라는 말이 있다. 좋은 끝을 맺으려면 시작이 중요하다. 그러나 아무리 시작을 잘해도 끝을 잘 맺지 못하면 헛된 일이 되고 만다. 모든 인간은 태어남으로 인생을 시작하고 죽음으로서 인생을 마감하게 된다. 곧 죽음이란 시간차가 있을 뿐 누구나 직면해야 하는 현실이다. 인도의 대서사시 『마하바라타』에 보면, 세상에서 가장 이상한 일에 대한 이야기가 나온다. 사람들은 주변의 사람들이 죽어가는 것을 보면서도 자신이 죽을 것을 생각지 않는다. 어리석게도 우리는 다른 사람의 죽음은 당연하게 여기면서도 자신의 죽음을 생각지 않거나 아직 먼 이야기로 착각하며 살아간다.[127]

인간에게 죽음이란 너무나 긴박한 절체절명의 문제로 궁극적인 문제이다. 죽음 앞에서는 인간의 모든 것이 의미를 잃어버리게 된다. 자신이

---

127) 에크낫 이스워런, 『죽음이 삶에게 보내는 편지』, 이명원 역(서울: 예문, 2005), pp.342~343 참조.

소멸되어 없어진다는 데 자신이 해왔던 일이 무슨 의미를 가질 수 있겠는가? 돈을 아무리 많이 벌어본들, 엄청난 권력을 가져본들 무슨 의미가 있겠는가? 죽음 앞에 서면 이런 세속적인 것들은 모두 그림자에 불과하게 된다. 지금까지 쌓아온 모든 것을 다 잃는다고 해도 더 살 수만 있다면 그에 집착하는 게 인간이다.

인간과 문화는 이 죽음의 문제를 극복하고자 수많은 노력을 기울여왔으며, 의학의 발달로 인해 인간은 수많은 질병의 공포에서 해방될 수 있었고 인간의 수명은 좀 더 연장될 수 있었다. 또 인간의 생(生)에 대한 관심은 인간의 삶을 더욱 풍요롭게 해주었다. 하지만 죽음을 극복하기 위한 인간의 모든 수고들은 허망한 것이 될 수밖에 없었다. 여전히 죽음이라는 문제는 인간에게 최대의 두려움의 대상으로 존재하는 것이다.

인간은 이 막을 수 없는 죽음을 두려워한다. 인간에게 무한한 가능성과 미래를 갖게 하였던 과학과 기술문명의 발달도 인간의 죽음을 해결할 수 없었다. 그래서 인간은 자신의 삶 속에서 단지 간접적으로만 경험할 수 있는 죽음에 대한 피상적 이해로 죽음을 삶의 종말이며, 단절로 생각하여 죽음을 공포의 대상, 하나의 금기어처럼 취급하는 부정적인 의식을 갖고 거부한다. 이전 시대는 한 개인의 죽음이 아니라 공동체가 같이 애도하는 공동체적 사건이었다. 그러나 현대사회는 산업화, 도시화에 따라 개인의 죽음에 대하여 공동체와 사회적 기능이 약화되었다. 이에 따라 현대인들은 죽음을 경험할 기회가 이전 시대에 비해 적어졌고, 각 개인은 각자의 밀폐된 공간에서 죽음을 맞이하고, 장례절차도 공동체의 역할이 줄어들었다.

이러한 현대인이 갖는 죽음에 대한 태도는 죽음을 거절, 도피, 부인함으로써 죽음에 대한 긍정적인 이해에 따른 준비를 하지 못하게 한다.[128] 이러한 현대인들의 사고는 서구 기독교 전통과도 관련이 있다. 현대인들은 마치 죽음이 없는 사람들처럼 살면서, 평소 죽음에 대한 인식과 죽음에 대한 노출의 경험을 최소화한다. 이러한 제한된 경험은 죽음에 대해서 추상적인 개념을 갖게 하고, 죽음에 대한 현실적인 인식을 가지지 못하게 한다.[129]

이처럼 죽음은 삶의 기쁨과 즐거움에 대한 훼손이고, 괴로움이고, 고통으로 여겨진다. 죽음은 누구에게나 찾아오는 것이고 피할 수 없는 대상임에도 언제나 삶과 함께할 수 없는 회피의 대상이었다. 그러나 아무리 부정하고 외면하고 싶어도 피할 수 없는 것이 바로 죽음이다. 인간이 가장 진지해지고 엄숙해지는 순간을 찾는다면 죽음, 그 순간일 것이다. 한평생 살기 위해 바둥거리며 2중·3중으로 자신의 양심의 소리를 외면하고 살았던 위선과 자랑, 교만도 다 벗어놓아야 할 순간이 바로 죽음의 순간이다. 죽음에 대해 갖는 가장 큰 공포는 역시 지금까지 존재하던 내가 더 이상 존재하지 않을 것이라는 데에 있다. 이런 한계상황에 직접 맞닥뜨리지 않은 사람들은 확실하게 인지하지 못할 것이다. 전쟁이나 사고, 질병과 같이 나름대로의 한계상황에 처해 본 사람은 죽음에 임박한 공포가 어떤지 알 것이다.

이와 같은 죽음에 대한 공포는 비록 다른 차원이기는 하지만 인간만이 아니라 동물들도 갖고 있다. 평상시 멀쩡하던 소가 도살장에 끌려가

---

128) Philippe Aries, *Hour of Our Death*(New York: Oxford University Press, 1981), pp.611~612 참조.
129) Ernest Becker, *The Birth and Death of Meaning*(New York: Oxford University Press, 1973), p.109.

는 순간, 가지 않으려고 발버둥친다. 이렇게 보면 죽음에 대한 공포는 인간뿐 아니라 모든 생명체의 가장 깊은 곳으로부터 나오는 것이다. 존재가 비존재의 상황에 부딪쳤을 때 존재는 태생적으로 무(無)에 대한 공포를 느낀다. 인간은 이처럼 자신의 죽음 때문에 문제를 갖게 되기도 하지만 자신이 사랑하는 사람들의 죽음을 맞이했을 때도 큰 공황에 빠져든다. 그러나 인간은 자기 스스로가 죽어야 할 운명을 지니고 있다는 사실을 깨닫고 있는 것으로 알려진 유일한 존재로, 인간이 '유한자'라는 바로 그 사실이 그의 본질적인 존엄성의 원리를 찾을 수 있다.[130]

아이리언(Paul E. Irion)이 말한 장례식은 죽음의 의미를 되새겨 보게 하는 중요한 의미를 지닌다.[131] 먼저 장례식은 고인을 회고할 수 있도록 도와주어야 하며 친척들과의 새로운 관계의 시작이 되도록 도와주어야 한다. 둘째, 장례식은 죽음의 마지막 단계이므로 고인이 이전에 가졌던 친척들과의 순수한 관계가 침해됨 없이 새로운 관계를 유지하도록 자유스러워야 한다. 셋째, 장례식은 고난을 이해하고 받아들이기 위해 조문객들이 종교적인 의식을 통해 고난을 수긍하고 의미 깊게 이해하도록 치러져야 한다. 넷째, 장례식은 최소한 생과 사의 의미를 재발견하는 계기가 되어야 한다. 다섯째, 장례식은 조문객들에게 지적으로나 정서적으로나 인간의 특성에 대해 충분히 이해하도록 도와주어야 한다.

이런 점에서 장례식은 죽음을 잊고 살아가려는 현대인들에게 죽음의 의미를 깊게 숙고하도록 해준다. 특히 죽음을 맞이한 사람이 자신보다 어

---

130) Gabriel Marcel, *The Existential Background of Human Dignity* (Cambrige Massachusetts: Harvard University Press, 1963), p.136.

131) Paul E. Irion, *The Funeral: Vestige or Value*(Nashville: Abingdon Press, 1966), pp.227~228 참조.

린 자녀이거나 사고사를 목격한 경우에 느끼는 공황감은 더욱 크게 된다.

이처럼 죽음은 인간의 삶의 한 과정이면서도 공포의 대상이 되고 있다. 왜냐하면 인간적인 면에서 모든 관계가 단절되는 사건이 죽음이기 때문이며, 이 죽음은 두 번 다시 경험할 수 없는 대상이기 때문이다. 이렇게 죽음은 영원한 삶의 시작이지만 현실적으로 최대의 상실이며, 따라서 인간은 죽어가는 과정을 통해 신체적, 심리적, 사회적 박탈을 체험하게 된다. 이에 대해 김기복은 이러한 죽음의 현상은 피할 수 없는 몇 가지 사실로 정리하였다. 첫째, 죽음은 인간 누구에게나 예외 없이 온다. 둘째, 죽음이 언제 올지 누구도 예측할 수 없다. 셋째, 죽음은 누구도 경험할 수 있는 대상이 아니다. 넷째, 죽음은 누구도 대신할 수 없는 엄숙한 생의 사건이다.[132] 로스(Elisabeth Kübler-Ross)는 암으로 진단을 받았을 때 받는 충격에서부터 임종에 이르기까지 어떤 감정을 갖게 되고 그 환자가 겪는 정서적이고 육체적인 변화를 집중적으로 연구하였다.[133]

올바른 죽음 인식을 갖는다는 것은 죽음을 당연한 삶의 과정으로 받아들이고, 올바른 죽음을 맞이하기 위해 올바른 삶을 살아야 한다는 사실을 받아들이는 일이다. 올바른 죽음은 올바른 삶의 결과다. 올바른 삶을 산 결과 자연스럽게 찾아오는 죽음은 안타까운 것이기는 하지만 받아들여야 할 필연이다. 이 세상에서 삶을 잘 살아낸 사람에게, 죽음은 아등바등 회피해야 할 공포만은 아니다.

자기의 올바른 죽음을 준비하기 위해 스스로의 삶을 지배해야 할 의무가 있지만, 자기의 것만큼이나 중요한 다른 이의 죽음을 준비하게 도

---

132) 김기복, "호스피스와 임종목회", ≪목회와 신학≫(41호, 1992년 11월호), p.94.

133) 엘리자베스 퀴블러 로스, 『인간의 죽음』, 성염 역(왜관: 분도출판사, 1979), pp.66~70 참조.

외주어야 하는 배려의 의무도 있다.

죽음은 결국 어떻게 살아야 하는가의 문제다. 올바른 삶을 산 사람은 이 세상에 헛된 미련을 가지지 않고 편안하게 눈을 감을 수 있다. 인간의 삶은 죽음과 맞닿아 있다. 이에 대한 천상병의 시는 죽음을 맞이하는 자세를 담백하게 잘 드러내 주었다.

귀천(歸天)

천상병

나 하늘로 돌아가리라.
새벽빛 와 닿으면 스러지는
이슬 더불어 손에 손을 잡고,
나 하늘로 돌아가리라.
노을빛 함께 단 둘이서
기슭에서 놀다가 구름 손짓하며는,
나 하늘로 돌아가리라.
아름다운 이 세상 소풍 끝내는 날,
가서, 아름다웠더라고 말하리라.

3. 기독교의 죽음 이해

우리는 죽음에 둘러싸여 있다. 또한 현세의 삶 속에서 죽음의 모습들을 체험한다. 굶주림, 고통, 실패, 노쇠 등에서 죽음은 조금씩 그 모습을 나타낸다. 빈곤, 질병, 고독, 절망, 이러한 것들도 죽음을 미리 드러나게 하는 표지(標識)이다. 인간은 날마다 죽어가고 있다. 인간의 삶은 죽음으로부터 계속 위협 받기 때문에 더욱 귀중한 것이다. 예수도 인간적인 죽음을 통해서 자신의 사역을 마무리하였고 뜻을 이루었다. 이렇게 볼 때 죽음은 삶을 가치 있게 해주고 의미 있게 해주는 것이며 인격적인 사건이며 삶의 중요한 부분이다. 죽음을 무시하고 삶을 잘 살아낼 수 있다는 생각은, 배설하지 않고 건강을 유지할 수 있다는 생각만큼이나 어리석다.

죽음에 대한 단순한 회피나 죽음에 대해 끝도 없는 두려움은 건강한 삶을 방해한다. 더구나 문명의 발전으로 인한 뜻하지 않은 죽음이 언제 닥쳐올지 모르는 위험한 시대를 사는 우리에게, 죽음에 대해 준비를 갖추는 일은 현대인에게 요구되는 윤리적 덕목이다. 죽음은 영원히 인간의 힘으로는 풀 수 없는 문제이다.[134] 인간에게 죽음의 문제는 알 수도 없고, 피할 수도 없고, 극복할 수도 없는 필연이다. 그래서 모든 인간은 자신에게 부여된 삶을 사는 동안 앞으로 다가올 죽음이라는 사건에 대해서 생각하고 자신의 유한성을 인식하게 된다. 또한 현세적인 삶에 집착하는 인간은 자신에게 다가올 죽음을 두려워하고, 거부하며 살아간다. 인간은 자신의 죽음을 불안해 하고, 죽음에 대한 언급조차 불길한 것으로 생각하며, 자신의 죽음에 대해서는 의도적으로 생각하지 않으려 한다.

김열규는 우리의 삶과 죽음이 너무 멀리 떨어져 있다고 말하고, 죽음의 공포를 덜어내고 정을 붙이려면 죽음과 절실하게 만나야 한다고 강조했다. 죽음을 잊으면 삶도 덩달아 잊혀진다. 이 말은 죽음을 우습게 여

---

134) 하이데거는 『존재와 시간』(Sein und Zeit)에서 인간 존재와 죽음에 대해 명료하게 제시하였다. 그의 말은 다음과 같다. "인간은 죽음을 향한 존재이며, 인간의 죽음은 무(night)이다." 정달용, "철학적으로 본 죽음", ≪사목≫(제70권, 1980), pp.19~20 참조.

기면, 삶도 우스워진다는 의미이다. 인간은 살 때에도 인간답게 잘 살아야 하지만 죽을 때는 더더욱 행복하고 품위 있게 죽어야 한다. 품위 있는 죽음이 없으면 품위 있는 삶도 살 수 없다.[135]

한국인의 의식구조 전반에는 '개똥밭에 굴러도 이승이 좋다'는 속담이 말해 주듯이 대체로 죽음을 두려운 것, 공포의 대상으로 느끼고 이를 부정하고 삶에 강한 애착을 느끼며 살아가고 있다. 이는 우리 일상생활에서도 쉽게 볼 수 있다. 병원에 가서 엘리베이터를 타면 4층은 숫자로 표시하지 않고 'F(Four)'라고 하여 4라는 숫자의 표기를 꺼린다. 이는 4자를 '죽을 사(死)'로 연상하는 것에 대한 금기(禁忌)이다.

인간의 죽음에 대한 기독교의 이해로 부정적으로 보는 견해들이 있다. 먼저 이러한 이해로 죽음을 죄의 결과로 발생한 징벌로 이해함의 경우이다.

죄의 대가는 죽음이지만 하나님께서 거저 주시는 선물은 우리 주 그리스도 예수와 함께 사는 영원한 생명입니다.[136]

욕심이 잉태하면 죄를 낳고 죄가 자라면 죽음을 가져옵니다.[137]

위의 구절과 같이 죄의 대가가 죽음이고 죄가 결국엔 죽음을 가져온다는 이해이다. 즉 죽음은 죄를 지었기 때문에 감수해야 하는 당연한 결과이다. 그리고 죽음이 존재하게 된 이유에 대해서, 모든 인류의 조상인

---

135) 김열규, 『메멘토 모리 죽음을 기억하라』(서울: 궁리, 2001) 참조.
136) 로마서 6장 23절.
137) 야고보서 1장 15절.

아담이 죄를 지어서 벌로 인간에게 죽음이 주어졌다.

그리고 아담에게는 이렇게 말씀하셨다. "너는 아내의 말에 넘어가 따먹지 말라고 내가 일찍이 일러둔 나무 열매를 따먹었으니, 땅 또한 너 때문에 저주를 받으리라. 너는 죽도록 고생해야 먹고 살리라. 들에서 나는 곡식을 먹어야 할 터인데, 땅은 가시덤불과 엉겅퀴를 내리라. 너는, 흙에서 난 몸이니 흙으로 돌아가기까지 이마에 땀을 흘려야 낟알을 얻어먹으리라. 너는 먼지이니 먼지로 돌아가리라."138)

한 사람이 죄를 지어 이 세상에 죄가 들어왔고 죄는 또한 죽음을 불러들인 것같이 모든 사람이 죄를 지어 죽음이 온 인류에게 미치게 되었습니다.139)

죽음은 마귀의 능력이라는 구절도 있다.

자녀들은 다 같이 피와 살을 가지고 있으므로 예수께서도 그들과 같은 피와 살을 가지고 오셨다가 죽으심으로써 죽음의 세력을 잡은 자 곧 악마를 멸망시키시고140)

이러한 입장은 죽음을 부정적으로 이해하고 죄의 결과로, 죽음이 악마의 영역이라고 보는 이해이다. 또한 죽음은 생명에 의해서 유지되는 모든 관계가 완전히 끊어지는 종결의 사건이다. 즉 죽음은 한 개인이 살아있을 때 형성된 모든 관계가 끊어지는 사건이다.

너는, 흙에서 난 몸이니 흙으로 돌아가기까지 이마에 땀을 흘려야 낟알을 얻어먹으리라. 너는 먼지이니 먼지로 돌아가리라.141)

---

138) 창세기 3장 17-19절.
139) 로마서 5장 12절.
140) 히브리서 2장 14절.
141) 창세기 3장 19절.

개인의 갖고 있던 사랑과 미움의 인간관계, 바라던 소원이나 욕심 등의 모든 것이 종결되는 사건으로 인간은 이에 속수무책일 뿐이다. 이처럼 죽음을 부정적으로 이해하게 되면 죽음 앞에서 인생을 통합하지 못하고 인생이 하나님의 저주에 불과했다고 생각하기에 자신의 죽음을 부인하고 생명을 연장하기 위해 발버둥 치게 된다. 불로초를 찾아 헤맨 것으로 유명한 진시황이나 죽음의 순간까지 특효약이나 비방이나 비법을 찾는 사람들의 경우와 같다. 이런 이들은 절대로 자신의 죽음을 수용하지 못한다. 왜냐하면 죽음을 죄의 대가나 처벌로 이해하기 때문이다. 또한 인간은 자신의 죽음 앞에서 가장 공포에 떨고 괴로워하게 된다. 왜냐하면 죽음은 결국 삶의 모든 업적과 관계의 상실이기 때문이다.

그러나 이러한 죽음에 대한 성경의 기록을 단편적으로 이해한 것이고 더 깊이 살펴보면 죽음에 대한 긍정적이고 적극적인 이해의 지평을 알 수 있게 해 준다. 먼저 죽음의 영역에 대한 이해이다. 죽음은 사탄(악마)의 영역이 아니라 하나님의 섭리와 권한에 있다.

창세기 2장은 삶과 죽음의 영역에 대해 일깨워 준다. 에덴동산 이야기는 최초 인간들이 죄를 지어 쫓겨나 죽을 수밖에 없는 신세가 되었다는 것이다. 아담과 하와는 생명나무 열매를 먹고 영원히 살 수 있는 기회를 잃었고 선악과를 먹은 결과로 인해 육신적인 죽음을 맞게 되었다. 이는 생명의 영역에서 벗어나게 된다. 결과적으로 그들이 살게 된 곳은 죽음이 임하는 영역이었다. 그들은 원래 죽음의 영역에서 흙으로 만들어졌다가 생명의 영역인 에덴동산 안으로 인도되어 들어갔으나 다시 죽음의 영역으로 돌아온 것이다. 그렇기에 그들이 쫓겨난 후에는 하나님이 그룹이라는 천사들을 보내어 화염검으로 동산 주변에 울타리를 치게 되었다. 이는 삶과 죽음의 영역을 구별한 것이다. 죽음은 하나님의 권한이다. 그러므로 선악을 알게 하는 나무는 단순히 어떤 열매라기보다는 생명과 죽음 사이의 경계를 의미한다. 즉 하나님과 인간 사이의 본질적 차이를 설정해 놓은 것이다.

구약성경 욥기에 보면 하나님은 욥의 생명, 곧 욥의 영을 사탄이 만지는 것은 허락하지 않으셨다. 이는 죽음이 사탄의 권한이 아니라 하나님의 권한임을 분명히 한 것이다.

기독교는 인간에 대한 하나님의 섭리를 말한다. 이 섭리는 '하나님의 작정'으로 하나님이 일어날 모든 일을 미리 정해 두었다는 것이다.[143] 죽음 또한 하나님의 섭리 안에서 일어나는 사건이다. 하나님은 인간을 사랑하기 때문에 스스로 인간의 죽음에 참여해서 죽음을 이겼다.

자녀들은 다 같이 피와 살을 가지고 있으므로 예수께서도 그들과 같은 피와 살을 가지고 오셨다가 죽으심으로써 죽음의 세력을 잡은 자 곧 악마를 멸망시키시고 한평생 죽음의 공포에 싸여 살던 사람들을 해방시켜 주셨습니다.[144]

---

142) 욥기 2장 6절.

143) 섭리(攝理)는 기독교에서 세상과 우주 만물을 다스리는 하나님의 뜻을 말한다. 고대의 여러 종교는 자연이나 우주의 운행이 맹목적인 운명에 기인한다고 생각했으나, 기독교에서는 하나님의 자유로운 의지에 의한 것이라고 믿는다. 창조주인 하나님이 피조물을 구제하기 위한 영원한 계획을 정하고, 만물은 모두 이 계획에 의해 질서 지어지며 또 지배되는 것으로 믿는다. 섭리는 하나님의 예견(豫見)과 미리 설정된 배려(配慮)라는 두 가지 요소가 포함되어 있다.

144) 히브리서 2장 14-15절.

아담의 범죄의 경우에는 그 한 사람 때문에 죽음이 군림하게 되었습니다. 그러나 은총의 경우에는 한 사람 예수 그리스도의 공로로 풍성한 은총을 입어 하나님과 올바른 관계를 거저 얻은 사람들이 생명의 나라에서 왕노릇 할 것입니다. 그러니 하나님의 은총의 힘이 얼마나 더 큽니까! 그러므로 한 사람이 죄를 지어 모든 사람이 유죄 판결을 받은 것과는 달리 한 사람의 올바른 행위로 모든 사람이 무죄 판결을 받고 길이 살게 되었습니다. 한 사람의 불순종으로 많은 사람이 죄인이 된 것과는 달리 한 사람의 순종으로 많은 사람이 하나님과 올바른 관계를 가지게 될 것입니다.[145]

그러나 그분을 영접한 사람들, 곧 그분의 이름을 믿는 사람들에게는 하나님의 자녀가 될 권세를 주셨습니다.[146]

그러나 그리스도께서는 죽은 자들 가운데서 다시 살아나셔서 죽었다가 부활한 첫 사람이 되셨습니다. 죽음이 한 사람으로 말미암아 온 것처럼 죽은 자의 부활도 한 사람으로 말미암아 왔습니다. 아담으로 말미암아 모든 사람이 죽는 것과 마찬가지로 그리스도로 말미암아 모든 사람이 살게 될 것입니다. 그러나 각각 차례가 있습니다. 먼저 그리스도께서 살아나셨고 그 다음에는 그리스도를 믿는 사람들이 그리스도께서 다시 오실 때 살아나게 될 것입니다.[147]

기독교의 믿음은 죽음의 세력을 이긴 하나님의 초대를 받아들이는 것이다. 이 믿음에 서면 죽음이 죄에 대한 벌도 아니고 모든 일의 끝도 아니다. 죽음을 맞이하면서 새로운 시작이요, 새로운 가능성으로 자신의 인생의 의미를 스스로 깨닫는 감격과 감사로 차분하게 사랑하는 이들과 이별의 인사를 하고 미워하던 사람과 화해하면서 모든 것을 정리할 수 있다. 왜냐하면 믿음 안에서 내세를 소망하며 부활을 꿈꾸기 때문이다. 기독교적인 관점에서 죽음의 의미는 영원한 종말이 아닌 인간 삶의

---

145) 로마서 5장 17-19절.
146) 요한의 복음서 1장 12절.
147) 고린도전서 15장 20-23절.

완성이고, 보다 영원한 삶의 초대이며, 마지막 성장 단계이다.[148] 이는 하나님의 인간 창조와 예수 그리스도의 고난의 십자가와 이를 극복한 부활 그리고 참된 신앙을 통해서 이루어지는 삶의 최종적인 열매이다.[149] 그러므로 죽음을 두려워하고 거부한다는 것은 진정한 삶을 거부하고 무의미하게 할 위험스러운 태도가 된다. 누구에게나 실존적으로 다가올 죽음을 적극적인 자세에서 받아들이고 이를 풍요롭게 맞이하게 될 때, 인간은 보다 의미 있는 삶을 추구하게 되고 삶의 가치와 중요성을 인식할 수 있다.

2차 세계대전 당시 노르웨이의 어느 목사가 독일의 게슈타포에 체포되어 심문을 받을 때의 이야기이다. 건장하게 생긴 게슈타포 장교 한 명이 방에 들어와 책상 위에 권총을 꺼내 놓으면서 말했다.

"목사님, 이것이 우리가 얼마나 심각한 상황에 빠져 있는지를 알려줄 것입니다."

이 말은 똑바로 말하지 않으면 죽음을 각오하라는 의미였다. 그러자 목사도 반사적으로 성경을 꺼내 권총 옆에 놓았다. 이상하게 여긴 게슈타포 장교가 물었다.

"지금 뭘 하시는 겁니까?"

"당신이 당신 무기를 꺼내 놓았으니 나도 내 무기를 꺼내 놓는 것뿐이오."[150]

이 목사는 죽음을 각오하라는 협박에 영생과 부활의 믿음으로 대응한 것이다.

---

148) Elisabeth Kübler-Ross, *Death: The Final Stage of Groth*(NewJersey: Prentice-hall, 1975), p.145.
149) 하베트 볼베르트, 『오늘의 그리스도교적 죽음』, 심상태 역(서울: 성바오로 출판사, 1982), p.96.
150) 로널드 롤하이저, 『성과 성의 영성』, 유호식 옮김 (서울: 성바오로, 2006), p.220.

1945년 4월 8일, 본회퍼(Dietrich V. Bonhoeffer)가 나치에 의해 처형장으로 끌려갈 때, 같은 감옥에 있던 한 영국군 장교가 본회퍼 목사를 향해 이렇게 외쳤다. "목사님! 마지막입니다. 안녕히 가십시오." 이 말을 들은 본회퍼 목사는 미소를 머금고 평화로운 얼굴로 이렇게 말했다. "마지막이 아닙니다. 지금이 시작입니다." 이런 일들은 본회퍼와 같이 위대한 목사사만이 할 수 있는 일이 아니다.

1992년 8월 4일 "주님의 교회" 제4회 전교인 여름수련회장에서 뜻하지 않은 안전사고로 소천한 정민홍 어린이의 부모가 보여 준 모습은 놀랍다. 사고 이후 교회에서 드려진 장례예배 시, 정민홍 어린이의 아버지 정성기 집사는 인사말로 다섯 가지를 감사드린다고 하였다.

첫째, 주님께서 민홍이를 모태에서부터 믿게 하시고 어릴 때 유아세례 받게 해주신 것을 하나님께 감사드렸다.

둘째, 이 세상의 죄악과 탐욕에 오염되기 전 순결한 영혼의 상태로 아들을 하나님 나라로 불러 주셨음을 하나님께 감사드렸다.

셋째, 교통사고나 세상의 궂은 일로 부르신 것이 아니라 하나님을 사랑하여 말씀을 배우던 수련회장에서 불러 주셨음을 하나님께 감사드렸다.

넷째, 그동안 민홍이가 차지하고 있던 자리가 당장은 공허하게 보이겠지만, 그러나 하나님께서는 감당할 시험밖에는 주지 않는다 하셨으매, 그 빈자리를 하나님의 은총으로 반드시 채워 주실 것을 믿음으로 하나님께 감사드렸다.

그리고 마지막으로 사고 이후 교인들이 보여 준 사랑에 대하여 교인들에게 감사했다. 이에 교인들은 모두 깊은 깨달음과 함께 뜨거운 눈물을 흘렸다. 그리고 이들 부부는 강단에 꽃을 바치고 전교인이 먹을 분량의 떡을 제공했다.[151]

이러한 정성기 집사의 죽음을 넘어서는 고백은 마치 사랑의 원자탄으

---

151) 이재철, 『회복의 목회』, pp.55~56 참조.

로 불리는 손양원 목사를 연상케 한다. 일제강점기에 신사참배 거부로 3년간 옥고를 치르고, 나환자들과 고난을 함께한 그는 1948년 제주 폭동 사태 진압을 위해 여수에 모였던 군인들 중 일부인 남로당 소속 군인들이 인민위원회를 만들어 반란하고, 학교 안에서 기독교를 전하고 공산당의 잘못된 점을 알려 주고 있던 손동인, 손동신 두 아들을 폭력하고 끝내 총살하였다. 두 아들의 장례식 답사에서 손양원 목사가 한 열 가지 감사는 다음과 같다.

첫째, 나 같은 죄인의 혈통에서 순교자의 자식이 나게 하셨으니 하나님께 감사합니다.

둘째, 수많은 성도 중에서 어찌 이런 보배를 주께서 하필 내게 맡겨 주셨는지 주께 감사합니다.

셋째, 삼남 삼녀 중에서도 가장 아름다운 두 아들 장자와 차자를 바치게 된 나의 축복을 감사드립니다.

넷째, 또 한 아들의 순교도 귀하다 하거든 하물며 두 아들의 순교라니요. 감사합니다.

다섯째, 예수 믿다가 와석종신하는 것도 큰 복이라 하거든 하물며 전도하다 총살 순교 당함이라니요. 감사합니다.

여섯째, 미국 가려고 준비하던 내 아들 미국보다 더 좋은 천국에 갔으니 내 마음 안심되어 감사합니다.

일곱째, 나의 두 아들을 총살한 원수를 회개시켜 내 아들 삼고자 하는 사랑의 마음 주신 하나님께 감사합니다.

여덟째, 내 두 아들의 순교의 열매로 말미암아 무수한 천국의 아이들이 생길 것이 믿어지니 우리 아버지 하나님께 감사합니다.

아홉째, 이 같은 역경 속에서 이상 여덟 가지 진리와 하나님의 사랑을 찾는 기쁜 마음, 여유 있는 믿음을 주신 우리 주 예수 그리스도께 감사 감사합니다.

열째, 나에게 분수에 넘치는 과분한 큰 복을 내려 주신 하나님께 모든 영광을 돌립니다.[152]

손양원 목사는 장례예배 이후 아들들을 죽인 원수를 용서하고 양자로

---

152) 손동희, 『나의 아버지 손양원 목사』(서울: 아가페출판사, 1994) 참조.

입적시켰다. 안재선이라는 사람을 손재선이라 하여 자신의 아들로 삼았고 전도사로 키워내는 놀라운 사랑의 역사를 보여 주게 되었다. 한국전이 일어나자 피난 가시는 길에 홀로 남아 1950년 9월 13일 공산군에게 체포 되고, 1950년 9월 28일 저녁 11시 여수 근교 미평에서 총살당하여 순교를 하였다. 당시 그의 나이는 48세였다.

이처럼 보통 사람들이 마지막이라 생각하고 그렇게 말할 때에 그와는 다른 삶을 사는 사람들이 종종 있다. 믿음의 사람들에게는 죽음이 끝이 아니다. 죽음이란 의학의 실패가 아니라 새로운 삶의 시작일 뿐이라는 믿음과 소망으로 살아가는 사람이 그리스도인이다. 즉 죽음은 전혀 새로운 그러면서도 놀랍고 영광스러운 새 삶의 시작이다. 왜냐하면 기독교신앙인들에게는 죽음을 넘어서는 부활이 있음을 믿기 때문이며 죽음 이후의 영원한 세계에 대한 믿음을 갖고 살아가기 때문이다. 그러기에 헨리(Matthew Henry)는 이렇게 말했다. "우리의 마지막 날을 준비하는 것이 매일의 일이 되어야 한다."

'메멘토 모리'(Memento mori)라는 말은 라틴어로 "죽음을 기억하라"는 뜻이다. 스스로 유일한 인생임을 깨닫고 하나님과 함께하는 의미 있는 삶을 보내라는 뜻으로 중세의 기독교인들이 자기 자신을 향해, 또는 만나면 서로 인사말처럼 '메멘토 모리'라고 말했다. 우리 사회에 불행한 모습으로 죽는 사람들이 많다는 것, 그리고 죽음이라는 말을 금기시하며 논의하는 것조차 꺼려온 것은 결국 죽음을 바르게 이해하지 못하고 살아가는 사람들이 많다는 반증이기도 하다. 죽음을 제대로 이해하지 못한다는 것은 곧 인간으로서의 존엄함을 지니고 살아가지 못하고 죽는 사람이 많다는 것이다.

우리는 살아가면서 '블랙 스완(Black Swan)'을 만날 때가 많다. 블랙 스완(검은 백조)은 2007년 나심 탈레브(Nassim N. Taleb)가 『블랙 스완』이라는 책을 발간한 이후 관심 용어가 되었다. 사람들의 기대에 반하여 예외적으로 일어나는 사건이 블랙 스완의 특징이며, 일단 나타났다 하면 엄청난 변화를 초래할 만큼 충격적인 결과를 초래하는 것이 블랙 스완이다. 우리 삶에 뜻하지 않는 질병과 죽음이야말로 블랙 스완일 것이다. 사도 바울은 죽음을 두려워하지 않고 주어진 삶에 당당히 살아갈 것을 일깨워 주었다.

예수는 죽음을 두려워하지 말아야 할 이유를 하나님께로부터 왔다가 그에게로 돌아감을 인정하는 것으로 일깨워 주었다.

예수께서 대답하셨습니다. "비록 내가 나를 증거한다 해도 내 증거는 참되다. 나는 내가 어디에서 와서 어디로 가는지 알기 때문이다. 그러나 너희는 내가 어디에서 왔는지도 모르고 또 어디로 가는지도 알지 못한다."[153]

누구든지 하나님의 영으로 인도를 받는 사람들은 하나님의 아들들입니다. 여러분은 다시 두려움에 이르게 하는 종의 영을 받지 않고 양자의 영을 받았습니다. 우리는 그 영으로 아바 아버지라고 부릅니다. 성령은 친히 우리의 영과 더불어 우리가 하나님의 자녀임을 증거합니다. 우리가 자녀이면 또한 상속자입니다. 우리가 그리스도와 함께 영광을 받기 위해 그분과 더불어 고난을 받으면 우리는 하나님의 상속자요, 그리스도와 함께 상속자가 됩니다.[154]

그러면서 죽음을 조롱하면서 외쳤다.

---

153) 요한복음 8장 14절.
154) 로마서 8장 14~17절.

사망아, 네 승리가 어디 있느냐? 사망아, 너의 독침은 어디 있느냐?[155]

바울의 이러한 고백은 구약성경에서도 찾아볼 수 있다.

내가 그들을 음부의 손에서 속량할 것이며 내가 그들을 죽음에서 건져 낼 것이다. 죽음아, 네 재앙이 어디에 있느냐? 무덤아, 네 멸망이 어디에 있느냐? 슬픔이 내 눈에서 숨겨질 것이다.[156]

어거스틴(St. Augustine)은 인간에게 죽음이 있기에 인간의 한계성을 깨닫고 그에 따라 하나님의 영을 지향하고 있다고 보았다.[157] 베르나르(Bernard of Clairvaux)는 죽음을 연인인 예수 그리스도와 영원한 교제로 나아가는 길로 받아들였다.[158] 프란체스코(San Francesco d'Assisi)는 한 걸음 더 나아가 죽음을 아름답게 생각하고 받아들일 뿐 아니라 친근한 누이로 묘사하였다.

내 주여! 목숨 있는 어느 사람도 벗어나지 못하는 우리 육체의 죽음, 그 누이의 찬양을 받으소서. 죽을 죄 짓고, 죽는 사람들은 영화롭고 복되도다. 당신의 짝 없이 거룩한 뜻 따르는 사람들이여! 죽음이 저들을 해치지 못하리로다. 내 주를 기려 높이 찬양하고, 그에게 감사드릴 지어다. 한껏 겸손을 다하여 그를 섬길지어다.[159]

또한 그는 죽음이 관계의 차단을 의미하는 것이 아니라 영원히 지속

---

155) 고린도전서 15장 55절.

156) 호세아 13장 14절.

157) 어거스틴, 『참회록』, 최정선 옮김(서울: 지성문화사, 1989), p.67.

158) 토마스 C. 오덴, 『목회신학』, 이기준 역(천안: 한국신학연구소, 2004), p.513.

159) 이는 그가 지은 '태양의 노래'에 잘 드러나 있다. 에릭 도일, 『태양의 노래』, 정현숙 역(왜관: 분도출판사, 1994), p.68.

된다고 보았다. 이는 하나님의 영원성을 믿음에 대한 따른 것으로 죽음을 신앙의 완성이요, 새로운 시작으로 보았다. 실제로 그의 죽음으로 이를 잘 보여 주었다.

의사가 그에게 말했다. "성자여, 하나님이 원하신다면 모든 것이 잘 될 것입니다." 이에 그는 "진실을 말해 주시오. 당신의 진짜 의견은 무엇입니까? 두려워하지 말고 말해 주시오. 저는 하나님의 은혜 가운데 있습니다. 그러므로 죽음을 두려워할 만큼 비겁하지 않습니다. 저는 성령님의 은혜와 도우심으로 주님과 결합되어 있기에 살거나 죽거나 아무 상관없이 만족합니다." 그러자 의사는 그에게 솔직하게 말했다. "성자여, 저희들의 의학지식에 따르면 성자님의 병은 불치병입니다. 9월 말이나 10월 초에 돌아가실 것 같습니다." 그러자 그는 침대에 누워서 자신의 손을 하나님께로 경건하고, 헌신적인 자세로 내밀고, 온몸과 온 마음의 큰 기쁨으로 이렇게 말했다. "어서 오시오, 죽음 자매여!" 그는 임종이 다가오자 또다시 자기를 땅에 눕혀 주기를 청했고, 간신히 목소리를 가다듬어 시편 142편을 읊었다. "내가 목소리를 내어 여호와께 부르짖었습니다. 내 목소리로 여호와께 기도했습니다. 내가 그분 앞에 내 불평을 털어 놓았으며 그분 앞에 내 어려움을 보여드렸습니다. 내 영이 마음 속에서 실망할 때도 내 길을 아는 분은 하나님이셨습니다. 내가 걸어가는 길에 그들이 몰래 덫을 숨겨 놓았습니다. 내 오른쪽을 보아도 나를 아는 사람이 아무도 없었고 내가 피할 곳도 없었으며 내 영혼에 관심을 갖는 사람도 없었습니다. 오, 여호와여, 내가 주께 부르짖습니다. '주는 내 피난처시요, 살아 있는 사람들의 땅에서 받는 내 몫입니다.' 내 부르짖음에 귀 기울이소서. 나는 너무나도 비참합니다. 나를 핍박하는 사람들에게서 나를 구하소서. 그들은 나보다 강합니다. 내 영혼을 감옥에서 풀어 주셔서 내가 주의 이름을 찬양하게 하소서. 주께서 나를 너그럽게 대하시면 의인들이 내 주위에 몰려들 것입니다."그는 이렇게 읊고는 죽었다.[160]

나우웬(Henry J. M. Nouwen)은 죽음을 하나님이 주신 가장 큰 선물로 받아들이면서 신앙인들이 죽음을 준비하는 자세를 네 가지로 제시하였다.[161] 실제로 그는 그의 나이 예순 즈음에 교통사고를 당하고 자신의

---

160) 실제로 프란체스코는 자신의 죽음에서 이를 잘 보여 주었다. 이에 대해서는 토마스 첼라노, 『아씨시 성 프란체스코의 생애』, 프란체스코회 한국관구 역(왜관: 분도 출판사, 1998), pp.415~419 참조.

죽음에 대해 편안해졌다. 그리고 사람들을 대할 때도 훨씬 편안하고 수용적인 자세로 임하게 되었다. 그의 나이 예순셋일 때 고백이다.

저는 나이를 먹는 것이 더 풍성한 삶으로 가는 여정에 대해 생각하는 시간임을 깨달았습니다. 저는 제 삶이 완성을 향해 가는 데 대해 감사하고 싶고, 제가 사랑하는 모든 사람들에게 제 사랑의 영을 보내게 될 것을 기대하고 싶습니다. 저는 제 죽음에 대해 우울함이 아니라 열린 마음으로 말할 필요를 느끼며, 제가 속한 공동체, 제 가족, 제 친구들을 제 인생에서 삶의 끝까지 저와 함께 그 길을 가자고 초대할 필요를 느낍니다. 저는 제 죽음과 친구가 되고 싶습니다.[162]

이처럼 기독교계는 죽음을 자연스러운 것이며, 하나님의 은총으로 인식하고, 편안히 죽음을 맞이하도록 가르친다. 이는 누가복음 20장 34~40절에 나오는 예수의 말을 떠올리게 한다. 예수가 말한 살아 있는 사람이란 지금 살아 있는 사람과 이미 죽은 사람을 다 포함하는 것이다.[163] 기독교에서 소망하는 영원한 삶은 올바르게 죽은 자들만이 획득할 수 있는 축복이다. 올바른 죽음은 인간을 헛된 욕망으로부터 해방시킨다. 올바른 죽음은 과도한 욕망의 노예가 되지 않고, 사회 속에서 관계적 존재로서 자신에게 부과된 의무와 권리를 적절하게 수행한 결과로 얻게 되는 것이다. 그러므로 죽음은 단지 무의미나 무가치한 단절이나 생물학적 종말이 아니다. 결국 인간에게는 죽음에 대한 희망의 이해가 필요하다. 죽음은 삶의 완성이고 결실이다. 이런 의미에서 죽음은 인생의 행복한 성

---

161) 헨리 J. M. 나우엔, 『죽음, 가장 큰 선물』, 홍성현 역(서울: 홍성사, 2000), pp.39~40 참조.

162) 헨리 J. M. 나우엔, 『영성에의 길』, 김명희 역(서울: IVP, 2002), pp.117~118 참조.

163) "하나님께서는 죽은 사람들의 하나님이 아니라 살아 있는 사람들의 하나님이시기 때문이다. 모든 사람이 하나님께는 살아 있다."(누가복음 20장 38절) 이 구절에서 말하는 살아 있는 자라는 말은 지금 살아 있는 자와 죽은 자를 모두 포함하는 말이다. J. Reiling and J. L. Swellellengrebel, *A Translator's Handbook on the Gospel of Luke*, UBS(1971), p.655.

취가 될 수 있고 풍성한 생애의 보상이다.

또한 죽음은 참다운 삶을 가능케 하는 사건이다. 인간에게 있어서 죽음만큼 무감각하게 느껴지는 사건도 없다. 그러나 죽음에 대한 망각은 인간실존의 망각을 유발하는 것과 같다. 만일 죽음이 무의미한 것이라면 삶 또한 의미가 없다. 그래서 인간은 죽음을 직시함으로 인해서 삶에 성실해지고 진지해질 수 있다. 다시 말해서 인간은 죽음의 존재로서 죽을 수밖에 없는 존재이므로 죽음을 직시할 때 비로소 삶에 있어서 무엇이 근본적이며 무엇이 부수적인지 구별하게 된다. 죽음은 우리의 삶을 근본적으로 바꾸어 놓는다. 이렇게 볼 때 인간은 죽음을 통하여 삶이 당연한 것이 아니라 선물이라는 것을 체험하게 되고 비로소 삶에 성실하고 진지한 자세를 가질 수 있다.

죽음은 인격적인 사건이고 영적인 인간의 일로서 그의 본질과 관련되는 일이며 자아실현과 관계된다.164) 죽음은 인간으로 하여금 하나의 인격체로서 겪게 되는 사건인 동시에 인간으로서 행하는 결정적인 최고의 행위이다. 이러한 죽음을 우리는 삶의 한가운데서 바라볼 수 있다.

4. 죽음교육의 필요성과 의미

인간의 죽음은 육적인 생을 마감하고 영원한 생명으로 승화되는 생명

---

164) 식물은 영어 'Perish'라는 동사를 써서 소멸이라고 표현하나 인간에게는 'die'라는 동사로 표현한다. K. Rahner, *Scramentum Mundi 'death'*, 1 Vols를 김정우, 『죽음과 삶―그리스도교적 죽음 이해에 대한 연구』(서울: 가톨릭대학교, 1982), p.43에서 재인용.

의 전환이요, 변화이다. 하지만 많은 경우 인간은 현실적으로 자신의 죽음을 인생의 모든 종말인 것처럼 두려움 속에서 맞이하거나 혹은 전혀 자신의 죽음에 대해서 준비와 이해를 갖지 못한 채 급작스레 죽음을 맞이한다. 이러한 죽음, 언젠가는 주어질 죽음에 대해서 바른 이해를 갖게 하고, 자신에게 주신 삶을 사랑하고 두려움 없이 살아갈 수 있도록 전 생애에 걸쳐서 가르쳐야 한다. 교육현장에서는 인간의 죽음에 대한 교육을 교육내용에 포함시켜서 가르칠 수 있도록 해야 한다.

"고맙습니다. 서로 사랑하세요." 이 말은 2009년 2월 16일 김수환 추기경이 죽음의 직전에서 마지막으로 남긴 말이다. 마지막 인사에서조차 타인을 생각하는 그의 마음은 현대사회를 살아가는 이들에게 크고 작은 여운을 주고 있다. 남은 이의 광명을 찾아 준 각막 기증, 아름다운 유언 등 거목으로서의 삶 못잖게 죽음 또한 어떻게 맞이해야 하는가를 몸소 보여 준 그의 아름다운 죽음을 통해 많은 이들이 성찰과 사색의 장을 열었다.

1994년 레이건 전 미국 대통령은 자신이 알츠하이머병에 걸렸음을 세상에 알렸다. 레이건 전 미 대통령은 대국민 성명을 통해 알츠하이머병에 걸린 사실을 공개하고 "나는 이제 내 인생의 황혼으로 가는 긴 여행을 시작하겠지만, 이 나라의 미래는 언제나 찬란한 여명일 것"이라고 말했다. 그가 투병사실을 알림으로써 미국 전역에 이 병에 대한 주의를 환기시키고 환자들과 그 가정에 대한 이해를 촉구시켰다. 미국사회와 미국인들은 10년 후 그가 소천할 때까지 함께 죽음을 맞이할 수 있었다.

이처럼 한 사람의 아름다운 마무리가 가져오는 피드백(feed back)은 크다. 고 김수환 추기경과 고 레이건 대통령의 죽음은 그들로부터 삶과 죽음의 간극에서 고통 없는 안식으로 인도했으며 남겨진 이들에게는 '좋은 죽음'의 본보기로 삶을 성찰하는 시간을 갖게 했다.

모든 사람은 죽음 앞에 동등하나 모든 죽음이 같지만은 않다. 죽음을 준비하는 것은 죽음을 바르게 이해하도록 함으로써 삶을 보다 의미 있게 살게 하며, 죽음을 제대로 맞이할 수 있도록 돕는다. 즉 잘 죽는 웰다잉(Well-Dying)이 바로 잘 사는 웰빙(Well-Being)을 만든다.

2011년 10월 5일 소천한 스티브 잡스가 2005년 스탠포드 대학교 졸업식에서 행한 축사는 죽음을 준비하는 자세를 일깨워 준다. "죽음은 우리 모두가 공유하는 삶의 도착지며, 아무도 피해갈 수 없는 숙명입니다. 여러분 삶에도 끝이 있습니다. 인생을 낭비하지 마십시오. 여러분의 마음과 직감을 따를 용기를 가지십시오." 하루하루를 인생의 마지막 날처럼 산다는 50살(당시)의 스티브 잡스……. 그가 성공할 수 있었던 데는 죽음에 대한 끊임없는 의식과 성찰이라는 무기가 숨어 있었다.

죽음준비는 흔히 노인에게만 해당하는 것으로 생각하기 쉽다. 죽음을 맞이하는 이들이 노인뿐이라면 그럴 수도 있다. 그러나 죽음은 나이순으로 찾아오는 것이 아니다. 늘 남의 일처럼만 여겨지는 사고와 중병이 언제든 나의 일이 될 수 있는 것이다. 이는 냉엄한 현실이다. 그럼에도 다들 죽지 않을 것처럼 산다. 평소 죽음을 의식하지도 않을 뿐 아니라 죽음이라는 말을 입에 담기조차 꺼린다.

죽음교육은 언제 갑자기 죽음이 찾아오더라도 자연스럽게 죽음을 맞이할 수 있도록 미리 준비하자는 것이다. 이는 갑자기 다가올 죽음에 대비해 현재 삶을 좀 더 충실하게 살라는 뜻과 같다. 호스피스 봉사자들은 "제대로 산 사람만이 잘 죽을 수 있다"고 입을 모은다. 결국 죽음을 준비하는 것은 삶을 준비하는 것이다. 인생의 마지막 단계를 어떻게 보낼 것인지, 어떻게 죽음을 맞이할 것인지 생각하고 준비하는 죽음교육은 노인이나 불치병으로 죽어가는 사람만이 아니라 살아 있는 모든 이에게 꼭 필요한 교육이다. 모든 인간은 반드시 죽는다. 죽음교육은 죽어가는 환자를 보살피는 호스피스와는 다르다.

죽음교육은 죽음의 참된 의미를 가르치고 죽음에 대한 바른 태도를 갖게 함으로 삶을 더욱 건전하게 살아가도록 돕는 교육이다.[165] 죽음교육은 단지 죽음의 순간에 대처하는 기술을 다루는 것이 아니라 오히려 전체적인 삶에 대한 관심이다. 죽음교육은 바르게 삶을 영위하는 사람에게 바르게 죽음을 대비하는 지혜가 생긴다는 확신에서 시작된다.[166] 인간은 죽음을 사전에 체험할 수 없다. 그러기에 죽음은 충분한 준비 없이 맞이하게 되는 하나의 두려움이다. 죽음교육은 죽음을 미리 생각해 보고 대비하도록 하기 위한 것으로, 삶과 죽음의 의미를 탐구하고 죽음에 대한 바른 이해를 통해 자신과 타인의 죽음을 맞이하는 죽음이해를 돕고자 함이다. 이런 점에서 죽음교육은 매일의 사람이 기적임을 깨닫기 위한 것이다. 우리의 삶이 아름답고 행복한 것이라면 죽음 역시 아름답고 행복하다. 반대로 우리의 삶이 추하고 고통스러운 것이라면 죽음도 고통스러운 것이다. 미켈란젤로의 말과 같이 우리의 생명을 창조한 바로 그 하나님이 우리의 죽음도 설계하였다면 죽음 역시 장엄하고 아름다울 것이다.[167]

죽음의 문제는 인간이 죽음의 참된 의미를 깨닫고 자신의 전 생애를

---

165) 강원용, "죽음에 관한 목회", ≪교육문제연구≫(1집, 1979년 5월호), p.111.

166) Ibid., p.102.

167) 정재걸, 『삶의 완성을 위한 죽음교육』(서울: 지식의 날개, 2010), p.5.

통해서 죽음을 준비해야 하는 교육의 필요성을 제시해 준다. 결국 인간은 죽음에 대한 전 생애적인 교육을 통하여서 죽음을 이해하고 자신의 죽음을 하나님께 위탁하고 남은 삶 속에서 최선을 다하게 된다. 죽음을 교육할 때 교회는 모든 사람이 평소 삶을 죽음의 문제와 연결시켜 사고할 수 있는 훈련을 쌓을 수 있도록 가르쳐야 한다. 죽음에 대한 올바른 이해는 한 인간의 형성에 중요한 요인으로 작용하며 인간 실존의 또 다른 측면을 볼 수 있게 해준다.

디켄(Alfons Deeken)은 죽음교육 목표를 열다섯 가지로 제시하고 있는데168) 이를 요약·정리하여 두 가지 목표로 나누어 보면 다음과 같다.

첫째, 죽음의 과정 및 죽음으로 향하는 환자가 다양한 문제와 요구에 대해 이해하는 일을 돕는 것이다. 그렇게 함으로써 인생의 최후에 단계에 있는 환자에게 보다 나은 도움을 줄 수 있게 된다. 우선 환자의 가족이나 친구는 의학의 힘으로는 더 이상 목숨을 구할 수 없는 단계에 이르러서도 똑같이 죽을 인간으로서 환자에게 따뜻한 인간적인 관심과 마음의 지지를 제공할 수 있다. 여기에서 중요한 것은 죽음을 향해 다가가는 말기 환자와 더불어 걷는다는 점이다.

둘째, 전 생애를 통하여 자기 자신의 죽음을 준비하고, 후회 없는 죽음을 완성할 수 있도록 죽음에 대해 깊은 사색을 하는 것이다. 인생 전체를 포착하려고 할 때 죽음이라고 하는 절대적인 현실을 피할 수는 없다. 확실치 않은 것은 그것이 언제냐 하는 것일 뿐이다. 그렇지만 죽음이란 단순히 언젠가 장래에 찾아 와서 삶에 종지부를 찍는 것만은 아니다. 인간은 사고하는 존재이며 현재의 시점에서 죽음이 피해질 수 없다

---

168) 알폰스 디켄, 『죽음 준비교육의 목표』, 삶과 죽음을 생각하는 회 옮김(서울: 문화지평, 1992), p.20.

는 사실을 알고 있다. 그러므로 죽음은 이미 매일매일의 생활 속에 있는 것이며, 삶의 중심에 우리와 함께 있는 것이다.

그는 죽음교육의 의의에 대해서 네 가지 측면에서 행하여질 필요성을 밝히고 있다.[169]

첫째, 정보를 전달하는 지적인 단계이다. 이 단계의 죽음교육은 죽음학(즉 죽어감과 죽음의 과학)의 여러 주제에 대해 학제간적인 접근법에 대해 알려 준다. 여기에 해당하는 전형적인 예는 죽는 과정, 말기 간호(care), 고통 조절, 임종환자의 요구나 그들과의 소통, 죽음에 대한 불안, 죽음의 철학, 각기 다른 종교와 문화에 따른 죽음관이 다른 것 등과 같은 것들이 포함된다.

둘째, 정서적이고 감정적인 단계이다. 죽음교육은 죽음에 대한 정서적이고 감정적인 태도를 다룬다. 죽음교육이 단지 지식을 늘이는 데에 목적이 있지 않다. 의사들이 말기 환자들에게 충분한 도움을 주지 못하는 경우는 지식의 부족이 그 주된 원인일 때가 많지만 그러나 종종 정서적인 문제에서 같은 것이 발생되기도 한다. 만일 의사가 환자에게 암이 걸린 사실을 알리지 않는 경우가 생긴다면 그것은 환자를 위해 그런 것보다 의사 자신의 죽음 공포에서 비롯되는 경우도 많다.

셋째, 가치적 단계이다. 인간이 죽는 방법에 대해 가치관 정립을 새롭게 하는 것이다. 의사들은 육체적 생명을 연장시키는 데 관심이 있겠지만 환자는 삶의 질도 똑같이 중요하게 생각할 것이다. 그러므로 죽어가는 사람을 돌보는 사람들은 그의 소망에 맞춰 가치의 우선순위를 다시

---

169) 알폰스 디켄, "인간의 죽음과 죽어감"(미간행 자료집, 연세대학교 간호대 창립 100주년 기념 초청 강연집, 2006년 5월) 참조.

생각해야 할 것이다.

넷째, 기술 훈련 단계이다. 죽음교육과 연관해서 기본적인 기술을 가르쳐야 한다. 기술을 배우는 가장 중요한 목적은 죽어가는 사람의 요구에 부응하기 위한 것이다. 죽음교육자들은 각각의 말기 환자들이 모두 특수하며 특별한 요구를 갖고 있다는 것을 알아야 한다. 따라서 의료진들은 이 환자들의 말을 잘 경청하고 그 특수한 요구를 알아차려야 한다. 이것이 가장 중요한 기술 훈련 단계의 측면이다.

퀴블러(Elisabeth Kübler-Ross)의 『죽음과 죽어감』에 보면 임종을 맞는 사람들이 보이는 5가지의 반응이 나온다.[170]

첫째, 부정이다. '믿어지지 않는다.', '의사의 오진이겠지…….', 'X-레이나 MRI 등이 잘못된 것이겠지…….' 이렇게 죽음을 받아들이지 않으려 한다. 둘째, 분노이다. '왜 하필이면 내가 이런 병에 걸렸나?' 자신이 믿는 신을 원망하고 가족을 원망하고 공연히 화를 내기도 한다. 셋째, 타협이다. 이제 어느 정도 죽음을 예감하면서 신에게 매달리기도 한다. 신자의 경우도 이때 하나님께 타협의 제안한다. "하나님, 이번에 살려만 주신다면 믿음생활 잘하겠습니다. 있는 재물과 기술을 모두 동원해서 하나님께 헌신하겠습니다." 또는 이번에 자신의 건강만 회복된다면, 가족과 사회에 봉사하면서 살겠다는 조건부 타협이나 맹세를 한다. 넷째, 우울증에 빠져든다. 말도 잘 하지 않고 슬픈 표정으로 침묵을 지킨다. 다섯째, 수용하고 수긍한다. 죽음을 받아들이려 한다.

이렇듯 죽음을 수용하는 단계에 이르면 그에 따라 죽어가는 사람과 함께하는 이들이 수행할 영역으로 세 가지를 들 수 있다.[171]

---

170) 엘리자베스 퀴블러 로스, 『죽음과 죽어감』, 이진 옮김(서울: 이레, 2008) 참조.

첫째, 죽음 이후에 영원한 세계가 있음을 알려 주어야 한다. 인생이란 이 땅의 삶으로 종결되는 것이 아니라 이 세상 다음에 하나님의 나라가 있다는 것을 알려 주어 죽음의 공포를 이길 수 있도록 희망을 갖도록 해 주어야 한다. 둘째, 하나님께 위탁하도록 해야 한다. 하나님이 '나'라는 생명을 이 땅에 보내 주서서 일정한 기간을 살다가 불러 가심에 따라서 이 땅을 떠난다는 사실을 분명하게 일깨워 주어 하나님께 자신의 영혼을 위탁하는 마음을 갖도록 해야 한다. 그렇게 할 때, 지나온 삶에 대해 진지한 회개를 할 수 있고 하나님을 자기 마음속에 영접하게 되고 하나님 나라에 대한 소망을 갖게 된다. 셋째, 꼭 필요한 것은 따뜻한 사랑이다. 임종이 가까울수록 외로움, 소외감을 느끼게 되기에 따뜻한 사랑과 위로와 용기를 주어야 한다. 가족과 친척들의 사랑, 오랜 친구의 사랑, 신앙인의 사랑을 서로 나눌 수 있어야 한다.

인간은 의식적 존재이다. 인간은 항상 무엇인가를 생각하고 느끼며 살아간다. 현실에 대한 인식은 현실에 대한 의식의 산물이며, 현실의식을 통해 삶의 방식은 결정된다. 의식은 자신의 본래 모습을 인식하고 그것을 구체적으로 구현해 나가는 실천적 의지이기도 하다. 인간은 자신의 의식에 따라 실천적으로 행동한다. 인간은 주어진 상태에서 벗어나 새로운 모습으로 변화를 추구하는 진보적인 존재이다.172) 특히 죽음에 대한 의식은 단순히 죽음만의 문제가 아니며 하나의 자기의식 행위라는 점에

---

171) 디켄(Alfons Deeken)은 말기 환자가 경험하는 5가지 죽음의 과정 외에 '희망의 단계'를 첨부하고 있다. 말기 환자에게 있어서 생의 마지막 순간까지 인간에게 용기와 힘을 주고 인생에 의미를 부여하는 것은 무엇인가? 삶의 의지와 그 원초적인 힘은 결코 자기 자신에게 나오지 않는다. 이것은 전적으로 하나님의 은혜에 속한다. 왜냐하면 인간이 살려고 하는 의지나 의미부여, 희망 등 새로운 삶의 기회제공은 새로운 영(靈)만이 할 수 있기 때문이다. 박명철. "죽음에서 발생하는 윤리문제", 한국기독교윤리학회 엮음. 『삶, 죽음 그리고 기독교윤리』(서울: 예영커뮤니케이션, 2006), p.51.

172) 이수인·이수윤, 『서양지성사』(서울: 법문사, 2000), p.7.

서 삶에 미치는 영향력이 크다.[173] 죽음의식은 곧바로 자신의 삶의 문제로 연결된다. 죽음과 삶은 둘이 아닌 하나의 다른 모습이며 죽음에 대한 생각이나 태도는 삶을 결정하는 종국적인 요인이 된다.

죽음은 위대한 스승[174]이며 삶의 원인이다. 죽음에 어떤 의미를 부여하는가에 따라 삶의 내용은 달라진다. 사람들은 죽음을 통해 삶을 배우고 삶을 깨닫는다. 그러므로 죽음을 진지하게 생각해 보는 것은 삶에 대한 성찰(省察)이며, 삶에 대한 사랑이고 삶을 풍요롭고 가치 있게 만드는 길이다. 죽음은 삶의 현상이고 생존의 조건이며, 죽음 없는 삶은 삶의 의미를 잃게 되기 때문이다.[175]

삶은 죽음을 통해 의미를 더해간다. 따라서 죽음교육은 죽음만을 위한 교육이 아니고 삶을 삶답게 살도록 돕는 것이다. 참다운 삶이란 생명의 신비를 터득하는 삶, 인간을 존엄하게 여기는 도덕적인 삶, 일상적인 삶을 의미와 보람으로 채우는 삶, 따뜻한 위로와 평안 속에서 삶을 마감할 수 있는 삶을 일컫는다. 그러므로 죽음교육은 진정한 삶의 방식을 터득하도록 돕는 것이며, 죽음을 가르치는 행위는 사랑을 가르치는 도덕적 행위이다.

죽음을 직면하고 사는 사람은 죽음을 의식하기에 후회 없는 삶을 살수 있다. 최근 1,000명의 죽음을 지켜본 호스피스 전문의가 경험한 죽음을 앞둔 이들의 소소하지만 가슴을 울리는 깨달음을 통해 죽기 전에 해야 할 것을 일깨워 준다. 죽음 자리에서 삶을 되살려보는 것으로 사랑한

---

173) 장 이뽈리뜨, 『헤겔의 정신현상학 I』, 이종철 · 김상환 역(서울: 문예출판사, 2000), p.26.
174) 제프리 홉킨스 편저, 『달라이 라마, 죽음을 이야기하다』, 이종록 역(서울: 북로드, 2002), p.5.
175) 정동호 외, 『죽음의 철학』(서울: 청람, 1987), p.12.

다고 말하기, 고맙다고 말하기, 미안하다고 말하기 등 절박하고 진지한 윤리의식을 죽음을 전제하고 이룰 수 있다. 이를 위해 관 체험하기, 유언장 써 보기 등도 좋은 교육적 주제가 될 것이다.176)

인간은 자신의 삶을 살아가며 자신이 어디로부터 왔으며 어디로 갈 것인가 하는 궁극적인 의문을 제기하며 사는 존재이다. 죽음에 대한 올바른 이해가 없는 사람은 삶에 대한 이해와 확신도 부족하다. 왜냐하면 죽음을 바르게 이해하는 것이 삶을 충실히 살아갈 수 있는 것과도 연결되기 때문이다.

죽음준비교육은 죽음의 참된 의미를 가르치고 죽음에 대한 바른 태도를 갖게 함으로 삶을 더욱 건전하게 살아가도록 돕는 교육을 말한다.177) 그러므로 죽음교육은 단지 죽음의 순간에 대처하는 기술을 다루는 것이 아니라 오히려 전체적인 삶에 대한 관심이라고 말할 수 있다. 이는 바르게 삶을 영위하는 사람에게, 바르게 죽음을 대비할 수 있음을 전제로 함이다.178) 모든 인간은 태어나면서부터 죽음의 위기에 처하게 되며, 인생의 최종결단인 죽음을 향하여 성장하게 된다. 죽음교육은 모든 살아가는 이들에게 인간의 최종 결단인 죽음이 놓여 있음을 인식하게 하고, 이를 위해 자신의 현재 삶과 미래에 최선을 다하게 함이다. 즉, 공포나 두려움이 아닌, 현실의 충실함으로 죽음을 극복함이다.

안타깝게도 독일과 미국 등의 나라는 오래전부터 죽음교육을 정규 교육과정에서 다루는 것에 반해 우리나라는 공교육은 물론 교회교육에서

---

176) 오츠 슈이치, 『죽을 때 후회하는 스물다섯 가지』, 황소연 옮김(서울: 21세기북스, 2009) 참조.
177) 강원용, op. cit., p.111.
178) Ibid., p.102.

도 죽음교육이 제대로 다루어지지 않고 있다. 이제 우리도 죽음을 공교육과 교회교육의 교육과정으로 편재하는 방안을 모색해 나가야 할 것이다. 이에 따라 기독교 죽음교육에 대한 다양한 논의가 활발히 진행되어야 할 것이다. 논자가 생각하는 기독교 죽음교육은 기독교학교나 교회학교에서 전 생애적인 과정으로 다루어져야 한다고 본다. 죽음은 그 누구도 예외일 수 없는 것처럼 죽음교육은 누구에게나 행해져야 할 교육주제이고 평생교육의 주제이다.

기독교 죽음교육 목표는 모든 살아가는 이들에게 인간의 최종 결단인 죽음이 놓여 있음을 분명하게 인식하도록 하고, 이를 맞이하고 이해하는 자세를 기독교적으로 이해하고 이를 통해 바람직한 죽음관과 인생관과 내세관을 갖도록 함이다. 이에 따라 기독교계는 인간의 죽음에 대한 교육을 교육내용에 포함시켜 가르칠 수 있도록 해야 한다. 그 예로서 독일에서 수행하는 고등학교의 죽음교육 내용과 미국의 초중등교육에 포함되어 있는 죽음준비교육을 살펴보는 것도 유익할 것 같다.

먼저 독일의 죽음교육 내용이다. 교육의 전체적인 내용은 4개의 단위로 나누어 있다.

1단위에서는 죽음문제를 생각해 보게 하는 도입단계이다. 학생들에게 중환자, 노인, 죽음 문제가 현실 사회에서 어떻게 다루어지고 있는지에 대하여 인식시키는 단계이다. 이를 통해 학생들이 죽음과 관련된 문제에 대해 주체적이고, 비판적이고 창의적인 의식을 갖도록 한다. 이를 위해 교사는 학생들로 하여금 인간의 성장, 노화, 죽음의 관계를 현실적으로 느끼게 한다. 여기서는 젊고 유능하고 오래 살고자 하는 이상을 추구하나 그럴 수 없는 현실을 직면하도록 한다.

2단위에서는 죽음문제를 주된 주제로 다룬다. 여기서는 죽음에 대한 의학, 심리학, 역사학, 철학, 종교학적 시각들을 다양하게 제시하여 종합적으로 이해하도록 한다. 이 단계에서 중요하게 다루는 것은 의학이 죽음을 어떻게 판단하는가, 그리고 엘리자베스 퀴블러 로스의 죽음의 의미와 사후 생명에 대한 문제, 기독교가 말하는 죽음과 부활에 대해서 제시한다.

3단위에서는 AIDS를 다루면서 이러한 질병의 무서운 결과를 일깨워준다. 이 단계에서는 AIDS와 같이 인간이 감당 못할 질병 앞에 속수무책인 질병 앞에서 누구나 죽음을 준비해야 함을 강조한다.

4단위에서는 자살과 안락사 문제를 중점적으로 다룬다. 여기서는 죽음과 관련된 중요한 주제로서 자살과 안락사와 같은 현대사회의 중요 쟁점을 다룬다. 특히 자살예방에 중점을 두면서 교육한다.179)

이처럼 독일은 학생으로 하여금 죽음이 인간에게 있어서 근원적인 현실임을 인식하게 하고, 죽음에 대한 질문이 보다 나은 삶을 살기 위한 뜻 있고 필수불가결한 학습임을 깨닫게 한다. 또한 죽음에 대한 일반적인 견해뿐만 아니라 죽음에 대한 깊고 넓은 이해를 갖게 하고, 기독교 신앙에 기초한 부활의 의미를 깨닫게 한다.

다음으로 미국의 죽음교육을 살펴보면 다음과 같다. 미국은 초·중등교육에 죽음 준비교육을 포함시켜 진행한다. 미국의 죽음준비교육은 단계별로, 분야별로 죽음준비교육이 이루어지도록 편성되어 있다. 5~6세의 어린이들에게 생명의 태어남, 성장, 죽음 등에 대해서 설명한다. 이 어린이에게는 가정에서 기르는 애완동물의 죽음을 이야기하고 때로는 묘지를 방문하여 비석의 의미, 성묘의 의미, 꽃으로 장식하는 의미 등 어

---

179) 김옥라, "죽음의 준비교육(독일편)", ≪삶과 죽음 회지≫(2호, 1991년 8월), p.2.

린이들의 자유스러운 감상을 나누게 한다.

　고등학생에게는 11단계의 과정을 통하여 학생들이 좀 더 효과적으로 삶과 죽음의 문제를 이해하도록 한다. 11단계의 교육은 대상자들을 세 그룹으로 나누어 실행하는데 첫째 그룹은 이미 부모나 형제를 잃고 슬픔에 잠겨 있는 학생들, 둘째 그룹은 잠재적으로 자살을 할 가능성이 있는 학생들, 셋째로는 죽음에 관해서 상당히 불안감을 가지고 학생들이다. 이처럼 미국의 죽음준비교육은 정서, 태도, 가치관, 지능, 인지, 행동, 태도 등을 종합적으로 접근하도록 하는 교육이다.[180]

　다음의 내용은 미국 어린이 죽음준비교육 교재 중 하나에 실린 내용으로 "삶의 기간"(시작과 끝의 사이)이라는 제목의 글이다.

　살아 있는 모든 것에는 시작과 끝이 있다. 그리고 삶은 시작과 끝의 사이이다. 우리 주위에는 어디에서나 삶을 사이에 두고 생명의 시작과 끝이 끊임없이 계속되고 있다. 이것은 살아 있는 모두에게 해당되는 진리이다. 나무들에게도 사람들에게도 새들에게도 물고기들에게도 풀들에게도 심지어는 작고 작은 곤충들에게도 영원한 삶은 누구에게도 해당되지 않는다. 삶의 길이만은, 그것이 무엇이며 살아 있는 동안 어떤 일이 일어나는가에 따라 달라질 뿐이다. 때로는 살아 있는 것은 병이 나거나 혹은 상처를 입는다. 물론 대부분은 다시 회복된다. 그러나 때로는 그 상처가 너무 심하거나 혹은 병이 너무 깊어서 더 이상 살아 있을 수 없기에 죽는다. 이 죽음은 어릴 때 늙을 때 젊음과 늙음 사이에 있을 때 어디에서나 일어난다. 매우 슬프기는 하지만 그러나 이것이 삶인 것을……

　모든 살아 있는 것들에게 하나도 예외가 없다. 나무들에게도, 사람들에게도, 새들에게도, 물고기들에게도, 풀들에게도 심지어 작고 작은 곤충들에게도 우리가 사는 세계에는 많은 살아 있는 것들이 있다. 이들은 제각기 다른 삶의 기간을 가진다. 나무들은 키가 크고 튼튼하고 햇빛과 비를 받고 천천히 자란다. 어떤 나물들은 아주 오래 몇백 년도 살아 있다. 이것이 그들의 삶의 기간이다.

---

180) 알폰스 디켄, "죽음의 준비교육(미국편)", ≪삶과 죽음 회지≫(1호, 1991년 6월), p.2.

토끼와 쥐들은 단 몇 주간에 다 성장한다. 당근을 씹어 먹고 치즈를 핥으면서 일 년 혹은 이 년을 살고는 늙고는 피곤해져서 죽는다. 이것이 그들의 삶의 기간이다. 토끼들과 쥐들에게는 이것이 그들의 삶의 방식이고 이것이 그들의 삶의 기간이다. 화초와 야채들 봄에 땅이 따뜻해질 때 씨로 시작해서 속히 자라 뜨거운 여름 동안 살고 있다. 그러나 가을이 되어 날이 서늘해지면 화초와 야채들은 쇠어지고 드디어 겨울이 되어 추워지면 그들은 죽는다. 이것이 그들의 사는 방식이며 이것이 그들의 삶의 기간이다. 나비들은 나비로서 오직 수주간 동안만 살 뿐이다. 그들의 날개가 날 수 있게 되면 잎에서 잎으로 펄럭이며 날아다닌다. 처음에 나비들은 색깔이 밝고 빨리 난다. 그러나 때가 지나면 나는 속도가 줄어들고 더 이상 날 수 없게 된다. 그들은 잠시 앉아 쉬다가 죽는다. 이것이 나비의 사는 방식이며 이것이 그들의 삶의 기간이다. 새들도 또한 빨리 자란다. 그들이 알에서 나와서 혼자서 날아서 먹이를 구하게 될 때까지는 몇 달밖에는 안 걸린다. 그 후 얼마나 사느냐 하는 것은 그들의 크기에 달린 것 같다.

대체로 몸이 클수록 새는 더 오래 산다. 이것이 새들이 사는 방식이다. 어떤 새는 50년을 살기도 하고 어떤 새는 2, 3년을 살기도 한다. 얼마나 짧든 길든 간에 이것이 그들의 삶의 기간이다. 물고기들 호수에서 강물 속에서 혹은 바다에서 헤엄치고 산다. 어떤 물고기는 눈에 보이지 않을 정도로 작고 어떤 물고기는 집채만큼 크다. 우리가 아는 바로는 물고기도 작은 것일수록 짧게 살고 큰 것일수록 오래 산다. 그러나 이것이 물고기들의 삶이다. 하루밖에 못사는 물고기나 80년 혹은 90년 사는 물고기나 이것이 그들의 사는 방식이며 이것이 그들의 삶의 기간이다.

그리고 사람은? 모든 생물과 마찬가지로 사람에게도 사는 기간이 있다. 그들은 70년 혹은 80년 때로는 더 오랜 기간 성장하면서 산다. 그러나 모든 다른 생물들과 마찬가지로 사람도 병이 나거나 상처를 받을 수 있다. 물론 대부분 다시 회복된다. 그러나 때로 그들의 상처가 너무 심하고 병이 너무 깊어서 더 이상 살 수가 없어서 죽는다. 슬픈 일이다. 그러나 그것이 사람의 삶이다. 이것이 인간의 삶의 방식이며 이것이 그들의 삶의 기간이다. 그래서 오래 살거나 짧게 살거나 삶의 기간은 마찬가지이다. 시작이 있고 끝이 있으며 시작과 끝 사이에서 살고 있다. 모든 생물계가 그러하다. 나무들에게도 사람들에게도 새들에게도 물고기들에게도 풀들에게도 심지어는 작고 작은 곤충들에게도 어디에서나……

이처럼 죽음에 대한 올바른 의미를 가르칠 수 있는 교육과정과 교재가 개발되기를 기대해본다. 이를 위해 우리 신앙공동체인 교회와 기독교 학교들이 기독교적인 죽음관을 통하여 죽음의 진정한 의미를 발견할 수 있도록 가르쳐 나가기를 기대해 본다.

다음의 내용은 "웰다잉문화연구소"가 작성한 "웰다잉지침서"이다. 이와 비슷한 내용들은 몇몇 노인복지관에서 실행되기도 한다.

1. 영정사진을 준비한다.

미소를 짓는 모습이 좋다. 영정사진에는 검은 리본을 달지 않는다. 왜냐하면 리본을 매달아야 한다는 근거는 없다.

2. 유언장을 작성한다.

간단하게 유언장을 준비하되 어르신 중에는 글을 모르는 비문해자가 많으므로 다른 사람이 당사자의 뜻을 받아 적어도 좋다. 녹음이나 비디오 촬영도 좋다. 여러 가지 내용이 있지만 제사나 추도예배를 해야 하는지 장례절차와 방법에 대한 기록을 하는 것이 좋다.

3. 존엄서와 사전 의료 지시서를 작성한다.

무의미한 연명치료의 중단 의사를 작성하여 타인이 쉽게 찾을 수 있게 평상시 지니고 다니는 지갑이나 휴대용품에 보관한다. 이에는 장기기증이나 시체의 기증 등의 내용이 담겨 있으면 좋다.

4. 장례식장을 이용하지 말고 주거했던 집이나 활동이 잦은 복지관이나 종교시설을 이용한다.

이 세상의 마지막 장소를 낯선 장례식장으로 하지 말고 집에서 간소하게 빈소를 차려도 좋다.

5. 임종을 위한 기도를 준비하자.

이 세상에 태어남과 부모와 형제, 나를 지켜 준 이들에게 감사하며 임종을 맞이할 때는 아기가 잠을 자듯 숨을 거두게 해달라고 기도를 준비하자.

6. 평소에 죽음에 대하여 사색하여 웰다잉할 수 있도록 노력하자.

죽음을 정의하기는 쉽지 않으나 평상시에 자신의 죽음에 대한 깊은 사색과 올바른 가치관과 적절한 노력이 따른다면 누구나 웰다잉할 수 있다.

5. 나오는 말

인간은 항상 비극적 죽음을 회피하고자 하는 열망을 가지고 살아왔다. 옛 사람들은 오늘의 우리보다 더욱 더 불행한 죽음 앞에 속수무책이었을 수도 있다. 그들은 그 비극을 완화시키기 위해 올바른 죽음이 인생의 의무이고 책임이라는 윤리의식을 발전시켰다. 그러기에 부모의 임종을 지키는 것이나 죽어가는 이의 마지막 말을 들어 주는 것을 미덕으로 삼았다. 그러나 현대인은 인간에게 운명으로 다가오는 죽음을 '당연한' 것으로 받아들이기보다는 이를 부정하려는 몸부림이 강하다. 최근 의료기술의 발달로 인해 인간은 수많은 질병의 공포에서 해방될 수 있었고 그에 따라 인간의 평균수명은 연장되었다. 또한 인간의 삶의 질에 대한 관심은 인간의 삶을 더욱 풍요롭게 해주었다.

인간은 삶에 대한 강한 집착으로 죽음을 맞이해야 하는 당연함에 순종하지 않으려 한다. 순종하지 못하기 때문에, 죽음을 준비할 수 있는 마음의 여유를 가지지 못한다. 이에 따라 결국은 사라져 버릴 삶의 노예가 되어, 어떻게 죽는 것이 올바르게 죽는 것이고, 어떻게 사는 것이 올바르게 사는 것인지 생각하지 않는다. 이러다 보니 더 오랫동안 잘 살기 위해 자신의 영달과 이기적인 행복을 위해 타인의 삶을 희생시키는 뻔뻔스러움도 마다하지 않는다. 그러나 이러한 죽음을 극복하기 위한 인간의 모든 수고는 허망한 것이 될 수밖에 없다.

죽음은 인간에게 공포의 대상으로 다가 온다. 죽음은 인생 누구에게나 주어진 숙명이다. 또한 죽음은 예외 없이 만인에게 공통으로 주어진 것이다. 그리고 그 죽음은 죽음을 맞는 당사자들에게 언제 죽을지 그 시한을 모르는데 신비함이 있다. 하이데거는 인간을 죽음에 이르는 존재로 규정하였다. 그는 이 죽음 앞에서 인간 실존이 어떻게 살아야 할 것을 매 순간 심각하게 고민하며 결단의 삶을 살아야 한다고 말했다.

죽음을 삶의 마무리로 본다면, 잘 인식하지 못하지만 기독교의 직선적인 시간관 속에서 살아가는 사람들에게 죽음은 매일 경험하는 것이다. 그런 의미에서 시간과 죽음도 사색의 대상이 될 수 있다. 우리는 우리 삶의 바로 옆에 있는 죽음에 대해 잊지 말아야 한다. 죽음을 직시하고 맞이할 준비를 해야 한다. 우리는 죽음으로 인해 공포와 불안으로 살 것이 아니고 오히려 죽음을 생각하기에 삶을 진지하게 맞이하고 주어진 감사하는 마음으로 더욱 엄숙하게 살아야 한다. 우리는 오늘도 시작과 끝 그 어느 사이에 있을 터인데 하나님께서 선물로 주신 오늘이라는 시간에 감사를 드리게 된다.

우리는 잘 살기 위해서 웰빙(well-being)이라는 말을 즐겨하지만 정작 그에 반대되는 개념으로 웰다잉(well-dying)에 대한 이야기나 논의는 금기(禁忌)로 여긴다. 물론 웰빙은 삶의 질을 높여 준다는 의미에서 중요하다. 인간은 행복을 추구하는 존재다. 삶은 죽음에 의해 완성된다. 유종의 미를 거두지 않으면 삶의 전 과정이 빛을 잃고 만다. 잘 죽는 것은 잘 사는 것을 전제로 한다. 행복한 삶의 소망은 행복한 죽음에 대한 소망을 바탕에 깔고 있다. 때로는 그 삶이 물질적으로 조금 윤택하지 못하다고 해도, 사는 동안 마음고생이 있었다고 해도, 자기 운명을 받아들이고, 자기의 생명만큼이나 중요한 타인의 생명을 돌볼 수 있는 여유를 가진 사람이라야 잘 죽을 수 있을 것이다.

이제 우리는 웰빙뿐만 아니라 웰다잉에도 관심을 가져야 한다. 인간은 살 때도 인간답게 잘 살아야 하지만 죽을 때도 더더욱 행복하고 품위 있게 죽어야 한다. 우리는 어려서부터 성교육을 통해 성에 대한 바른 이해를 통한 윤리관을 갖도록 한다. 그런데 죽음에 대해서는 가르치지 않고 있다. 이로 인해 부모나 배우자, 자식 등 사랑하는 사람들의 죽음 앞에서 어찌할 바를 모르고, 가족 중 누가 임종을 하게 되면 무척 당황하게 되는 경우가 많다. 장례절차에서도 중요하지만, 그것보다도 임종을 맞이하는 사람을 어떻게 대해야 하는지에 대해 어려워하는 사람들이 많이 있다. 이처럼 죽음 문제는 우리 삶의 중요한 주제이다. 이를 꺼림의 대상으로 삼기보다는 보다 적극적인 자세로 의미를 찾아나가는 것이 필요하다. 우리 학교현장과 종교교육에서 죽음, 자살, 안락사, 호스피스, 장례예절 등에 대한 교육이 필요하다.

직선적인 역사관인 기독교적 관점에서 삶이 선물인 것처럼 죽음도 선물이다. 우리 학교교육 현장과 종교교육에서 죽음, 자살, 안락사, 호스피스, 장례예절 등에 대한 교육이 필요하다. 이런 교육은 용어부터가 주저되고 꺼려지지만 이를 통해 보다 더 진지한 삶을 살아가도록 일깨워 주어야만 한다.

죽음교육의 목적은 사망학(thanatology)의 영역에서 지식과 이해를 높이는 데 있다. 즉 죽음, 죽어가는 과정, 사별과 슬픔과 연관되어 돌봄을 제공할 수 있는 독창적이고 유익한 기술을 학생이 지니도록 하는데 있다. 여기에는 크게 세 영역이 있다. 죽음에 대한 의미와 태도, 죽어가는 과정과 사별에 대한 의미와 태도, 그리고 죽음에 영향을 받는 사람들의 돌봄에 대한 태도와 의미이다. 죽음은 상실(loss)로 볼 수도 있고, 처벌(punishment) 혹은 시간의 조직자 또는 초월로 볼 수도 있다. 죽음교육을 죽음 자체에 두는 것은 바람직하지 않다. 죽어가는 과정에서 죽어가는 사람, 생존자, 의사(돌보는 사람)가 죽음이라는 돌이킬 수 없는 사실에 어떻게 대처할 수 있느냐가 포함되어야 한다. 사랑하는 사람의 죽어가는 과정 그리고 그 죽음은 우리에게 슬픔을 창출한다. 이런 슬픔은 죽어가는 과정의 일부이다. 사별과 슬픔도 죽음교육과정에 포함되어야 한다. 장례식은 보편적이고 필연적 사건으로 사회와 개인이 죽음을 인정하는 과정의 일부이다. 이것은 생일 혹은 결혼과 마찬가지로 자연스러운 사회의식으로 볼 수 있어야 한다. 이런 죽음을 학생이 이해할 수 있는 과학적으로 검증된 교재와 교육방법들이 제시되어야 한다.

이 글은 기독교윤리학적 틀 속에서 필요에 따라 기독교교육학적 내용을 품는 것이기에 기독교 신학의 두 학문 간의, 혹은 제시하고자 하는 죽음에 대한 학문적 방향을 잡는데 있어서 초점이 흐려진 인상을 주는 것이 사실이다. 바라기는 앞으로 이 주제에 대한 연구에서 이론신학인 기독교윤리학적인 의미와 실천신학인 기독교교육학적인 의미가 상호보완적인 논의로 이어지기를 기대해 본다.

교회는 인간의 죽음이 단지 좌절이나 단절이 아니라 삶의 완성이요, 은혜와 구원의 때이며 죽은 자를 살리신 하나님과의 인격적인 만남의 기회가 되고, 인간이 자신을 하나님께 위탁할 수 있는 결정적 계기가 됨을 모든 사람에게 인식시켜야 한다. 이는 죽은 자를 살리신 하나님과의 인격적인 만남의 기회이며, 인간이 하나님께 자신을 위탁할 수 있는 결정적 계기가 된다. 교회는 이러한 사실을 모든 사람에게 인식시켜 주님께 대한 희망과 믿음의 자세를 갖도록 준비시켜 주고 교육시켜야 할 것이다.

제5장

가정의 윤리적 의미와 신앙교육

1. 들어가는 말

우리가 잘 아는 노래 중에 '즐거운 나의 집'이라는 곡이 있다.[181] "즐거운 곳에서는 날 오라 하여도, 내 쉴 곳은 작은 집, 내 집뿐이리~" 이렇게 시작되는 노랫말처럼 가정은 인간이면 누구나 언제든지 돌아가고 싶은 본향과 같은 느낌으로 다가온다. 일 년 365일 가정이 중요하지 않은 날이 없지만 그중에서도 가정의 소중함을 되새기게 하는 5월이 되면 느낌이 남다르다. 올해도 어김없이 5월을 맞이하면서 가정의 의미를 되새겨 본다.

가정은 혈연관계로 결합된 사회의 기본집단으로서 부부와 자녀가 사랑으로 맺어진 애정집단이며, 같은 장소에서 주거하고 취사하며 공동생활을 영위하는 동거집단으로, 공동 경제생활과 공동재산을 공유하는 동재(同財)집단이다. 또한 가족은 한 인간이 처한 시대, 국가, 민족 고유의 문화를 지니고 있으므로 문화집단이기도 하다. 결국 가족은 인간이 태어나서 성장하고 양육되어 개개인의 성격이나 인품을 지니게 되므로 가정

---

181) 1823년 영국성공회 주교인 헨리 로우리(Henry Rowley)라는 작곡가가 미국 작가인 페인(John Howard Payne)의 시에 곡을 붙인 것으로 김재인이 개사한 노래이다.

은 인격형성의 근원적인 집단이 되는 것이다.[182] 또한 가정은 인류의 역사와 그 맥을 같이할 정도로 인간 삶의 기초로서 존속해 온 원초적 제도(Primary Institution)로서 인간이 태어나서 성품, 지능, 정서, 도덕성, 사회성, 신체적인 건강발달을 이루는 전인격적인 상호작용이 이루어지는, 최초의 사회화가 이루어지는 장소이다. 프로이트와 에릭슨을 비롯한 심리학자들은 인간이 부모와의 좋은 관계를 맺는 경험을 충분히 가질 때, 신뢰감과 자율성과 주도성 등이 원활하게 형성됨을 말했다. 이렇게 볼 때, 인간의 성격발달과 건강한 자아관을 형성하기 위해서는 부모와의 바른 관계와 가정교육이 매우 중요하다. 그런데 오늘날 우리의 가정이 직면한 현실은 소중함과 중요성을 강조해야만 하는 위기에 직면해 있다. 현대 사회는 급변하는 가치관의 혼란에 따른 가정의 변화와 붕괴에 따라 가족 구성원 간의 기본적인 관계망의 결속이 느슨해지게 되었고, 가정의 기본적인 교육적 기능마저 제대로 수행하지 못하게 되었다. 이는 우리 신앙인의 가정도 예외가 아니다.

현대사회의 가정 위기는 두 가지 측면에서 커다란 문제를 야기한다. 하나는 가정이 비인격적인 집단으로 변하고 있다. 이에 따라 대화의 단절, 뜨거운 사랑과 돌봄의 결핍, 공동체성의 상실에서 오는 관계의 단절이 그 심각성을 더해 가고 있다. 또 하나는 가정이 자체 안의 교육적 책임과 기능을 포기하기 시작했을 뿐 아니라 교육을 전적으로 가정 밖의 전문적인 기관인 학교에 위임하게 되었다. 이로써 가정은 자체가 가지는 엄숙한 책임과 기능마저 포기함으로써 기본적인 사회화의 기능을 수행하지 못하게 되었다.[183]

---

182) 유영주, 『가족관계학』(서울: 교문사, 1983), pp.14~15 참조.

이 글은 급변하는 사회 현실에서 표류하는 가정의 모습을 살펴보고, 가정의 중요성에 대한 윤리적 근거를 제시하면서 가정이 수행할 신앙교육적 기능에 대해 함께 생각해 보려 한다.

2. 현대 사회와 가정의 현실

1760년 영국을 중심으로 일어난 산업혁명은 생산의 중심이 가정이 아닌 공장으로 이동하게 하였고, 그에 따라 가내수공업에서의 아버지의 권위도 축소되어, 노동은 각 가족 구성원들의 개인적인 문제가 되었다. 이렇게 되면서 오늘날에는 아내가 남편보다 수입이 더 많은 경우 또는 남편이 가사와 양육을 책임지는 가정 구조도 늘어나고 있다. 이는 남녀의 성역할의 큰 변화가 일어난 것을 보여 주는 것으로 남자는 사회적 역할을 책임지고, 여자는 가정적 역할을 책임져야 한다는 관념이 점차 사라지고 있다. 이렇게 전통적인 가정생활의 역할이 변하게 된 것은 민주주의와 자본주의적 경제 발달 때문이다. 이런 양상은 급기야 가정보다도 가족 구성원 개인의 자유가 중시되는 양상으로 나타났다.[184]

우리나라는 1960년대 초부터 시작한 정부 주도의 강력한 '경제개발 5개년 계획'이 대대적으로 실행되면서 정치, 경제, 사회, 문화 등 사회 전반에 급격한 변화를 가져오게 되었다. 이러한 급격한 경제개발로 물질적인 근대화를 이룩하는 성과를 이룰 수 있었지만 그에 따른 정신적인 윤

---

183) 은준관, 『교육신학』(서울: 대한기독교서회, 1976), p.221.
184) 찰스 셀, 『가정사역』, 양은순·송헌복 역(서울: 생명의말씀사, 1988), p.29.

리와 가치가 혼선을 빚으면서 여러 가지 사회문제를 야기하였다. 우리나라의 근대화 과정은 정치적으로 서구 자유민주주의를 한국적인 현실이라는 틀에 맞추면서 여러 가지 시행착오의 아픔을 겪었다.

경제적으로는 성장만능주의 경제정책으로 물질주의, 편법주의, 황금만능주의 등의 부정적인 가치관이 묵인되고 당연시 되는 정의롭지 못한 사회상을 보여 주고 있다. 사회적으로는 평등주의와 업적주의를 지향하면서도 여전히 전통적인 관료체제를 고수하고 있어 신·구세대의 윤리가 명료하게 정립되지 못한 양상을 띠고 있다.

오늘날 우리 사회는 급격한 근대화에 따른 풍요를 누리면서 물질만능주의에 따른 실용주의적 가치관이 내재화되면서 전통적인 권위와 효와 인간존중의 도덕규범과 가치관이 퇴조하는 정신문화적 불균형이 심각하다.[185] 또한 오늘날 우리나라 가족은 부계 중심의 가족주의적 사고와 개인 중심의 가치가 서로 충돌을 거듭하면서 동시에 공존을 모색하는 혼선이 가족갈등의 쓴 뿌리로 작동하는 양상을 띠고 있다.[186] 이에 따라 가정에도 윤리적인 혼선이 생겼다. 전통적인 가정은 부자관계가 부부관계보다 중요하게 인식되었다. 그 이유는 가계의 계승이 아버지와 아들의 관계를 통해서 이루어져 왔기 때문이었다. 그러므로 부부관계는 부부관계 그 자체로서 중요한 것이 아니라 부자관계를 위한 이차적인 관계로 규정지어졌다.

그런데 오늘날에는 종래의 호주 중심, 가장 중심, 남자 중심, 아들 중심의 가족이 부부 중심, 남녀평등 가족으로 변모해 가고 있다. 이에 따

---

185) 권이종, 『청소년학개론』(서울: 교육과학사, 1996), pp.242~244 참조.
186) 김혜선·고성혜, 『가족상담 및 치료』(서울: 한국방송대학교 출판부, 2004), pp.42~43 참조.

른 가정관의 변화가 혼선을 불러오고 있다. 이는 개인존중의 가치관이 가족체계를 지배하고 내재화되면서 부부 관계와 부모-자녀 관계의 변화를 가져왔다.[187]

오늘날에는 가정의 모습도 다양한 양상을 띠면서 가정에 대한 정의와 기능에 대한 새로운 이해를 요구 받고 있다. 이제는 부부 간에도 서로의 개인적인 영역을 침해하지 않기를 바라는 독립된 개체영역이 존중되는 양상을 띠기도 하고, 종족보존이라는 기본적인 가정의 기능마저 부부의 합의에 따라 하나의 선택으로 간주되는 경향도 나타났다.

서구에서는 자녀 없는 가정의 비율이 점차로 증가하고 있다. 이들을 일컬어 '딩크족'이라고 한다. 딩크족이란 'double income, no kids'의 약칭이다. 1986년경 미국에서 만들어진 말로서, 1990년대 들어 여피족(Yuppie)이라는 말과 함께 우리나라에서도 사용되기 시작했다. 열심히 일하고 여가시간은 자녀들에게 구속당하지 않고 원하는 일을 하면서 보내려는 생활방식이 특징이다. 사람들은 여가나 취미활동에 큰 비중을 두며, 자녀로 인한 경제적 부담을 피하려는 현실적인 이유로 딩크족을 선택한다.

이와 비슷한 개념으로 자녀를 갖는 문제에 구애 받지 않는 스타일을 DCF(Dual Career Family)라고 부른다. 미국의 경우 '전국자유선택 부모연맹'이라는 자식을 갖지 않을 부모의 권리를 옹호하는 단체가 있는가 하면, 영국의 경우는 '전국무자녀협회'라는 유사한 조직도 생겼고, 의도적으로 자녀를 갖지 않으려는 커플이 늘어가고 있다.[188] 또한 결혼하지

---

187) 장경섭, "한국가족의 이념과 실제", ≪철학과 현실≫(제22호, 1994), pp.57~59 참조.
188) 이성희, op. cit., p.93.

않는 독신자도 하나의 세대주가 되고, 이혼과 재혼의 비율도 늘어나면서 복잡한 가족 구성도 급증하고 있다.

최근 사회적인 주제로 떠오른 결혼 이주민 등에 따른 다문화가정도 새롭게 이해할 우리 사회의 가정이다. 우리 시대의 가정은 극심한 사회 변화의 회오리 속에서 표류하는 양상을 띠고 있다. 급격한 산업화로 인한 이촌향도(移村向都)에 따라 전통적인 가치관인 유교적 대가족제가 붕괴되고 서구식 핵가족제가 일반화되었다. 이러한 가정의 변화는 전통적인 대가족제의 붕괴를 가져왔다. 대가족제의 붕괴는 이미 70년대 우리나라에 아파트 문화와 더불어 시작되었다. 이러한 핵가족문화는 부부관계에 변화를 가져오게 되었다. 종래의 가부장적 문화에서 유교적 전통에 따른 여필종부, 부부유별이라는 삶의 방식에서 인격적으로 평등한 부부관계로 바뀌게 되었다. 이에 따라 농경사회의 가문 중심으로부터 개인 능력과 성취도에 따른 배우자 선택이 일반화되었다. 이러한 자유연애에 따른 결혼으로 부부의 애정 정도에 따라 친족의 유대도 결정되는 양상을 띠게 되었다.

이렇듯 오늘날 우리가 직면한 가정의 모습은 전통적인 모습과는 많이 다르다. 그에 따라 나타나는 가정의 문제를 정리하면 다음과 같다.

첫째, 만남과 대화의 상실이다. 전통적인 가정은 생산과 소비의 경제 활동 모두가 가능한 형태였으나 현대 사회의 가정은 생산활동이 사회로 옮겨지면서 소비생활 중심의 가족생활이 영위되고 있다.[189] 맞벌이 부부는 하루 종일 일터에서 시간을 보내고, 자녀들은 상급학교에 올라갈수록 학교에서 보내는 시간이 많아지고 저녁에 집에 와서도 시험과 공부로

---

189) 이효재, 『가족과 사회』(서울: 경문사, 1984), p.31.

시간을 보내고 있다.[190] 따라서 가족들이 서로 일하는 곳과 생활하는 곳이 시간적으로나 공간적으로 달라지게 되어 가정의 대화가 점점 줄어들게 되었다.

둘째, 교육적 기능의 분리이다. 가정은 출생 후 최초로 직면하게 되는 생활환경이면서 동시에 원형적인 교육의 장이다. 그런데 사회가 산업화, 도시화, 전문화, 생활양식의 분업화로 가정이 수행할 교육적 기능을 학교나 전문적인 교육기관의 등장과 함께 가정의 교육기능이 직업적인 교사에게로 이양되었다.

셋째, 보호 기능의 약화이다. 전통적인 가정은 가족 구성원에 대한 보호와 책임을 전담해 왔으나 오늘날에는 그 기능이 대폭 다른 기관들에 이양되었다. 가정에서 수행할 훈육과 질서도 학교와 사회와 각급 사법기관들이 관여하게 되었고, 경제적인 보호도 사회보장 제도의 확대에 기대를 걸게 되었다. 이와 같은 현상들은 종래의 가정이 지닌 구심점으로서 결속적인 관계를 붕괴시키고 와해시키는 원심적인 작용을 하게 되었다.[191]

넷째, 종교교육 기능의 약화이다. 전통적인 가정은 가장을 중심으로 종교적인 의례(제사, 예배)를 진행함으로써 가정의 결속을 다지고 종교교육의 기능을 수행하였다. 그러나 오늘날은 급변하는 사회현실과 가장의 권위 실추, 그리고 다원화된 현대문명의 가치관에 의해 가정이 수행할 종교교육의 기능도 약화되었다. 이에 따라 종교교육 기능은 각 종교기관이 수행하는 것으로 일반화되었다.

다섯째, 안락 기능의 약화이다. 가정의 기능 중에서 매우 중요한 것이

---

190) 조혜정, 『한국의 여성과 남성』(서울: 문학과지성사, 1988), p.183.
191) 김득룡, 『기독교 교육론』(서울: 총신대학교 출판부, 1982), p.8.

바로 긴장과 경쟁에서 벗어나 정서적인 지지(支持)와 편안함과 쉼을 제공하는 것이다. 그러나 오늘날 가정은 구성원의 분주한 삶으로 인해 이러한 안락을 누리기 어렵게 되었다. 이는 가정 내에서 텔레비전과 같은 컴퓨터 및 방송매체 같은 것과 함께 가정 밖에서 손쉽게 접하는 전문적인 여가와 오락기구들과 장소들로 인해 가족 간의 여가 이용을 하기 어렵게 만들었다.[192]

어느 조사에 의하면, 가족과 함께한 여가활동은 TV시청(자녀 54.6%, 부모 58.6%)이 1위를 차지해 가족 간의 대화부족의 원인으로 꼽혔다. 부모와 자녀간의 대화단절 이유는 입시위주의 경쟁 때문에 학원에서 밤 11~12시까지 공부하느라 부모와 물리적인 접촉시간이 줄고 생계를 위한 맞벌이 가정이나 주말부부가 늘어나 자녀들과 함께 할 물리적인 시간이 줄었다. 가족 내 의사소통은 가족의 연대성을 유지할 수 있게 만들어주는 중요한 연결고리이다. 가족 간 대화가 단절되면 이혼 등의 가족해체를 부르거나 자살, 폭력 등의 홧김 범죄가 일어나는 원인이 된다.

어느 방송사가 가족 간 커뮤니케이션의 부재에 대해 서울 거주 10대에서 60대 3,230명을 대상으로 설문조사한 결과는 하루 평균 "가족 대화시간이 1시간 이내"라는 응답자가 전체 70%를 넘었다. 대다수는 대화가 부족하다고 응답했고 대화의 내용도 일상 안부가 50%가 넘는다고 한다. 예상보다 많은 가정들이 의사소통을 하지 않고 있다. 부부의 이혼사유 49%이상이 대화 단절로 인한 성격차이를 꼽았다.

대화가 모든 문제를 해결할 수 없지만 가족 내에서 차지하는 비중이 어느 정도 되는지를 가늠하게 한다.

---

192) Ibid., pp.8~9 참조.

3. 가정의 중요성과 윤리적 의미

교회를 중시하는 사람들은 가정의 중요성을 낮게 보면서 교회와 상충될 때는 신앙적인 결단으로 가정을 버려야 하는 것으로 생각하였다. 이에 따라 한국 교회는 교회와 가정 사이에 심각한 단절현상을 보여 왔다. 교회는 가정의 충성과 헌신을 요구하면서도 가정을 위한 교회의 봉사에는 무관심하였다. 이에 따라 '주일학교'를 유일한 기독교교육기관으로 여겨, 가정을 교회구조의 '핵'으로 수용하지 못했다.[193] 또한 지나치게 가정을 중요하게 여기는 사람들은 하나님이 교회보다 먼저 가정을 세우신 것을 강조하면서 가정이 교회보다 우선이라고 말한다. 이렇게 교회와 가정을 이분법적으로 나누고 어느 한 기관을 중요하게 여기는 나머지 다른 하나를 배제하려는 시각은 성경의 본질적 의미를 제대로 이해하지 못한 결과일 것이다. 인류역사에 있어 하나님이 분명하게 직접 개입하시고 이끄신 사건은 '천지창조'와 '십자가의 구원'이다.

하나님의 천지창조는 하나님의 형상을 닮은 인간을 창조하심으로 그 절정에 이르렀고, 특별히 남자와 여자가 서로 보완하여 하나를 이루도록 결혼을 통해 가정을 이루게 하셨다. 이에 따라 인간은 하나님이 만들어 주신 가정을 아름답게 가꾸면서 하나님의 뜻을 실현해 나가야 한다.[194] 그런데 인간이 죄를 지음으로 인해, 가정을 비롯한 이 세상에는 하나님

---

193) 은준관, 『기독교 교육현장론』(서울: 대한기독교출판사, 1994), p.115.

194) 가정은 하나님이 직접 세우신 거룩한 질서이다. John Calvin, Institutes *of Christian Religion*(Philadelphia: The Westminster Press, 1939) 참조; 가정은 하나님이 계획하신 것이며, 그 가정 자체가 곧 하나님의 메시지였다. Gene A. Getz, "The Role of the Home in Childhood Education" Roy B. Zuck and Robert E. Clark, (ed). *Childhood Education in the Church*(Chicago: John Knox Press, 1965) 참조.

없이 살려는 죄악이 가득하게 되었다. 하나님은 노아의 가족, 아브라함의 가족으로 이어지는 구원사를 이루셨고 그 절정으로 인간의 몸을 입으시고 이 땅에 오셔서 십자가를 통한 구원을 이루셨다. 이 십자가를 믿는 하나님의 백성들이 혈연을 넘어서는 새로운 형태의 공동체를 구현해내는 곳이 바로 교회이다.

이렇게 볼 때, 가정과 교회는 하나님의 특별한 관심에 따라 직접 세우신 기관으로 어느 것이 먼저이거나 중요함이 아니다. 마치 동전의 양면과 같이 어느 한쪽이 강조되어 보이나 실상은 보이지 않는 한쪽을 잊지 말아야 하는 관계에 있다. 그러므로 가정과 교회는 분리될 수 없는 통합적인 단위(integral unite)요,195) 역동적인 상호관계(dynamic interpenetrates)에 있다.196) 교회와 가정은 예수 그리스도를 머리로 한 유기체로서, 예수 그리스도 안에서 하나의 공동체를 형성한다. 교회는 작은 교회인 가정이 모여서 만들어진 하나의 큰 가정이다. 그러므로 가정이 성숙되고 믿음에 굳게 설 때, 교회는 성숙하게 된다. 이런 점에서 교회와 가정은 마치 창세기의 아담과 하와와 같이 서로를 돕는 배필이다. 그러므로 교회는 가정 같아야 하고, 가정은 교회 같아야 한다.

루터는 부모를 하나님이 세우신 가정의 목회자이며 가정을 작은 교회(축소된 교회)라고 불렀다.197) 이런 점에서 교회는 성경적 이해를 바탕으로 건강한 가정이 되도록 돕는 방안을 마련해야 한다. 이를 위해 기존의 주일학교(교회학교)의 틀에서 결혼예비학교, 부모교육, 아버지학교,

---

195) 고용수, "가정과 함께 하는 교육", ≪교육교회≫(1998년 5월호), p.4.

196) Leon Smith & Edward D. Staples, *Family Ministry Through the Church*(Tenssee: Nashville press, 1967), p.205.

197) 신현광, 『교육 목회와 교회성장』(서울: 민영사, 1997), p.356.

어머니학교와 같은 교육도 함께해 나가야 한다. 또한 교회의 이미지를 정서적인 안정감을 주는 가정과 같은 형태를 취하도록 공동체성을 구축해 나가야 한다. 이에는 신앙과 삶이 어우러지는 소그룹을 결성하도록 함이 좋다.[198] 퍼트남(Robert Putnam)은 교회가 새로운 사회자본으로 기능할 수 있음을 주장하였다. 교회는 전통의 공동체가 무너진 후 파편화되고 불확실성이 증가된 사회에서 사는 현대인들에게 신뢰할 수 있는 관계 형성을 위한 소그룹을 제공해 줄 수 있다. 교회 소그룹들은 집단 구성원들의 대면 교섭을 통해서 형성된 신뢰를 바탕으로 하여 공동체성을 나타낼 수 있다.[199]

최근엔 교회관을 가정을 중시하는 교회로 개선해 나가려는 노력이 보인다. 이는 제자훈련을 이어가는 형태로도 좋고, 구역(속회, 셀) 형태를 이어가는 형태로도 좋다. 조태환은 실제 목회현장에서 이루어가는 가정교회를 통한 교회상을 제시하였다. 가정교회란 평신도 리더를 중심으로 평신도 6명에서 12명이 가정에 모여 예배와 교육, 친교와 선교, 그리고 전도 등 교회의 직능을 맡은 공동체다. 영혼 구원에 초점을 맞추면서 기독교 초기 교회의 회복에 목적을 두고 있는 형태이다.[200]

가정은 사회생활의 첫 번째 교육의 장으로 인간 성장에 가장 큰 영향력을 미치는 중요한 교육환경으로, 가족 구성원들이 상호작용하면서 성

---

198) 정재영, "한국 교회 소집단의 공동체성 대한 연구"(연세대학교 박사학위논문, 2002), pp.116~117 참조.

199) 정재영, "시민사회 참여를 통한 교회 공공성의 회복", 조성돈·정재영 편, 『그들의 자살, 그리고 우리: 한국사회 자살의 경향을 말한다』(서울: 예영커뮤니케이션, 2008), pp.101~102 참조.

200) 이렇듯 가정교회의 모습은 조태환, 『환희와 함께 가는 가정교회』(서울: NCD, 2009)을 참조하기 바람. 이 책은 하나의 가정교회를 만들어가는 매뉴얼과 같다. 조태환 목사는 이 책을 통해 교회 못지 않은 가정의 중요성을 인식하고 9년간 기존의 전통적인 교회를 가정교회형태로 전환시켜나간 실제적인 사례를 전해주었다.

장하는 곳이다. 그러므로 가정환경이나 신앙적 분위기는 한 인간의 삶을 좌우하는 가치관과 인생관을 형성하는 데 있어서 결정적인 역할을 한다.[201] 이런 점에서 가정에서 부부관계와 부모와 자녀 간의 정서적 유대는 매우 중요하다. 왜냐하면 가족구조와 가족관계가 가져오는 가족 응집력과 가족연대감, 가족협동은 부부관계와 부모 자녀 간에 의하여 결정되기 때문이다. 가정은 따뜻하고 솔직하며, 애정이 넘치는 관계로 이루어져야 한다.[202]

정서적인 안정과 친밀한 사랑의 관계에서만 부모의 훈육과 사랑이 좋은 결과를 가져올 수 있다. 일반적으로 부부 사이에 좋지 못한 가정의 자녀들은 심리적인 불안을 보인다. 그러므로 부모의 안정적인 분위기는 자녀의 정서와 가정의 유대에 결정적인 영향을 미친다.[203]

가정에는 부모가 자녀를 가르칠 수 있는 아주 자연스럽고 지속적으로 운영될 수 있는 교육적 기능이 있다. 가정교육이란 부모와 자녀 간의 접촉에 의해서만 가능하다. 가정교육은 교회와 국가를 위한 원천을 마련해주고, 교회봉사와 사회공헌에 기초를 형성해 준다. 가정이 없이는 교회도, 국가도 존재할 수 없으며, 가정질서의 문란함은 사회질서를 문란케하고 정치, 사회, 문화까지도 질서가 무너지게 될 것이다.

가정의 교육적 기능이란 크게는 개인의 인격형성의 기틀을 마련하고 다지는 기능을 말한다. 심리학의 연구결과들은 한결같이 어린이의 인성(personality)이나 창의성 같은 능력의 발달이 가정에서 부모의 양육태도

---

201) 정숙자·이은숙, 『기독교 가정교육학』(서울: 도서출판 엠마오, 1989), p.196.
202) 찰스 셀, 『가정사역』 개정판, 정동섭 역(서울: 생명의말씀사, 1997), p.398.
203) 토마스 고든, 『자율적인 자녀육성을 위한 부모교육』, 이형득 역(서울: 형설출판사, 1992), pp. 290~291 참조.

나 부모가 만드는 가정 분위기와 매우 높은 상관관계가 있음을 제시하고 있다. 인간의 양심, 도덕의식, 종교적 태도 같은 인간의 심층적인 특성은 그 바탕이 가정에서 부모와 가족들의 영향으로 알게 모르게 형성·발달된다. 따라서 한 인간이 어떤 형의 인간으로 자라 가느냐 하는 것은 가정과 부모로부터 어떤 교육적인 영향을 받았는가에 의해 결정된다고 말할 수 있다.

가정은 인간의 성장과 발달을 위한 최초의 교육환경이 된다.[204] 가정은 하나님의 형상대로 지음 받은 자녀들이 이 우주 가운데에서 유일하고도 특별한 존재임을 배워야 할 장소이다.[205] 이렇게 볼 때 가정은 인간교육의 원초적인 공간이요, 종교적 모태이다. 그러므로 가정에서 안정과 신뢰를 경험함을 통해서 자녀들이 잘 성장할 수 있도록 교육의 장으로서 사명을 잘 감당해야 한다.

전통적인 가정관은 부모와 자녀간의 혈연적 유대관계가 정서적으로 긴밀하게 얽혔으나 오늘날에는 세대 간의 갈등으로 긴밀한 유대가 느슨해졌다. 또한 과거에는 아버지가 자녀들에게 있어서 절대적인 권위와 역할 모델이 되었으나, 오늘날엔 아버지 역할의 혼란도 드러나고 있다. 가정에서 아버지는 돈을 벌어다 주는 것으로 자녀를 위한 책임을 다하고 있다는 생각은 잘못이다. 아버지가 좀 더 적극적으로 자녀교육 문제에 관심을 가져야 한다. 자녀를 위한 훌륭한 투자는 돈을 벌어다 주는 것이 아니다. 자녀문제를 진지하게 고민하고 필요를 채워 주는 아버지의 역할이 회복되어야 한다.

---

204) 김천일, 『교육원리』(서울: 학문사, 1973), p.109.
205) 김재은, 『가정교육』(서울: 조선일보사회부, 1981), p.9.

가정에서 아버지들은 설자리를 점점 잃어가고 있는 것이 오늘날의 현실이다. 예전에 아버지들은 엄격한 존재였지만 요즘 신세대 아버지들은 이야기가 다르다. 친구 같은 아버지가 새로운 트렌드로 부상하는데, 기탄없이 마음을 털어 놓고 대화할 수 있는 친근한 아버지를 원하고 있다. 급속한 미디어의 발전은 언제 어디서나 손쉽게 다른 사람들과 커뮤니케이션할 수 있는 유비쿼터스(Ubiquitous) 시대로 발전했지만 동시에 우리는 누구와도 쉽게 소통할 수 없는 고립감과 고독감을 느끼고 있다. 가족 간의 대화 단절과 정서적인 허기 그리고 소통의 부재는 사람들과의 의사소통을 통해 느끼게 되는 행복에 대한 욕구를 가지게 되었다.

청소년 문제가 사회적인 화두가 되고 있는 가운데 통계청이 발표한『2011 청소년 통계』에 따르면 성적이 상위권인 중·고등학생의 49.5%가 "아버지와 자주 대화한다"고 대답했다. 또한 중위권은 44.7%, 하위권은 37.4%가 아버지와 대화하는 반면에 성적이 낮을수록 아버지와 대화가 적은 것으로 나타났다. 성적 하위권 학생의 10.6%가 "아버지와 전혀 대화하지 않는다"는 분석이 있어서 자녀와 대화의 필요성이 절심함을 알 수 있다.

부모와 자녀 간의 문화적 차이에 대한 유머들이 오늘날 사회상을 엿볼 수 있게 한다. 아버지와 아들이 같이 목욕탕을 갔다. 아들이 물었다.

"물 안 뜨거워?"

이에 아버지는 대답했다.

"아~시원~해~"

아버지 말만 믿고 열탕에 풍덩 뛰어 들어간 아들이 이렇게 말했다.

"세상에 믿을 놈 하나 없네."

이와 비슷한 유머다. 함께 길을 가다가 아버지는 빵 2개 먹고, 아들은 빵 3개를 먹었다. 아들이 아버지에게 물었다.

"배불러?"

이에 아버지가 대답했다.

"응, 배불러."

여기에 대한 아들의 대답이다.

"두 개 먹은 놈이 배부르면 세 개 먹은 놈은 배터지겠다."

위의 두 이야기는 하늘로만 알았던 아버지의 권위가 허물어지는 현상을 빗댄 이야기일 것이다.

초등학교에 다니는 딸 둘과 유치원에 다니는 아들 하나를 둔 아빠가 있었다. 쉬는 날이 되자 삼 남매가 와서 에버랜드에 놀러가자고 아빠를 졸랐다. 아빠는 갈 마음이 전혀 없었다. 그래도 아이들이 계속 조르자 한 가지 꾀를 생각해 내고는 아이들에게 말했다.

"아빠가 꼭 가야 하는 이유 세 가지를 얘기해 봐."

갑작스런 아빠의 질문에 아이들은 할 말을 잃었다. 심심한 것 외에 딱히 할 말도 없었던 것이다. 물러설 수밖에 없었던 맏딸이 아빠에게 역공격을 했다.

"그럼, 아빠가 에버랜드에 가지 못하는 이유를 세 가지를 말해봐!"

아빠는 미리 준비한 답을 바로 말했다.

"돈 없어, 차 막혀, 그리고 피곤해"

완패를 당한 삼 남매가 아빠를 뒤로하고 방을 나가는데 어린이집에 다니는 막내가 문을 꽝 닫으며 한 마디 했다. 이 말 때문에 아빠는 꼼짝없이 아이들과 함께 에버랜드에 가게 되었다. 이 아이가 한 말은 이러했다.

"아빠는 왜 살아?"

4. 가정의 신앙교육적 의미

오늘날 부모들은 가정교육이 할 수 없는 것을 학교 교육을 통해서 이룰 수 있다는 잘못된 기대를 갖고 있다. 이에 따라 학교가 자녀를 바르게 세워 줄 것이라고 기대한다. 학교는 다양한 학생들에게 평균적인 필요를 채워 주는 제도 교육의 장(場)일 뿐이다. 제도교육은 지적인 영역을 중심으로 보완적인 기능을 제한적으로 수행할 뿐, 인성과 정서교육까지 감당하기에는 역부족이다. 이는 신앙교육을 교회가 수행할 것으로 생각하는 것도 마찬가지이다.

구약과 신약시대에 신앙교육은 가정에서 이루어졌다. 가정은 거룩한 창조의 질서에 속할 뿐 아니라 언약의 관계에 기초한 은총의 매개로서 구속적인 관계를 맺게 하는 통로이다. 가정은 창조의 섭리에 따라 하나님이 만드신 공동체이다. 이 가정은 가장 작은 단위의 신앙공동체이다. 구약시대부터 기독교 초기 교회의 형성시기까지 가정은 가장 중요한 교육의 장으로서, 가정은 자녀를 신앙으로 훈련해야 하는 교육적 책임이 부여된 곳이었다.

부쉬넬은 신학적으로나 신앙적으로 하나님의 나라가 이 땅에 실현되는 두 기본적인 매개가 있다고 보았다. 하나는 회심의 과정으로서 성인들이 신앙과 경건으로 들어오는 길이고, 다른 하나는 가정이 갖는 힘으로 가정 구성원들이 신앙과 경건을 불러일으키는 힘 자체라고 이해하였다. 그는 성인기에 신앙을 수용하여, 그 힘을 발휘하는 것에 비해 가정의 힘에 의해서 형성되는 습관, 느낌, 성격이 훨씬 더 큰 힘을 발휘한다고 보았다.[206]

부모는 가정교육의 책임자로서 신앙적인 가정환경과 정서적인 분위기를 조성하여야 하며, 자녀들에게 성경을 가르치기 전에 먼저 자신이 그 말씀을 가슴 속에 새겨서 간직하고 있어야 한다.[207] 가정에서 신앙교육을 이루기 위해서는 가정에서의 종교적인 분위기를 창조하는 것이 무엇보다 중요하다. 그렇게 하기 위해서는 유대인들처럼 상징물을 이용하거나 가정에서 드리는 정규적인 가정예배와 각종 절기의 축하예배 등을 통하여 하나님과의 관계의 기쁨을 맛보게 하며, 가족 공동체의 기도를 통해 하나님의 임재가 체험되어지도록 종교적 분위기를 조성할 수 있을 것이다.[208]

가정은 하나님께서 마련해 주신 학교요, 작은 교회이다. 가정이 파괴된 자녀들은 이미 하나님을 체험할 수 있는 직접적인 통로가 제거된 것일 뿐만 아니라 생활의 기본적인 능력을 도약할 수 있는 기회를 상실하게 된다.[209] 부모는 자녀의 신앙과 인격을 교육하고 양육할 책임자이다.

이스라엘아, 들으라. 우리 하나님 여호와는 오직 한 분인 여호와시다. 너는 네 온 마음을 다

---

206) Horace Bushnell, *Christian Nurture*(New Haven, Yale University Press, 1960), pp.158~165 참조.
207) 베르너 C. 그랜도르 편저, 『복음주의 기독교교육론』, 김국환 역(서울: 기독교문서선교회, 1992), p.282.
208) 박영철, "가정에서의 기독교 교육 부활을 위한 기초연구", ≪복음과 실천≫(15집, 1992), pp.78~79 참조.
209) 오인탁, 『기독교교육』(서울: 종로서적, 1984), p.3.

하고 영혼을 다하고 힘을 다해서 네 하나님 여호와를 사랑하여라. 내가 오늘 너희에게 주는 이 명령들을 네 마음에 새겨 너희 자녀들에게 잘 가르치되 너희가 집에 앉아 있을 때나 길을 걸을 때나 누울 때나 일어날 때 그들에게 말해 주라. 또 너는 그것들을 네 손목에 매고 네 이마에 둘러라. 그것들을 너희 집 문설주와 대문에 적어 두라.[210]

그러므로 너희는 가서 모든 민족을 제자로 삼아 아버지와 아들과 성령의 이름으로 세례를 주고 내가 너희에게 명령한 모든 것을 그들에게 가르쳐 지키게 하라. 보라. 내가 세상 끝 날까지 너희와 항상 함께 있을 것이다.[211]

아버지들이여, 여러분의 자녀들을 노엽게 하지 말고 주의 교훈과 훈계로 양육하십시오.[212]

교사로서 부모는 자신이 주님의 양육 속에 거해야만 한다. 이것은 부모들이 먼저 교회와 가정에서 하나의 가치관으로서 기독교적 삶을 살아야 함을 말한다. 부모는 급변하는 현대 사회에 편승해 물질주의, 가족 이기주의, 세속적인 삶을 살아서는 안 된다. 또한 인내와 사랑, 기도의 분위기 속에서 교육해야 한다. 가정에서 허물과 잘못을 수용하고 용서할 수 있어야 하며, 온전한 애정과 신뢰를 보여 주어야 한다. 기독교 가정은 가정에서 기독교적 신앙의 이야기들과 서로의 기대나 바람 같은 것을 함께 나눌 수 있어야 한다.

우리나라 부모들은 자녀들의 세속적인 성공을 위해서라면 무조건에 가까운 헌신을 한다. 자녀교육의 가장 중요한 목적을 '전인형성'에 두기보다는 경쟁에서 이기는 사람을 만들겠다는 동기가 강하다. 우리 신앙인들이 자녀를 위해 하는 기도에도 "머리가 될지언정 꼬리는 되지 말게 해

---

210) 신명기 6장 4~9절.
211) 마태복음 28장 19~20절.
212) 에베소서 6장 4절.

달라.”는 염원이 강하다. 이는 결국 내 자녀만 잘 되면 된다는 이기주의를 형성케 했고, 자녀들에게 수단과 방법의 정당성보다는 결과적인 성공을 바라는 잘못된 생각을 심어주게 되었다. 자신과 가족이 잘 살기 위해서는 모든 가능한 자원을 총동원하지만 이를 넘어서는 기타 공동체의 발전이나 이익을 위해서는 관심을 기울이거나 함께하지 않는 모습을 보이기도 한다.

이제 우리 교육은 자신과 가족의 이익을 넘어서는 사랑의 공동체성을 실현해 나가야 한다. 예수 그리스도의 삶은 나보다 남을 높게 여기며 섬기는 삶이었다. 그러므로 예수 그리스도를 주(主)로 고백하는 신앙인의 삶은 섬기는 자세의 삶이어야 한다. 자녀들이 다른 사람과 함께하는 협력을 배우고 익히고, 봉사활동을 통해 나눔과 섬김을 실천해 나갈 때 참다운 신앙인의 가치관을 형성해 나갈 수 있다.

부모가 자녀들을 가르치는 가장 효과적인 방법은 모범을 보이는 것이다. 부모의 모범교육은 자녀의 삶에 커다란 영향을 미친다. 신앙교육에서 부모의 신앙과 삶 그 자체의 신실함 이상으로 좋은 방법은 없다. 신앙교육은 자녀의 학습이 암기와 모방, 강제에 의해서 일어나는 것이 아니라 보고 듣고 느끼며 함께하는 가운데서 이루어진다. 참다운 신앙교육은 주입식으로 가르칠 때 형성되는 것이 아니라 생활 속에서 구체적인 신앙의 경험과 모델을 발견했을 때 형성된다.

유대인들은 오랜 세월 전 세계를 유랑하면서도 그들만의 공식학교나 회당이 없이도 자신들의 정체성을 유지할 수 있었던 것이 바로 신앙과 삶과 교육이 분리되지 않았던 그들의 가정교육 때문이었다. 그들에게 가정은 하나의 성전(Holy Temple)이었다.[213] 부모는 자신이 중요하다고 생각하는 것을 말보다 행동으로 보여 주어야 한다. 만일 정직을 중요시한다면 정직하게 사는 모습을 보여 주어야 한다.[214]

모범은 그럴듯하게 꾸미는 연극적인 요소가 아니라 실제 생활 속에서 본이 되어 늘 변함없는 모습을 보이는 진정성이다. 자녀는 삶에 대한 관점과 신앙을 부모를 통해 보고 배운다. 그런 점에서 부모의 신앙과 삶은 자녀가 형성한 신앙의 모델이고, 하나님을 만나는 통로이다. 그러나 부모의 모범교육은 한계를 지닐 수밖에 없다. 이는 부모가 완전할 수 없음을 말한다. 부모는 완전할 수 없기에 늘 기도하게 되고, 겸손하게 자녀를 섬길 수 있다.

미국의 뉴욕시교육위원회가 두 가문의 후손 5대에 거처서 연구, 조사하여 발표한 내용이 있다. 하나는 성경을 지표로 삼고, 인문고전독서에 힘쓰는 전통을 후손에게 물려준 조나던 에즈워드의 가문이고, 또 하나는 성경에 대해서 무관심하고, 인문고전독서에만 힘쓰는 전통을 물려준 슐츠의 가문이다. 이 두 가문의 조사 결과는 아주 대조적이어서, 현대를 살아가는 모든 사람이 자녀들에게 물려줄 재산이 무엇인지를 분명하게 보여주고 있다.

이 두 가문은 같은 시대, 같은 지역에 살았다. 처음의 수준도 같았다. 성경을 지표로 삼고, 인문고전독서에 힘썼던 에즈워드의 후손은 5대에 거처서 896명이었다. 이들 중 부통령 1명, 상원의원 4명, 대학총장 12명, 대학교수 65명, 의사 60명, 목사 100명, 군인 75명, 저술가 85명, 판사와 검사 130명, 공무원 80명이 나왔다. 에즈워드는 미국 신앙운동의 중심적

---

213) 현용수, 『유대인의 노하우-2권』(서울: 쉐마, 2005), p.82.
214) 토마스 고든, op. cit., p.276.

인 인물이었으며, 가족들을 성경에 중점을 두고, 훈계하고 교육했다. 이로 인해 이와 같은 훌륭한 인물을 배출할 수 있었다. 한마디로 가문의 영광이었으며, 부모의 좋은 유산이 건강한 가족을 만들어낸다는 교훈을 남겼다.

반면 슐츠의 후손은 5대에 거쳐서 1,062명이었다. 이들 중 죄를 짓고 옥살이를 한 전과자가 65명, 알코올중독자 58명, 창녀 65명, 빈민 286명, 평생 막노동꾼 460명이 나왔다. 미국정부가 슐츠의 가문에 쏟아 부은 국고는 1억5천만 불에 이른다.

이 연구 결과는 기독교가정교육과 습관, 전통이 건강한 가문으로 성장시킬 수 있다는 것을 교훈하고 있는 대목이다. 부모가 자식에게 무엇을 물려주느냐에 따라서 그 결과는 전혀 다른 방향이 나왔다. 기독교가정에서는 세상이 잘못되었다고 비판하기 이전에, 아이들을 바르게 키우기 위한 인성교육을 위해 지혜의 원천인 성경과 인문고전을 가르쳐야 한다.

인간은 태어나면서부터, 아니 태어나기 이전 엄마의 뱃속부터가 그 모든 시작이 '관계'로 맺어진다. 인간은 결코 혼자 살아 갈 수 없으며 수많은 관계 속에서 대화를 통하여 의사를 전달한다. 행복한 가정을 만들기 위해서는 대화를 많이 하되 지혜롭게 해야 한다. 가정이 화목하고 웃음꽃이 피어나기 위해서 대화하는 시간을 많이 가져야 한다. 부모와 자녀간의 다정한 대화, 부부사이에 사랑이 넘치는 대화는 행복한 가정을 일구어 내고 하나님이 기뻐하는 가정 천국을 세우게 한다.

5. 나오는 말

인간은 누구나 가정에서 태어나 자라고, 죽음을 맞이하게 된다. 그리고 가정을 통해서 삶에 필요한 기초적인 행동 양식을 배우고 인격을 형성해 나간다. 가정은 하나님에 의해서 인간에게 처음부터 주어진 삶의 터전이요, 본질적인 교육적 기능을 가진 인간교육의 원초적인 공간이다. 가정은 남자와 여자가 함께 짝을 이루고 세대들이 공동생활하면서 신앙과 정신을 계승하고 보존·발전시켜 나가는 진리의 릴레이 장소이다. 이런 점에서 가정의 중요성은 아무리 강조해도 지나치지 않을 것이다. 오늘날 가정의 모습은 안팎으로 어려움에 직면해 있다. 이제 우리는 가정이 건강하게 유지되고 그에 따른 교육적 기능을 수행할 수 있도록 하는 일에 중점을 두어야 한다. 가정이야말로 우리 사회와 교회의 토대이고, 신앙교육을 이룰 터전임을 되새겨 보아야 한다.

최근 여기저기에서 교회학교의 위기를 우려하는 목소리가 들린다. 이는 교회학교의 위기가 바로 한국 교회의 위기로 직결되기 때문이다. 이에 대한 극복에 대한 논의로 신앙공동체인 교회를 강조하거나 교회교육을 활성화하는 것으로 접근하는 것도 좋지만 오늘 우리의 현실에서는 보다 근본적인 접근으로 가정에 대한 관심과 지원을 통한 신앙교육적 방안을 절실히 필요할 것이다.

교회는 '가정'과의 협력체계를 더욱 강화하는 것이 필요하다. 이를 위해 교회는 곧 가정을 이룰 예비부부로부터 출생 이전의 태아를 가진 예비부모, 유아세례 예정의 자녀를 둔 부모, 유아의 습관(태도) 형성기의

자녀를 둔 부모, 교회학교 학생을 둔 부모, 결혼을 앞둔 자녀를 지도할
부모 등 가정에서 자녀의 기독교적 신앙 양육을 책임 맡은 성인 부모들
모두가 교육이 필요한 학습자이다. 교회는 무엇보다 먼저 기독교가정이
신앙공동체로 설 수 있는 자립의지와 자립능력을 배양하도록 도와야 할
것이다.

제6장

···

가정폭력의 기독교윤리적 이해[215]

---

215) 이 글은 전북 익산시 솔솔송자원봉사대(http://www.solsolsong.com)에서 주최한 성폭력·가정폭력 상담사 자격증교육과정(2006년 11월 16일)에서 행한 강의안이다.

1. 들어가는 말

가정폭력의 문제가 심각하다. 20여 년 간 가정 폭력에 시달렸다는 이유로 남편을 살해한 50대 여성이 범행 후 스스로 목을 맨 자살한 사건이 벌어졌다. 범행에는 50대 여성의 조카사위 등 4명도 가담했다. 2011년 4월 18일 경기 평택경찰서에 따르면 지난 17일 오전 9시께 김 모(58)씨의 집에서 김씨 부부가 숨져있는 것을 아들(34)이 발견, 경찰에 신고했다. 거실 바닥에 손발이 묶인 상태로 발견된 김씨는 둔기에 맞아 피를 흘리고 있었으며 부인 양모(58)씨는 천장에 목이 매여 숨져 있었다. 경찰은 출입구 CCTV에서 양씨의 조카사위 장모(32)씨 등 4명이 출입하는 장면을 확인, 이들을 추궁 끝에 김씨의 납치 · 감금 사실을 자백 받았다. 고향 선후배 사이인 이들은 경찰 조사에서 20여 년간 남편의 폭력에 시달리던 양씨와 범행을 모의해 찜질방에서 김씨를 납치한 후 손과 발을 청테이프로 묶어 집에 데려간 것은 맞지만 살해는 하지 않았다고 진술했다. 출입구 CCTV에는 장씨 등이 김씨를 집으로 옮기고 현장을 나선 20여분 후 양씨가 범행 도구로 보이는 삽을 들고 집에 들어가는 장면이 촬영돼 있었다. 경찰은 장씨 등이 김씨 부부의 아들에게 '고모부 모시고

들어간다'는 문자를 보낸 사실을 확인, 아들의 범행 가담 여부에 대해서도 수사를 벌이고 있다.216)

가정폭력은 "가족구성원 중의 한 사람이 다른 가족에게 계획적이고 반복적 의도적으로 물리적인 힘을 사용하거나 정신적 학대를 통하여 심각한 신체적·정신적 손상과 고통을 주는 행위"를 말한다. 가정폭력은 동거가족을 포함한 배우자, 부모자식, 형제 등 가족구성원 간에 발생하는 폭력으로 그 피해대상은 주로 아내, 아동, 노인 등 사회경제적 약자로 그 피해상황 역시 매우 심각하다.

가정폭력은 한 가정과 개인의 삶의 영역에 비극과 슬픔을 가져오는 문제임과 동시에 현대사회 전체를 병들게 하는 원인 중에 하나이기도 하다. 가정폭력을 경험하는 여성들이 자녀를 양육하고 있으며, 가정폭력을 경험하고 자란 아이들이 이 사회를 이끌어갈 것이다. 가정폭력은 그 사회를 지배하는 문화적·제도적·교육적 체계에 뿌리를 내리고 있으며 이러한 것들로 말미암아 구성된 사람들의 세계관과 신념과도 분리될 수 없는 관계를 갖고 있다.

이러한 가정폭력의 문제에 대하여 우리 사회의 주된 종교 중의 하나인 기독교는 어떤 입장을 취하고 있는지 살펴보는 것이 매우 의미 있는 일일 것이다. 이를 바탕으로 가정폭력의 해결방안을 찾아나가는 실천적 논의의 깊이와 실제적인 다양한 방안을 모색해 나갈 수 있을 것이다.

---

216) "가정폭력 50대 여성, 남편 살해 후…" 〈평택 뉴시스〉(2011년 4월 18일).

2. 성경의 가정 이해

1) 성경의 부부관–창세기 2장의 창조 이야기

(1) 잘못된 부부관(가부장적인 불평등 이해)

하나님이 아담을 먼저 창조한 다음에, 그가 혼자 있는 것이 보기에 좋지 않아서, 그의 갈빗대로 그를 '돕는 사람'(돕는 배필)을 만들었다고 한다. 그러니 남성보다 뒤에 창조되었고, 남성에게서 나왔으니, 외로운 남성을 달래 주기 위한 보조적인 존재로 창조되었으니 열등하고, 남성에게 지배 받아야 한다고 말한다.

하나님이 먹지 말라고 명령하신 선악을 알게 하는 나무열매를 뱀의 유혹에 빠진 여성인 하와가 먼저 따먹고 남성인 아담에게 주었다. 그러므로 여성은 죄와 유혹에 약하고, 판단력이 부족한(지적이지 못하니) 남성의 지시에 따라야 한다.

(2) 이에 대한 반박(동등한 부부)

남성이 먼저 창조되었다는 것은 창세기 2장이고, 창세기 1장 27절에는 남성과 여성이 동시에 창조된 것으로 나온다. 혹, 여성이 남성보다 뒤에 지음 받았음을 인정한다고 해도 먼저 창조된 것이 뒤에 창조된 것보다 우월하거나 뛰어나다는 논리는 성립하지 않는다. 오히려 먼저 된 것은 낡은 것이고, 새 것이 먼저 된 것을 넘어설 수도 있지 않은가? 그리고 그 논리대로 한다면, 인간은 모든 창조물 다음에 맨 마지막에 창조된 것이니 가장 열등한 존재가 되어야 할 것이다.

여성이 남성의 갈빗대에서 나왔다거나 그를 돕는 사람으로 지음 받았다는 사실이 여성이 남성에게 종속된다는 의미가 될 수는 없다. 이에 대해 맥해피(Barbara J. MacHaffie)의 견해를 중심으로 살펴보겠다. 최초의 인간이 흙으로 창조되었지만 그렇다고 해서 그가 그 흙에 종속되지 않는 것과 같이, 여성도 남성에게 종속되어 있지 않다. 그리고 '돕는 사람'으로 번역된 히브리어 EZER(에쩨르)라는 단어만 가지고 여성이 남성에게 종속적 관계에 있다고 보는 것도 잘못이다. 이 용어는 서로 도움으로써 양편 모두에게 유익을 주는 관계를 묘사할 때 쓰는 말이며, 하나님이 종종 자신의 백성을 돕는 경우에 이 단어로 표기되었다.

하와가 뱀의 유혹에 넘어간 것을 근거로 하여 여성이 남성보다 더 죄에 넘어가기 쉽다거나, 여성 때문에 세상에 죄와 죽음이 들어왔다거나, 여성이 겪는 출산의 고통은 그 죄의 대가를 치르는 것이라고 보는 것은 옳지 않다. 맥해피는 뱀이 접근해 왔을 때 남성과 여성이 같은 자리에 있었는데 왜 여성을 대화상대로 했는지 묻고 있다. 그녀는 여성이 남성보다 더 상상력이 풍부하고, 사고력이 뛰어나서였을 것이라고 본다. 또 선악과가 얼마나 맛있는지, 얼마나 아름다운지, 그것이 주는 것이 무엇인지 아는 지적인 존재이며, 혼자서 판단하여 그것을 따먹을 수 있는 결단력 있는 존재라고 본다.

2) 성경의 가정관

여호와 하나님께서 말씀하셨습니다. "사람이 혼자 있는 것이 좋지 않으니 내가 그에게 알맞은 돕는 사람을 만들어 주겠다.[217]

이 구절은 가정이 어떻게 출발하였는지를 보여 주고 있다. 하나님이 창조한 "하나님이 보시기에 좋았던" 세계에서 최초로 "좋지 않은 것"이 나타났다. 그것은 아담이 혼자 사는 것이었다. 하나님은 이 문제를 해결하기 위하여 가정을 만들었다. 가정은 "인간의 가장 최초의 문제이며 근본적인 문제를 해결하기 위해" 하나님이 만든 최고의 작품인 것이다. 이는 종교적 기관(성전 혹은 교회)보다 먼저라는 사실에 주목할 필요가 있다. 이것이 기독교가 말하는 가정의 목적이며 본질이다. 동시에 이 구절은 여성의 위치와 역할에 대하여 언급하는 것처럼 느껴진다. "돕는 사람"이라는 말은 여성에게 남성을 후원하고 돕는 역할을 부여하신 것으로 보인다. 불행하게도 이 구절은 가부장적 가족제도와 남성우월 또는 남성 중심의 사상을 합리화하는 데 유용하게 사용되었다. 그러나 이 구절은 결코 남성 중심이나 가부장적 사상을 말하고 있는 것이 아니다. 오히려 성경은 남성과 여성의 평등성에 대하여 분명하게 제시한다.

그러므로 남자가 자기 아버지와 어머니를 떠나 그 아내와 결합해 한 몸을 이루게 되는 것입니다.[218]

---

217) 창세기 2장 18절.
218) 창세기 2장 24절.

"아버지와 어머니를 떠남"으로써 가정의 독립성을 보장하였고 "남자와 그 아내가 연합함"으로써 남성과 여성이 1:1로 동등하게 결합한다는 사실을 선언하였다. 그리고 "둘이 한 몸"을 이룬다는 것으로서 일부일처제의 가정윤리를 분명히 하였다. 이는 성경이 기록되고 읽혀진 시대상을 고려할 때, 매우 놀라운 구절이다.

그러면 왜, 어째서, 기독교 문화권에서 가부장적 가족 문화가 지배하는 것인가? 그 이유는 전통적인 가부장적 사회구조 속에서 다음과 같은 성경의 구절들에 따른 것이다.

아내들이여, 남편에게 복종하기를 주께 순종하듯 하십시오. 이는 그리스도께서 교회의 머리 되심같이 남편은 아내의 머리기 때문입니다. 그리스도가 바로 몸의 구주십니다.[219)

이 성경구절은 분명히 아내가 남편에게 복종해야 한다는 사실과 남편이 아내의 머리됨을 인정하고 있다. 그런데 이와 같은 해석은 이 구절 다음에 오는 다음과 같은 성경의 구절들을 지나치게 간과했다는 사실에 문제가 있다.

남편들이여, 아내 사랑하기를 그리스도께서 교회를 사랑하시고 교회를 위해 자신을 내어 주심 같이 하십시오. 그리스도께서 이렇게 하신 것은 말씀을 통해 교회를 물로 씻어 깨끗하게 해서 거룩하게 하시고 티나 주름이나 다른 지저분한 것들이 없이 교회를 자기 앞에서 영광스러운 모습으로 서도록 해서 오직 거룩하고 흠이 없게 하기 위한 것입니다. 이와 같이 남편들도 자기 아내 사랑하기를 자기 몸을 사랑하듯이 해야 합니다. 자기 아내를 사랑하는 것은 바로 자신을 사랑하는 것입니다.[220)

---

219) 에베소서 5장 22~24절.
220) 에베소서 5장 25~28절.

교회가 그리스도를 주(主)로 삼게 된 것은 그리스도의 죽음보다도 더 강한 사랑이 먼저 있었기 때문이었다. 이것은 제도적으로 또는 규범적으로 설정된 "그리스도의 주님 되심"이 아니라 십자가의 사랑에 감격한 신자들의 자발적 결정에 의하여 받아들여진 "그리스도의 주님 되심"을 의미하는 것이다. 사도 바울은 로마서에서 '기독교 신앙이 율법에 근거할 것인가? 은혜에 근거할 것인가?'를 심각하게 제기하면서 율법은 심판을 받게 하는 것이라고 말했다.

> 율법 없이 죄짓는 사람은 모두 율법 없이 멸망하고 율법 안에서 죄짓는 사람은 모두 율법대로 심판을 받을 것입니다.[221]

그러나 우리가 은혜 아래 있음으로 죄에서 해방되어 스스로 의(義)의 종이 되었다.

> 그러나 하나님께 감사드립시다. 여러분이 전에는 죄의 종이었으나 이제는 여러분이 전해 받은 교훈의 본을 마음으로부터 순종함으로 죄에서 해방돼 의의 종이 됐습니다.[222]

남편이 아내의 주인이 될 수 있는 것은 그리스도가 인간을 사랑한 것처럼 죽음보다 더 강한 사랑으로 아내를 위해 희생할 때에 가능해지는 것이다. 이것은 아내가 그 남편의 사랑에 감격하여 스스로 종 되기를 자청할 때에 이루어지는 가정의 모습을 말한 것으로 볼 수 있다. 이와 관련해서는 한용운의 시 두 편을 떠올려 볼 수 있다.

---

221) 로마서 2장 12절.
222) 로마서 6장 17~18절.

복종

남들은 자유를 사랑한다지만
나는 복종을 좋아하여요.

자유를 모르는 것은 아니지만
당신에게는 복종만 하고 싶어요.

복종하고 싶은데 복종하는 것은
아름다운 자유보다도 달콤합니다.
그것이 나의 행복입니다.

그러나 당신이 나더러 다른 사람을
복종하라면 그것만은 복종할 수가 없습니다.

다른 사람을 복종하려면 당신에게
복종할 수 없는 까닭입니다.

나룻배와 행인

나는 나룻배
당신은 행인.

당신은 흙발로 나를 짓밟습니다.
나는 당신을 안고 물을 건너갑니다.
나는 당신을 안으면 깊으나 얕으나 급한 여울이나 건너갑니다.

만일 당신이 아니 오시면 나는 바람을 쐬고
눈비를 맞으며 밤에서 낮까지 당신을 기다리고 있습니다.

당신은 물만 건너면 나를 돌아보지도 않고 가십니다 그려.
그러나 당신이 언제든지 오실 줄만은 알아요.
나는 당신을 기다리면서 날마다날마다 낡아갑니다.

나는 나룻배
당신은 행인.

여기에는 반대도 마찬가지다. 아내의 지극한 사랑에 감복하여 스스로 그 아내의 노예임을 자처하는 남성들도 많으며 이것이 잘못된 것이라고 말할 사람은 아무도 없을 것이다. 여성에 대한 남성의 사랑 없이 일방적으로 남성에 대한 여성의 복종을 강요하며 이것을 제도와 문화적 결박으로 아내에게 강요하는 것은 남성의 이익을 위해 성경의 일부분을 마음대로 생략하고 또 다른 부분을 지나치게 강조한 결과일 뿐이다. 오히려 성경은 남성들로 하여금 여성을 위해 먼저 희생할 것을 요구하는 여성 우선의 가정관을 보여 주고 있다고 볼 수도 있다.

3. 가정폭력의 주범(공범)인 기독교

1) 기독교신앙인의 가치관–가정폭력의 문제

기독교인에게 있어서 가정의 불화는 매우 수치스러운 일이다. 기독교인에게 가정은 하나님이 짝지어 준 결혼(성직자가 신의 뜻에 따라 결혼 집례)을 파기하는 것으로 반신앙적인 행위로 인식되기 때문이다.(가톨릭의 경우에 이혼한 신자는 신앙생활하기가 매우 어려워진다. 개신교의 경우도 이혼자는 성직을 수행하기 어려워지고 교회생활하기 어려운 분위기가 조성되어 있다) 그러므로 기독교인들은 가능한 한 가정 내의 폭력 문제가 노출되는 것을 꺼려하는 태도를 갖게 되는데, 이것이 지속적인 배우자 폭력과 아동 학대의 희생을 야기하는 데에 기여하기도 한다. 기독교의 이혼에 대한 금기시하는 태도는 극심한 배우자의 폭력에 대하여 무제한의 인내를 요구하게 하는 요인이 될 수도 있다.

기독교인의 삶에 있어서 바람직한 규범으로 인식되는 순종과 인내 그리고 희생적인 생활 태도가 지속적인 가정폭력에 대하여 적극적으로 대처하지 못하게 하는 요인으로서 작용할 수도 있다. 이에 대한 새로운 이해는 목회상담의 측면에서 다양하게 논의되고 있다. 보다 바람직한 가정관의 정립을 위해 개 교회나 기독교기관에서 열리는 '결혼예비학교', '부모준비교육', '아버지학교' 등이 있고, 성폭력과 이혼 그리고 가정폭력에 대한 이해가 금기 시 되는 분위기에서 벗어나 피해자(약자)의 편들기를 중심으로 논의되고 있다.

2) 신체적 체벌을 정당화시키는 구약의 가정교육적 교훈들

기독교는 아동 학대(체벌)를 정당화하는가? 기독교 교육은 아동을 체벌하는 것이 성경적인 것으로 바람직한가? 이렇게 생각하는 사람들이 제시하는 성경구절은 다음과 같다.

회초리를 아끼는 것은 아들을 사랑하지 않는 것이다. 아들을 사랑하는 사람은 제때에 징계한다. 223)

네 아들을 훈계할 때 소망이 있다. 그러나 아들이 괴로워 죽겠다고 할 때까지 하지는 마라.[224]

어린 아이의 마음은 어리석기 짝이 없지만 가르침의 막대기가 어리석음을 멀리 쫓아낼 수 있다.[225]

어린 아이를 바로잡는 일을 그만두지 마라. 네가 매를 때린다고 죽기야 하겠느냐? 매를 때려서라도 그 영혼을 지옥에서 구해내야 하지 않겠느냐?[226]

매와 꾸지람은 지혜를 주지만 제멋대로 하도록 내버려 둔 아이는 그 어머니를 망신시킨다. 악인들이 많아지면 죄악도 늘어나지만 의인들은 그들의 파멸을 보게 될 것이다. 네 아들을 바로잡아 주어라. 그러면 그가 너를 평안하게 하고 또 네 마음에 기쁨을 줄 것이다.[227]

이와 같은 구절만을 보고 체벌에 대한 정당성을 부여하는 것은 지나친 결론에 도달한 것으로 위험하다. 체벌적 교육을 체험하면서 자란 아이들은 후에 같은 폭력문화를 답습하게 되어 폭력의 문화적 전달자의 역할의 결과를 가져오게 될 것이다. 자녀에 대한 체벌은 성경전반에 걸쳐 강조되는 교육관이 아니다. 이는 자녀에게 마땅히 가르칠 바를 가르쳐야 함을 강조한 성경구절로서 성경 66권 중 「잠언」에 국한되어 제시될 뿐이다. 잠언 구절은 지나친 자녀 사랑이 자칫 근본적인 사람됨의 교육을 저해하는 것을 경계하는 구절로 이해해야 한다. 이를 폭력의 정당화 논리로 이해하는 것은 성경을 왜곡하는 해석의 오류이다.

---

223) 잠언 13장 24절.
224) 잠언 19장 18절.
225) 잠언 22장 15절.
226) 잠언 23장 13~14절.
227) 잠언 29장 15~17절.

4. 가정폭력에 대한 기독교 입장

1) 가족체계의 규정

아버지들이여, 여러분의 자녀들을 화나게 하지 마십시오. 그들이 낙심하지 않도록 하십시오.[228]

남편들이여, 아내를 사랑하고 괴롭게 하지 마십시오.[229]

가정폭력에 대한 성경의 태도는 매우 단호하다. 자녀에게는 십자가를 진 예수의 희생정신으로 그들의 마음에 상처를 입히지 않도록 해야 하고, 배우자에 대해서는 사랑으로 대하고 모질거나 거칠게 대하지 말아야 한다. 성경은 가정생활에 있어서 폭력적 상황을 방지하기 위한 것보다 적극적인 실천적 행위로서 사랑과 희생, 그리고 절제를 설정하고 있다.

2) 가족구성원의 자세

그러므로 그리스도 안에 무슨 격려나 사랑의 무슨 위로나 성령의 무슨 교제나 무슨 자비와 긍휼이 있거든 같은 생각을 품고 같은 사랑을 나타내며 한마음으로 같은 것을 생각함으로 내 기쁨을 충만하게 하십시오. 무엇을 하든지 이기심이나 허영으로 하지 말고 서로 겸손한 마음으로 다른 사람들을 자기보다 낫게 여기십시오. 여러분은 각자 자기 자신의 일을 돌아볼 뿐더러 다른 사람의 일도 돌아보십시오. 여러분 안에 이 마음을 품으십시오. 이것은 그리스도 예수 안에 있던 마음이기도 합니다. 그분은 본래 하나님의 본체셨으나 하나님과 동등됨을 기득권으로 여기지 않으시고 오히려 자신을 비워 종의 형체를 가져 사람의 모양이 되셨습니다. 그리고 그분

---

228) 골로새서 3장 21절.
229) 골로새서 3장 19절.

은 자신을 낮춰 죽기까지 순종하셨으니, 곧 십자가에 달려 죽으신 것입니다. 그러므로 하나님께서는 그를 지극히 높여 모든 이름 위에 뛰어난 이름을 주셨습니다. 이는 하늘과 땅과 땅 아래 있는 모든 사람들이 예수의 이름 앞에 무릎을 꿇게 하시고 모든 입으로 예수 그리스도를 주라 시인하게 하셔서 하나님 아버지께 영광을 돌리게 하시려는 것입니다.[230]

예수님의 십자가는 모든 기독교인에게 순종과 인내, 그리고 희생을 보여 주는 표상이다. 이 정신은 기독교인의 인간관계를 지배하는 가장 기본적인 태도를 결정한다.

3) 폭력을 넘어서는 비폭력

‘눈에는 눈으로, 이에는 이로’라는 말도 너희가 들었다. 그러나 나는 너희에게 말한다. 악에 맞서지 말라. 누가 네 오른뺨을 치거든 왼뺨마저 돌려 대어라. 누가 너를 고소하고 속옷을 가져가려 하거든 겉옷까지도 벗어 주어라. 누가 네게 억지로 1밀리온을 가자고 하거든 2밀리온을 같이 가 주어라. 네게 달라고 하는 사람에게 주어라. 그리고 네게 꾸려고 하는 사람을 거절하지 마라.[231]

위의 제시된 성경의 구절 외에도 성경의 많은 부분에서 본질적으로 비폭력적인 가치관을 갖게 한다. 폭력을 당할지언정 폭력을 행사하는 것은 반대한다. 예수님은 십자가에 달리는 폭행을 당하면서도 폭행자들을 향하여 결코 물리적인 방법으로 대항하지 않고 오히려 용서하는 기도를 하셨다.

---

230) 빌립보서 2장 1~11절.
231) 마태복음 5장 38~42절.

예수께서 말씀하셨습니다. "아버지, 저들을 용서해 주소서. 저들은 자기들이 하고 있는 일을 알지 못합니다." 그때 군인들은 제비를 뽑아 예수의 옷을 나눠 가졌습니다.[232]

이와 같은 신념들이 가정생활에 영향을 미친다면 가정의 폭력은 크게 줄어들 것이다. 그렇다고 성경이 무조건 비폭력을 말하는 것은 아니다. 성경에서 볼 수 있는 하나님은 약한 사람을 괴롭히는 불의한 권력과 강한 사람의 횡포와 폭력 앞에서는 분명하고도 강력하게 약한 사람들을 편드시는 모습이시다. 하나님은 약한 사람들을 괴롭히는 강한 사람들의 폭력에 적극적으로 약한 사람들의 편에서 싸우셨다. 대표적인 사건이 바로 이집트 제국에서 노예 생활을 하는 히브리인들을 구해내심이다.

4) 사랑과 용서 그리고 화해에 대한 가치관

그러므로 믿음·소망·사랑, 이 세 가지는 언제까지나 남아 있을 것인데 이 가운데 가장 위대한 것은 사랑입니다.[233]

무엇보다도 서로 깊이 사랑하십시오. 사랑은 허다한 죄를 덮습니다.[234]

너희는 스스로 조심하라! 네 형제가 죄를 지으면 꾸짖으라. 그리고 그가 회개하면 용서해 주라. 만약 그가 네게 하루에 일곱 번 죄를 짓고 그때마다 네게 와서 '회개한다'고 말하면 용서해 주라.[235]

복되도다! 평화를 이루는 사람들이여, 그들은 하나님의 아들들이라 불릴 것이다.[236]

---

232) 누가복음 23장 34절.
233) 고린도전서 13장 13절.
234) 베드로전서 4장 8절.
235) 누가복음 17장 3~4절.

기독교의 제일 큰 덕목은 ‘사랑’이다. 이에 대한 다른 표현이 ‘용서’, 그리고 ‘화해’이다. 이것은 폭력의 상처를 치유하는 힘을 갖게 하며, 가정에 대한 희망과 새로운 시도를 버리지 않도록 막아준다. 이것은 가정이 파괴되는 것을 막아 줄 뿐 아니라 가정을 파괴하는 갈등과 폭력을 예방하는 역할도 한다. 그리고 이와 같은 덕목들은 가정폭력의 피해자, 희생자들에 대한 돌봄의 근본 동기와 중심적인 가치관을 형성하고 있기 때문에 폭력의 문제를 돕기 위한 당위성과 의무를 갖게 하기도 한다.

5. 나오는 말

성경에 의하면 인간은 하나님의 모습으로 창조되었다는 기록이 있다.

하나님께서 말씀하시기를 “우리가 우리의 형상대로 우리의 모양을 따라 사람을 만들어 그들이 바다의 물고기와 공중의 새와 가축과 온 땅과 땅 위에 기는 모든 것을 다스리게 하자” 하시고 하나님께서 사람을 그분의 형상대로 창조하시니, 곧 하나님의 형상대로 사람을 창조하시되 하나님께서 그들을 남자와 여자로 창조하셨습니다.[237]

하나님이 인간을 자신의 모습으로 만들었다는 것은 인간존엄의 가치에 대한 근거 지음이 된다. 이는 모든 인간은 그 기능이나 가치규정에 따라 대체가능한 존재가 아닌 존재 그 자체만으로 존엄함을 말할 수 있다. 또한 인간은 하나님의 성품에 따라 살아갈 수 있음을 일깨워준다.

---

236) 마태복음 5장 9절.
237) 창세기 1장 26~27절.

이것은 무엇보다도 하나님이 인간이 된 성육신(Incarnation) 사건의 배경을 이룬다. 그러므로 그 어떤 인간도 자신의 뜻한 바대로(마음대로) 다른 인간(배우자, 자녀, 노인, 장애인, 외국인 노동자 등 약한 사람)을 차별하거나 괴롭혀서는 안 된다. 만약 그러한 행위를 하는 것은 하나님의 모습을 파괴하는 것이 되기에 하나님의 심판을 받게 될 것이다. 더욱이 가정 폭력의 가해자는 하나님이 교회보다도 먼저 만드신 가정을 파괴하는 행위로서 하나님의 뜻에 정면으로 맞서는 행위가 된다.

이런 점에서 기독교적 입장에서 가정폭력의 문제는 단호히 대처해 나가야 할 문제이다. 앞으로도 기독교의 입장에서 가정 폭력뿐만 아니라 성폭력, 아동 학대, 노인 학대, 장애인 학대, 외국인 노동자 학대 등의 비인간적인 폭력의 문제들을 보다 깊이 있게 살펴보고 그 해결방안들을 찾아나가기를 소망한다. 아울러 글을 마치면서 논의하고 싶은 주제를 제기하고자 한다.

이것은 바로 위기상담으로서 '자살'에 대한 것이다. 가정폭력의 가해자는 이미 폭력의 자동화로 스스로 자신을 통제하지 못하는 자신을 발견하고는 주체할 수 없는 괴로움에 자기 통제력을 잃고, 자살의 유혹에 빠져들 수 있다. 또한 피해자의 경우, 가장 자신을 지지해 주고 격려해 줄 가정에서 폭력에 시달린다는 사실이 자살을 선택하는 위험을 초래할 수 있다. 자살의 예방은 아무리 강조해도 지나치지 않을 것이다. 특히 기독교 입장에서는 자살에 대한 위기상담은 매우 중요한 사안이다. 자살위기 상담에 대한 논의도 함께 해갔으면 하는 바람을 가져본다.

제7장

다문화 현실 이해를 위한
이주민 인권 윤리

1. 들어가는 말

우리사회에서 다문화에 대한 논의는 정부, 종교, 시민단체, 교육계, 학술계 등 다양한 곳에서 다양하게 펼쳐지고 있다. 정부는 국가이익을 전제로 한 사회통합을 목적으로 이주민을 통제하는 동시에 사회의 구성원으로 동화시키는 전략을 갖고 논의를 진척시켜나간다. 종교는 각각의 종교적 입장에 따라 정부와 비슷한 동화주의를 표방하며 이주민의 사회적 응과 선교(포교) 전략을 갖고 논의를 진척시켜 나간다. 시민단체는 이주민의 인권과 복지를 위해 정부와 갈등을 빚기도 하고, 정부와 비슷한 입장에서 사회적응을 돕는 논의를 진척시켜 나간다. 교육계는 이주민 자녀들의 교육 평등적 차원에서 사회적응과 학생 인권적 논의를 진척시켜 나간다. 학술계는 다양한 논의에 대해 비판적인 시각에서 각각의 학문적 입장에 따라 다양한 접근과 해결방안을 모색하기도 한다.

통계청은 2009년 7월 기준으로 국내 거주 외국인 수가 110만 명으로, 국내 결혼이민자는 14만 4,000명, 다문화가정 자녀수는 5만 8,000명임을 밝혔다. 이제 우리나라는 다문화가정 구성원이 20만 명을 넘어섰다.[238]

이러한 수치는 우리 사회가 다문화사회로 변화했음을 말해 준다. 세계화에 따라 외국인노동자, 결혼이민자, 유학생 등이 전 지구적으로 이동하고 있음을 볼 때 다문화사회 추세는 가속화될 것이다.[239] 그러나 현재 우리나라는 다문화사회에 대한 명확한 용어의 통일 되어 있지 못하다. 얼마 전까지는 '코시안'이라는 말을 썼다. 이 말은 한국인(Korean)과 아시아인(Asian)의 합성어로 한국(Korea)에 거주하는 아시아인(Asian)이라는 뜻으로 만들어진 언어로 외국인 노동자와 한국인 사이에서 태어난 국제결혼 2세, 한국에 거주하는 아시아 이주노동자의 자녀를 가리키는 말 등 다문화가정의 자녀들을 가리키는 말로 쓰였다. 그런데 이 말이 순수한 피를 강조하는 우리나라에서 혼혈을 연상시키는 차별적 요소로, 한국 우선에 아시아가 덧붙은 것을 연상시키는 것에 대한 비판이 많았다. 또한 최근 북한이탈자[240]도 중요한 사회문제로 대두되면서 이를 다 담아낼 용어로 코시안은 부적절하게 되었다.

지금은 모호한 표현으로 통칭 '다문화'라고 지칭하는 데 이에 대한 비판들도 많다. 프랑스를 포함한 대부분의 유럽 국가들은 공통적으로 다문화(multicultural)의 용어보다 상호문화(intercultural)의 용어를 더 선호한다. 다문화는 그룹의 다양성을 인정하면서 집단들 간의 충돌을 피하려는 데 관심을 갖는 개념인데 반해 상호문화는 문화적 다양성과 관련해서

---

238) 통계청(국가통계포털, www.kosis.kr) 참조.

239) 다문화주의는 학자에 따라 다양하게 정의되고 있지만 일반적으로 '한 사회 내 다양한 인종 집단들의 문화를 단일한 문화로 동화시키지 않고 서로 인정하고 존중하면서 공존하게 하는 데 그 목적이 있는 이념체계'로 정의한다. 캐나다의 철학자 테일러(Taylor)는 문화적 다수집단이 소수집단을 동등한 가치를 지닌 집단으로 인정하는 '인정의 정치학(politics of recognition)'이라고 정의한다. 다문화사회는 다문화주의의 정의를 포괄하는 사회를 말한다.

240) 이에 대한 용어도 혼선을 빚고 있다. '탈북자', '새터민' 등으로 다양하게 쓰인다.

제기되는 사회적·교육적 차원의 문제들의 이해를 쉽게 해주는 일종의 구조적 개념에 해야 한다.[241] 이처럼 지금의 다문화보다는 상호문화가 더 적절한 것 같다. 아무튼 다문화 현실을 담아 내고 이에 대한 바람직한 윤리적 의미를 담아낼 명료한 용어를 선정하는 것도 중요한 작업일 것이다.

인권(人權, human rights)은 인간이 인간답게 존재하기 위한 보편적인 인간의 모든 정치·경제·사회·문화적 권리 및 지위와 자격을 총칭하는 개념이다. 그러므로 인권이란 인간이 인간답게 살 수 있는 권리가 누구에게나 있다는 뜻이다.[242] 이에 따라 한국 교회도 외국인노동자나 결혼이주민 여성 및 그 가족과 함께하고 이들을 섬기는 선교적 사명의 필요성이 제기되고 있다. 이에 따라 다문화적인 삶의 상황에서 다른 사람과 더불어 사는 것을 존중하고 격려하는 기독교윤리적인 세계관의 정립이 필요하다.[243]

이 글은 열린 다문화 사회를 주창하는 우리 사회, 다문화주의 담론이 하나의 트렌드가 된 오늘날 과연 다문화의 담지자인 이주민이 존중의 대상이 되고 있는가 하는 의문에서부터 시작할 것이다. 그러나 이 글에서는 지면의 제약과 다문화 논의의 다층적, 다양한 측면을 감안하여 대표적인 경우인 결혼이주민의 인권적 측면에서 논의를 전개해 보려고 한다.[244]

---

241) De Carlo (Maddalena), L'Interculturel, CLE International, 1998을 이경수, "다문화교육 프로젝트 —다문화교육연수 프로그램을 중심으로", 전라북도교육연수원 편, 『중등교감·전문직 다문화교육 직무연수자료자료집』(전북: 전라북도교육연수원, 2009), p.124에서 재인용.

242) 엘리자베스 라이커트, 『사회복지와 인권』, 국가인권위원회 사회복지연구회 역(서울: 인간과 복지, 2007) 참조.

243) 현재 이주민과 관련된 시민단체 중, 80% 이상이 개신교단체로 이들은 하나님 앞에서 모든 인간이 평등하다고 보는 보편적 인권에 입각한 논의와 활동을 펼치고 있다. 김남국, "한국에서 다문화주의 논의의 전개와 수용", ≪경제와 사회≫(제80호, 2008), p.355.

244) 이 글에서는 북한이탈주민에 대해서는 다루지 않았다. 이는 북한이탈주민들은 자신들의 문제를 다문화로 묶어서 논의하는 것을 싫어하는 경향이 강하다. 그 이유는 외국인이거나 혼혈에 의한 경우가 아

2. 이주민의 현실 이해

인류의 역사는 이주의 역사라고 해도 지나치지 않을 것이다. 이처럼 인류는 급변하는 세계사적 흐름에 따라 이주를 거듭하였다. 전 세계의 문제를 예방하고 해결하려는 지구경찰국가임을 자처하는 미국과 같은 나라는 가장 대표적인 다인종·다민족 국가로 오늘날 오바마 대통령이 이주민의 후손으로서 혼혈인이다. 이른바 신대륙 발견과 식민지배에 따라 대대적인 이주가 이루어지면서 미국을 비롯해서 호주와 중남미의 대부분의 국가들이 이주에 의해 형성된 국가들이다. 이런 이주의 역사가 오늘날에는 지구촌 사회를 맞이하면서 나라 간의 이주가 일반화되었고, 경제적인 이유에 따라 급격한 이주민이 생겨났다.

2005년 기준으로 전 세계적으로 일 년 이상 자국을 떠나 다른 나라에 이주하는 사람들이 약 1억 9,100만 명(2005년 기준)으로 세계 인구 64억 70만 명의 약 3%일 정도로 이주민의 모습은 낯설지 않다. 특히 나라들마다 경제성장정책과 신자유주의 경제체제의 거센 물결이 '빈곤의 세계화', 즉 저개발국가의 빈곤을 갈수록 심화시키면서 노동력의 담보자인 노동자들이 국경을 넘어서고자 하고, 개발도상국에서는 일손이 부족해서 이주노동자를 필요로 하게 되면서 국경을 넘는 이주가 많아졌다. 아시아권에서는 빈곤의 세계화 속에서 결혼을 통한 이주가 확산되면서 자국 내에서 다양한 문화가 혼재하는 양상을 보이고 있다.

닌 같은 민족으로 바라봐 달라는 뜻일 것이다. 이에 따라 다문화론자들 간에도 다문화 범주에 대한 이견(異見)이 있기에 북한이탈주민에 대한 논의는 언급하지 않고 통상 대표적인 다문화의 범주인 외국인 노동자와 결혼이주민을 중심으로 논의를 전개해 나갈 것이다.

우리나라의 경우 2007년 12월 31일자로 거주 외국인 이주민은 단기체류외국인을 포함해서 1,066,273명으로 100만 명을 돌파했다. 이 중 외국인노동자가 47.1%를 차지하고 있으며, 결혼이민자가 10.4%, 외국인 유학생이 5.7%로 주민등록 인구의 2%가 되었다. 이주민의 증가는 1997년 386,972명에서 10년 사이에 175.5% 증가하였고, 이 같은 추세가 계속될 경우 2012년 150만 명에 이를 것으로 예측하고 있다. 우리나라에서 이주민이 증가하는 이유는 저출산·고령화 및 생산직종 기피로 인한 노동력 부족, 국제결혼의 증가, 동포에 대한 입국문호 확대 등으로 외국인노동자, 결혼이민자, 외국적 동포 등이 지속적으로 유입되고 있기 때문이다.

3. 우리나라 이주민 정책의 실체

우리나라는 급격하게 늘어나는 이주민에 대한 다양한 정책과 제도를 수립해 나가고 있다. 2007년 1월 그동안 여러 가지 사회문제를 야기한 연수취업제도를 폐지하고 이주노동자의 도입경로를 고용허가제도로 단일화시켰다. 이를 통해 이른바 '현대판 노예제도 실시국'이라는 오명을 벗게 되었다. 또한 같은 해 3월 4일부터 재외동포(주로 중국이나 옛 소련권)를 대상으로 방문취업제(H2비자)를 실시했고, 5월에는 국가인권정책기본계획안을 발표하고 '재한외국인처우기본법'안을 공포하였다. 또한 결혼이주여성의 인권을 위해서 2007년 1월부터 여성단체가 발행하는 폭력 확인서를 가정폭력 입증자료의 하나로서 인정하는 '여성단체확인서' 제도를 채택하고, 우리나라 사람과의 사이에 자녀가 있는 결혼이민자들에게 '국민기초생활보장법'과 '모부자가족지원법' 확대 적용을 비롯해서 성폭력이나 가정폭력 당한 이주여성들의 법적 절차가 끝날 때까지 우리나라에 체류하면서 취업할 수 있는 길을 열어놓았다. 2008년 6월에는 국제결혼중개업관리법을 제정해 이주여성들이 결혼중개업의 착취와 인신매매성 결혼이주를 방지할 수 있는 기초적 장치를 마련하였다.

이렇게 이주민의 인권보호를 위한 정책을 마련했으나 우리 정부의 이주민 정책은 기본적인 구조적 한계를 지니고 있다. 이것은 '재한외국인 처우기본법'에서 미등록노동자를 제외하고 있는 것에서 극명하게 드러난다.245) 이 법안의 제정목적은 "이 법은 재한외국인에 대한 처우 등에 관한 기본적인 사항을 정함으로써 재한외국인이 대한민국 사회에 적응하여 개인의 능력을 충분히 발휘할 수 있도록 하고, 대한민국 국민과 재한외국인이 서로를 이해하고 존중하는 사회 환경을 만들어 대한민국의 발전과 사회통합에 이바지함을 목적으로 한다."로 되어 있고, 이 법에서 사용하는 용어의 정의는 다음과 같다.

1. '재한외국인'이란 대한민국의 국적을 가지지 아니한 자로서 대한민국에 거주할 목적을 가지고 합법적으로 체류하고 있는 자를 말한다.
2. '재한외국인에 대한 처우'란 국가 및 지방자치단체가 재한외국인을 그 법적 지위에 따라 적정하게 대우하는 것을 말한다.
3. '결혼이민자'란 대한민국 국민과 혼인한 적이 있거나 혼인관계에 있는 재한외국인을 말한다.

---

245) 법무부 홈페이지(www.maj.go.kr)—재한외국인 처우기본법[시행 2007. 7.18] [법률 제8442호, 2007. 5.17, 제정].

그러므로 '재한외국인'이란 우리나라에 거주할 목적으로 합법적으로 체류하고 있는 외국인이거나 결혼이주민으로 우리나라 국민과 혼인한 적이 있거나 혼인관계에 있는 사람을 의미하는 것으로 규정함으로써 이 주노동자의 절반인 현재 20여 만 명의 미등록 이주노동자(이른바 불법 체류자)는 이 범주에서 제외시키고 있다. 또한 결혼이주민의 경우도 열악한 농촌의 현실에서 나오는 피해의식에 따른 것으로 행여나 결혼이주민 여성이 국적을 취득하면 더 많은 돈을 벌기 위해 가출할까 싶어 국적 취득을 하지 못하도록 하여 미국적자이거나 혼인 2년 미만으로 가정 내 학대나 폭력으로 도망쳐 나온 결혼이주민의 미국적 취득의 경우 등의 경우도 제외된다.[246]

이렇게 재한외국인처우기본법에서 미등록노동자와 취약한 소외계층인 결혼이주민을 배제하는 것이 문제가 되는 이유는 무엇일까? 이는 이 법의 제정 목적이 국내거주 외국인의 인권이 아닌 국익을 전제로 하기 때문이다. 이에 따라 미등록노동자 추방 정책을 강화하고 결혼이주민의 인권유린을 외면한다. 우리 정부가 이렇게 진일보한 듯 보이면서도 결국은 앞서나가지 못하는 이주민 정책을 추진하는 이유는 외국인을 개별 주체로 존엄한 인간으로 보는 것이 아니라 국가 자원이라는 도구적 관점에

---

246) 외국인정책위원회는 국무총리를 위원장으로 17개 관계부처 장관과 민간위원 7명 등 24명의 위원으로 구성된 기구로 이 자료집에 의하면, 2007년 전체 결혼건수 대비 외국인과의 혼인 비율은 11.1%(345,592건 중 38,491건)로 2001년 4.8%(320,063건 중 15,234건)에 비해 6.3% 증가―특히 농림어업 분야에 종사하는 남자의 경우 7,930명 중 3,172명(40.0%)이 외국인과 혼인이었다. 2007.12월 기준 국내 체류 중인 결혼이민자는 국적취득자 44,291명, 미취득자 102,217명으로 총 146,508명으로 국적취득자 수는 행자부 전수조사('07.4월 기준) 및 법무부 귀화허가자('07.5월~'07.12월)통계를 근거로 산출한 것이다. 이에 따른 결혼이민자 2세들의 취학 증가도 2002년 이후 급증한 국제결혼가정의 자녀들이 본격적으로 취학연령에 도달함에 따라 이들의 교육문제 등이 새롭게 부각되었다. 전국 초·중·고교에 다니는 한국 국적의 국제결혼가정 자녀는 2007. 4월 13,445명으로 2006. 4월 7,998명에 비해 1년 만에 5,447명 증가했다. 외국인정책위원회 편, "제1차 외국인정책기본계획(안)"(외국인정책위원회 회의 미간행자료집, 2008년 5월 30일), p.33.

서 자리매김하려는 국익과 국가안보를 우선시 하겠다는 입장 때문이다. 이런 입장은 우리나라 정부가 마련한 외국인정책의 배경에 잘 드러나 있다. 이를 좀 더 구체적으로 살펴보면 다음과 같다.

우리 정부의 외국인 이주에 대한 정책방향의 전제는 국가경쟁력 강화를 위한 도구로 본다는 점이다. 정부의 이주민 정책의 기본적인 방향은 이중적인 모습이다. 기본적으로 우수인재는 유치하는 전략이 중심기조다. 우리나라는 현재 OECD 평균 순수 두뇌유입 비율은 1990년 1.0%에서 2000년 1.6%로 0.6% 상승한 반면, 우리는 같은 기간 오히려 -1.3%에서 -1.4%로 0.1% 악화된 현실이다.[247] 실제로 해외 우수 유학생의 현지 취업 선호 등으로 귀국 기피하는 것에서 잘 드러났다. 재미(在美) 유학생 중 이공계 박사 잔류율(%): 31.3('96~'99)→46.3('00~'03)으로 국내 취업 중인 고급인력의 해외진출 선호를 나타내는 두뇌유출지수는 지난 10여 년 사이 현격히 악화되어, 1995년 7.53(48개국 중 4위)에서, 2006년 4.91(61개국 중 40위)로 하락하였다.[248] 이에 따라 지식·정보력을 갖추고 기술혁신을 주도할 수 있는 우수한 인재 확보를 위해 영주권 부여, 이중국적 허용 등 정책을 세우고 있다.

이에 반해 저개발국에서 우리나라에 유입하는 인구 이동에 대해서는 국경관리를 강화하는 전략을 세우고 있다. 9·11 테러 이후 세계 각국이 출입국심사에 생체정보를 활용하는 등 국경관리를 강화하는 전략에 따라 임금격차로 인한 불법이민과 국익에 해가 되는 사람들의 유입 가능성을 차단한다는 구실 하에 출입국관리를 강화하겠다는 것이다. 이는 자

---

247) Ibid., p.1.
248) Ibid., pp.3~4.

첫 저개발국에서 유입되는 이주민을 잠재적인 범죄자 화하는 위험이 있어 중대한 인권침해의 소지가 있다.

이렇게 한쪽에서는 국경관리를 강화하는 한편, 다른 한편에서는 이민자 유입 증가에 따른 갈등을 관리하기 위한 사회통합을 강화하는 정책을 펼치고 있다. 이는 2005년 이른바 '프랑스 이민자 소요사태'와 호주의 '인종 간 폭력사태'를 배경으로 한 것으로 프랑스와 독일 등은 이러한 사태 이후 이러한 갈등과 마찰을 예방하기 위해 사회통합 강화정책을 세운 것을 보고, 우리나라도 이민자에 대하여 언어·문화교육 등을 내용으로 하는 사회통합 교육 이수를 의무화하는 정책을 추진한 것이다.[249]

정부는 2008년 12월 17일 외국인정책위원회를 개최하여, '재한외국인 처우 기본법'에 따라 수립되는 외국인정책에 관한 5년 단위 국가계획(2008년~2012년)인 '제1차 외국인정책 기본계획'을 심의·확정하였다. 그리고 '외국인과 함께하는 세계 일류국가'를 외국인정책의 비전으로 정하고, 4대 목표와 13대 중점과제를 발표했다.[250] 이를 살펴보면 개방을 통한 국가경쟁력 강화라는 기본방향을 통해 외국인의 이주를 국가 자원으로 인식하고, 외국인정책을 국가 전략으로 추진할 것을 분명하게 드러냈다. 물론 우리 사회를 인권이 존중되는 성숙한 다문화 사회로 발전시켜야 함을 표방하고, 이를 위해 외국인에 대한 불합리한 차별을 방지하고, 다양한 민족과 문화가 공존할 수 있는 사회 규범과 시민의식의 정립·확산이 필요함을 강조했다.

그러나 문제는 외국인 체류질서 확립, 국가안보 차원의 국경 및 외국

---

249) Ibid., p.2.

250) 법무부 홈페이지(http://www.moj.go.kr/HP/MOJ03/index.do?strOrgGbnCd=100000) 참조.

인정보 관리, 건전한 국민 확보를 위한 국적업무 수행이라는 틀에서 질서 있는 이민행정 구현을 내세우고 있다는 점이다. 이는 개방에 따른 부작용으로서 국익에 해로운 인물의 입국 가능성 증가, 불법체류자의 증가, 단순노무인력의 정주화, 외국인 범죄의 증가 등을 체계적으로 차단하겠다는 의지를 드러낸 것으로 이런 부작용을 막기 위해서 외국인 체류질서를 확립하겠다는 것이다. 이를 위해 외국인정보의 체계적 관리, 위험 요인에 대한 조기발견 및 선제적 대응 인프라 구축 필요를 강조하였다. 이렇게 질서와 안전을 강조하면서 필연적으로 세우게 되는 정책은 미등록노동자 이른바 불법체류자에 대한 단속이다.

2007년 현재 전체 체류외국인 1,066,291명 중 223,466명이 불법체류하고 있어 불법체류비율이 21%에 이른다. 정부는 불법체류자의 증가는 내국인 노동자의 일자리 잠식, 인권침해에 취약, 외국인 범죄의 증가 등 사회적 갈등과 불안 요소로 작용한다고 보기[251]에 이러한 불법체류자를 줄이고 불법체류자 발생을 억제하기 위해서 불법체류 다발국가와의 '사증 면제협정'을 정지 등을 통해 불법체류가능자를 사전에 차단하는 정책을 추진하고 있다. 이는 불법체류자에 대한 단속은 불법체류 발생 후 사후 조치로, 과다한 행정비용 및 사회적비용 발생을 줄이기 위한 방편이라는 것이다. 또한 불법체류자를 줄이기 위해서 출입국관리 공무원의 출입국사범 관련 수사권한의 제한을 풀고 이민수사대를 신설하고, 불법체류자 단속을 강화하기 위한 단속인원과 단속차량, 단속 장비 등 단속인프라를 보강해 나가고 있다. 이 이민수사대는 일본이 법무성 직속 〈특별단속반〉을 구성 '93년 말 29만여 명에서 '07.6월 말 현재 17만여 명으로

---

251) 외국인정책위원회, op. cit., p.53.

감소했다는 것을 경험에서 따온 것이다.[252]

이처럼 외국인에 대한 국가정책은 국가자원의 도구로 보고 국익중심의 외국인 정책과 종래의 국경중심의 관리를 넘어 사회안보 개념으로 외국인 정책을 세우겠다고 하는 것이다. 즉 외국인을 국익의 도구화하고 국가안보를 중심의 정책을 세우겠다고 하는 것인데 여기서 이주민의 인간안보[253]와 국민보호중심의 국가안보 사이에서 충돌이 일어날 수밖에 없다.

유엔은 1990년 12월 18일 총회에서 '모든 이주노동자와 그 가족의 권리보호를 위한 협약(이주민 협약)'을 만장일치로 통과시켰다. 이 협약은 이주노동자가 노동할 권리와 자유롭게 귀국할 권리, 공정한 재판을 받을 권리, 가족을 동반할 권리, 국적 및 인종 등을 이유로 차별받지 않을 권리, 출생 아동의 국적취득에 대한 권리, 본국의 선거에 참여할 권리 등 인간으로서 누려야 할 기본권에 대해 각국 정부가 보장할 것을 촉고하고 있다. 2003년 20개국이 이를 비준해 이 협약은 국제인권규약으로서 효력을 갖게 되었지만 우리 정부는 아직 이 협약 비준 의지를 보이지 않고 있다.[254]

---

252) Ibid., pp.53~56 참조.

253) 인간안보(Human Security)라는 개념은 1994년 유엔(UNDP)의 '인간발전보고서'를 통해 처음 알려졌다. 인간안보는 '공포로부터의 자유'와 '결핍으로부터의 자유'를 포괄하며 양자의 상호의존성을 강조하는 새로운 안보개념으로서 경제적 안전, 식량안전, 건강안전, 환경안전, 개인의 안전, 지역사회의 안전, 정치적 안전 등 7가지 법주로 분류된다. 채수일, "현대 기독교의 동향", ≪신학연구≫(제 51집, 2007), p.322.

254) Ibid., p.323.

4. 이주민을 위한 인권

　이주민을 위한 인간안보의 중요 개념으로 국제연합개발계획(UNDP)의 안보개념과 아마티아 센의 안보개념을 차용하고자 한다. UNDP는 개인안보가 국가 안보보다 우선시되어야 한다고 보며, 인간의 평화를 해칠 수 있는 모든 요소를 안보위협의 요인으로 보며 경제적 고통으로부터의 자유, 삶의 질, 자유와 인권보장 등을 포함하고 있다. 경제적 고통을 해결하기 위해 국경을 넘는 이주민들이 도착한 나라에서 여전히 경제적 어려움을 겪는 현실, 자국민 중심의 복지정책으로 삶의 질이 저하되고 자유와 인권침해를 당하고 있는 현실을 감안할 때, UNDP의 안보개념은 이주민에게 매우 적절한 개념이다. 또한 이주민의 개인안보를 위한 또 하나의 적절한 개념은 아마티아 센이 소개한 오부치 게이조의 정의이다.

　아마티아 센은 '제1차 아시아의 내일을 위한 지적 대화'의 기조연설에서 오부치 게이조가 행한 말을 다음과 같이 소개했다. "인간은 생존을 위협받거나 존엄성을 훼손당하지 않고 창조적 삶을 이끌어 가야 하는 존재라는 것이 제 믿음입니다. '인간의 안전보장'은 비록 새로운 용어지만, 나는 이것을 인간의 생존, 일생생활, 그리고 인간의 존엄성을 억압하는 모든 종류의 위험을 포괄적으로 제거하고 이 위험에 맞서는 노력에 지원을 강화한다는 사고방식으로 이해하고자 합니다." 그러면서 그는 인간의 생존, 일상생활, 존엄성을 위한 실천적 개입이 필요함을 강조했다. 오부치 게이조의 관점에서 인간안보를 말한다면 우리나라 거주 이주민의 대다수는 치명적인 위협을 받고 있다. 특히 미등록노동자들은 불법체류자로서 생존의 불안과 불안전한 생활, 인권침해의 위협 속에 놓여있다. 이들의 안보를 위한 실천적 개입이 필요하다.

2007년 유엔인종차별철폐위원회는 8월 17일 개회된 회의에서 우리정부에 다음과 같은 차별시정 의견서를 채택했다. "민족적 단일성을 강조하는 것은 대한민국 영토에 거주하는 타 민족적 및 국가적 집단 간의 이해, 관용, 우의를 증진하는 데 저해가 될 수 있다."고 우려를 표하면서 "고용, 결혼, 주거, 교육 및 인간관계를 포함한 모든 삶의 영역에서 이주노동자, 다민족 간 출생 자녀 등의 외국인에 대하여 만연한 차별이 지속되고 있다."고 지적하였다.[255]

일반적으로 이주노동자들의 인권문제는 노동권 침해와 기본권 침해 등 다양한 범주로 구분할 수 있다. 구체적으로 법적 지위의 취약성, 열악하고 차별적인 근로환경(장시간 노동, 저임금, 임금체불, 산업재해, 폭언, 폭행, 비하 등), 배타주의적 문화로 인한 적응곤란, 사회복지 서비스의 부족, 비인도적인 단속과 추방 등으로 요약할 수 있다.

이러한 인권침해는 특히 합법적인 체류자격을 갖고 있지 못한 이주민에게 극심하게 자행되었다. 화재로 10명이 숨지고 17명이 다친 비극적인 여수외국인보호소의 참사사건, 미란다 원칙을 무시한 인간사냥 미등록노동자 단속실태상황, 임산부여성을 강제로 추방한 경우, 강제단속을 피하다가 건물에서 떨어져 사망한 사건, 예배당에 출입국 직원이 구둣발로 난입한 사건, 이주노조운동을 했다고 표적 단속하여 강제출국하게 한 사건 등 여러 가지 인권유린사건 등이 이를 잘 말해 준다. 이 사건들은 이주노동자의 인권과 열악한 보호시설에 대한 정부의 근본적인 대책을

---

255) "유엔, 韓 '단일민족국가' 이미지 극복 권고" 〈연합뉴스〉(2007년 8월 19일자).

촉구하는 계기가 되었다.256)

베이징 세계여성행동강령에는 이주여성노동자의 노동권, 인권, 교육권 등에 대한 분명한 강령이 포함되어 있음에도 우리나라의 경우 정부 정책에서 이주여성노동자는 배제되어 있다. 뿐만 아니라 고용주와 우리나라 노동자에게 성폭력을 당했으나 추방이 두려워 신고하지 못하고 자살을 시도한 태국 여성이주노동자의 경우 역시 여성노동자가 직면하는 인권실태를 가늠하게 해준다. 연 10% 이상씩 증가하고 있는 결혼이주여성의 경우 여러 정부 부처에서 이들을 잠재적 국민(또는 국민 후보자)이라고 보기 때문에 이들을 위한 다양한 정책을 실시했다. 그런데 이런 정부의 정책이 대부분 가부장적 대가족에 통합되는 사회통합의 형태로 진행되다 보니 결혼이주여성의 인권보호는 물론 존재 기반마저 위태로운 상황이다. 2007년 베트남 결혼이주여성 후인마인 살해사건(2007년 7월 4일)은 결혼이주여성의 인권현주소를 분명하게 보여 주었다.

우리나라에 온 외국인 노동자들이 처음 배우는 말 중에 하나가 "때리지 마세요!"라는 말이 있을 정도로 우리는 폭력이 내면화되어 있다. 폭력이 우리들 마음 속에 내면화된 것은 우리가 오랜 세월 억압적 분위기의 가부장제와 교육현장과 군사문화에 의해 폭력이 학습화되었기 때문이고, 국가적 차원에서 폭력이 일상화되었기 때문이다. 이토록 총체적인

---

256) 이주여성들의 사회적 위상과 그들을 향한 사회적인 인식이 사적·공적인 영역에서 기존제도와 문화의 한계를 명증하게 드러내는 다문화사회로의 전환을 평가하는 척도가 된다. 오현선, "한국사회 여성이주민의 삶의 자리와 기독교교육적 만남", 오경석 편, 『한국에서의 다문화주의 현실과 쟁점』(파주: 한울아카데미, 2009), p.10; 국제결혼중개업체에 의한 모집과정의 탈법행위, 허위정보 제공, 과다수수료 징수 및 위장결혼 등으로 인해 외국인배우자뿐만 아니라 내국인의 피해사례가 속출했다. 결혼중개업체를 통해 남편을 만난 경우, 남편에 대한 정보가 일치하지 않는 경우가 자주 발생했다. 외국인정책위원회, op. cit., p.35; 국적 취득부터 이혼 후까지 결혼이주여성에게 불평등한 법·제도와 함께 성폭행을 일삼는 불법 브로커 등 어글리 코리안이 이들의 고통을 가중시키고 있다. 임상준, "브로커에 울고 法에 울고…결혼이주여성들 '겹 고통'", 〈매일신문〉(2009년 2월 24일).

사회전반과 국가적 폭력이 이제 일상의 폭력으로 내면화되어 있다. 이렇게 폭력이 일상화되고, 정당화된 사회에서는 인권이 설 자리가 없다.[257]

이렇게 이주여성들은 대부분 언어폭력, 문화폭력, 성폭력 등 폭력에 시달리고 있다. 이렇게 제기되는 인간안보라는 개념은 인권보다 폭넓은 개념이다. 그러나 생존권, 일상생활, 존엄성이 종합적으로 위협 받고 있는 이주민과 관련해서 우리나라에서는 인권이라는 개념이 더 보편적으로 통용되고 있다.

5. 성경적 근거로서 이주민 인권

기독교윤리의 근거로서 성경을 통해 이주민의 인권을 살펴보는 작업을 통해 오늘 우리 사회가 이룩할 다문화사회의 방향을 모색해 나가고자 한다. 성경이 기록될 당시의 배경은 오늘 우리 사회와는 세계관이나 문화가 다르기에 이에 대한 기록이 많지 않을 것으로 생각하는 것은 오해이다. 실제로 성경에서 바람직한 다문화사회를 위한 이주민에 대한 보호와 사랑을 통한 함께 살아가야 함을 강조한 구절들이 많다. 이렇게 볼 때, 성경을 사회적 약자를 위한 인권의 근거로 봐도 지나치지 않을 정도이다.[258]

성경에서 외국인노동자는 '외국인 나그네'라는 말과 같은 개념으로 표현된다. 구약성경에서 가장 많이 쓰이는 '외국인', '나그네'의 뜻을 가

---

257) 조현연, 『한국 현대정치의 악몽—국가권력』(서울: 책세상, 2000) 참조.
258) 박재순, "외국인노동자와 장애인의 인권과 선교", ≪월간 인권≫(1995년 제29호), p.7.

진 히브리어는 '게르(גר)'이다. 게르라는 말은 아브라함이 헤브론으로 이주하여 살면서 헷 족속에게 자기 아내 사랑의 무덤을 위해 땅을 팔 것을 청할 때 스스로 밝힌 말이다.

아브라함이 죽은 아내 앞에서 일어나 나와 헷 사람들에게 말했습니다. "저는 여러분들과 함께 사는 이방 사람이며 나그네입니다. 죽은 제 아내를 장사 지낼 수 있게 여러분들의 땅을 제게 좀 나눠 주십시오."[259]

야곱과 그 족속들이 애굽으로 이주함으로 이스라엘은 '게르'의 삶을 살게 되었다.[260] 요셉을 알지 못하는 애굽 왕이 다스리자 게르인 이스라엘 민족은 노예로서 건설 노동의 압제를 당하게 된다. 더구나 인구가 늘어나자 불안해진 애굽 왕에 의해 남자 아기가 태어나면 죽음을 당하는 최악의 인권유린을 경험하게 되었다.[261]

'게르'라는 말을 가장 잘 보여 주는 예로 모세가 미디안 땅으로 도망하여 십보라와 결혼하여 낳은 첫 아들을 '게르솜'(גרשם)이라 했는데 이 말의 뜻은 '타국에서 객이 되었다'는 의미이다.

십보라는 모세에게 아들을 낳아 주었습니다. 모세는 아들의 이름을 게르솜이라고 지었습니다. 모세가 말하기를 "내가 이방 땅에서 이방 사람이 됐다"라고 했기 때문이었습니다.[262]

그의 두 아들도 데려왔습니다. 한 아들의 이름은 게르솜입니다. 이는 모세가 "내가 이방 땅에서 이방 사람이 됐다"라고 하며 지은 이름이었습니다.[263]

---

259) 창세기 23장 4절.
260) 창세기 46장 참조.
261) 출애굽기 1장 참조.
262) 출애굽기 2장 22절.

이와 같이 '게르'라는 말은 고향을 떠나 타국에 거주하는 외국인에게 통칭되는 명칭이다. 노크리(נכרי)와 자르(זר)는 어떤 고장에 정착해서 일정기간 합법적인 자격을 갖추고 사는 사람을 가리킨다. 이에 반해 게르(גר)는 정치적, 경제적, 사회적 이유로 자기 고장을 떠나 다른 고장에 사는 사람들로 현지 주민들의 환대에 의존할 수밖에 없는 나그네를 말한다.[264]

이러한 나그네의 사회적 지위는 안식일에 대한 언급 중 나그네가 가축과 종 다음에 나온 데서 알 수 있듯이[265] 당시 사회에서 가축이나 노예보다 낮은 존재였다. 그러나 성경은 게르를 보호 받아야 할 손님이고 보살펴 주어야 할 나그네로 규정했다. 포로기 이전의 게르는 순전히 자기 동족에게서 떨어져 나와 다른 동족의 땅에 거주하는 자로서 자기 토지를 지니지 못한 채 살아가는 자들을 가리키는 용어였지만, 포로 후기 시대의 게르는 이스라엘 공동체를 구성하는 두 구성원 중 하나로 인정되면서 주변 인생들이 아닌 한 사회의 구성원으로서 그 사회 구조 속에서 중요한 역할을 담당하는 자들로 인정되었다.[266]

이렇게 된 데는 이스라엘이 족장들뿐 아니라 자신의 역사를 게르의 역사로 보았기 때문이다. 이스라엘 민족이 자신의 정체성으로 게르 의식을 갖게 된 것은 출애굽과 밀접한 관련이 있다.[267]

---

263) 출애굽기 18장 3절.

264) 왕대일, "나그네(게르, גר)— 구약신학적 이해", ≪신학사상≫(제113호, 2001년 여름), p.103.

265) 너는 6일 동안 네 일을 하고 7일째 날에는 일하지 마라. 그래야 네 소와 나귀도 쉬고 네 여종의 아들과 이방 사람도 새 힘을 얻게 될 것이다(출애굽기 23장 12절).

266) 왕대일, Ibid., p.116.

267) "게르 의식은 출애굽 정신의 핵심이며, 또한 출 앗시리아와 출 바벨론의 정신, 즉 엑소더스(exodus)의 정신이기도 하다." 이종록, "너희도 전에는 게르였다—외국인 노동자 선교를 위한 구약성경적 이해", 대한예수교장로회총회전도부 외국인근로자선교회후원회 엮음, 『외국인 노동자 선교와 신학』(서울: 한들출판사, 2000), p.136.

이스라엘 민족은 시작부터 나그네의 삶으로 출발했다. '게르'는 타국에서 이주해 온 나그네로서 주로 노동을 했고 고아와 과부처럼 법의 보호를 받지 못하고 사회적 약자였다. 이처럼 이스라엘 민족도 외국인 나그네가 되어 압박과 억압의 삶을 살았고 이스라엘 공동체에도 항상 외국인 나그네가 있었다. 외국인노동자는 구약 성경 시대처럼 오늘날에도 우리 주변에 있다. 이들은 사회적 약자로서 법의 보호를 제대로 받지 못하고 억눌리는 삶을 살아왔다.

구약 율법의 정신은 가난한 사람들에게 권리를 주시고자 하시는 하나님의 긍휼과 자비가 그 핵심이고 구약의 예언자는 가난한 사람들의 대변인이라고 정의했다.[268] 그리고 오경[269]은 국가 전체가 법적, 사회적으로 불리한 처지에 있는 고아, 과부, 가난한 사람들, 노예 등의 권리를 보호해야 함을 주장하고 있다.[270] 예언자들도 하나님의 말씀을 전하는 자로서 소외된 사람들에 관심을 두었다.[271] 이와 같이 성경에서 하나님은 사회적 약자에게 우선적 관심을 가지셨다. 성경에 나타난 대표적 사회적 약자가 바로 고아와 과부와 외국인 나그네이다. 이들은 인권과 생존권이 침해당하기 쉬웠고 법적 보호를 제대로 받을 수 없는 소외되고 가난한

---

268) 서인석, 『성서의 가난한 사람들』(왜관: 분도출판사, 1991) 참조.

269) 구약성경의 맨 앞에 있는 「창세기」, 「출애굽기」, 「레위기」, 「민수기」, 「신명기」를 일컫는 말이다. 이를 '모세오서'(五書)라고도 한다. 또 유대교에서는 이를 율법·토라·펜타 튜크 등으로 부르기도 한다. 본래 모세가 쓴 것으로 여겨 왔기 때문에 '모세5경'이라고 불렀는데, 지금은 많은 자료를 바탕으로 여러 사람이 편집한 것으로 밝혀졌다. 그러나 그 주인공은 모세이며, 그 정신이 전체에 일관되어 있어 '모세 5경'이라는 호칭이 그 의미를 상실하는 것은 아니다. 거의 600년이라는 긴 역사의 흐름 속에서 단계적으로 이루어져, B.C. 400년경에야 결집이 완성된 것으로 보고 있다. 한국기독교 신학계는 이른바 보수와 근본주의 계열에서는 모세가 쓴 것으로 여기나 진보와 개혁적인 계열에서는 모세의 단독 저술이 아니라 편집된 것으로 여긴다.

270) H. 헨드릭스, 『성서와 사회 정의』, 정한교 역(왜관: 분도출판사, 1984), p.25.

271) 김덕준, 『기독교 사회복지』(서울: 미광문화사, 1985), pp.34~35 참조.

사람들이었다. 그래서 하나님은 성경 곳곳에 이들의 보호자, 아버지이심을 자청하시고, 우선적으로 사랑해야 할 대상으로 명령하셨다.

하나님은 외국인들에게도 동일하게 법을 적용할 것을 명령하셨다.

본토 사람이나 너희 가운데에 사는 이방 사람에게 똑같은 법이 적용된다.[272]

너희는 외국 사람이나 본토 사람에게나 한 가지 법을 적용해야 한다. 내가 너희 하나님 여호와기 때문이다.[273]

재판을 받을 때도 이스라엘 민족이 공정하게 판결을 받는 것처럼 외국인들도 공정한 판결을 받았고 형벌을 받는 데 있어서도 마찬가지였다.

내가 그때 너희 재판장들에게 명령해 이스라엘 백성들 사이에 있는 사건이든, 이스라엘 사람과 이방 사람 사이의 사건이든 너희 형제들 사이의 분쟁을 잘 듣고 공정하게 심판하고[274]

여호와의 이름을 모독하는 사람은 죽어야 한다. 온 회중은 그를 돌로 쳐 죽여야 할 것이다. 외국 사람이나 본토 사람이나 할 것 없이 여호와의 이름을 모독하는 사람은 죽어야 한다.[275]

하나님은 이스라엘 백성들이 한때 애굽 땅에서 나그네 생활을 했었으니 이를 기억하여 이스라엘 땅에 거주하고 있는 외국인 나그네를 압제하거나 학대하지 말고 오히려 자기 민족을 사랑하듯이 사랑하라고 명령하셨다.

---

272) 출애굽기 12장 49절.
273) 레위기 24장 22절.
274) 신명기 1장 16절.
275) 레위기 24장 16절.

이방 사람을 학대하거나 억압하지 말라. 너희도 이집트 땅에서 이방 사람이었다.276)

이방 사람을 억압하지 마라. 너희도 이집트 땅에서 이방 사람이었으니 이방 사람의 마음을 잘 알 것이다.277)

외국 사람이 너희 땅에서 살 때 너희는 그를 학대하지 말라. 너희 가운데 사는 외국 사람을 본토 사람처럼 대해야 하며 그를 네 몸처럼 사랑해야 한다. 이는 너희가 이집트에서 외국 사람으로 지냈기 때문이다. 나는 너희 하나님 여호와다.278)

하나님은 이렇게 해야 하는 이유를 하나님께서 그들을 사랑하시고, 그들의 보호자이심으로 말씀하셨다.

그분은 고아와 과부의 사정을 변호하시고 이방 사람들에게 먹을 것과 입을 것을 주시며 사랑하시는 분이다. 그러니 너희는 이방 사람들을 사랑해야 한다. 이는 너희 자신도 이집트에서 이방 사람들이었기 때문이다.279)

여호와는 나그네들을 보호하시며 고아와 과부를 붙들어 주십니다. 그러나 악인들의 길은 좌절시키십니다.280)

그러므로 내가 심판하기 위해 너희에게 가까이 나아가겠다. 마법사들, 간음하는 사람들, 거짓 증거하는 사람들, 그리고 일꾼의 품삯을 착취하고 과부와 고아를 압제하고 이방 사람의 권리를 박탈하면서도 나를 경외하지 않는 사람들에 대해 즉시 증인이 되겠다." 만군의 여호와께서 말씀하셨다.281)

---

276) 출애굽기 22장 21절.
277) 출애굽기 23장 9절.
278) 레위기 19장 33~34절.
279) 신명기 10장 18~19절.
280) 시편 146편 9절.
281) 말라기 3장 5절.

하나님은 가난하거나 도움이 필요한 이방인들에게 항상 도와주어야 함을 명령하셨다. 심지어 매 3년 끝에 그 해 소산의 10분의 1에 대한 수입 중 일부를 이들을 위해 줄 것을 명령하셨다.

3년마다 그 해에 얻은 것의 모든 십일조를 가져다가 너희 성안에 저장하라. 그리하여 너희 성에 사는 몫이나 기업이 없는 레위 사람들과 이방 사람들과 고아와 과부들이 와서 배불리 먹게 해 너희 하나님 여호와께서 너희 손으로 하는 모든 일에 복 주시도록 하라.[282]

또한 하나님은 외국인 나그네를 위해서는 추수 때도 땅에 떨어진 것은 거두지 말 것을 명령하셨다.

너희가 너희 땅에서 추수할 때 너는 네 밭의 가장자리까지 거두지 말며 추수가 끝난 후에 떨어진 네 이삭을 주우러 밭으로 돌아가지 말라. 네 포도원의 포도를 전부 따지 말며 추수하다 떨어진 포도송이를 남김없이 모으지 마라. 너희는 그것들을 가난한 사람들이나 외국 사람들을 위해 남겨 두어라. 나는 너희 하나님 여호와다.[283]

너희가 너희 땅의 수확물을 거둘 때 너희 밭의 가장자리까지 거두거나 수확한 후에 남겨진 이삭을 거두려고 밭으로 돌아가지 말라. 너희는 그것을 가난한 사람들이나 외국 사람들을 위해 남겨 두라. 나는 너희 하나님 여호와다.[284]

네가 네 밭에서 추수할 때 들에서 곡식 한 단을 잊어버렸거든 그것을 가지러 돌아가지 마라. 그것은 이방 사람이나 고아나 과부를 위한 것이 될 것이다. 그러면 네 하나님 여호와께서 네 손으로 하는 모든 일에 복 주실 것이다. 네 올리브 나무의 열매를 떤 뒤 그 가지를 살피러 다시 가지 마라. 그것은 이방 사람이나 고아나 과부를 위한 것이다. 네가 네 포도원에서 포도를 수확

---

282) 신명기 14장 28~29절.
283) 레위기 19장 9~10절.
284) 레위기 23장 22절.

할 때 다시 가서 따지 마라. 그 남은 것은 이방 사람이나 고아나 과부를 위해 남겨 두어라. 네가
이집트에서 종이었던 것을 기억하여라. 그런 까닭에 내가 이렇게 하라고 명령하는 것이다.[285]

이처럼 하나님은 당시 사회적 약자로서 가난과 억압에 노출되어 있는
외국인 나그네에 대해 깊은 관심과 사랑을 보이시면서 자신의 백성들이
이들을 보호하고 배려해야 함을 명령하셨다. 그러시면서 이들의 생존권
이 침해당하는 것을 용서하지 않으셨다.

가난하고 궁핍한 일꾼은 그가 너희의 형제든 내 성문 안 내 땅에서 사는 이방 사람이든 압제
하지 마라. 그에게 그날 해 지기 전에 일당을 주어라. 그는 가난하기 때문에 그 일당에 급급해하
는 것이다. 그렇지 않으면 그가 너에 대해 여호와께 부르짖을 것이니 네게 죄가 될 것이다.[286]

네 이웃을 속이거나 억지로 빼앗지 마라. 하루 벌어 하루를 사는 일꾼의 품삯을 다음날 아침
까지 갖고 있지 마라.[287]

그러나 이집트 사람들이 우리를 학대하고 고된 일을 시키며 우리에게 고통을 주었습니다. 그
래서 우리는 우리 조상들의 하나님 여호와께 부르짖었고 여호와께서는 우리 소리를 들으셔서
우리의 비참함과 고난과 압제당하는 것을 보셨습니다. 그리고 여호와께서는 강력한 손과 쭉 뻗
친 팔과 큰 공포와 이적과 기사로 우리를 이집트에서 이끌어 내셨습니다.[288]

이처럼 하나님은 외국인들에게 대단한 관심을 가지고 있으며 철저히
보호하셨다. 하나님은 사회적 약자들을 우선적으로 생각하시면서 그들
이 억압과 고통 받는 것을 하나님 자신의 고통으로 여기셨다. 그리고 애

---

285) 신명기 24장 19~22절.
286) 신명기 24장 14~15절.
287) 레위기 19장 13절.
288) 신명기 26장 6~8절.

굽에서 외국인 나그네로서의 곤궁한 삶을 잊어버리지 말고 나그네(떠돌이)와 고아와 과부와 같은 사회적 약자를 돌볼 것을 계속해서 명령하셨다.

이러한 이주민에 대한 보호와 사랑의 실천은 신약성경에도 잘 드러나 있다. 파로이코이(παροικοι)는 거류 외국인으로서 토착민보다는 부족하지만 일정한 법적 권리를 가진 집단을 말한다. 반면에 크세노이(ξενοι)는 아무런 법적 보호를 받지 못한 외국인을 가리킨다. 외부인으로서 크세노이는 적이면서 동시에 친구인데 이는 이 말에 내포된 모순된 이중적인 심리적 함의를 잘 표현해 준다.[289] 낯선 사람이기에 사람들은 일단 적으로 간주되기도 하지만 때로는 손님으로 접대하면서 적대관계나 긴장관계를 극복하려 한다. 신약성경은 강조하는 이웃사랑은 크세노이(ξενοι)에 대한 무조건적인 사랑을 의미한다.[290]

'착한 사마리아 사람의 비유'는 크세노이(ξενοι)인 사마리아 사람이 강도를 만나 곤경에 처한 유대인의 이웃 역할을 했다는 비유이다. 기독교 초기 교회는 이웃에 대한 접대를 형제사랑과 관련지었다.

우리가 알다시피 우리는 죽음에서 생명으로 옮겨졌습니다. 이것을 아는 것은 우리가 형제를 사랑하기 때문입니다. 사랑하지 않는 사람은 죽음에 머물러 있는 사람입니다. 누구든지 자기 형제를 미워하는 사람은 살인자입니다. 여러분이 알다시피 살인자는 누구든지 그 안에 영생을 소유하지 못한 사람입니다. 예수 그리스도께서는 우리를 위해 자기 목숨을 내놓으셨습니다. 그래서 우리가 사랑을 알게 됐습니다. 그러므로 우리도 형제들을 위해 우리 목숨을 내놓는 것이 마땅합니다. 누구든지 세상 재물을 갖고 있으면서 자기 형제나 자매의 궁핍함을 보고도 도와줄 마음이 없다면 어떻게 그 사람 안에 하나님의 사랑이 있다고 하겠습니까?[291]

---

289) 박경미, "신약성서에 나타나는 '외국인' 개념과 초대 기독교인의 자기의식의 표지로서의 '외국인'", 《신학사상》(제113호, 2001년 여름), pp.130~131 참조.

290) Ibid., p.135.

기독교 초기 교회의 나그네 상설 숙소(hospitalia)가 나중에 병원
(hospital)이 되었다.[292] 외국인과 관련해 신학적으로 가장 중요한 것은
교회가 나그네를 접대하고 사랑하고 섬기다가 자기 자신을 나그네로서
이해하게 된 점이다. 기독교인들은 "흩어진 나그네"[293]로서 "장차 올
것을 찾나니"[294]는 "흩어져 있는 열두 지파"[295]이다. 이러한 구절들은
집 없는 나그네이지만 하나님 안에서 집을 발견했다는 초대 기독교인들
의 자의식을 반영한다.[296]

6. 결혼 이주여성의 인권 실태

우리나라 국제결혼의 시초는 한국전쟁 후 미군과 우리나라 여성들의
결혼에서 찾을 수 있다. 그러다가 1990년대 급증하게 되었다. 이는 우리
사회에서 주변화된 남성들과 경제적으로 빈곤한 국가의 여성들과의 결
혼이 주를 이룬다. 결혼문제로 어려움을 겪고 있는 농촌총각과 중국의
재중동포 처녀들과의 결혼이 주를 이룬다.

재중동포의 경우 1992년 한·중 수교 이후 급증하여 1999년까지 4만

---

291) 요한 1서 3장 14~17절.

292) 박경미, Ibid., p.140.

293) 예수 그리스도의 사도 베드로는 본도와 갈라디아와 갑바도기아와 아시아와 비두니아 지역에 흩어져
　　사는 나그네(베드로전서 1장 1절).

294) 우리는 이 땅 위에 영원한 도시가 아니라 다만 장차 올 도시를 갈망하고 있기 때문입니다(히브리서
　　13장 14절).

295) 하나님과 주 예수 그리스도의 종 야고보는 흩어져 있는 열두 지파에게 안부를 전합니다(야고보서 1장
　　1절).

296) 박경미, Ibid., p.143.

명의 여성이 입국하였다. 그러나 이들 여성과의 부작용이 많아지면서 그 대안으로 1990년 말부터 동남아, 중앙아시아, 러시아 등 다른 지역여성들과의 결혼이 등장하게 된다. 이들은 우리말을 몰라 의사소통의 어려움이 있고, 외모가 다르다는 단점이 있지만 바로 이러한 이유 때문에 '도망가지 않을 것'이라는 장점이 부각되었다. 동남아 여성들 중에서도 필리핀 여성들과의 결혼이 특히 장려되었다. 그 이유는 필리핀 여성의 경우, 고등학교 졸업 이상자가 많고 영어를 사용하기에 2세 교육에 유익하다는 생각에서였다. 그러다가 필리핀 배우자에 대한 학대가 필리핀 정부에 알려지면서 자국인력 유출을 제한하게 되자, 그 대안으로 베트남으로 돌리는 양상을 보이고 있다.[297]

현재 우리나라는 23개국 이상의 나라 결혼이민자들이 우리나라에 거주하고 있다. 2007년 12말 현재 총 110,362명으로 2006년보다 17.7% 증가했다. 성별로는 여성결혼이민자가 88%인 97,000명이고, 남성결혼이민자는 12%인 13,000명이다.

1) 결혼이주여성자들의 폭력 피해 사례

(1) 처참하게 살해당한 후안마이의 경우

결혼이민자의 인권현주소를 가장 잘 드러내준 사건은 2007년 7월 4일에 천안에서 발생한 베트남 여성 '후안마이' 씨 사망 사건일 것이다. 후

---

297) 홍영숙, "다문화가정이 봉착하는 자녀교육 문제와 시사점"(광주교육대학교 교육대학원, 2007) pp.6~7 참조.

안마이 씨는 남편에게 구타당해 늑골이 18대나 부러진 채 죽었는데, 남편이 도망가서 시신이 부패한 채 발견되었다. 남편은 일정한 거주지조차 없는 사람인 것으로 밝혀졌는데, 결혼을 알선한 중개업은 이미 폐쇄된 후였다. 후안 마이를 살해한 남편에게 징역 12년을 선고하면서 판사는 "이 사건을 보면서 피해자에게 우리 사회의 야만성과 미성숙성에 대해 속죄하고 싶은 심정이다. 우리 안에 있는 야만성을 들여다보고 반성해야 한다"고 말했다.

(2) 씨받이로 이용당한 투하의 경우

투하 씨 역시 베트남 여성으로 20살에 47살 된 우리나라 남자와 결혼을 했다. 남편이 이혼한 것으로 알고 결혼했다. 결혼 초에 남편이 잘해주어 행복하게 지냈다. 21살에 첫 딸을 낳았는데, 병원에서 퇴원해 보니 아이가 안 보였다. 남편이 전 부인에게 아이를 준 것이다. 우리나라 말도 못하고 아는 사람도 없어 투하는 그냥 같이 살 수밖에 없었다. 석 달 만에 또 임신을 해서 둘째 아이가 태어났는데 남편이 이혼을 요구해 왔다. 이혼 후 남편은 20일 만에 전 처와 다시 결혼을 했고 그 후 전화번호를 바꾸고 이사를 해버렸다.

2) 이주여성의 성 상품화와 인권침해 문제

국제결혼에서 가장 큰 문제는 매매혼적 국제결혼 과정에서 파생되는 여성의 상품화다. 또한 성차별적이고 인종차별적인 국제결혼 관행은 이러한 통로로 이주해 온 여성들의 존엄성을 해침은 물론 이로 인해서 많은 인권문제를 야기한다.

(1) 성차별적 인종차별적 상품화

현재 가난한 제3세계 여성들과 우리나라 남성들과의 국제결혼은 이미 전통적 개념의 결혼이 아니라 국제적으로 상업화된 결혼시장을 통해 알선된다. 국제결혼시장을 통해 추진되고 있는 우리나라 남성과 제3세계 가난한 여성과의 결혼은 심한 경우 매매혼의 성격까지 갖고 있다.

다문화가정은 결혼 동기에서부터 경제난이 시작된다. 결혼브로커 비용과 결혼 비용과 처가의 경제를 떠안는 조건으로 결혼하게 된다. 저개발국가의 여성들은 계층 상승의 꿈을 안고 상대적으로 부유한 국가로 이동한다. 더욱이 가난하여 가족부양의 책임을 안고 이주의 수단으로 결혼을 선택하게 된다. 그런데 실제 남편들은 저학력, 부정기적인 수입으로 빈곤이 악순환되는 경우가 많다.[298]

이들 국제결혼중개업의 현수막이나 결혼 알선 사이트는 아시아 여성을 숫처녀, 때 묻지 않고 순결함, 남편에게 순종함, 모성애가 강함 등의 용어를 내걸어 가부장적 이미지로 상품화 하고 있다. 결혼은 남녀 쌍방의 의사에 따라 선택되고 결정되어야 함에도 불구하고 국제결혼의 실질적인 결정권은 남성에게만 전적으로 주어져 있다. 결혼경비가 모두 남성이 지불하는 식이 되다 보니, 그리고 국제결혼 중개업체가 내건 인신매

---

298) 최성민, "한국 다문화가정의 정착방안에 관한 연구", ≪경기교육논총≫(17, 2008, 경기대학교 교육대학원), pp.490~491 참조.

매성 현수막의 광고와 결혼중개업의 중개과정은 결혼하는 당사자의 우리나라 가족 등 우리나라 사람들 뇌리에 국제결혼 이주여성을 "돈 주고 사온 여성"이라는 이미지를 고착화시키고 있고 여성은 가정폭력과 인격모독, 유기, 경제를 위한 노동활동 강요와 임금갈취 등, 인권사각지대에 놓인 경우를 볼 수 있다.

전남 완도에서 열린 다문화 가정 세미나에서 베트남여성과 결혼한 목사의 증언에 의하면, 남편들 중 인지기능이나 정신이 정상인 사람이 드물고, 남편이 결혼하지 못한 친구들에게 자기 아내를 돈을 받고 빌려 주는 사례가 가끔 발생한다는 것이다. 나이 차와 성에 대한 부지, 그리고 아내를 돈을 주고 사왔다는 생각(소유물) 때문에 수많은 심각한 문제가 발생한다. …… 중략 …… 외국에서 위장 취업을 해오는 사람들이 우리나라에 결혼 이주한 자국의 여성들의 전화번호를 미리 입수해서는 불러내서 가출하는 경우도 많다. 특히 우리나라에서 생활 한 지 2년 경과하면 주어지는 주민등록증을 받아가는 경우가 많다. 다문화가정을 이루고 있는 우리나라 남성들은 초·중졸 이상이고, 심지어 석사학위를 가지고 있는 여성도 있다. 정신적인 문제가 있는 사람들이 결혼해서 아이들을 출산하다 보니까 그 아이들도 정신적으로 건강하지 않는 경우가 많다. 앞으로 이것이 지나치면 국가적인 재앙이 될 지도 모른다.[299]

(2) 인권침해

결혼이주여성이 직면하는 가장 큰 인권문제는 가정폭력이다. 2007년 3월 발표한 여성가족부의 조사에 의하면, 12%의 여성들이 가정폭력 경험이 있는 것으로 보고되었다. 우리 센터의 상담이나 이주여성 긴급전화 상담에 의하면 상담 내용의 35% 이상이 가정폭력에 관한 것이다. 이 가정폭력의 기저에는 남편들의 의처증이 깔려 있고 이 의처증의 중심에는

---

299) 정우검, "Good church! 완도 성광교회 정우검 목사와 인터뷰", ≪GOOD CHURCH REPORT≫ (2010년 11월호), pp.10~11 참조.

10~30살의 나이 차이와 남편들의 경제적 무능력으로 인한 자신감 상실이 있다. 2005년 보건복지부 조사에 의하면 국제결혼 이주여성의 가정 52.9%가 최저빈곤층이다.

결혼이주여성들의 삶을 더욱 어렵게 하는 것은 남편들이 아내를 버리는 경우다. 뚜렷한 이유 없이 이혼을 강요하는데, 합의이혼을 하면 이주여성은 강제출국대상이 되어버린다. 또한 성적 학대나 인격 모독, 남편의 알코올 중독이나 정신 이상 등으로 이혼할 경우, 이 범위는 가정폭력의 범주에 들어가지 않기 때문에 그 여성 역시 우리나라에 거주할 수 없다. 우리나라의 체류법은 혼인파탄의 사유가 이주여성에게 없다는 것을 증명해야 우리나라에 체류할 수 있도록 되어 있다. 문제는 귀책 사유가 남편에게 있다는 것을 증명하기가 매우 힘들다는 것이다.

3) 사회적응 문제

우리 사회는 이미 21개국 이상과 결혼 관계를 맺고 있고 앞으로 국제결혼은 더욱 증가할 것으로 예상되어 머지않아 다인종, 다문화 사회에 접어들게 될 것이다.[300] 그럼에도 우리나라 정부의 정책이나 국민인식을 보면 다양성을 수용하기보다는 우리문화로의 동화주의를 강조한다. 특히 국제결혼으로 우리나라에 들어오는 이주여성의 경우, 일부 나라를 제외하고는 구사회주의권 나라 출신으로 우리나라보다 양성평등적인 가족구조와 가족문화를 갖고 있다.[301] 이 여성들의 문화가 존중되기보다

---

300) 문화다원주의에 대한 심층적인 논의는 다음 논문을 참조바람. 박구용·정용환, "이주민과 문화다원주의", 《범한철학》(46집, 2007년 가을), pp.149~159 참조.

는 일방적으로 우리나라의 가부장적 문화 수용을 강요당하는 데서 문화적 갈등이 일어나고 이 갈등이 혼인파탄의 주요원인이 되기도 한다.

국제결혼이 증가하고 있으나 부부 사이의 이해 부족으로 이혼도 증가하고 있다. 이혼을 야기하는 이유로는 소통의 불편함과 문화적 차이에서 오는 가치관의 이질성이 지적되었다. 또한 한국인 부모나 친척들의 사라져가는 전근대적인 가부장제적 삶의 태도가 지배적이어서 가족관계의 갈등을 야기하고 있다. 또한 외국인 배우자와 혼혈아인 자녀에 대한 사회적 편견과 차별은 가족안정성을 저해하고 인권까지도 침해하고 있다.[302]

4) 국제결혼가정의 자녀들

현재 국제결혼가정의 자녀는 약 50,000명으로 추산하고 있다. 전국 초·중·고교에 다니는 국제결혼가정 자녀는 '08. 4월 18,778명으로 '0.6 4월 7,998명에 비해 2년만에 10,780명 증가했다. 이들은 혼혈인이라 하여 차별을 당하고 있으며, 대부분의 가정이 빈곤하기 때문에 성장에 필요한 지지를 충분히 받고 있지 못하다.

이러한 아이들은 학교에서 주변적 위치에 있게 된다. 철학적 개념으로 주변적 위치를 제가한 사람은 칼 야스퍼스이다. 이를 죽음의 개념으로 연계시킨 이는 하이데거이고 이를 정치철학으로 논의를 발전시킨 사람이 로버트 팍이다. 그에 의하면, 주변적 위지는 개인이 한 사회의 중

---

301) 2005년 12월 기준 여성결혼이만자의 출신국 분포는 중국(61.7%), 베트남(11.1%), 일본910.7%), 필리핀(5.7%) 등이다. 여성가족부, 『여성결혼이민자의 가족의 사회통합 지원대책』(미간행자료집, 2006), p.6.

302) 김유경, "가족원 특성에 따른 다양한 가족의 실태와 사회적 지원 방안", ≪보건복지포럼≫(103권, 2005년), pp.47~72 참조.

심에 위치해 있지 못하고 문화적으로나 신분적 그리고 때로는 경제적으로 변두리에 밀려 존재한다는 것을 의미한다. 주변성 인간은 정서적으로 불안정하고, 항상 불쾌감을 가지며, 자아의식, 즉 수줍음을 지니고 살아간다. 스톤퀴스트는 혼혈로 태어난 사람들은 인종적으로 그리고 생물학적으로 두 세계를 넘나들며 살아야 하는 그래서 영구히 변두리에 살게 됨을 지적한다. 이들은 고독과 자포자기로 소외되고, 경제적 소외와 계급적 소외는 물론 인간 실존의 상실까지 염려된다. 이들의 문제는 편견, 낙인, 주변성, 괄시(차별 대우), 선입관 등의 문제를 안고 있다.[303]

따라서 국제결혼가정의 자녀에 대한 차별인식을 불식시킬 수 있는 사회적 인식 개선 작업과 아들의 전인적 성장을 지원할 수 있는 제도 마련이 필요하다. 이들의 학교실태 분석으로 준비물 챙기기와 숙제하기 능력 저하, 학습의욕 저하, 불안한 교우관계가 문제로 제기된다.[304]

현재 학교나 또래 집단 사이에서 배척당하고 있는 다문화 가정 자녀들을 방치하면 결국은 한국 사회의 큰 불안 요소가 될 것이다. 다문화 가정 자녀들이 가슴에 타오르는 분노의 불덩어리를 어디에 던지겠는가? 바로 우리 사회에 던진다. 이 문제를 해결하지 않으면 유럽에서 일어난 이민자 폭동이 우리나라에서도 일어날 것이다. 독일에 터키 이주민이 많은데, 이주민 자녀 대부분이 사회에 적응하지 못하고 거리에서 뛰놀고 있다. 학교의 깡패 조직은 이주민 가정 출신 아이들이 다 점령했다. 이주민 가정 자녀 범죄율이 일반 가정 자녀보다 3배나 높다. 이 문제는 독

---

303) 김영일, 『그리스도교 윤리』(서울: 대한기독교서회, 1998), pp.146~147 참조.
304) 조혜영 외, "다문화가족자녀의 학교생활시태와 교사, 학생의 수용성 연구"(한국여성정책연구원, 2007), p.203 참조.

일만의 문제가 아니다. 다문화 가정 자녀 문제를 이대로 방치하면 프랑스와 미국 LA 등지에서 일어난 이민자 폭동 사태가 우리나라에도 재연되지 않으리란 보장이 없다. 2005년 프랑스 파리 외곽 지역에서 아프리카 이민자 2세 소년이 경찰의 검문을 피하려다 감전사한 것을 계기로, 프랑스 전역에서 이민자 자녀들의 집단 소요 사태가 벌어졌다. 소외됐던 이민자 자녀들이 그동안 쌓였던 증오와 불만을 표출한 사건이었다.

우리 사회에서 국제결혼 자녀들이 겪는 따돌림도 심각하다. 매년 2만 5,000명씩 늘어나는데, 학교와 사회부터 편견과 따돌림이 심각하다.

어머니가 필리핀 출신인 서울 구로구의 한 초등학교 5학년 김 모(12)군은 3학년 때까지 반에서 1등을 할 정도로 공부를 잘했다. 3학년 때 담임교사는 김 군에게 "어머니, 학교에 면담 오시라고 해라"고 했다. 며칠째 김 군 어머니가 학교에 오지 않자 교사가 직접 어머니에게 전화해 학교 방문을 요청했다. 그러나 아들은 어머니에게 "엄마를 정말 사랑하지만 제발 학교에는 오지 말아 달라"고 애원했다. 피부색이 검은 엄마가 학교에 오면 아이들이 놀릴 것이 두려웠던 것이다. 그러나 어머니는 학교에 갔고 그날부터 김 군의 학교생활은 180도 달라졌다. 엄마를 본 학생들이 김 군을 "깜둥이 자식"이라며 놀리기 시작했다. 김 군은 엄마와 한 달간 말도 하지 않았다. 성적은 바닥으로 떨어졌고 활달하던 성격도 내성적으로 바뀌었다. 작년 국가인권위원회가 다문화 가정 자녀 186명을 대상으로 설문조사한 결과, 학교에서 집단 따돌림을 당한 학생이 37%에 달했다. 발음이 이상하다는 이유로 놀림을 당하거나(41.9%) "너희 나라로 돌아가라"는 말을 듣는(21%) 등 단지 외국인 부모를 뒀다는 이유만으로 다문화 가정 자녀들이 배척 대상이 되고 만 것이다. 어머니가 베트남 출신인 초등학생 김 모(13)군은 초등학교에 들어가기 전부터 집단 괴롭힘에 시달렸다. 생김새가 다르고 한글을 늦게 배워 말을 잘 못한다는 이유에서였다. 초등학교에 들어가서는 고학년 학생들이 김 군의 가방과 책을 쓰레기통에 버리기도 했다. 점심시간 에는 "베트남에서는 손으로 음식을 먹지 않느냐"며 수저를 빼앗기도 했고, 신발까지 빼앗아 양말만 신고 집에 돌아올 때도 있었다. 다문화 가정 자녀들은 또래 집단뿐 아니라 교사들로부터 차별을 당하기도 한다. 어머니가 몽골 출신인 초등학교 5학년 A군은 작년 교사의 말을 듣고 펑펑 울었다. 교사는 수업 시간에 "한국 사람은 양보를 잘하는데 몽골 사람은 싸움을 잘한다"는 차별적인 발언을 아무렇지도 않게 했다. 교실에서 도난 사고가 발생하자 A군을 비롯한 몽골 출신 아버지나 어머니를 둔 아이들을 먼저 의심하기도 했다. 교육과학기술부 정책연구보고서에 따르면, 한 교사가 부모 중 한 명이 일본인인 다문화 가정 자녀에게 "일본에서도 다 그렇게 (급식비 등) 공짜로 해주니? 그러면 일본으로 가지 여기에 왜 왔어?"라고 말하는 일도 있었다.[305]

국제 결혼가정의 자녀들은 우리말이 서툰 데다 상당수는 가정 형편이 어려운 다문화 가정 자녀들은 학교 공부를 따라가지 못하고 친구들 사이에서 집단 따돌림까지 당하자 공부에 흥미를 아예 잃거나 학교를 중도 탈락하는 경우도 많다. 또한 다문화 가정 자녀임을 드러내고 싶지 않아서 장학금 대상으로 추천해도 거부하는 일도 있다. 이들에게 특별한 지원과 혜택을 주려고 하지 말고, 우리와 똑같은 이웃이라는 인식 전환이 이뤄질 수 있도록 해야 한다. 교사들은 다문화 가정 자녀들이 친구들에게 배척당하는 것을 별일이 아니라고 치부하거나, 오히려 교사 자신이 인종차별에 대한 개념이 없어 아이들에게 상처를 주기도 한다. 교사 양성 과정에서부터 다문화 가정 자녀들을 배려하는 실제적인 방법을 가르쳐야 한다.

이런 문제를 예방하기 위해선 다문화 가정 자녀들이 어려서부터 자긍심을 갖고 살 수 있도록 하기 위해 다양한 방법을 만들어 내야 한다. 이를 위해 대학생 학업도우미 봉사활동, 퇴직교사들의 멘토링과 같은 실제적인 방안을 모색해 볼 수 있다. 학업 이외에도 음악과 미술과 스포츠 등 다양한 취미 활동 등을 통해 자존감과 자신감을 갖도록 해야 한다. 다문화 가정 자녀들을 우리 사회에 필요한 인적 자본으로 키워야 하는 의식이 필요하다. 예컨대 기업이 해외 지사 근무 인력을 뽑을 때 현지

---

305) "다문화 가정 자녀 37%가 왕따… '엄마, 학교엔 제발 오지마'"〈조선일보〉(2012년 1월 10일).

언어에 유리한 다문화 가정 자녀를 우선 채용하거나 어려서부터 '미래 사원'에게 장학금을 지원하도록 하는 방안 등을 검토할 수 있다.

이주민의 인권을 증진하는 것이 곧 이주민의 안보증진과 밀접한 관계가 있다. 따라서 이주민의 생존, 일상생활, 그리고 인간의 존엄성을 억압하는 모든 종류의 위험을 포괄적으로 제거하고 이 위험에 맞서는 노력을 함으로써 이주민의 안보를 강화해야 한다. 특히 결혼이주에 있어 젠더화된 조건에 대한 이해가 선행되어야 한다. 결혼이주는 여성을 소외시키는데, 많은 경우 사회적·물리적으로 이동하지 못하고 고립되며, 결혼이주자는 종종 무보수 가사 노동자가 되어 일하면서 남편, 가족, 그리고 사회에 의해 이동이 제한당한다. 결혼이주자의 경우, 인간안보와 이주의 담론에서 이야기하는 이동하는 사람들과 여러 면에서 다름을 인지해야 한다.

7. 이주여성 인권과 안보를 위한 이주여성단체의 활동

1) 현재 이주여성단체가 대응하고 있는 캠페인

(1) 성·인종차별적 국제결혼 홍보 반대 캠페인

국제결혼중개업이 내걸고 있는 현수막과 사이트가 이주여성을 성 상품화하고 인종차별을 조장함으로 이에 반대하는 캠페인을 이주단체와 여성단체가 연합으로 전개하였다. 이 인신매매 성 국제결혼을 조장하는 광고를 국가인권위원회에 제소하였고 미 국무성의 인신매매 보고서에서 도 고발되어 정부가 이를 시정하도록 지시하였다.

(2) 지방자치 단체의 농어촌 총각 장가보내기 반대 캠페인

우리나라에는 농어촌과 관련하여 246개의 시군단위 지자체가 있다. 이 기초단체의 4분의 1인 60개 이상이 단체들에서 농촌을 활성화시키고, 장가 못 가는 우리나라 남성을 구제한다는 명목으로 농어촌 총각의 국제 결혼비용을 지원해주는 '농어촌총각 장가 보내기' 프로젝트를 실시하고 있다. 지자체가 이 프로젝트를 시행하면서 국제결혼중개업과 결탁하는 문제와 이 과정에서 이주여성의 인종차별적 성차별적 상품화가 촉진되 고 있어 여성단체들이 반대 캠페인을 벌이고 있다. 일부 지자체에서 이 프로젝트를 중단하였다.

2) 국제결혼중개업 관리법안 개정 캠페인의 결과

지난 2011년 10월 21일, 정옥임 의원 등 10명이 "결혼중개업의 관리 에 관한 법률 일부개정법률안"을 발의하였다. 발의한 내용을 요약하면 다음과 같다.

최근 증가하고 있는 국제결혼의 상당수가 국제결혼중개업체를 통하여 이루어지고 있으나, 국 제결혼중개업자가 이윤추구 등을 위하여 결혼당사자에게 정확하지 않은 상대방의 신상정보를 제공하는 경우가 있음. 특히 결혼생활에 있어서 상대방의 건강상태는 매우 중요한 신상정보임에도 불구하고 건강검진병원의 기준이 모호하여 부실한 건강진단서가 제공되고 있는 실정이다. 이에 국제결혼중개업자가 결혼당사자에게 제공하는 건강상태에 관한 진단서를 법에서 지정한 검진기관에서 발행하는 건강진단서로 한정함으로써 결혼당사자 간에 제공되는 신상정보에 관한 신뢰를 높이고, 건전한 결혼문화에 이바자하려는 것임(안 제10조의2제2항 신설).

만 18세 미만자에 대한 국제결혼 중개행위 등을 금지하는『결혼중개업의 관리에 관한 법률』일부개정법률안이 지난 12월 30일 국회 본회의를 통과하였다. 이번 개정안은 금년 하반기에 실시될 예정으로, 그 동안 인권침해성 논란의 소지가 지속적으로 제기되었던 국제결혼의 문제점들이 대폭 개선된 것이 특징이다. 주요 개정사항으로는, 인권침해적인 국제결혼의 문제를 해소하기 위해 만 18세 미만의 자 소개 금지 외에, 단체 맞선 및 맞선을 위한 집단기숙을 금지하였으며 또한, 맞선 전 신상정보 제공의 실효성을 높이기 위하여 결혼관련 서류의 보존을 의무화 하여 혼인의 진정성을 담보할 수 있는 토대를 마련하는 한편 국제결혼중개업체의 책임성을 강화하기 위해 국제결혼중개업 등록 시 자본금 1억 원을 보유토록 하고, 국제결혼중개업체 현황을 시·군·구 홈페이지에 게시토록 하여 국제결혼이용자의 피해를 사전에 방지할 수 있도록 하였다. 그 외 영업정지 이상의 불법을 행한 결혼중개업체의 자진폐업을 제한토록 하고, 결혼중개업자 외에는 국제결혼 표시·광고를 제한하는 등 불법 국제결혼중개업체에 대한 제재규정을 강화하였다.

이제라도 불건전한 국제결혼 관행으로 위장결혼, 인권침해 사례가 지속적으로 사회 문제화 되고 있는 시점에서, 이번 개정안은 우리나라의 인권침해적인 국제결혼에 대한 국·내외적 우려를 상당부분 불식시켜 줄 것으로 기대해 본다.

3) 이주여성 인권지향적인 정책을 실시토록 하는 캠페인 전개

결혼이주여성들을 위한 정부 정책 다시 보기, 토론회를 통해 정주가 추진하고 있는 여성결혼이민자 사회통합정책을 통합보다 이주여성 존엄성 존중, 인권지향 정책을 추진하도록 요구하고 있다. 최근에는 법무부의 이주여성 사회통합 이수제 프로그램 반대캠페인을 실시하고 있다. 법무부는 2003년부터 중지했던 귀화 시에 결혼이민자에 대한 한국어 시험을 사회통합 강화라는 이름으로 부활하는 한편 사회통합 이수제라는 프로그램을 만들어 이 프로그램을 이수하는 이에 한해서 국적을 부여하도록 하는 안을 추진하였다. 이에 대하여 이 제도가 오히려 이주여성의 인권을 침해하는 도구가 됨을 주장, 반대 캠페인을 실시하여 현재 법무부에서 재고 중이다.

4) 이주여성을 지원 대상에서 시민으로 자리매김하는 캠페인

현재 우리 정부와 국민들의 인식은 여성결혼이민자들은 우리 사회에 통합해야 할 지원 대상으로 보고 정책을 세우고 있다. 이에 대해, 시민단체들은 여성결혼이민자를 단순한 적대상이 아니라 우리 사회의 시민으로서 자리매김하고 민주시민으로서의 역량을 강화하는 정책을 세울 것을 요구하고 있다.

8. 결혼 이주민 여성의 종교문제[306]

유엔인권선원 제2조를 기반으로 "다문화사회란 다문화의 담지자들이 모든 생활영역에서 인종적·민족적·성적·문화적 차별을 당하지 않을 권리를 보장하는 사회"라고 정의한다. 따라서 다문화시대 기독교의 과제를 말할 때는 "다문화의 담지자인 이주민이 삶의 전 영역에서 사람답게 살 권리를 보호하는 것"이어야 하며, 이 권리에는 문화에 가장 강력한 영향을 미치는 종교적 영역도 고려의 대상에 넣어야 한다. 현재 우리나라에는 불교, 힌두교, 천주교, 이슬람 등 참으로 다양한 종교를 가진 이주민들이 거주하고 있다.

전남 지역 국제결혼 이주여성의 종교를 보면, 세계평화통일가정연합(통일교)이 34.2%, 가톨릭 16.3%, 불교가 9.3%, 개신교가 7.4%이다. 출신 국가별로는 일본인 배우자가 통일교가 90.4%, 필리핀의 경우 가톨릭 40.0%, 통일교가 30.9%, 태국인 불교가 43.1%, 통일교가 30.8%, 베트남의 경우는 불교가 38.1%, 중국인의 경우는 무종교가 65.5%로 많았다.[307] 그런데 우리 사회는 다문화사회로의 진입을 이야기하면서도 이주민의 문화와 종교의 다양성에 대한 심도 있는 이해가 부족하다. 특히 기독교는 경제적 문화적 우월주의 타종교에 대한 편견과 공격적 선교 방식으로 '다문화 사회'라는 시대적 변화에 민감하게 대처하지 못하고 있다.

일반적으로 기독교는 이주민들의 인권이나 다른 문화와 종교를 존중

---

306) 한국염, "하나님의 형상인 이주여성과 함께하기", ≪교회와 세계≫(238호, 2008년 여름호, 한국기독교교회협의회), pp.26~34 참조함.

307) 한영현, "전남지역 국제결혼 이주여성의 생활실태 및 문제점", ≪전남 지역 국제결혼 이주여성 복지 실태조사 보고회 자료집≫(경남: 신창문화사, 2006), p.13.

하기보다는 선교적 관점에서 이주민을 개종시키는 문제나 그 방법론에 더 관심이 많다. 일반적으로 인권지수를 살필 때, 취약한 계층의 인권을 중심으로 살피는 바 여성이주민이 남성이주민에 비해 인권이 더 열악하기 때문에 여성이주민의 인권상황을 중점적으로 살펴보려고 한다.

1) 가부장성과 선교우선이 갖는 종교의 역기능 문제

다문화시대를 말할 때 종교를 빼놓을 수 없다. 왜냐하면 문화와 종교는 떼려야 뗄 수 없는 관계에 있기 때문이다. 이런 원론적인 중요성 말고도 사실상 우리 사회가 다문화사회로 진입하는 데는 결혼이주여성의 증가가 큰 요인으로 작용하고 있는데 이 결혼이 중요성의 증가와 돌봄에는 종교가 큰 역할을 하고 있다. 통일교의 경우 국제결혼을 통해 세계평화를 위한 여성과 남성의 합동결혼이 오늘날 우리나라 남성과 아시아 여성간의 국제결혼 효시가 되었다. 1990년에 국제결혼의 통계를 690명으로 잡고 있는데, 그것이 통일교를 통해 온 일본 여성의 국제결혼이다. 그 후 통일교를 통한 국제결혼은 필리핀, 태국으로 이어졌고 지금은 몽골까지 그 영역을 넓혀 통일교를 통한 국제결혼 이주가 전체 결혼이주의 15~20% 정도 되고 있다.308) 통일교를 통한 국제결혼에서는 한국 남성들이 결혼하고자 할 때 드는 비용이 적고 또 결혼해서 들어오면 일단 교육을 하기 때문에, 남편이나 시댁에 돈을 결부시켜 여성의 인격을 무시하는 경우를 중개업체를 통한 결혼에 비해 상대적으로 적다. 그러나 가

---

308) 여기서 통일교를 거론하는 것은 이단논쟁이나 통일교를 통한 이주자 증가에 경계심을 갖자는 등의 논쟁을 벌이자는 것이 아니라 통일교를 사례로 종교가 이주민의 인권에 갖는 역기능과 순기능을 살펴보고자 함이다.

부장적 의식만은 쉽게 고쳐지지 않아 문제가 생기기도 하는데, 여기서 종교의 역기능이 작용한다.

전라남도에서 실시한 도내 실태조사에 의하면, 종교 알선을 통해 들어온 결혼이주여성들의 결혼 만족도가 낮고 인권문제도 심각한 편으로 조사되었다. 통일교는 그 자체가 가정평화를 통한 세계평화이기 때문에 여성이 가정폭력이나 인권문제로 이혼을 하려고 할 경우 그것이 종교이념이나 이미지 배치되기 때문에 참고 견딤을 강요함으로 결과적으로 여성은 질곡에서 벗어나기가 힘들어진다. 이런 경우는 통일교의 문제만이 아니다. 간혹 해외 선교사를 통해 간간히 남성과 아시아 여성과의 결혼이 이루어지고 있는데, 잘 사는 사람도 있지만 문제가 발생할 경우 여성들이 목회자나 이웃 기독교인들에게 의논하면 "시련을 참고 견디면 나장에 복이 온다." 등으로 상담을 해서 여성들의 고통을 연장시키는 데 일조를 하는 경우가 많다. 종교의 가부장성이 갖는 한계로 인해 이주여성들의 고통이 가중되고 있는 현실을 감안한다면, 기독교의 성차별적 신학과 신앙, 가부장적 교회 관행들을 성평등적으로 전환하는 것의 중요성을 인식하게 될 것이다. "다름을 존중하고 차이를 차별하지 않도록" 일깨우고 신앙화하도록 교육하는 것이 열린 문화사회를 향한 기독교의 과제라고 본다.

2) 교육대상

다문화 사회의 윤리의 대상은 결혼이주민이 아니라 우리나라 기독교인들이다. 우리 사회가 다문화사회에 접어들면서 다문화 교육이 교육의 키워드가 되었다. 여기서 다문화교육이란 주로 이주민과 그 자녀들을 대상으로 하는 교육을 지칭하는 것으로 사용되고 있다.

현재 우리나라에서 추진되고 있는 이주민을 위한 다문화교육의 중요 내용은 우리말과 우리문화 이해를 중심한 우리 사회 적응교육, 이주민 자녀를 대상으로 하는 정체성교육, 공동체 육성지원 이주민 특히 다문화 가족에 대한 편견을 없애기 위한 인식개선 교육으로 크게 나눌 수 있다. 그러나 열린 다문화사회를 향한 다문화교육은 다문화 담지자인 이주민이 아니라 이들과 더불어 사는 우리나라 사람이 대상이 되어야 한다. 한 사회를 변화시키고자 할 때는 소수자가 아니라 그 사회 구성원의 다수가 바뀌어야 변화가 가능해진다.

바람직한 다문화 사회를 위한 교육도 마찬가지다. 이민자를 교인으로 만들어 구원 받게 하는 교육이기에 앞서 오히려 교인들이 이주민의 이웃이 됨으로, 이주민을 섬김으로 구원에 이르는 그런 교육이 되어야 한다. 한 사회를 변화시키고자 할 때는 소수자가 아니라 그 사회 구성원의 다수가 바뀌어야 변화가 가능해지기 때문이다.

3) 교육의 비전

다문화의 윤리교육적 비전은 한국인과 이주민의 경계가 없어지는 것이다. 소외된 자로서 주변부에 머물러 있던 이주민이 중심부에 서서 우리와 같은 이 땅의 주인으로 자리잡는 것이다. 원주민과 이주민이 파트너십을 갖고 서로가 서로에게 동반자가 되게 하는 것이 우리의 비전이다. 약자에게 용기를 내도록 붙잡아 주고 사회적 약자가 자기 권리를 찾아 평등한 관계를 이룰 수 있도록 함께 길을 찾아 주며, 그로 인해서 새 역사를 이루도록 연대를 하는 것이다.

9. 인간 안보를 향한 우리의 다짐

이주민의 인권, 즉 개인안보를 증진하는 것은 단순히 이주민의 개인 안보적 측면으로 끝나는 것이 아니다. 예를 들어 베트남 여성결혼이민자들의 인권침해는 곧 베트남 정부와 우리 정부 사이에 갈등을 야기한 사례가 있다. 2년 전 우리 언론에서 국제결혼하는 베트남 여성에 대한 성차별적이고 인종차별적인 기사가 문제가 되어 우리나라에 유학 중인 베트남 학생들이 분개했고, 이 사실을 안 베트남 정부에서 우리 정부에 사과를 요구한 일이 있었다. 또 베트남 여성 후안마이가 살해되었을 때는 두 나라의 관계가 긴장관계에 들어선 일이 있다.

여수외국인보호소 화재 사건에서는 중국이주노동자들이 많이 죽거나 다쳤기 때문에 중국과 우리 정부 간의 긴장관계가 형성되기도 했다. 또한 불법체류자가 많다는 이유로 방글라데시나 파키스탄과의 비자면제협정을 중지하면서 두 나라와 긴장관계가 형성되기도 한다. 결국 이주민 한 개인의 생존권을 보호하고 생활의 불편을 덜어 주고 존엄하게 대하는 것은 이주민을 보낸 나라와의 우호관계도 증진시킨다. 뒤집어 말하면 자국 국가안보차원에서만 이주민 정책을 시행하면 이주민을 보내는 국가와의 긴장관계를 야기함으로 두 나라 사이에 평화를 해치는 데까지 이어질 수 있게 된다. 따라서 이주민의 생존권, 상활안정, 존엄성을 살리는 일, 즉 이주민의 안보를 위한 실천은 국가 간의 안보와 평화를 구축하는 데 기여하는 것이기도 하다.

그런데 사실상 이주민의 인권문제가 이주민 송출국과 유입국 양국의 기본적인 관계를 파괴하는 일을 결코 일어나지 않는다. 왜냐하면 양국은 이주민의 인권보다 경제논리가 우선하기 때문이다. 송출국에서는 자국 이주민의 인권은 어떻게 되는지 상관없이 한 명이라도 더 보내 외화를 벌어들이려고 하는 입장이고, 유입국에서는 송출국의 이 입장을 잘 알기 때문에 이주민의 인권은 유보되기 마련이다. 따라서 이주민의 인권과 안보를 위해서는 이주민의 인권과 안보에 뜻을 같이 하는 시민단체나 연구자들이 자국의 정부에 압력을 가해서 이주민의 인권을 증진하도록 노력해야 한다. 이 노력으로 이주민들이 생존권을 확보하고 생활상의 불편이 없어지고 존엄성이 회복되어 안보가 이루어진다면 세계 평화에도 기여하리라고 본다. 인간안보는 인간의 평화를 해칠 수 있는 모든 요소를 안보위협으로 보고 있기 때문에 평화 증진과도 밀접한 관계가 있다.

오늘날 뜻있는 사람들이 지구화 시대에 지구시민을 말하고 있다. 이 시점에서 경계를 넘는 이주민들의 안전보장을 진지하게 생각하는 패러다임이 필요하다. 2008년 8월 8일부터 우리나라에서 열리고 있는 제3회 이주노동자 영화제(The 3rd Migrant Workers Film Festival)는 이주노동자가 인간답게 사는 세상을 꿈꾸면서 이렇게 제작이유를 밝히고 있다. "낯선 얼굴, 독특한 억양을 가진 사람들을 만나면 묻게 되는 '어느 나라에서 오셨어요?' 하는 질문이 불필요한 세상을 꿈꿉니다. 이주노동자, 이주민, 원주민(Native Korean) 모두는 같은 별, 같은 시대에 살고 있는 동시대인이다.”

오늘날 우리 사회에 화두가 된 “다민족, 다인종, 다민족 공생사회”라는 말은 구호로 끝날 성질의 것이 아니다. 진정한 다문화 사회를 이루기 위해서는 무엇보다 다문화의 담지자인 이주민들에 대한 존중과 존엄성 회복이 우선되어야 한다. 다문화사회로 이행하는 우리 사회의 현실을 면밀히 검토하고, 중장기적인 비전과 방향성을 갖추어 다문화적 교육과정을 개발하여 교육한다면 우리의 다문화사회는 은총의 다문화사회가 될 가능성이 있다.

우리 사회는 이처럼 이주민과 더불어 산 경험이 짧고 이주민의 인권을 존중하고 그것을 제도화할 뿐 아니라 의식이 전환으로 이어져야 하는데 ‘다문화사회’ 담론으로 인해 질적으로 전혀 새로운 도전에 직면해 있다. 대체로 이주노동자는 귀환을 전제하는 데 반해, 결혼이주여성은 정주를 지향한다고 할 수 있다. 시간이 지나면서 이주노동자의 일부는 정주를 지향하고 있다. 정주를 지향하는 이주노동자들 사이에 또는 이주노동자와 한국인 사이에 결혼 사실혼이 이뤄지고 자녀를 낳기 시작했다. 다문화가족의 관점에서 볼 때, 우리나라 여성과 외국인 이주노동자 남성으로 이뤄진 다문화가족 역시 인권의 차원에서 보호받을 권리가 있다. 이러한 부부 사이에 태어나는 다문화 가족 자녀는 결혼이주여성이 낳은 자녀와 큰 차이 없이 사회에서 학교에서 차별을 받을 수 있다. 결혼이주여성이 증가하면서 다문화가족 자녀들이 급증하고 있다.

정부는 저출산·고령화 대책으로 다문화가족을 보고 있다. 그래서 ‘관주도형 다문화주의’라는 비판을 받고 있다. 이주민에게 가하는 차별은 곧 이주민에게 가하는 폭력이라는 인식의 전환이 요청된다. 마찬가지로 이주민의 문화적 권리를 무시하는 것 역시 폭력이다. 소수집단의 문화적 권리를 인정해야 하는가? 인정한다면 문화적 다수자와 평등하게 그 권리를 보장해야 하는가? 차이의 존중이 관용이나 사적문제가 아니라 문화와 정치의 영역에서 해야 하기 때문에 이 담론은 이주민의 인권의 핵심적 문제를 다루고 있다고 보아야 한다.

이주민은 '문화적 다리'로서의 위치에 있는 것은 사실이지만 이주민과 한국인 모두가 다문화사회로의 진입과정에서 상호 배움과 상호 섬김의 과정에서 상호 변화가 요청된다. 이주민들은 자신의 '비참과 고난'을 통해 자신의 '역사의 기억과 문화'를 함께 우리 사회에 가져옴으로써 문화적 '다양성의 씨앗'이 한국사회에 뿌려짐을 인식해야 한다. 즉, "그들은 고국에서는 잊힌 존재이고, 새로 정착한 우리 사회에서는 차별과 억압을 받기도 하지만, 이 두 사회의 문화 사이에 다리를 만들고, 두 민족과 두 문화 사이에 만남의 장소를 만드는 역할을 할 수 있다.

트로퍼에 의하면, 다문화주의는 다원화된 인구학적 현상, 사회문화적 다양성을 긍정적으로 인식하고 가치 있게 여기고 존중하려는 사회적 이념, 사회문화적 다양성을 보호하고 인종, 민족, 국적에 따른 차별과 배제 없이 모든 개인이 대등한 기회에 접할 수 있도록 보장하는 정부의 정책과 프로그램이다.[309]

---

309) 윤인진, "외국인 115만 시대, 다문화 사회의 도전과 통합·발전의 길", ≪자유공론≫(2009년 5월) 참조.

10. 한국 교회의 이주민 선교

현재 우리나라에는 140여만 명의 이주민들이 살고 있다. 이주민선교 사역을 하는 단체와 교회가 500여 개로, 각 100명씩을 맡는다고 하면 겨우 5만 명 정도를 감당하는 셈이다. 한국 교회는 언제까지 나머지 135만 명을 그냥 보고만 있을 것인가? 이주민선교 사역자들의 한숨이 깊다. 교단마다 이주민선교가 중요하다고 말들은 하는데, 정작 눈에 보이는 관심이나 지원, 시스템이 과거와 별반 다르지 않기 때문이다. 한국 사회가 다문화사회의 초입에 들어섰다는 진단이 나오는 상황에서, 이주민선교는 한국 교회의 피할 수 없는 필수과제다.

당장 140여만 명에 대한 부담도 크지만, 더 큰 고민은 갈수록 이주민은 늘어날 것이라는 점이다. 2010년 12월말 126만 명이었던 이주민들이 2011년 6월에는 140만 명으로 늘었다. 6개월만에 13만 명이 증가한 것이다. 이 추세대로라면 2025년에는 400~500만 정도에 이를 것이라는 게 전문가들의 예상이다. 탈북민도 1만 명이 넘어서면서부터 사회적으로 감당이 어려워졌다. 한국 교회가 이제라도 이주민선교의 중요성을 제대로 깨닫지 못하면 500만 명 시대에는 손 쓸 여지가 없다. 지금까지 이주민들은 블루컬러 노동자가 많은 부분을 차지했지만, 앞으로는 화이트컬러가 늘고, 수도권 집중현상이 가중될 것이다. 또한 글로벌시대를 맞아 유학생과 고급인력의 이주가 증가할 것이다.

1990년 서울 경동교회에서 이주민노동자들을 대상으로 의료클리닉을 연 것을 시작으로 이주민 대상 선교단체와 교회는 꾸준히 늘었다. 현재 국내 이주민을 대상으로 선교활동을 벌이는 단체와 교회는 약 500여 개. 단체의 경우 인권상담·의료지원·한글교육·쉼터·문화행사·언어권별 예배 등이 진행되고, 지역교회의 경우 언어권별 예배가 주 사역으로 진행된다. 이외 지역별로 유학생 성경공부와 예배 등도 진행되고 있다. 사역 대상으로는 이주민노동자가 약 80%, 유학생과 결혼이민자가 각 10%씩을 차지하는 것으로 알려졌다.310)

이주민 섬김은 효율성 면에서 성과가 탁월한 편이다. 공산권이나 이슬람 국가 출신에게도 아무 제제 없이 기독교를 전할 수 있는 것은 물론이고, 각 단체와 교회에서 교육 받은 이주민이 본국으로 역파송돼 선교활동을 하는 사례도 더 이상 낯설지 않다. 특히 한국 사회에 적응을 하고, 도움을 받기 위해서도 교회를 찾는 경우가 많다. 유학생들의 경우, 엘리트 그룹으로 파급효과가 크다. 그러나 문제는 이주민 섬김과 선교가 '세계선교의 축소판'이라고 불리고 있음에도 한국 교회의 관심과 지원은 상대적으로 제자리걸음 수준이라는 점이다. 이 같은 열악한 상황을 개선하기 위해서는 인식 개선이 시급하다. 국내 이주민선교는 현지 외국선교의 대체제가 아니며, 더 이상 이주민선교를 교회의 특별활동으로 취급해서는 안 된다. 싫든 좋든 사회가 다문화시대로 급격히 변화하는 상황에서 교회가 현재의 이주민선교에 더 힘쓸 뿐만 아니라, 향후 보편적인 다문화선교로 교회의 인식틀 자체를 바꿔야 한다.

인식의 한계는 당장 이주민선교를 감당하고 있는 이주민선교사들에게 고스란히 영향을 미치고 있다. 효율적으로 선교를 감당하고 있음에도 단지 국내에 거주한다는 것 때문에 선교후원은 물론 선교사라는 인식을 제

---

310) "연속기획/ '이주민 선교', 선택에서 필수과제로(1)", 〈기독신문〉(2011년 10월 17일).

대로 받지 못하는 형편이다. 인식 개선과 함께 향후 교단 차원의 총체적인 변화도 과제로 떠오르고 있다. 이주민들로만 구성된 외국인교회가 증가하는 상황에서 당장은 어렵지만 외국인교회들을 교단 안으로 끌어들여야 한다. 현재 외국인교회가 100교회 정도 되는데, 앞으로 1,000명 이상을 수용하는 외국인교회도 등장할 것이다. 이에 따라 각 교단들이 선견적으로 이 부분을 고심하고 교단 안으로 품을 수 있어야 하고, 이에 발맞추는 교단이 부흥할 것이다.

이에 따라 결혼 이주여성에 대한 기독교교육적 노력이 요구된다. 이들을 위한 교육은 현재 인종, 문화, 언어, 사회계층, 젠더 및 장애를 포함하는 광의의 개념으로 정의되고 있다. 비록 많은 교육자들이 여전히 다문화교육의 범위를 인종으로 제한하기도 하지만 여러 차원의 다양성을 포괄하기 위해 가장 빈번하게 확장되는 용어가 바로 다문화교육이다. 이런 의미에서 결혼이주여성은 인종, 문화, 언어, 사회계층, 젠더라는 다문화교육의 복합적인 억압의 차원을 안고 있는 가장 중요한 다문화교육의 학습자라고 할 수 있다. 결혼이주여성에 대한 동화주의 입장 때문에 우리는 결혼이주여성들에게 김치를 먹이려고 했고, 가부장 사회에서 요구하는 한국여성의 삶을 강요해 왔다. 복지차원에서의 돌봄만이 그들을 한국 사회에 동화시키는 유일한 길이라고 생각했다. 결과적으로 주류문화 입장에서는 역차별이라는 우려를 낳게 했고, 다양성과 통일성의 조화를 이루기보다는 분열을 초래하고 있다고 할 수 있다.

결혼이주여성들에 대한 돌봄은 다문화교육을 동반하는 것이어야 하며, 교육의 방향은 동화주의 관점에서가 아니라 주체적이고 독립적인 한국여성으로 자리매김할 수 있도록 정보 리터러시(정보 해독력) 교육으로 구체화되어야 한다. 정보사회에서 결혼이주여성은 정보와 미디어의 소외가 아니라 주체자가 되어야 한다. 결혼이주여성들만의 네트워크가 아니라 한국 여성의 한 사람으로써 인적, 물적 네트워크의 구성원이 되어야 하며, 문화공유를 넘어서 지식을 창출하는 정보의 주체가 되어야 한다.

성경에 나오는 이방여성들은 모두 사회적 약자였고, 그들 또한 하나님의 사랑과 관심의 대상이었고, 하나님은 이스라엘 민족에게 약자에 대한 돌봄을 상기시키셨다. 특히 구약성경에서 룻의 이야기는 하나님의 은총이 민족이나 국적보다는 신앙의 선택에 더 크게 좌우된다는 점을 교훈하고 있다. 하나님의 구원이 유대인의 범위를 넘어 전 인류를 상대로 이루어지는 것을 보여 주고 있는데, 그에 대한 증거로 보아스와 결혼하게 된 모압 출신의 결혼이주여성 룻은 다윗의 증조할머니가 됐다. 예수 그리스도의 사역 또한 다문화적 상황이었다. 그는 여자들이나 아이들, 죄인들 그리고 이방인들 같은 사람들에게 하나님이 주시는 새 생명의 경험을 가로막고 있는 삶의 경계를 파괴하셨다.

다문화적인 교육은 하나님의 전체 백성을 교육하는 데 헌신된 기독교인들 가운데 있는 필요의 영역이라고 할 수 있다. 그리고 모든 문화적인 그룹들이 참여하는 교육적 평등을 경험하는 교육적 환경을 창조하는 데 관심을 가져야 한다.

결혼이주여성에 대한 기독교교육적 노력이나 관심은 신앙공동체 주변에 존재하는 수많은 룻들을 소외의 주체를 넘어서서 교육적 주체로서 재발견해야 한다. 먼저는 결혼이주여성에 대한 다문화적인 소양과 전문성을 갖춘 교육전문가를 통한 교육이 이루어져야 한다. 둘째, 결혼이주여성과 한국 사회의 가교역할을 하는 게이트키퍼(gatekeeper)311)를 적극

발굴하고 활용해야 한다. 셋째, 다문화주의로의 인식의 전환이 이루어져야 한다. 다문화교육의 주체는 결혼이주여성들만의 소유물이 아니다. 결혼이주여성들에게는 올바른 한국문화의 전달이 요구되고, 신앙공동체를 위해서는 차이에 대한 존중과 가치관을 심어 주는 교육이 우선돼야 할 것이다. 넷째, 결혼이주여성에 대한 미디어 리터러시 교육의 필요성을 인식해야 한다. 정보사회에서 미디어는 더 이상 전달매체의 기능을 넘어서서 메시지를 지니고 있다. 미디어 자체에 대한 기술적인 활용능력을 높여서 다양한 방법으로 정보를 얻을 수 있도록 해야 한다.

11. 나오는 말

오늘날 우리사회와 기독교는 다문화사회의 현실과 상황을 깊이 있게 인식해야 하는 시점에 이르렀다. 차이가 차별의 근거였던 시대는 지나갔다. 이제는 타자성이 정체성을 위협하는 것이 아니라 오히려 정체성 발견의 근거이고, 정체성을 더욱 풍요롭게 한다. 우리사회도 다문화 사회에 진입하였다. 혈통과 언어의 동질성에 근거해 단일민족, 백의(白衣)민족이라는 민족의식을 강조하는 시대는 지났다. 세계화, 세계적인 이주화, 노동력의 자유로운 이동, 여행의 자유화 등이 문화적 다원성과 다양성을 촉진하고 있다. 그런데 문제는 이런 문화적 다원성과 다양성이라는

---

311) 게이트키퍼(gatekeeper)라는 말은 미국의 사회심리학 또는 사회학에서 유래한 것으로, 사회학자인 레빈(Lewin)이 처음으로 사용한 용어이다. 일반적인 게이트키퍼는 언론 조직에서 일반 수용자에게 전달할 뉴스를 통제하는 사람으로, 편집자, 보도국장 등이 이에 속한다.

것이 실제로는 허상에 불과할 뿐, 그 밑바닥에는 획일주의, 곧 신자유주의적 시장경제체제가 만들어내는 '유니컬처'(Uniculture)가 자리 잡고 있다는 것이다. 그러므로 우리사회와 기독교는 다문화에 의해 도전받는 것이 아니라 신자유주의적 시장경제체제의 획일적 문화와 대결해야 할 과제에 직면해 있음을 분명히 알아야 한다.[312]

정보사회와 다문화사회는 분리시킬 수 없는 연결고리를 갖고 있다. 세계화가 다문화사회를 낳게 했다면, 정보사회는 세계화를 더욱 가속화시켰다고 할 수 있다. 정보사회와 다문화사회를 살아가는 우리는 새로운 인식의 전환을 받아들이지 않을 수 없게 되었는데 그것이 바로 '다문화주의'다. 지배문화 입장에서 이민자를 적응시키려는 입장을 '동화주의'라고 한다면 다문화주의는 주류사회의 무조건적인 적용이 아니라 공존을 의미한다. 그리고 자신의 문화가 절대적이라는 민족주의에 대해서는 다른 문화 차이와 다양성을 인정하는 것을 의미한다. 결국 다문화주의는 다른 문화에 대한 이해와 다양성과 차이를 존중하는 가치관을 뜻한다. 바람직한 다문화사회를 위한 윤리적 자세는 인권적 측면에서 논의되어야 한다.

앞에서 살펴본 것처럼 오늘 우리나라가 직면한 다문화는 단순한 문제가 아니다. 세계사적 흐름과 우리나라의 저출산, 고령화에 따른 노동력 필요와 농산어촌의 결혼문제를 해결하기 위해서는 저개발국가로부터 이주민의 유입은 계속될 것이고 더욱 증가할 것이다. 문제는 이것이 국익과 우리나라 국민우선권에 대한 입장과 이주민 인권의 충돌이 불가피하다는 점이다. 만약 외국인 노동자들과 결혼이주민 등에게 인도적 차원에

---

312) 채수일, "권두언: 다문화의 그리스도교 신앙", ≪기독교사상≫(제606호, 2009), p.20.

서 무한정 온정을 베푸는 것도 쉽지 않은 문제이다. 이는 미국과 호주, 캐나다, 일본 등과 같은 선진국이 저개발 국가들의 이민을 허용하다가도 불허하거나 조건을 까다롭게 하는 것과 같이 국민의 이익과 상충될 우려도 있다. 우리나라의 경우, 법무부는 국익 우선에 따른 엄격한 법규정과 적용으로 이주민을 관리해 나간다. 그에 따라 재한외국인의 범주에 속하지 않는 이주민의 경우는 인권유린에 따른 비인간적 대우나 생존권의 위협에 놓여 있다.

이에 반해 교육과학기술부는 국제 아동 규약에 따라 불법체류자라고 해도 그 자녀에게는 정당한 교육을 받을 권리를 보장하고[313] 보건복지부와 여성가족부는 불법체류자라고 해도 온정주의를 통한 지원을 해 나간다. 그렇다고 이들 부처가 적극적으로 인도적 차원의 온정을 베풀 수는 없다. 이는 국가 스스로가 법을 위반하는 것이 되기 때문이다.

오늘 우리의 현실은 국가가 아닌 종교기관들과 시민사회단체들이 이들에 대한 지원을 펼쳐나가고 있고, 여기엔 국가도 불법체류자에 대해 묵인하면서 종교기관이나 사회단체를 통해 간접적인 지원도 하고 있다. 이렇듯 다문화사회의 현실에서 인권의 사각지대에 있는 이주민에 대한 문제는 단순명료하지 않다.

이러한 현실에서 기독교는 국익과 인권의 경계선에서 모호한 이주민 문제에 봉착한 우리 사회에서 이에 따른 긴장을 완화시키고 세계시민의

---

313) 우리나라는 UN아동권리협약을 1991년 비준하고 발효하였다. 이에 따라 미등록 외국인 아동 등의 국내학교 입학 또는 전학을 보다 쉽게 하기 위해 '초·중등교육법 시행령' 제19조 제1항을 개정 ('08.2.22)하였다. 이를 통해 미등록 외국인 아동의 경우, 임대차계약서, 거주사실에 대한 인우보증서 등 거주사실을 확인할 수 있는 서류를 제출함으로써 입학 및 전학 절차가 간소화되었다. UN아동권리협약과 '초·중등교육법 시행령' 제19조 제1항을 개정('08.2.22)에 대해서는 이혜진, "다문화가정 학생 교육 지원 정책", 서울대학교 중앙다문화교육센터 편, 『2010년 초·중등교사 다문화교육 직무 연수자료집』(서울: 서울대학교 중앙다문화교육센터, 2010), p.36 참조.

식에 따른 바람직한 국가관을 확립해 나가도록 독려할 책임과 사명을 감당해 나가야 한다. 우리가 믿고 따르는 하나님은 구약성경에서 본 것처럼 이주민의 아픔을 감싸 안으시고 보호해야 하는 책임을 명령하신다. 국내 외국인노동자들은 합법이든 불법이든 분명한 우리의 이웃이다. 그러나 이들은 우리의 이웃으로 대접받기는커녕 비인간적인 대우나 생존권의 위협에 직면해 있다.

우리나라는 1902년 5월 9일 인천을 떠나 121명이 하와이로 첫 해외취업을 나간 뒤로 수많은 사람들이 해외로 나가 돈을 벌어 국내 경제에 이바지하였다. 1970~1980년대 경제개발시대에 많은 사람이 뜨거운 사막의 노동자로, 독일의 광산노동자와 간호사 등으로 외국에 나갔다. 그때 우리 동포들이 심각한 인권유린을 당할 때 독일 등 외국교회에 보호해 줄 것을 호소하기도 했다. 이제 우리 한국 교회는 우리의 이웃인 외국인노동자와 결혼이주민을 우리 민족의 경험을 바탕으로 그들의 아픔을 이해해야 한다. 지금까지 한국 교회는 선교에 많은 관심을 기울였고, 해외에 많은 선교사를 파송하여 복음을 전하고 있다. 이제 우리의 선교는 해외로 나가는 것만이 아닌 국내에 들어온 이주민들을 위한 섬김의 선교로도 이어져야 한다.

정보사회와 다문화사회는 분리시킬 수 없는 연결고리를 갖고 있다. 세계화가 다문화사회를 낳게 했다면, 정보사회는 세계화를 더욱 가속화시켰다고 할 수 있다. 정보사회와 다문화사회를 살아가는 우리는 새로운 인식의 전환을 받아들이지 않을 수 없게 되었는데 그것이 바로 '다문화주의'다. 지배문화 입장에서 이민자를 적용시키려는 입장을 '동화주의'라고 한다면 다문화주의는 주류사회의 무조건적인 적응이 아니라 공존을 의미한다. 그리고 자신의 문화가 절대적이라는 민족주의에 대해서는 다른 문화의 차이와 다양성을 인정하는 것을 의미한다. 결국 다문화주의는 다른 문화에 대한 이해와 다양성과 차이를 존중하는 가치관을 뜻한다.

구약성경을 보면, 다문화를 이해하는 중요한 인물이 나온다. 그는 바로 믿음의 조상인 아브람(아브라함)이다. 하나님은 아브람을 한번도 떠나 본 적이 없는 고향 하란 즉 본토 친척 아비 집을 떠나 지시할 땅으로 가라 하셨다. 지시할 땅으로 가면 내가 너로 큰 민족을 이루고 네게 복을 주어 네 이름을 창대케 하리니 너는 복의근원이 될지니라 하셨다.(창세기 12장 참조) 아브람은 하나님 말씀에 의지하여 한번도 나가 본 적이 없는 하란을 떠나보니 세상은 너무나 넓고 다양하다. 이제 아브람에게 생존 방법은 처음으로 만나는 다양한 사람들과 그들의 문화를 이해하는 것 밖에 없었다. 아브람은 만나는 모든 부족과 사람들로부터 환영을 받아야만 했다. 사람들로부터 환영을 받으며 살아가려면 사람들로부터 호감을 얻어야만 했다. 아브람은 다(多)문화를 이해하였기에 다양한 문화를 가진 다른 부족들로부터 공격받지 않았을 뿐만 아니라 때로는 보호를 받기도 했다. 서로 상부상조하며 소통한 것이다. 하나님은 다양성 속에 다양한 복들을 준다. 그러므로 우리는 하나님의 다양한 복들을 우리의 우물 안 방식으로 제한해서는 안 된다.

오늘 우리가 살아가는 시대는 다문화 다축복의 지구촌의 이주가 자유로운 새로운 시대이다. 우리가 새로운 시대를 잘 살아가려면 그에 걸 맞는 새로운 의식에 따른 새로운 다짐이 필요하다. 우물 안에는 많은 개구리들이 살고 있었다. 우물 안 개구리라고 모두가 다 같은 개구리는 아니다. 그들은 우물 밖 세상에 전혀 관심이 없는 개구리들, 언제나 우물 밖 세상을 동경하면서 사는 개구리들, 적은 수지만 우물 밖으로 나가 바깥 세상에서 살기 시작한 개구리들이 있었다. 그런데 놀랍게도 우물 밖 세상을 두루 돌아보고 깨달음을 가진 몇 개구리는 스스로 사명감을 가지고 다시 우물 속으로 되돌아 왔다. 깨달음 가진 개구리는 우물 안의 많은 개구리들에게 세상에는 몇 가지 색깔만 있는 것이 아니고 수 없이 많은 색깔이 있는 것을 알게 하여 주었다. 세상에는 하나의 생각만이 있는 것이 아니라 수없이 많은 생각이 있다. 우리가 사는 세상은 그야말로 다양한 문화가 있다. 하나님은 다양한 문화를 수용하고 재창조하며, 누리는 삶의 태도를 갖는 복을 주었다. 다(多)문화가 바로 하나님이 우리에게 주시는 다(多)축복의 통로이다.

제8장

자연에 대한 인간의
책임윤리적 의미

1. 들어가는 말

오늘 우리는 급속한 과학기술의 발전에 따라 그 어떤 시대보다도 풍요를 만끽하는 삶이 가능해졌다. 그에 따라 평균 수명도 연장되어 건강 100세를 말하는 시대가 되었다. 그러나 이러한 긍정적인 우리 삶의 조건이 좋아짐에 따라 그에 따른 부작용과 책임도 함께 가져다 주었다. 이러한 문제 중의 하나가 바로 심각한 환경 파괴의 문제이다. 과학기술이 발전하면 할수록 환경 파괴는 그 심각성을 더해만 가고 있다. 이러한 환경 파괴 문제가 심각한 이유는 이것이 한 개인이나 국가적 차원에서 논의되거나 해결책을 모색해야 할 것이 아니라 지구 전체의 문제라는 것이고, 시급한 과제로서 우리에게 직면해 있다는 점이다.

어떤 이들은 급속하게 발전하는 과학의 힘이면 해결 가능하다고 보기도 하지만 이러한 자세는 환경 파괴의 주범이라고 할 수 있는 과학기술에 대해 반성적 자세를 면제시킬 뿐만 아니라 자칫 과학만능주의를 가져올 우려를 낳게 할 뿐이다. 환경 위기와 극복에 대해 논의는 보다 깊은 시각에서 다양하게 논의가 전개되어야 할 문제이다. 이러한 환경 파괴를

막고 위기를 극복하기 위한 논의에서 우리 기독교는 어떠한 의미를 제공할 수 있을까?

이 글은 이러한 문제의식에서 출발하고자 한다. 우리 기독교가 바라보는 환경에 대한 의미를 성경을 통해 살펴보고 이를 통해 하나님의 뜻을 이루기 위한 우리의 과제를 되새겨 보려고 한다.

2. 성경적 자연관

성경 첫 구절을 보면, 하나님이 '하늘과 땅'을 창조하는 이야기가 나온다.[314] 여기서 하나님이 하늘과 땅을 창조했다는 것은 어떤 마력을 지닌 존재로 여겨졌던 자연이 창조에 의해 혼돈에서 질서로 이행된 것을 말하는 것이다.[315] 이는 자연과학 발전을 위한 절대적인 전제조건이 된다. 즉, 그것은 그때까지 만물에는 영이 깃들어 있다고 생각하여 숭배하였던 원시종교에서 자연 혹은 이 세계가 하나님에 의해 창조되었다고 선언한 것이다. 이로써 인간은 세계와 자연을 신비로운 존재로 숭배하던 존재에서 탐구하고 조작할 수 있는 대상으로 대치하게 되었다.[316] 그러

---

314) 태초에 하나님이 천지를 창조하셨다(창세기 1장 1절).

315) '자연'이나 '환경'은 비슷한 개념이다. 그러나 고대 히브리어에는 '자연'이라는 개념이 없다. '자연'에 해당하는 말은 '피조물'이다. 이 글에서 '자연'이라는 말은 '피조물'이라는 개념을 고대 그리스어에서 쓴 '자연($\phi\upsilon\sigma\iota\varsigma$)'이라는 일반적인 의미로 쓸 것이고, '피조물'이라는 말은 '하나님의 창조와 관련'을 뜻할 때에 한해서 쓸 것이다. 통합윤리학회 편, 『21세기의 도전과 기독교문화』(서울: 예영커뮤니케이션, 1998), pp.57~58 참조; 이와 관련한 문시영의 견해이다. "성경은 자연(自然)이라는 말보다는 피조물이라는 단어를 선호한다. 자연이란 '스스로 그러한 것'이라는 의미에서 일종의 도교적 관념 혹은 범신론적 입장을 다소간 반영하는 것처럼 들린다. 성경은 오히려 생태계를 피조물로 인식하도록 함으로써 인간과 생태계가 경쟁 혹은 뒤엉키는 관계에서 더불어 사는 파트너십의 관계로 재인식되기를 의도한다. 혹은 보다 정확히 말해 정원 관리사로서 인간의 역할을 강조한다." 문시영, 『기독교윤리 이야기』(서울: 한들출판사, 1996), p.107.

므로 기독교는 자연을 신성시하거나 숭배의 대상으로 인식하지 않는다. 즉, 기독교 창조질서의 개념은 자연을 비신성화함으로써 오히려 자연에 대한 올바른 안목을 길러 주는 의미가 있다. 이에 대해 문시영은 기독교가 자연에 대한 맹목적이고 일방적인 숭배나 범신론에 기울지 않으며, 자연의 인격성을 주장하기보다는 자연의 의의를 창조의 질서와 연관지어 해석함으로써 자연의 자리매김을 시도하는 것으로 보았다.[317]

몰트만은 하나님이 자신을 드러내는 표현방법으로 세계를 만들었다고 말한다. 그러므로 모든 피조물은 하나님의 창조 결과이다. 모든 피조물은 하나님이 기뻐하는 노동의 결과로, 그 이상도 그 이하도 아니다. 피조물은 창조자를 통하여 긍정됨으로써 그들의 현실적 존재가치를 갖는다.[318]

이와 같이 창세기 1장에 나오는 창조이야기는 혼돈(Chaos)으로부터 질서(Cosmos)를 부여하는 행위로 창조를 말하고 있다. 그러나 이러한 성경의 창조이야기가 고대 바빌론의 창조이야기와 비슷하고, 그 영향 하에서 형성되었다고 주장하는 견해가 있다. 그러나 성경의 창조이야기가 고대 바빌론의 창조이야기와 다른 점은 하나님의 주권과 초월성, 그리고 인간의 존엄성에 대해 명확히 한다는 점이다. 고대 바빌론의 창조이야기에서 인간은 신의 노예로 창조되었으나, 창세기의 인간은 하나님의 계획 안에서 특별한 지위가 주어졌으며, 다른 창조물보다 우월한 존재였다. 또한 창조된 세계는 아름답고, 조화롭게 그려진다. 이 세상에 대해 하나님은 "보시니 참 좋았다"고 말씀한다.[319] 하나님이 창조를 끝냈을 때, 이

---

316) Ian G. Barbour, *Religion in an Age of Science* (San Francisco: Harper, 1990), p.128.
317) 문시영, op. cit., p.107.
318) 위르겐 몰트만, 『창조 안에 계신 하나님』, 김균진 역(천안: 한국신학연구소, 1996), p.96.
319) Ian G. Barbour, op. cit., pp.129~131 참조.

세계는 하나님의 마음에 드는 그야말로 아름답고 조화로운 세계였다.[320]

성경은 여러 곳에서 인간의 타락으로 인한 하나님과 인간의 관계 단절이 인간과 피조물의 분리를 가져왔으며, 인간과 자연 사이의 평화를 파괴했다고 증언한다.

내가 너와 여자 사이에, 네 자손과 여자의 자손 사이에 증오심을 두리니 여자의 자손이 네 머리를 상하게 하고 너는 그의 발뒤꿈치를 상하게 할 것이다.[321]

아담에게 하나님께서 말씀하셨습니다. "네가 네 아내의 말을 듣고 내가 네게 명령해 '먹지 마라'고 말한 나무의 열매를 먹었으니 너 때문에 땅이 저주를 받을 것이다. 네가 일평생 수고해야 땅에서 나는 것을 먹을 것이다. 땅은 네게 가시덤불과 엉겅퀴를 내고 너는 밭의 식물을 먹을 것이다. 네가 흙에서 취해졌으니 흙으로 돌아갈 때까지 네 얼굴에 땀이 흘러야 네가 음식을 먹을 것이다. 너는 흙이니 흙으로 돌아갈 것이다."[322]

땅의 모든 짐승들과 공중의 모든 새들과 땅에 기는 모든 것들과 바다의 모든 물고기들이 너희를 두려워하고 무서워할 것이다. 이것들을 너희 손에 준다. 살아 있어 움직이는 모든 것들이 너희의 양식이 될 것이다. 푸른 채소와 같이 이 모든 것을 너희에게 주었다.[323]

네가 밭에 씨를 많이 심어도 추수하는 것은 적으리니 이는 메뚜기 떼가 다 갉아먹을 것이기 때문이다. 네가 포도나무를 심고 갈더라도 너는 포도주를 마시거나 포도를 수확할 일이 없을 것이다. 벌레들이 다 먹을 것이기 때문이다. 네가 네 땅 전역에 올리브 나무를 심겠으나 너는 그 기름을 쓸 수 없을 것이니 이는 그 올리브 나무에서 열매들이 다 떨어져 버릴 것이기 때문이다.[324]

내가 하늘을 닫아 비가 오지 않거나 메뚜기 떼에 명령해 이 땅의 생산물을 갉아먹게 하거나

---

320) 하나님께서 자신이 만드신 모든 것을 보시니 참 좋았습니다. 저녁이 되고 아침이 되니 여섯째 날이었습니다(창세기 1장 31절).

321) 창세기 3장 15절.

322) 창세기 3장 17~19절.

323) 창세기 9장 2~3절.

324) 신명기 28장 38~40절.

내 백성들 가운데 전염병을 보낼 때 내 이름으로 불리는 내 백성들이 악한 길에서 돌이켜 스스로 낮아져 기도하고 내 얼굴을 구하면 내가 하늘에서 듣고 그들의 죄를 용서하며 그 땅을 고칠 것이다.325)

땅은 마르고 시들어 간다. 세상은 쇠약해지고 시들어 간다. 이 땅에서 지위가 높은 사람들도 쇠약해져 간다. 땅은 사람들이 살면서 더럽혀졌다. 거기에서 사는 사람들이 율법을 지키지 않고 규례를 어겨서 영원한 언약을 깨뜨렸기 때문이다. 그러므로 저주가 땅을 삼켰고 거기에서 사는 사람들이 형벌을 받아야 한다. 그러므로 거기에서 사는 사람들이 불에 타서 살아남은 사람들이 조금밖에 없다.326)

"또 내가 추수하기 석 달 전에 너희에게 비를 내리지 않았다. 어떤 성읍에는 비를 내리고 어떤 다른 성읍에는 비를 내리지 않았다. 한쪽 땅은 비가 내렸지만 한쪽 땅은 비가 내리지 않아 말라 버렸다. 두세 성읍 사람이 이 성읍, 저 성읍으로 비틀거리며 물을 찾아다녀도 물을 실컷 마시지 못했다. 그런데도 너희는 내게 돌아오지 않았다." 여호와께서 하신 말씀이다. "내가 밀에 잎마름병과 깜부기병이 크게 들게 해 너희를 쳤으며 병충해로 과수원과 포도원을 망치고 메뚜기로 무화과나무와 올리브 나무를 다 먹게 했다. 그런데도 너희는 내게 돌아오지 않았다." 여호와께서 하신 말씀이다.327)

"내 백성은 어리석어 나를 알지 못한다. 그들은 어리석은 아이들이어서 분별력을 갖고 있지 않다. 그들은 악을 행하는 데는 능숙하지만 선을 행할 줄 모른다." 내가 땅을 보니 형태가 없고 비어 있었다. 하늘을 보니 그곳에 빛이 없었다. 내가 산들을 보니 산들이 진동하고 모든 언덕들이 흔들리고 있었다. 내가 보니 사람이 하나도 없었고 공중의 새도 모두 날아가 버렸다. 내가 보니 좋은 땅이 광야가 됐고 여호와 앞에서, 여호와의 맹렬한 진노 앞에서 여호와의 모든 성읍들이 붕괴됐다. 그러므로 여호와께서 이렇게 말씀하셨다. 온 땅이 폐허가 될 것이나 내가 완전히 파멸시키지는 않을 것이다.328)

---

325) 역대하 7장 13~14절.
326) 이사야 24장 4~6절.
327) 아모스 4장 7~9절.
328) 예레미야 4장 22~27절.

들판이 황무지가 되고 땅은 신음한다. 곡식을 완전히 망쳤고 새 포도주도 말라 버렸으며 기름 생산이 멈춰 버렸으니 말이다. 농부들아, 밀과 보리에 대해서 부끄러워하라. 포도원을 경작하는 사람들아, 울부짖으라. 들판에 추수할 것이 사라졌다.[329]

저주와 거짓과 살인과 도둑질과 간음만 있을 뿐이다. 그들이 폭력을 사용해 피가 피를 부르게 한다. 그러므로 이 땅이 애통하고 있으며 그 안에 사는 모든 사람들이 쇠약해지고 있다. 들판의 짐승들과 하늘의 새들과 바다의 물고기들도 사라져 가고 있다.[330]

인간이 하나님의 계명을 어겼을 때, 하나님은 인간에 대해서만이 아니라 자연에 대해서도 저주의 심판을 내렸다.

아담에게 하나님께서 말씀하셨습니다. "네가 네 아내의 말을 듣고 내가 네게 명령해 '먹지 마라'고 말한 나무의 열매를 먹었으니 너 때문에 땅이 저주를 받을 것이다. 네가 일평생 수고해야 땅에서 나는 것을 먹을 것이다. 땅은 네게 가시덤불과 엉겅퀴를 내고 너는 밭의 식물을 먹을 것이다. 네가 흙에서 취해졌으니 흙으로 돌아갈 때까지 내 얼굴에 땀이 흘러야 네가 음식을 먹을 것이다. 너는 흙이니 흙으로 돌아갈 것이다."[331]

가인은 그의 동생 아벨을 살해함으로써 하나님의 아름답고 조화로운 창조세계를 파괴했다. 하나님은 아름답고 조화로운 관계를 폭력으로 깨버린 가인에게 벌을 내리셨다.

네가 땅을 일궈도 다시는 땅이 네게 그 결실을 내주지 않을 것이며 너는 땅으로부터 도망해 떠도는 사람이 될 것이다.[332]

---

329) 요엘 1장 10~12절.
330) 호세아 4장 2~3절.
331) 창세기 3장 17~19절.
332) 창세기 4장 12절.

노아홍수이야기는 하나님에 대한 인간의 교만과 반역이 자연에 대하여 어떤 결과를 초래하는가를 분명히 보여주고 있다.

여호와께서 사람의 악이 세상에 가득한 것과 그 마음에 품는 생각이 항상 악하기만 한 것을 보셨습니다. 여호와께서 땅에 사람을 만든 것을 후회하시며 마음으로 아파하셨습니다. 여호와께서 말씀하셨습니다. 내가 창조한 사람을 땅 위에서 쓸어버릴 것이다. 사람으로부터 짐승과 기는 것들과 공중의 새들까지 다 그렇게 하겠다. 이는 내가 그들을 만든 것을 후회하기 때문이다."[333]

이러한 구절을 통해 죄는 인간이 짓지만 죄의 결과, 곧 하나님의 심판은 인간은 물론 자연에까지 이른다는 것을 알 수 있다. 그야말로 인간의 죄로 인하여 모든 자연 만물이 고난을 당해야만 하였다. 하나님은 인간의 타락 이후, 땅을 내려다보고 세상이 극도로 속속들이 썩고, 인간의 행위가 악하여 땅에서 이들을 다 쓸어버리기로 하였다.

세상은 하나님께서 보시기에 타락했고 폭력이 난무했습니다. 하나님께서 보시니 세상이 타락했는데, 이는 세상의 모든 육체가 스스로 자기 행위를 타락시켰기 때문이었습니다. 하나님께서 노아에게 말씀하셨습니다. "모든 육체의 끝이 이르렀다. 그들로 인해 땅이 폭력으로 가득 찼기 때문이다. 내가 곧 그들을 세상과 함께 멸절하겠다."[334]

자연이 죄로 타락한 것이 아니라 인간이 죄로 타락한 것이다. 그러나 죄에 대한 심판은 자연에까지 이른다는 사실이 분명하게 제시된다.

네가 밭에 씨를 많이 심어도 추수하는 것은 적으리니 이는 메뚜기 떼가 다 갉아먹을 것이기

---

333) 창세기 6장 5~7절.
334) 창세기 6장 11~13절.

때문이다. 네가 포도나무를 심고 갈더라도 너는 포도주를 마시거나 포도를 수확할 일이 없을 것이다. 벌레들이 다 먹을 것이기 때문이다. 내가 네 땅 전역에 올리브 나무를 심겠으나 너는 그 기름을 쓸 수 없을 것이니 이는 그 올리브 나무에서 열매들이 다 떨어져 버릴 것이기 때문이다. 네게 아들딸들이 있겠지만 네가 그들을 지키지 못할 것이다. 이는 그들이 포로로 끌려갈 것이기 때문이다. 메뚜기 떼가 네 모든 나무들과 네 땅의 수확물들을 빼앗아갈 것이다.[335]

죄에 대한 심판은 인간뿐만 아니라 땅과 그 위에 있는 모든 것에 주어졌다.

민족들아, 가까이 와서 들으라. 민족들아, 주목하라! 땅과 거기 가득한 모든 것들아, 들으라! 세상과 거기에서 태어나는 모든 것들아, 들으라! 여호와께서 모든 민족들에게 분노하시고 모든 군대에 노여워하셔서 그들을 완전히 멸망시키려고 하신다. 그들이 학살을 당하도록 넘겨 주실 것이다.[336]

자연의 세계가 황폐하게 된 이유는 인간의 죄에 있다.

내가 땅을 보니 형태가 없고 비어 있었다. 하늘을 보니 그곳에 빛이 없었다. 내가 산들을 보니 산들이 진동하고 모든 언덕들이 흔들리고 있었다. 내가 보니 사람이 하나도 없었고 공중의 새도 모두 날아가 버렸다. 내가 보니 좋은 땅이 광야가 됐고 여호와 앞에서, 여호와의 맹렬한 진노 앞에서 여호와의 모든 성읍들이 붕괴됐다. 그러므로 여호와께서 이렇게 말씀하셨다. "온 땅이 폐허가 될 것이나 내가 완전히 파멸시키지는 않을 것이다."[337]

인간의 죄로 인해 신음하게 된 모든 피조물은 하나님의 구원을 간절히 기다리게 되었다. 그러므로 인간에게는 타락한 죄로 인해 파괴된 하

---

335) 신명기 28장 38~42절.
336) 이사야 34장 1~2절.
337) 예레미야 4장 23~27절.

나님의 창조세계를 회복해야 할 일차적인 책임이 있다.

3. 자연에 대한 윤리적 의미

요나스(Hans Jonas)가 주장하는 '책임성의 원칙'은 주목을 끈다. 그의 책임윤리는 현재의 행위에 대해 관심을 집중하는 전통윤리와는 달리 그 시야와 지평을 미래로 확장시켰다. 즉, 미래를 예측하는 책임윤리로서 사적인 행위에 대한 관심을 넘어 장차 이 환경에서 성장해 나갈 아기들, 즉 후세에 대한 배려와 미래에 대한 희망의 관점에서 책임의 의의를 강조한다.[338]

김명용은 인간의 소유욕과 정복욕에서 기인된 창조세계의 황폐라는 상황 앞에서 우선 원상부터 회복해야 하는 절실한 과제를 갖고 있음을 지적했다. 그는 하나님의 계속적 창조행위에 상응하는 인간의 창조행위는 역사책임적이고 미래책임적인 창조행위여야 함을 강조했다.[339] 이렇듯 인간의 타락으로 인해 신음하고 있는 자연을 회복시킬 책임은 전적으로 인간에게 있다. 기독교는 무엇보다도 종말과 미래를 염두에 둔 책임적 관점에서 환경문제를 다룬다. 환경을 보호하는 것이 단지 인간이라는 종(種)의 보존을 위한 관심에서가 아니라 하나님의 뜻이라는 보다 초월적인 관심을 표명한다.[340]

---

338) 문시영, op. cit., p.111.
339) 김명용, 『현대의 도전과 오늘의 조직신학』, p.209.
340) 문시영, op. cit., p.110.

자연은 하나님의 아름다운 창작품으로 하나님이 사랑하는 대상으로 인식해야 한다. 박재순은 모든 만물은 존중하고, 긍정해야 함을 말한다. "하나님이 천지를 지었고 보기에 좋았다고 한 것처럼 우리는 천지 만물에 대한 깊은 애정을 가져야 하고 물질세계를 긍정해야 한다. 물질세계를 천시하거나 악한 것으로 보는 것은 창조 신앙과는 거리가 멀다."[341]

요한복음 3장 16절에 의하면, 하나님은 이 세상을 극진히 사랑하여 그의 외아들을 보내셨다.[342] 이렇듯 우리는 피조물의 신음을 들어야 함을 요구하고 있다. 대부분의 기독교 신학은 신음하고 있는 인간의 구원에만 관심을 갖고, 신음하는 피조물에 대한 관심이 없었다. 그러나 로마서 8장 19~23절은 허무 속에 굴복된 상태로 썩어짐의 종노릇하는 피조물의 신음을 언급하면서 자연과 인간이 함께 해방되어야 함을 말한다.

> 피조물은 하나님의 아들들이 나타나기를 고대하고 있습니다. 피조물이 허무한 데 굴복하게 된 것은 자신의 뜻이 아니라 오직 굴복하게 하시는 분으로 인한 것입니다. 그러나 피조물도 소망 가운데 있으니 이는 피조물 자신도 썩어짐의 종노릇하는 데서 벗어나 하나님의 자녀가 누릴 영광의 자유에 이를 것이기 때문입니다. 우리는 모든 피조물이 지금까지 함께 탄식하며 함께 해산의 고통을 겪고 있다는 것을 알고 있습니다. 그뿐 아니라 또한 성령의 첫 열매를 가진 우리조차도 속으로 탄식하며 양자 됨, 곧 우리 몸의 구속을 기다리고 있습니다.[343]

하나님은 그가 만든 자연을 포기하지 않는다. 하나님의 구원은 모든 자연의 새로운 창조를 말한다. 그러므로 창조질서를 파괴하는 폭력은 하

---

341) 박재순, 『예수운동과 밥상공동체』(서울: 천지, 1988), p.163.

342) 하나님께서 세상을 이처럼 사랑하셔서 외아들을 주셨으니 이는 그를 믿는 사람마다 멸망하지 않고 영생을 얻게 하려는 것이다.

343) 로마서 8장 19~23절.

나님의 사랑과 구원의 뜻과 하나님의 노동을 거역하는 것이며, 반역행위
라고 말할 수 있다.

4. 화해를 통한 하나님의 나라

이러한 하나님이 행하는 구원은 인간에게만 국한되지 않는다. 하나님
은 인간과 더불어 모든 자연 만물을 구원해서 새로운 하늘과 새로운 땅
을 만들기를 원한다. 이는 본질적으로 그리스도를 통한 우주적 화해를
전제한다.

그 아들의 십자가의 피로 평화를 이뤄 만물, 곧 땅에 있는 것이든 하늘에 있는 것이든 모든
것이 아들로 인해 자기와 화목하게 되기를 기뻐하셨기 때문입니다.[344]

그리스도의 화해는 우주적 차원을 갖고 있다. 그리스도를 통해 하늘
과 땅에 있는 모든 것이 하나님과 화해된다. 성경은 또한 그리스도를 통
한 우주적인 구원의 경륜이 나타났음을 언명하고 있다.

그리스도 예수 안에서 미리 세우신 하나님이 기뻐하시는 뜻을 따라 하나님의 뜻의 비밀을
우리에게 알리셨습니다. 이는 때가 차면 그리스도 안에서 하늘에 있는 것들과 땅에 있는 것들을
모두 통일시키고자 하는 것입니다.[345]

---

344) 골로새서 1장 20절.
345) 에베소서 1장 9~10절.

하나님은 자연 만물을 그리스도를 통해 통일하려 한다. 하나님의 구원 완성인 새로운 하늘과 새로운 땅은 인간의 해방과 구원뿐만 아니라 자연 만물의 해방과 구원의 상징을 함께 지니고 있다. 새로운 하늘과 새로운 땅에는 사자가 어린 양을 잡아먹는 피조세계의 비참함이 없다.

"늑대와 어린 양이 함께 풀을 뜯고 사자가 소처럼 짚단을 먹으며 뱀이 흙을 먹을 것이다. 그들이 내 거룩한 산 어디서나 서로 해치거나 죽이는 일이 없을 것이다." 여호와께서 말씀하셨다.[346]

이사야 11장 6~9절에서는 메시아 왕국 속에서 자연 만물의 화해와 평화를 매우 극명하게 보여주고 있다.

늑대가 어린 양과 함께 살고 표범이 새끼 염소와 함께 누우며 송아지와 어린 사자와 살진 짐승이 함께 있는데 어린 아이가 그들을 이끌고 다닐 것이다. 암소와 곰이 함께 풀을 뜯고 그 새끼들이 함께 뒹굴며 사자가 소처럼 짚을 먹을 것이다. 젖먹이가 독사의 구멍 곁에서 장난하고 어린 아이가 뱀의 굴에 손을 넣을 것이다. 그들은 내 거룩한 산 모든 곳에서 해치거나 다치게 하지도 않을 것이다. 물이 바다를 덮고 있듯이 세상이 여호와를 아는 지식으로 가득하기 때문이다.[347]

하나님의 나라는 하나님과 인간, 인간과 자연, 동물과 동물, 하나님과 자연 만물 사이의 화해가 이루어지는 참된 평화의 세계이다. 이에 대해 서남동은 자연을 상실한 인간은 하나님을 상실하게 되고, 하나님을 상실한 인간은 자연을 상실하게 되는 것으로 하나님과 인간과 자연은 하나의 생태계로 짜여 있어서 하나의 유기체적인 현상으로 자연과 인간의 상호 의존성을 말해야 한다고 지적한다.[348] 그러므로 그리스도의 우주적 화

---

346) 이사야 65장 25절.
347) 이사야 11장 6~9절.

해는 이 평화의 세계를 위한 전제이다. 하나님은 허무 속에 굴복되어 있는 인간과 자연 만물 전체를 해방해서 하나님의 자녀들이 누릴 영광과 자유를 분여(分與)하기를 원한다. 성경은 모든 피조물의 종국적인 희망에 대해 말한다.

그러므로 자연에 대한 인간의 노동은 궁극적으로 자연과 인간의 조화를 목표로 해야 한다. 이사야 11장 6~9절에 나타나는 메시아 왕국의 상징은 인간과 자연 사이의 조화를 상징적으로 잘 표현해주고 있다. 메시아 왕국은 어린 아이가 사자와 짐승과 함께 뛰노는 세계이고 독사와 어린아이가 함께 사는 세계이다. 자연과 인간 사이의 종국적 관계는 자연과 인간 사이의 사랑과 화해와 조화이다. 그러므로 새로운 창조신앙은 자연에 대한 인간의 다스림(창세기 1장 28절)을 사랑과 조화를 위한 다스림으로 재해석해야 한다.

인간은 자연 위에 군림하는 독재자가 되어서는 안 된다. 태초의 창조부터 오늘에 이르기까지 자연은 끊임없이 변천되어 오고 있다. 그리고 현존하는 자연 역시 새 하늘과 새 땅을 향하여 변천되어야 한다. 이 자연의 긴 역사 속에 인간의 역사가 출현한 것이다. 따라서 엄밀한 의미에서 정리해 보면 인간의 역사는 자연의 역사의 일부이다. 창세기를 보면

---

348) 서남동, 『전환시대의 신학』(천안: 한국신학연구소, 1976), p.294.
349) 로마서 8장 21절.

하나님은 엿새 동안 천지를 창조한다. 하나님은 모든 자연 만물을 닷새 동안 창조하고 마지막 날 인간을 창조하였다. 그러므로 인간은 자연의 긴 역사 속에서 마지막에 출현한 것이라고 말할 수 있다.

자연과 인간 사이의 갈등은 종식되어야 하고, 대신 조화로운 사귐이 그 중심에 있어야 한다. 인간이 하나님의 모습이라는 것은 인간이 하나님을 대리해서 노동해야 하는 책임성을 의미한다. 하나님의 모습으로서 인간은 하나님의 창조노동에 상응하는 창조적 노동을 자신의 삶의 자리 (sitz im leben)에서 실천해야 한다. 인간은 하나님의 창조역사의 완성을 위해 노동해야 하는 하나님의 동반자이다.

하나님은 이 자연과 인간 역사의 주인공이다. 하나님은 태초의 창조부터 종말론적 세계 완성에 이르기까지 기나긴 자연의 역사를 창조하고 있다. 하나님의 모습으로서 창조된 인간은 하나님의 뜻에 따라 이 자연의 역사를 책임져야 한다. 인간이 책임져야 하는 영역은 인간의 역사만이 아니다. 자연은 하나님의 자녀들이 나타나기를 고대하고 있다.

피조물은 하나님의 아들들이 나타나기를 고대하고 있습니다.[350]

인간은 자연을 해방해서 하나님의 영광이 빛나는 아름답고 조화로운 본래의 모습으로 만들어야 한다. 그러므로 창조세계의 완성은 인간역사만의 완성이 아니다. 인간의 역사가 포함된 자연 만물의 완성이 창조세계의 완성이다. 이로써 새로운 창조신앙은 자연에 대한 인간의 윤리적 책임을 신앙적 책임으로 승화시키고 있다.

---

350) 로마서 8장 19절.

김균진은 생태계 위기를 극복하는 방안으로 본래적인 창조신앙을 회복할 것을 말한다.

생태계 위기를 초래하는 요인을 유대-기독교의 창조신앙에 있다고 보는데, 이는 본래적인 창조신앙이 아닌, 자연을 지배하고 세계를 정복하고자 하였던 근대 서구의 제국주의적 지배 이데올로기에 적응하고 이를 조장하기 위하여 교회와 신학이 만들어낸 것임을 지적한다. 그러므로 인간 중심의 세계관에서 하나님 중심의 세계관으로 전환해야 정의로운 창조의 공동체를 형성할 수 있다.351)

서남동은 창세기 6장을 생태학적 관점에서 해석한다. "노인인 노아는 이 생태학적 위기에 처해서 '생명의 보존(Survival of the species)'이라고 하는 지상명령, 윤리적 규범을 듣게 된다(19절). 그래서 모든 생물, 곧 지금까지의 인간 중심주의적인 가치관을 넘어서 '생명의 보존'에 나선다."352)

조용훈은 기독교 창조신앙을 재해석하고 재강조해야 한다고 말한다.

기독교 창조 신앙은 인간의 윤리적 책임영역을 자기 자신이나 다른 인간만이 아니라 자연 세계에 대한 책임으로까지 확장시킨다. 그리고 질적인 면에서도 윤리적 책임을 인간의 양심이나 법적 책임으로부터의 자유만이 아니라 하나님 앞에서의 책임으로 심화시킨다.353)

도로테 죌레도 화해적 차원에서 노동의 새로운 인식을 역설한다.

자연은 적대적인 위협으로 보이지 않는다. 또한 노동은 무분별하게 착취해야 할 대상이 아니

---

351) 김균진, 『생태계의 위기와 신학』(서울: 대한기독교서회, 1991), pp.29~32참조.
352) 서남동, op. cit., p.283.
353) 조용훈, 『동서양의 자연관과 기독교 환경윤리』(서울: 대한기독교서회, 2002), p.192.

다. 오히려 자연은 인간과 자연이 서로 인간 삶의 표현인 이 노동의 틀 안에서 운동할 때만 자발적으로 그 열매를 맺는 것이다. 인간의 욕구를 지향하는 모든 생산적인 노동은 자연과 인간사이의 화해, 그리고 결코 다함이 없는 땅의 지속적인 '창조'의 성격을 지니고 있다. 이러한 맥락에서 노동자는 땅과 동물과 광물과 지하자원, 식물과 다른 생명체를 돌보는 사명을 위임받은 일종의 하나님의 청지기로 이해된다.354)

5. 자연에 대한 인간의 책임

자연에 대한 인간의 윤리적 책임은 하나님이 부여한 은총이라고 말할 수 있다. 이러한 시각에서 죌레는 인간 타락 이후의 노동을 긍정한다. "타락 이후의 고된 여건에서의 노동이라 하더라도 노동은 인간의 교만 때문에 모욕을 당한 하나님의 보복규정이 아니고 인간을 위해서 이 세계에 도전해 보라는 하나님의 인도주의적 계명이다."355) 그리고 김철영은 책임적 직무수행으로 본다. "창조주는 자신과 같은 형상을 지닌 인간에게 그의 피조물을 선물로서 부여한 것이다. 인간은 선물을 준 하나님 앞에서 책임을 지고 그의 직무를 수행해야 하는 것이다."356) 브라이켈맨도 인간을 하나님의 수임자의 역할자로서 본다. "인간은 그의 노동 안에서 하나님의 수임자가 된다. 이로써 노동은 가혹한 법칙의 일반적인 명령 아래 서 있지 않고 자신의 세계와 더불어 하나님의 인도주의적인 의도를 위한 사역이다."357)

---

354) 도로테 죌레, 『사랑과 노동』, 박재순 옮김(천안: 한국신학연구소, 1993), p.175.
355) Ibid., p.125.
356) 김철영, 『믿음과 삶의 윤리학』(서울: 장로회신학대학교 출판부, 1994), p.378.
357) 군터 브라이캘맨, "노동과 인권", 편집실 역, ≪신학사상≫(겨울, 1977), pp.66~67 참조.

인간의 노동을 통해 자연과 화해하려는 희망은 땅을 지배하려는 일반적인 인간의 노력에 대한 거부를 수반한다. 오늘날 생태학적인 위기와 수많은 동식물 세계의 멸종에 직면해서 이러한 새로운 세계에 대한 희망이 일깨워졌다. 노동을 통한 자연과의 화해는 우리 앞에 놓인 인간의 커다란 과업 중의 하나이다. 이렇게 보면 자연은 적대적인 위협의 원천이 아니다. 노동은 자연을 굴복시키는 것이 아니라 자연과의 교제이다. 만일 인간과 자연이 인간적인 삶의 표현인 노동의 범주 안에서 상호작용할 수 있다면 노동자는 땅과 동물, 광물, 지하자원, 식물, 그리고 여러 생물들을 관리하는 하나님의 청지기로 이해될 수 있다.

창조질서의 보전에 대한 하나님의 뜻과 명령을 구체적으로 알기 위해서는 세계교회협의회(World Council of Churches)에서 주관한 1990년 3월 서울에서 개최된 "정의와 평화와 창조질서의 보전을 위한 세계대회(JPIC)"[358] 에서 최종문서로 채택된 신학적 확언들을 살펴볼 필요가 있다.

1. 우리는 모든 권력행사가 하나님께 대하여 책임져야 한다고 확언한다.
2. 우리는 하나님께서 가난한 자의 편에 서신다는 것을 확언한다.
3. 우리는 모든 인종과 민족의 평등한 가치를 확언한다.
4. 우리는 남성과 여성이 하나님의 형상대로 창조된 것을 확언한다.
5. 우리는 진리가 자유로운 민중공동체의 토대임을 확언한다.
6. 우리는 예수 그리스도의 평화를 확언한다.
7. 창조자로서 하나님은 우주 전체의 근원과 유지자이다.
8. 우리는 땅이 하나님께 속해 있다고 확언한다.
9. 우리는 젊은 세대의 존엄성과 헌신을 확언한다.

---

358) 세계교회협의회(WCC)가 서울에서 열렸는데 이때 주제가 "정의, 평화, 창조질서의 보전(Justice, Peace, Integrity of Creation)"이었다. 한국기독교사회문제연구원 편, 『정의·평화·창조질서의 보전 세계대회 자료집』(서울: 민중사, 1990), p.211.

10. 우리는 인권이 하나님께 의해 주어진 것임을 확인한다.359)

창조의 본질은 죽음과 무감각이 아니라 생명, 즉 완전한 생명이며, 창조과정의 참여는 생명을 위한 것이며, 좋고 생산적이며 소외되지 않는 노동을 요청한다는 것을 알 수 있다. 이러한 노동으로부터 새로운 생명, 오늘날 산업사회 속에서 영위하는 생명과는 전혀 다른 생명이 태어나며, 이 생명은 죽음의 지배 아래 있지 않으며 죽음을 추구하지도 않아야 한다. 이제 노동하는 사람들은 자신의 공동체가 요구하는 것을 위해서, 그리고 자연에 폭력을 가하지 않으면서 노동과 피조물의 관계를 회복하게 된다. 이에 대해 박재순은 인간의 가치를 왜곡하는 현실을 지적한다.

오늘날 산업사회에서 공통적인 사실은 그 사회에서 가치 있고 유용한 사람이 아니면 낙오되고 버림 받는다는 것이다. 이것은 실질과 능률을 숭상하는 복잡한 산업 문명 속에서는 불가피한 일이다. 인간의 능력만을 존중하다 보면 인간 존재의 소중함을 잊게 된다. 한 인간이 능력 있고 쓸모 있으면 그 인간이야 아무래도 좋고 얼마든지 다른 인간으로 대체할 수 있다.360)

죌레는 자연과 관련해서 말한다. "노동은 파괴된 자연을 복구시키는 것이므로, 자연을 파괴하고 가난하며 기술적으로 저개발 상태인 민족들을 위협하는 것은 하나의 동일한 폭력이다."361)

서양 근대화의 역사는 "땅을 정복하여라. 바다의 고기와 공중의 새와 땅 위를 돌아다니는 모든 짐승을 부려라!"362)는 창조자의 명령을 잘못

359) 박창빈, "한국 교회와 사회선교", p.27.

360) 박재순, op. cit., p.49.

361) 도로테 죌레, op. cit., p.192.

362) 창세기 1장 28절.

된 시각으로 받아들여 자연을 파괴하고 멸절시켰다. 화이트(Lynn White Jr; 1907~1987)는 생태계 위기의 근본 원인을 현대 과학기술의 발전에서 찾았다.363) 그녀는 현대 과학기술이 서양적인 것으로서, 그 근본 뿌리는 기독교의 창조신앙에 있다고 보았다. 이러한 기독교 창조신앙은 인간을 하나님적인 초월에 참여한 존재로 파악하였고, 하나님의 창조목적을 오직 인간 구원에만 두고 있다고 비판하였다. 즉, 기독교가 자연을 파괴한 것이 "다스리라, 정복하라"(창세기 1장 26~27절)는 구절에 따른 것으로 보았다. 그러나 창세기의 이 구절은 인간이 만물의 주인이 아닌 하나님의 명령에 따라 일종의 청지기로서 만물을 관리하는 권한을 가진 것으로 결코 하나님이 인간에게 임의로 자연을 훼손할 수 있는 권한을 부여한 것이 아니다. 오히려 기독교는 창조질서의 보전이라는 대전제를 충실히 가르친다. 인간은 청지기적 관리자일 뿐이며 그 몫을 다해야 한다. 그러므로 린 화이트가 지적한 기독교의 영향에 따른 자연과학의 발달에 의한 자연파괴라는 인식은 재고되어야 한다. 이에 대해 조용훈은 이를 철학적 입장에서 정리해 주었다.

근대서구사상가들은 자연을 '기계론적 자연관'으로 생각하였다. 그로 인해 자연은 죽은 것, 결정론적으로 운명 지워진 것, 인과적으로 규정된 것, 그리고 정적인 폐쇄 체계로 보았다. 또한 자연과 인간을 대립적으로 보았고, 자연을 인간이 이성을 통해 정복해야 할 것으로 파악했다. 예로써 밀(J. S. Mill)은 '자연의 힘은 종종 인간의 적으로 나타나며 인간은 힘으로든 지혜로든 그것과 싸워야 한다'라고 말했으며, 프로이트(S. Freud)는 '나머지 인간 공동체와 연합하여 자연을 공격하여, 그것을 과학의 지도를 받으며 인간의 의지에 굴복시켜야 한다'라고 주장했다.364)

---

363) 린 화이트, "생태계 위기의 역사적 기원", 《과학사상》(창간호, 봄, 1992), p.283; 문시영, 앞의 책, p.108 참조.
364) 조용훈, op. cit., p.91.

그러므로 이제 우리는 창조질서 본연의 모습으로서 노동의 신성함을
통하여 자연 만물을 가꾸고 보존해야 한다. 이렇게 하는 가운데 생태계
의 순환질서는 다시금 회복될 것이며, 노동은 인간의 창조성의 표현에
의한 본연의 임무로 돌아갈 것이다.

6. 창조의 협력자로서 인간

창조의 협력을 위한 전제는 태초의 창조가 완성되지 않았다는 통찰에
있다. 창조는 계속되고 있는 과정으로 이해해야 한다. 이에 대한 죌레의
말에 주목할 필요가 있다.

> 시계제작자로서의 하나님의 표상이 오늘날에도 많은 사람들의 머릿속을 지배하고 있다. 이
> 것은 자동적으로 작동하는 정교하고 거대한 시계로서 세상을 제작했던, 그리고 나서 영원 속으
> 로 자취를 감춰버린 하나님이다. 이것은 이신론(理神論)이며 기독교적 신앙이 아니다. 창조신앙
> 을 진지하게 받아들이는 사람은 신적인 시계제작의 빈틈없는 솜씨에 대한 이러한 안이한 신앙과
> 는 전혀 다른 것을 필요로 하는 것이다.[365]

서남동도 새로운 자연신학을 제안했다. 그는 하나님의 창조를 생성하
는 신(a becoming God)으로 보면서, 이 생성하는 하나님의 생성활동이
곧 그의 창조활동이며, 그 창조는 계속되는 창조라고 보았다. 그러기에
서남동은 에베소서 4장에 주목하여 '만물 위에 계시는' 창조의 신성만이
아니라 '만물을 통하여 일하시는' 진화의 신성과 '만물 안에 계시는' 범

---

365) 도로테 죌레, op. cit., p.68.

신론적인 신성도 지니고 있는 하나님으로 말한다."366) 이렇게 만물(우주)을 창조하고, 만물을 통하여 노동하며, 만물 안에 내재하는 하나님은 곧 우주생명이고 신적 생명이다. 이 우주생명은 목적지향적인 '발전하는 우주'로서, 그것은 내면적·정신적 느낌을 가지고 있다. 그러므로 우주는 살아 있는, 진화하는 생명체이며, 하나님은 곧 우주 생명의 창조력이다. 이러한 창조의 계속적인 표현은 성경에서도 찾아볼 수 있다.

내가 받고 싶은 금식은 이런 것들이 아니냐? 부당하게 묶인 사슬을 끌러 주고 멍에의 줄을 풀어 주는 것, 압제 받는 사람을 자유롭게 놓아주고 모든 멍에를 부숴 버리는 것이 아니냐? 너희가 굶주린 사람에게 먹을 것을 나눠 주고 가난한 노숙자를 집에 맞아들이는 것이 아니냐? 헐벗은 사람을 보면 옷을 입혀 주고 네 혈육을 못 본 채하지 않는 것이 아니냐? 그렇게만 하면 네 빛이 새벽 동녘처럼 터져 나올 것이고 네 상처는 빨리 아물 것이다. 그리고 내 옳음을 밝혀 주실 분이 네 앞에 가시고 여호와의 영광이 네 뒤에서 보살펴 주실 것이다. 그때야 비로소 네가 부르면 여호와께서 대답하실 것이다. 네가 도와 달라고 외치면 그는 '내가 여기 있다' 하고 말씀하실 것이다. 네가 너희 가운데서 억누르는 멍에와 손가락질과 못된 말을 없애 버린다면 네가 굶주린 사람에게 열정을 쏟고 괴롭힘을 당하는 사람의 소원을 들어준다면, 네 빛이 어둠 가운데 떠올라서 네 어둠이 대낮처럼 밝아질 것이다. 여호와께서 너를 언제나 이끄시고 땡볕이 내리쬐는 마른 땅에서도 배불리시며 네 뼈를 단단하게 하실 것이다. 너는 마치 물 댄 동산 같고 물이 끊어지지 않는 샘 같을 것이다. 네 자녀들이 옛 폐허를 재건하고 대대로 버려진 기초를 세울 것이다. 사람들이 너를 '부서진 성벽을 다시 세우는 사람', '거리를 사람 살도록 만든 장본인'이라고 부를 것이다.367)

이러한 이해는 인간이 하나님의 공동창조자가 되고 창조의 과정에 능동적으로 참여해야 하는 것을 말한다. 이는 억울하게 묶인 자를 풀어 주고, 모든 멍에를 부수어버리는 것, 압제받는 이들을 석방하는 것 등의 정

---

366) 서남동, "환경위기와 신학", 〈크리스찬신문〉(1972년 1월 8일).
367) 이사야 58장 6～12절.

의를 실현하기 위한 실천적 노동이다. 그렇게 하면 우리의 빛이 새벽 동이 트듯 터져 나온다는 말이다. 자신을 위해 저축하기보다는 굶주린 사람들을 위해 베푸는 사람들의 빛이 어둠 속을 비춘다. 인간은 이와 같이 과거에 완결됨이 아니라 참된 미래를 보증하는 과정으로 '창조에 동참하라!'는 촉구를 받고 있다. 이러한 이해는 하나님에 대한 이해를 관계의 측면에서 파악하는 것과 그 맥을 같이한다. 이것은 성경적인 근거를 지니고 있다. 성경에서 '거룩'이란 개념은 하나님을 창조적 상호관계로 볼 수 있게 한다. 이 말은 하나님과 인간에게 모두 적용된다. 십계명과 관련해서 하나님은 그가 선택한 이스라엘 민족에게 자신과 같은 성품을 지니라고 명령한다.

> "이스라엘 온 회중에게 말하여라. '나 너희 하나님 여호와가 거룩하니 너희도 거룩해야 한다.[368]

이 명령에 의하면 분명히 인간은 거룩하도록 규정되어 있다. 인간은 하나님과 일치하도록 촉구된다. 인간은 정의를 수행함으로써 하나님의 고유한 거룩에 도달하도록 초대를 받는다. 그러므로 하나님의 거룩에 동참한다는 것은 곧 정의를 실천한다는 것을 의미한다. 인간은 하나님의 형상대로 창조되었기에 하나님의 형상대로 살아갈 수 있다.

> 하나님께서 말씀하시기를 "우리가 우리의 형상대로 우리의 모양을 따라 사람을 만들어 그들이 바다의 물고기와 공중의 새와 가축과 온 땅과 땅 위에 기는 모든 것을 다스리게 하자" 하시고 하나님께서 사람을 그분의 형상대로 창조하시니, 곧 하나님의 형상대로 사람을 창조하시되 하나님께서 그들을 남자와 여자로 창조하셨습니다.[369]

---

368) 레위기 19장 2절.

인간은 하나님을 본받도록 부름 받았다. 예수님은 산상설교에서 "그러므로 하늘에 계신 너희 아버지가 온전하신 것같이 너희도 온전해야 한다."[370]고 명령하셨다. 죌레는 하나님의 완전함에 이르는 것이 창조에 협력하여 정의를 위해 일하는 것으로 보았다. "성경적 이해에 의하면, 하나님의 '거룩'과 '완전함'은 하나님이 만든 창조의 이상적인 상태를 말한다. 이는 하나님의 창조에 협력하여 세상에서 정의를 위해 일함을 나타내는 말이다."[371]

7. 나오는 말

하나님은 아름답고 조화를 이루며 질서가 있는 세계를 인간에게 맡기셨다. 그리고 이 세계를 잘 다스리고 보호하도록 명령하셨다. 그러나 인간들은 탐욕으로 하나님의 창조세계를 파괴시켰다. 그 결과 자연환경의 위기를 초래했으며 이것은 동시에 인간생존의 위기를 초래하였다. 이런 위기 속에서 세계의 신학은 1980년대를 거쳐 1990년대에 이르면서 환경파괴로 말미암아 야기된 창조보전 앞에 고민하게 되었다. 1980년 서울에서 열린 세계개혁교회 총회는 창조의 보전이라는 새로운 주제를 총회 주제 중 하나로 채택했고, 1990년 W. C. C. 서울 대회의 주제 중의 하나도 창조의 보전이었다. 이것은 2000년대를 향한 세계 교회의 책임이

---

369) 창세기 1장 26~27절.
370) 마태복음 5장 48절.
371) 도로테 죌레, op. cit., p.73.

창조의 보전과 직결되어 있다는 것을 분명하게 잘 보여 준다.372) 몰트만은 '자연환경의 위기'라는 '자연환경적인 위기'의 차원을 넘어 '인간의 모든 삶의 체계의 위기'를 야기하고 있다.373)

오늘날 우리가 직면한 창조세계의 위기는 자연을 잘 다스리고 창조질서를 지키라는 하나님의 명령을 거역한 데서 온 것이다. 인간의 창조세계에 대한 하나님의 통치명령은 선한 관리자로서의 통치이지 결코 지배적인 통치는 아니다. 전통적인 창조론은 '다스리고 정복하라'는 성경의 말씀이 지배자적인 통치로 가는 것을 막지 못했다. 그 결과 인간의 손에 의해 자연이 파괴되었고 인간은 자신의 욕구 충족을 위해 아무런 죄책감 없이 자연을 학살하는 만행을 초래하였다. 결국 오늘의 자연의 위기의 깊은 중심에는 인간 중심적인 세계관이 들어 있다. 이제 우리는 성경의 근본정신으로 돌아가야 한다. 세계는 모두 하나님의 것으로 인간은 하나님의 세계를 관리하는 선한 청지기로 부름 받고 세계 속에 파송된 존재이다. 성경은 인간이 선한 청지기로서 하나님의 동산을 잘 관리하고 보전해야 할 사명을 일깨워 준다.374)

교회는 하나님을 사랑하고 인간을 사랑해야 할 사명이 있듯이 자연을 사랑하고 아름답게 관리해야 할 사명이 있다. 왜냐하면 교회는 하나님의 선택에 의해 부르심을 받고 말씀으로 양육되어 세상에 파송된 공동체이므로 교회의 책임영역은 전 세계이기 때문이다. 세상에서 현재 가장 고통 받고 신음하는 것 중의 하나인 자연의 보전과 원상회복을 위해 교회

---

372) 김명용, "창조보전과 새로운 창조신학", ≪장신논단≫(제6집, 1990), pp.292~293 참조.
373) 위르겐 몰트만, op. cit., p.38.
374) Ibid., p.301.

는 앞장서서 노력하고 애써야 한다. 하나님의 구원사역은 인간에만 제한되지 않고 인간과 더불어 모든 피조물을 구원해서 새 하늘과 새 땅을 만드는 것까지 확대되기 때문이다. 교회는 모든 피조물들이 탄식하며 괴로워하는 소리를 들어야 하며, 그 피조물들을 멸망시키는 모든 공포로부터 그들을 해방시켜야 한다. 그리스도를 통해 이룩된 화해는 인간뿐만 아니라 하늘과 땅에 있는 모든 것들에게 적용되는 것이기 때문이다.

그 아들의 십자가의 피로 평화를 이뤄 만물, 곧 땅에 있는 것이든 하늘에 있는 것이든 모든 것이 아들로 인해 자기와 화목하게 되기를 기뻐하셨기 때문입니다.[375]

그리스도 예수 안에서 미리 세우신 하나님이 기뻐하시는 뜻을 따라 하나님의 뜻의 비밀을 우리에게 알리셨습니다. 이는 때가 차면 그리스도 안에서 하늘에 있는 것들과 땅에 있는 것들을 모두 통일시키고자 하는 것입니다.[376]

하나님의 구원 사역의 완성인 새 하늘과 새 땅은 인간을 포함한 모든 피조물들의 해방과 구원의 상징을 함께 지니고 있는 것이므로 교회는 이를 위해 구체적 실천으로 나아가야 할 것이다. 창조보전을 위해 교회가 실천해야 할 몇 가지 일들을 제시해 보면 다음과 같다.

첫째, 교회는 새로운 창조신학을 정립해야 한다. 창세기 1장 26~28절은 자연에 대한 착취와 약탈을 허용하는 것이 아니라 하나님의 선한 청지기로서 하나님을 대신해서 자연을 잘 보호하고 잘 다스릴 것을 명령하고 있음을 명심해야 한다. 교회는 이것을 잘 정립해서 가르치고 설교하여 현실 속에서 말씀이 실천되도록 해야 한다.

---

375) 골로새서 1장 20절.
376) 에베소서 1장 9~10절.

둘째, 교회는 생명의 존엄성을 강조해야 한다. 1년에 200만 명 이상을 인공 유산시키는 인간 생명에 대한 경시 풍조가 만연한 세상에서는 자연의 생존 권리를 보장받기 어렵다. 성경은 생명존엄성을 끊임없이 강조하고 있다. 교회는 오늘날 창조질서 보전을 위한 새로운 인식의 저변에 생명의 존엄성을 재확인하려는 몸부림이 곁들어 있음을 알고 생명문화운동을 보다 더 적극적으로 전개해 나가야 한다.377)

셋째, 교회는 창조보전에 관한 교육을 실시해야 한다. 새로운 창조신학과 생명의 존엄성에 관한 내용들을 가르쳐야 한다. 온 세계가 하나님의 것이므로 온 세계를 다 관리하고 보전해야 한다는 세계관을 가르쳐야 한다.

넷째, 교회는 자연환경 보존의 생활화를 실천해야 한다. 인류가 살아남기 위해서는 매일 매순간 우리의 현실 속에서 환경보전을 생각하고 사느냐 죽느냐 하는 두 길 가운데서 언제나 생명의 길을 선택하는 삶의 자세를 견지해야 한다. 이를 위해 생활구조를 축소하고 공해 제품은 안 먹고 안 쓰는 생활습관을 기르는 것이 필요하다.378)

다섯째, 교회가 창조질서보전운동을 세상에 선포해야 한다. 교회가 창조질서보전의 실천에 머무르는 것이 아니라 이것을 세상에 가르치고 실천할 수 있도록 모범을 제시해 주어야 한다.

하나님은 그리스도의 몸된 교회 안에서 그리고 그 교회를 통해서 가난한 자를 돕는 정신, 정의, 평화, 창조보전이 지속되며 성경의 근본정신이 이 땅에 실현되기를 원하신다. 이에 따라 온 세계에 교회의 선교적 과제로서 사회정의의 구현, 세계평화의 실현, 그리고 창조질서보전에 대

---

377) 김철영, "창조질서보존에 관한 윤리신학적 분석", pp.109~137 참조.
378) 강사문, 『구약신학자료집』(서울: 장로회신학대학교 출판부, 1992), p.223.

한 논의가 심도 있게 다루어져야 할 것이다.

자연에 대한 우리의 책임을 되새기면서 떠오른 시 다섯 편을 펼쳐본다. 시를 통해 자연과 하나 되는 우리의 삶을 상상해 본다.

가을 나무

한사랑(논자의 딸, 황등초등학교 2학년)

노랗게 노랗게 은행나무
빨갛게 빨갛게 단풍나무

은행잎 주위 집에 가서 꾸며보자
단풍잎 주위 집에 가서 꾸며보자

빨간 잎, 노란 잎 모두 주워
가져가서 멋진 우리 집 꾸며보자

팽나무가 쓰러지셨다

이재무

우리 마을의 제일 오래된 어른 쓰러지셨다
고집스럽게 생가 지켜 주던 이 입적하셨다
단 한 장의 수의, 만장, 서로운 뜻도 없이
불로 가시고 흙으로 돌아, 가시었다
잘 늙는 일이 결국 비우는 일이라는 것을
내부의 텅 빈 몸으로 보여 주시던 당신
당신의 그늘 안에서 나는 하모니카를 불었고

이웃 마을 숙이를 기다렸다
당신의 그늘 속으로 아이스께끼 장수가 다녀갔고
방물장수가 다녀갔다 당신의 그늘 속으로
부은 발등이 들어와 오래 머물다 갔다
우리 마을의 제일 두꺼운 그늘이 사라졌다
내 생애의 한 토막이 그렇게 부러졌다

배추의 마음

나희덕

배추에게도 마음이 있나보다
씨앗 뿌리고 농약 없이 키우려니
하도 자라지 않아
가을이 되어도 헛일일 것 같더니
여름내 밭둑 지나며 잊지 않았던 말
- 나는 너희로 하여 기쁠 것 같아
- 잘 자라 기쁠 것 같아

늦가을 배추포기 묶어 주며 보니
그래도 튼실하게 자라 속이 꽤 찼다
- 혹시 배추벌레 한 마리
이 속에 갇혀 나오지 못하면 어떡하지?
꼭 동여매지도 못하는 사람 마음이나
배추벌레에게 반 넘어 먹히고도
속은 점점 순결한 잎으로 차오르는
배추의 마음이 뭐가 다를까
배추 풀물이 사람 소매에도 들었나보다

몸

최승호

끙끙 앓는 하나님
누구보다도 당신이 불쌍합니다
우리가 암덩어리가 아니어야
당신 몸이 거뜬할 텐데
피둥피둥 회충 떼처럼 불어나며
이리저리 힘차게
회오리치는
온 몸이 헛바닥뿐인 벌건 욕망들

나무처럼 살기

이경숙(아동문학가)

욕심 부리지 않기
화내지 않기
혼자 가슴으로 울기
풀들에게 새들에게 칭찬해 주기
안아주기
성난 바람에게 가만가만 속삭이고 이야기 들어주기
구름에게 기차에게 손 흔들기
하늘 자주 보기
손뼉치고 웃기
크게 감사하기
미워하지 않기
혼자 우물처럼 깊이 생각하기
눈감고 조용히 기도하기

"조화로운 삶"의 생태론자로 유명한 스코트 니어링(Scott Nearing) 부부는 은퇴 이후에 숲속에 들어가 자연에 가까운 삶을 선택함으로 경쟁적이고 공업화한 사회 양식에서 필연적으로 따라 다니던 4가지 해악에서 벗어날 수 있었다.

1. 물질에 대한 탐욕에 물든 인간들을 괴롭히는 권력으로부터
2. 다른 사람보다 출세하고 싶은 충동과 관련된 조급함과 시끄러움으로부터
3. 부와 권력을 차지하기 위한 투쟁에 반드시 수반되는 근심과 두려움으로부터
4. 많은 사람이 좁은 지역으로 몰려드는데서 생기는 복잡함과 혼란으로부터

하루에 한 번쯤은, 아니 일주일에 한번쯤은 자연의 숲 속으로 들어가 성찰의 시간을 갖는 마음의 여유와 쉼을 가져보자. 이를 위해 교회 마당에 나무가 있다면 그 나무에가 품어내는 생명의 기운을 느낄 수 있을 것이다.

제9장

. . .

CCM의 바른 이해와
윤리적 의미

1. 들어가는 말

오늘 우리 시대에는 현대감각의 기독교 음악을 지칭하는 'CCM'이 교회와 우리 기독교인의 삶에서 빼놓을 수 없는 중요한 기독교문화이다. CCM은 형식과 내용, 그리고 음악이 지니는 힘에서 다른 대중음악에 버금가는 수준이거나, 오히려 이를 선도할 수 있는 정도로 앞서가는 음악으로 등장했다. 이에 따라 오늘날 우리 주변에는 많은 CCM 사역자들이 있고, 전문기획사와 방송 및 교육기관이 생겨났다. 이렇듯 중요한 기독교문화인 CCM에 대해 우리 교회나 기독교학에서는 이렇다 할 논의 주제로 삼는 경우가 드물었다. 그나마 논의된 몇 가지 선행연구를 살펴본 결과, CCM에 대한 논의가 기독교계에서는 두 가지의 상반된 반응을 나타내고 있음을 알 수 있었다. 보수적인 기독교계에서는 기독교적인 내용이 어떻게 세상적인 음악스타일로 표현될 수 있는가하는 우려를 표명하였다. 이는 CCM이 시작된 미국에서 기독교 음악에 세상음악에서도 자유분방과 퇴폐성을 대표하는 록이나 랩 등 세상의 유행하는 음악적 스타일을 도입하는 문제와 교회음악의 개념상의 차이가 기독교적인 세계관에서 볼 때 타당한가에 대한 논의에 따른 것이다. 긍정적인 기독교계에서는 CCM이 갖는 교회성장과 선교에 대한 긍정적인 측면과 시대적 흐름에 맞는 기독교문화라는 긍정적인 측면에 초점을 두었다. 이는 변화된 세상에서 젊은 세대와 소통하기 위해 CCM의 필요성을 강조하고 이를 긍정적으로 활용하려는 것이다.

이 글은 위에서 말하는 두 가지 논의가 평행선이 아닌 하나의 접촉점을 찾아 나가도록 하기 위한 논의의 계기가 되고자 하는 바람에서 출발한다. 이를 통해 CCM의 윤리적 의미와 과제를 제시해 나가고자 한다.

2. 현대 기독교 음악(CCM)의 이해

현대 기독교 음악이란 말 그대로 같은 시대의 음악적 흐름을 따르고 있는 대중적 스타일의 기독교 음악이다. 이를 일반적으로 줄여서 CCM이라고 지칭한다.[379] 이는 'Contemporary Christian Music'을 줄여서 말하는 것으로 우리말로 표기하면 현대(같은 시대) 기독교음악이다. 이 용어는 1980년대 말부터 쓰이기 시작했다. 실제로 CCM이 우리나라에 소개된 지는 오래되었지만 이 용어가 쓰이기 시작한 것은 오래되지 않다. 이러한 이유는 이를 지칭하는 용어가 명료하게 정해지지 않았기 때문이었다. 언어는 이를 쓰는 대중들이 규정하는 것이기는 하지만 전 세계에

---

379) CCM계에서는 이를 단순히 음악스타일을 지칭하는 것이 아니라 내용을 담고 있는 근본사상이나 문화와 역사성이 같은 시대의 흐름과 같이 해야 한다는 내용적 밑바탕에서 규정짓기도 한다. 양동복, 『새로운 대중음악 CCM』(서울: 참빛미디어, 1995), p.15.

서 일반적으로 쓰이는 말로, 세계적으로 원활한 의사소통을 위해 개념과 의미를 명확하게 알고 쓸 필요가 있다. 이를 위해 CCM과 혼용되어 쓰이고 있는 복음성가의 어원과 역사적 배경을 살펴보려고 한다.

1) 복음성가

복음성가는 미국의 대표적인 근본주의 부흥전도자인 무디(Dwight L. Moody)의 부흥운동이 한창이던 1870년대 영국에서 시작되었다. 무디와 함께 부흥회를 인도하던 생키(Ira D. Sankey)가 집회 때에 사람들의 마음을 사로잡는 노래를 불러 많은 감동을 주자 사람들로부터 생키의 노래를 출판해 달라는 요청이 쇄도하였다. 이러한 요청으로 간략하게 몇 곡을 담아내는 팸플릿을 출판하다가 때때로 몇 곡씩 추가하여 단행본으로 출판하곤 하였는데 그 반응이 놀라운 정도였다.

무디와 생키가 영국에서 대부흥집회를 인도하는 동안 미국 시카고에서도 대부흥집회가 열렸다. 이곳에서도 설교 담당자인 무디의 친구 휘틀(D. W. Whittle)과 음악 담당자인 당시 유명한 음악가인 블리스(Phillip. P. Bliss)가 함께 집회를 인도했다. 이들도 영국에서 생키와 무디가 만들어 사용하던 것과 같은 책을 만들어 사용했는데, 그 책의 이름에서 복음성가(Gospel song)라는 말이 생겨나고 이 말이 일반화되었다. 1875년, 무디와 생키가 미국으로 돌아온 후에 휘틀과 블리스와 합동으로 복음성가 책을 출판하였다. 이 책은 출판되자마자 커다란 인기를 얻으며 기독교부흥집회에서 사용되었다. 이렇게 19세기 미국의 대부흥운동에서 만들어지고 불린 곡들은 오늘날 우리나라 찬송가에 수록되어 예배찬송으로 쓰이고 있다. 주목해서 볼 점은 이 노래들이 처음 나왔을 때는 많은 비난과 반대를 받았으나 복음적인 내용으로 찬송가로 인정되기에 이르렀다는 점이다.

1874년 당시 미국의 유명한 부흥사 휘틀(D. W. Whittle, 1840~1901)의 집회에서 찬양인도자로 활동하던 블리스(Phillip Bliss)에 의해서 출판된 노래모음집 『가스펠송』에서 비롯되었다. 가스펠송은 당시의 대중적인 부흥집회나 산과 들에서 열린 캠프집회에서 노래할 수 있도록 만들어졌다. 예수 그리스도를 구주로 고백하거나 구원에의 기쁨을 간증하며 천국에 대한 소망을 개인적, 주관적으로 표현한 것이 그 주된 내용이었다. 음악적으로는 명랑하고 민요적인 요소를 담은 세속적인 스타일이었다. 당시에 불리던 가스펠송을 보면 "하나님의 진리등대", "이 몸의 소망 무엔가", "저 죽어가는 자", "저 장미꽃 위의 이슬", "주 예수 내 맘에 오신 후", "나 주를 멀리 떠났다", "저기 갈보리산 험한 십자가는", "내 모든 시험 무거운 짐을" 등은 우리나라 찬송가에 실려 있다. 이들 노래는 블리스, 생키, 커크패트릭(William J. Kirkpatrick), 크로스비(Fanny Crosby) 등 당시의 유명한 가스펠송 작사, 작곡가에 의해 만들어진 것이었다.

1899년 무디가 죽자 인간의 감성을 자극하는 복음성가와 설교로 진행되었던 무디의 테크노 복음주의(Techno-Evangelicals)운동은 곧 시들해졌다. 그 당시에는 대중오락시설이 별로 없었기 때문에 사람들의 생활은 단조로웠고, 특히 그리스도인들에게는 특별한 오락이 없었다. 이런 이유로 복음성가는 사람들 사이에서 자주 불려졌다. 이렇게 되자 복음성가는 본래의 목적인 전도를 위한 것이 아니라 일상생활을 위한 노래로 점차 성격이 변모되어 가고 가사 내용도 단순해지고 음악적으로도 흑인 영가와 영합하여 마침내 재즈리듬까지 도입함으로 극히 대중적인 성격을 띠게 되었다. 이렇게 되면서 전도를 위한 수단으로 시작된 노래에서 대중성과 상업성을 목적으로 하는 방향으로 흐르게 되었다. 이에 따라 복음성가를 찬송가(Hymn)라고 부르지 않고, 노래(song)라고 부르고 있다. 이러한 복음성가는 보수적이고 근본주의적인 기독교계로부터 비판과 외면을 받았으나 기독교적인 음악이 대중화되는 하나의 계기를 제공하기도 하였다.

이처럼 대중음악 스타일을 활용한 가스펠송은 감성의 시대인 낭만주의 시대에 출현했다. 산업혁명의 영향으로 급격한 사회 변동이 일어났던 19세기 후반에 그 반작용으로 영적인 부흥운동이 일어났고 그 부흥운동과 함께 가스펠송이란 독특한 음악문화현상이 일어났다. 이 새로운 가스펠송은 분명히 영적인 반응을 유발하여 개인의 구원이나 기독교 진리에 헌신하도록 만들었다. 이러한 가스펠송은 활동무대를 교회로 제한하지 않고, 적극적으로 대중문화로 파고 들어갔다. 가스펠송은 미국의 대중음악발전에 크게 공헌해 오고 있다. 오늘날 미국의 대표적인 음악인 팝과 록 음악은 가스펠송과 흑인영가의 영향을 받았다.

이상으로 복음성가와 생성과 의미를 간략하게나마 살펴보았다. 우리나라의 복음성가는 미국의 복음성가의 초창기와 유사한 측면에서 전개되었다. 이런 이유로 우리나라에서는 복음성가는 은혜로운 찬양으로 이해되어 전통적인 교회에서 사랑 받는 교회 음악적 성격을 띠었다. 이에 따라 우리나라 복음성가는 교회집회 현장에서 교회전통과 교회의 중장년층의 마음을 움직여 나갔다. 이러한 우리나라 복음성가의 의미를 정리하면 다음과 같다. 복음성가(Gospel Music)는 복음적인 내용을 담고 있는 노래를 지칭하는 말이다. 이것은 전통적인 의미의 찬송가와는 달리 내용적으로 볼 때, 주관적인 것이 많고 사람들을 권고하며 설득하려는 의도적인 가사가 많다. 형식적으로 볼 때, 전통적인 찬송가에 비해 일반적으로 경쾌한 리듬과 단순한 화성으로 이루어져 있다. 이러한 'Gospel Music'은 형식적인 측면에서 전통찬송가와 구분되고, 지향하는 목적과 담고 있는 내용적인 측면에서 대중음악과 구분된다. 'Gospel'이란 용어 자체가 음악의 목적과 내용을 규정하는 말이다. 그러므로 우리가 흔히 말하는 'Gospel Music'은 복음적인 내용이 담긴 대중적인 음악을 지칭하는 것으로 이해하면 될 것이다.

이러한 복음성가는 교회의 젊은 세대와 함께 호흡하기는 어려웠고, 교회를 넘어서는 일반음악계에 진입하기는 더더욱 어려웠다. 그야말로 교회에서 공예배와 찬송가를 보완하는 수준에서 향유되었다.

2) CCM

1990년대에 들어 중요한 문화적 트렌드를 이끄는 세대로 등장한 신세대는 기독교 음악에서도 새로운 문화를 갈망하게 되었다. 이에 따라 미국에서 향유되던 기독교 음악이 유입되었다. 이것이 바로 CCM이다. CCM은 Christian Music 중에서 'Contemporary'한 것을 뜻하는 말이다. 그러므로 CCM이란 말 그대로 같은 시대의 음악적 흐름을 따르는 대중적 스타일의 기독교 음악이다. 이와 같은 CCM은 기존의 교회음악들이 우리의 삶과 직접 밀착되지 못하고 있는 점을 보완하여 누구나 쉽게 배우고 부르면서 삶의 현장에서 하나님을 찬미하도록 만들어졌다는 데 특징이 있다. CCM에서 'Christian'이란 말은 내용을 말하는 것이고, 'Contemporary'라는 말은 음악적인 형식을 말한다. 미국에서는 'Contemporary'라는 말이 흑인영가에 뿌리를 둔 흑인들의 음악으로 전통적인 가스펠음악과 구분된다는 뜻을 담고 있다.

CCM에서 'Contemporary'는 단순한 음악적인 형식을 지칭하는 것을 넘어서는 것이어야 한다는 주장도 강하게 제기되고 있다. 이는 CCM이 같은 시대의 음악적 스타일을 수용하는 것에서 그치는 것이 아니라, 보다 적극적으로 같은 시대의 기독교문화는 물론이고 대중문화를 문화선교적 차원에서 변혁시켜 나가야 하는 과제를 중요하게 여기는 이해에 따른 것이다. 동시대적 언어와 논리와 시대정신으로 복음도 새로운 어법에 맞춰 '새 번역'을 내놓고 있다. 이처럼 복음의 내용은 불변하지만 이를 변화된 시대와 사회에 적절하게 새롭게 담는 것이 CCM의 정신이다.[380]

예수께서는 그들에게 이런 비유를 들려 주셨습니다. "낡은 옷을 기우려고 새 옷을 자르는 사람은 없다. 그렇게 하면 새 옷이 찢어져 못 쓰게 되고 새 옷의 조각도 낡은 옷에 어울리지 않기 때문이다. 또 새 포도주를 낡은 가죽부대에 넣는 사람도 없다. 그렇게 하면 새 포도주가 그 부대를 터뜨려서 포도주는 쏟아지고 부대도 못 쓰게 될 것이다. 새 포도주는 새 부대에 담아야 한다. 묵은 포도주를 마시고 나서 새 포도주를 원하는 사람은 없다. '묵은 것이 좋다'고 여기기 때문이다."[381]

CCM은 어린이들도 쉽게 알아들을 수 있는 내용으로 만들어야 하지만 또 그것을 들음으로써 인생의 수많은 질문에 대해 응용하며 생각할 수 있도록 해야 하고, 그 질문은 컨템퍼러리한 이 사회와 문화 속의 삶에서

---

380) 신명균, "음악은 사용 목적에 그 의미가 있다", 《월간목회》(1997년 10월), p.88.
381) 누가복음 5장 36∼39절.

나타나야 하는 것이다. 그러므로 CCM은 오늘날의 문화와 사회를 똑바로 볼 수 있게 하고, 자기 속에 있는 자신의 모습을 솔직하게 바라보게 하여 그로부터 삶에 적용되는 노래가 되게 해야 한다. 또 스스로 영혼의 문제로 고민하고 하나님과 직접 교통하는 과정에 해답이 되는 노래가 되어야 한다.382)

CCM에서 사용하는 음악형식은 록(Rock & Roll), 헤비메탈(Heavy Metal), 랩(Rap), 뉴 웨이브, 명상음악, 뮤직비디오 등이 있다.

1960년대 전 세계는 이념대립의 냉전체제가 해소되는 기운과 획일적인 것보다는 다양성을 인정하는 사유방식이 확산되었다. 이에 따라 기존 문화에 대한 비판과 새로운 문화에 대한 다양한 시도들이 생겨났다. 이러한 흐름은 미국에서 새로운 기독교 음악문화를 생성시켰다. 1964년 랩(Ray Repp)은 가톨릭 미사에 포크 미사를 선보임으로써 전통적인 교회음악을 현대적인 감각에 맞게 변용시켰다. 이러한 시도는 장엄한 미사에서 파격적인 일이었다. 한 예로 1969년 노먼(Rarry Norman)은 "Upon this Rock"이라는 앨범을 냈고, 이 앨범은 정통 록(Rock) 음악에 신앙적인 내용을 담은 것이었다. 이처럼 1960년대 후반에 그 이전과 다르게 기독교적인 내용을 담고 있는 팝송이 등장하였다. 이러한 이유는 1960년대에는 어느 정도 신학적으로 예수님에 대한 연구가 무르익었기에 예수님을 주제로 한 노래가 이전보다 훨씬 더 잘 받아들여졌다. 이 당시 젊은 세대들은 종교에 많은 관심을 갖고 매우 개방적인 자세를 취하였다. 주목해 볼 점은 이들의 신앙관은 그들의 부모 세대를 답습하는 것이 아니라 개방적이고 감성적인 양상으로 달랐다. 이들은 두려운 이미지가 아

---

382) 양동복, op. cit., pp.380~381 참조.

니라 긴 머리와 수염을 기른 자유분방한 외모로 자유를 중요시하는 그들과 일체감을 느끼게 해주는 새로운 예수를 발견했다. 이들은 또한 근엄한 교회당과 엄숙한 예배보다는 생동감 있고 회중이 참여하는 예배를 지향하고자 하였다. 이러한 흐름이 오늘날 우리가 말하는 현대 기독교 음악의 시대를 열게 하였다.

CCM(Contemporary Christian Music)이라는 장르는 1960년대 말과 1970년대 초에 예수 운동이 부활하면서 공식적인 이름이 되었으며, 원래는 지저스 뮤직(Jesus music)으로 불렸다. 당시 60년대의 반문화 성향을 가진 많은 젊은이들이 예수를 믿는다고 고백하면서 마약, 자유분방한 섹스, 과격한 성향에 기반을 둔 생활을 하고 있다고 여겼던 히피들이 예수의 사람들(Jesus people)이 되었다. 이러한 CCM은 미국의 빌보드지에는 "크리스천 앨범", "크리스천 송"으로 분류되고 있고, 라디오 앤드 레코드 지의 크리스천 AC(Adult Contemporary: 성인 현대곡), 크리스천 CHR(Contemporary Hit Radio: 현대곡 히트 라디오), 크리스천 록, 영감적인 곡(INSPO, Inspirational)으로 되어 있으며, 아이튠즈 스토어의 경우 크리스천과 가스펠(Christian & Gospel) 장르로 분류되어 있다.

이 무렵 우리나라에서도 교회 안에 젊은이들이 늘어나면서 그들의 취향에 어울리는 기독교적 음악이 요구되고 있었다. 미국의 CCM은 당시 국내에 들어와 있던 선교사들에 의해 소개되어 '10대 선교회'(YFC: Youth For Christ) 등의 선교단체나 성경공부 모임에서 가끔씩 불렀고, 건전한 노래운동을 펼치던 YMCA에서는 미국 가스펠 음악을 개사, 캠프송이나 게임송으로 소개했다. 그러나 보수적인 우리나라 교회는 이렇게 새로운 기독교음악을 받아들이는 데는 상당한 시간이 걸렸다. 왜냐하면 대부분 교회는 기타와 같은 악기를 매우 불경스러운 것으로 여겨 교회 안에서 사용하지 못하게 했기 때문이다.[383]

그러나 70년대 초에서 중반을 지나면서 조심스럽게 창작 가스펠이 발표되었고, 70년대 말과 80년대 초에는 가스펠 전문가수도 등장하게 되었고, 가스펠에 대한 관심이 점점 커져가면서 1981년 12월에는 극동방송이 주최하는 '전국 복음성가 경연대회'가 시작되어 본격적인 가스펠의 시대를 맞이하게 되었다.[384] 그러다가 1980년대 중반에는 다양한 사역자들이 등장하면서 가스펠이 활성화되었다. 최덕신이 작곡한 노래들이 인기를 끌었고,[385] 다윗과 요나단, 박종호, 송정미, 옹기장이 선교단 등이 교회를 중심으로 활동하였다.[386] 80년대 후반에 접어들면서는 온누리교회를 중심으로 하는 '경배와 찬양'이라는 새로운 시도가 시작되면서 찬양을 확산시키는 새 시대를 열었다.[387] 이런 흐름에 대중가수인 하덕규가 '쉼'이라는 앨범을 발표하고, 이어서 기독교 방송(CBS) 가스펠 전문 프로그램인 '가스펠 아워'를 진행하여 국내외 가스펠을 소개하였다.[388]

오늘날의 CCM은 더욱 다양한 스타일로 변모되었다. 컨트리, 보사노바, 리듬앤블루스 스타일뿐만 아니라 메탈까지 시도하고 있다. 또한 사역의 전문화를 위한 기획사가 있고, 사역자 양성전문기관과 여러 기독교대학에 CCM 관련학과도 생겼다.

---

383) 최유신, "한국 가스펠 음악의 모든 것", ≪음악동아≫(1995년 3월), p.54.
384) Ibid., p.57.
385) 1985년 송명희가 쓴 글에 최덕신이 곡을 붙인 '그 이름'이 대표적인 CCM곡이다.
386) 윤세민, "한국에서의 경배와 찬양 움직임", ≪빛과 소금≫(1988년 9월), p.17.
387) 박정관, "찬양, 경배운동의 이해", 〈기독교연합신문〉(1990년 4월).
388) 최유신, op. cit., p.59.

　한편, 음악의 형식보다는 내용 면에서 기존 CCM에 대응해 새로운 노래문화를 일구려는 움직임도 있다. 홍순관과 같은 이들은 현대사회에 일어나는 문제에 대해 사회비판의식을 담아내는 음악활동을 펼쳐나가고 있다. 이러한 노래의 주제는 소외된 이웃과 분단된 민족현실, 환경 문제 등 다양하고, 형식 역시 특정한 장르에 구애받지 않고 록이나 포크 스타일을 비롯하여 고전적인 성가 양식과 초기 가스펠 스타일의 간결한 노래는 물론 국악장단과 창법 등도 적극 수용되고 있다.

　CCM은 음악의 형식적인 측면에서 랩, 헤비메탈, 팝, 컨트리, 록 등을 모두 포함하고 있다. 이런 점에서 CCM은 기존의 미국 '가스펠 뮤직'뿐 아니라 엄격한 '교회음악'과도 구별되며, 음악적 장르 사용에 있어서 '현대성'이 두드러진다. 이처럼 CCM의 멜로디와 리듬은 대중음악의 모든 장르를 다 수용한다. 그러나 CCM에서 다루는 가사만큼은 다음의 내용을 담고 있다. 첫째, 하나님을 향한 사랑과 간구, 개인적인 신앙 고백과 감사이다. 둘째, 복음의 내용과 전파이다. 셋째, 믿는 사람들과의 사귐이다. 넷째, 도덕적인 권고와 남녀 간의 순수한 사랑과 가정의 행복과 인류 평화와 인종차별반대와 약물과 마약 사용에 대한 경고 등이다. 이러한 내용이 CCM을 일반 대중음악과 구분할 수 있는 특징일 것이다. CCM의 세부 장르로는 포크, 컨트리, 랩, 펑크, 하드록, 아카펠라, 하드코어, 재즈, 메탈 등 다양하며 찬송가로 불리는 곡들도 리메이크 되고 있다. CCM의 장르 구분도 시대의 유행에 따라 조금씩 변해 가고 있다.

3) 복음성가와 다른 CCM의 특성

우리나라에서 CCM이라는 용어가 처음 등장한 것은 1990년대 초이다. 그러나 실제로 CCM이 우리나라에 소개되고 향유된 것은 오래 되었지만 오랫동안 CCM이라는 용어 대신에 '가스펠송'이란 말과 이를 번역한 '복음성가'라는 말이 일반적으로 사용되어 왔다. 이는 앞에서 살펴본 바와 같이 현대 기독교 음악으로 먼저 등장한 복음성가라는 용어가 퍼져나간 측면이 강하고, 후에 등장한 CCM이 기존의 복음성가와 같은 맥락에서 전통적인 교회음악과 다르고, 대중적인 음악성이었기 때문이었다. 이러다가 1990년대 초 CCM 전문사역자들이 나오고 기독교문화에서 CCM이 폭발적인 호응을 얻으면서 이제는 복음성가라는 말보다는 CCM이라는 말이 더 세련되어 보이고 현대 감각에 맞는 말처럼 여겨지게 되었다. 이것은 마치 방송계에서 희극인, 코미디라는 말에서 개그라는 말로 급속히 변화된 양상과 비슷하다. 이 글에서는 우리나라에서 복음성가와 CCM를 굳이 구분하자면 다음의 세 가지로 말할 수 있다.

첫째, 음악의 스타일에 따른 구분이다. 복음성가는 비교적 누구나 쉽게 듣고 따라 부를 수 있는 일종의 발라드(ballard) 형식의 노래인데 반해 CCM은 창작자와 연주자의 곡 해석이 보다 자유롭고 주관적이다. 이에 따라 음악가가 스스로 CCM이라고 하기 전엔 쉽게 구별이 잘 안 되는 난해한 CCM들도 많다.

둘째, 가사에 따른 구분이다. 복음성가의 가사는 직유법을 사용하여 복음과 기독교적인 가치관 등을 전달하는 반면, CCM은 주의 깊게 들어야 비로소 복음의 내용과 기독교적 메시지라는 것을 알 수 있는 은유적 가사 전달의 방법을 사용하는 경우가 많다.

셋째, 향유하는 세대에 따른 구분이다. 대중음악의 선호도에 있어서도 세대별로 좋아하는 음악 장르가 다르듯이 현대 기독교 음악도 세대 간의 구분이 비교적 선명하다. 일반적으로 청소년과 청년층은 CCM을 선호하는데 반해 30대 이상의 청·장년층은 교회 예배에서도 무리 없이 부를 수 있는 복음성가를 더 선호한다. 복음성가를 선호하는 경향이 강하다. 물론 개인차는 있지만 대개 10대부터 30대까지의 젊은 크리스천들은 CCM을 선호하며 복음성가 가수와 CCM가수를 확연히 구분한다. 이는 10대~30대가 가사보다는 빠른 템포에 익숙한 세대임에 반해 30대 이상은 템포가 느리고 직접적으로 가사의 의미가 전달되는 것을 선호하는 것과 같다. 이러한 세대 간의 특징이 CCM과 복음성가를 향유하는 세대로 드러난 것이다. 결국 세대의 차이는 스피드의 차이다. 젊은 세대는 디지털 세대이고 디지털은 빛의 속도로 모든 것을 처리한다. 그리고 인터넷도 초고속으로 하는 세대들이다. 그러므로 그들이 선호하는 CCM은 비트가 빠른 음악이다. 비트가 빠른 음악으로도 예수를 찬양하고 은혜를 경험한다고 하는 젊은 세대와 그렇지 않다고 믿는 세대들 간의 차이가 크다.

3. CCM의 윤리적 의미와 과제

CCM이 담고 있는 '현대성'이라는 용어[389]는 '시대와 더불어' 혹은

---

389) 박정관, "복음성가 논쟁의 핵심에 연루된 용어의 혼란", 『제2회 여름 목회자 아카데미 자료집』(장로회신학대학교 목사계속교육원, 1997), p.246; 영어의 contemporary는 "함께"를 뜻하는 라틴어 접

'당대'를 의미하지, '새로움'을 뜻하지는 않는다.[390] 즉 CCM은 이미 음악적으로 행해지고 있는 것들과 병행한다는 의미에서 '현대적'이며 동시에 음악적으로 '보수적'이다. 이렇게 볼 때 CCM은 새로운 것이라기보다는 선호되는 것이라고 말할 수 있다. CCM은 그 기원과 음악적 형식과 음악가들의 파격적인 의상과 대중성 때문에 다양한 비판을 받기도 하지만 CCM이 갖는 현대 기독교 문화적인 중요성과 의미를 고려할 때 이러한 비판을 비난이 아닌 보완을 위한 제언으로 여기면서 보다 발전시켜 나가야 한다. CCM이 대중적인 형식을 빌려서 기독교세계관을 표현하고자 하기에 근본적으로 많은 한계를 드러낼 수밖에 없고, 음악적 완성과 신학적 수준이라는 두 가지 영역을 갖추고 있다고 보기는 어렵다.

CCM의 성격이 지나치게 주관적이고, 반지성주의적인 감정이라는 비판은 부분적으로 정당할 수 있으나 그렇다고 주관, 감정 그 자체가 문제는 아니다. 물론 비판하는 바와 같이 CCM이 지나치게 주관과 감정으로 흐름으로 인해 생기는 문제점은 반드시 유념할 사항이다. 그러나 음악이라는 장르적 특성상 객관과 지성의 측면이 결여될 수 있음은 찬송가나 가스펠 음악도 마찬가지이다. 이렇게 볼 때, CCM이 조금 더 그렇다고 비판할 수는 있지만 이러한 비판을 CCM에게만 할 수는 없다. 오히려 CCM이 지닌 강점을 부각시키는 측면에서 CCM을 바라보는 것이 유익하다. CCM이 지닌 단점은 설교와 기독교 신문과 출판물과 같은 것으로 보

두사 com과 '시간'을 뜻하는 라틴어 tempus의 한 형용사형인 temporarius가 결합된 말로서, 웹스터(Webster) 사전은 이 단어의 세 가지 용법을 보여 주고 있다. 우선 이 단어의 대표적인 의미는 "같은 시기에 일어나거나 살거나 존재하는"이다. 이 경우는 우리말로 "같은 시기의"나 "동시대의" 등으로 번역될 수 있을 것이다. 두 번째 뜻은 "동시에 일어나는"이다. 이 경우는 "동시의"라고 번역할 수 있다. 마지막으로 "현재 시기와 함께 할 수 있는 특징을 지닌"이라는 뜻이 있다. 이 경우는 "동시대적"이라고 번역할 수 있다.

390) 헤럴드 베스트, 『신앙의 눈으로 본 음악』, 하재은 역(서울: 한국기독교학생회 출판부, 1995), p.160.

완해 나가면 된다. 이렇게 볼 때, CCM이 지닌 감정적이고 심리주의적인 측면은 현대적인 기독교문화 중의 하나로서 CCM이 지닌 강점일 수 있다. CCM이 지닌 이러한 강점은 인간의 감정과 정서를 순화시키는 효과가 있다. 이러한 음악치료적 사례는 성경에서도 찾아볼 수 있다. 사울 왕이 악신에 사로잡혀 고통당할 때, 다윗이 수금으로 노래하여 마음을 평온케 하고 악신을 쫓아냈다.

CCM이 전문직업주의적이고, 상업적이라는 측면의 비판은 기독교사역의 특성상 어쩔 수 없는 난제일 수 있다. 즉 CCM이 교회에서 만들어지는 것이 아니라 개인이나 단체에서 만들어지기 때문에 그에 따른 경제적인 이윤을 고려할 수밖에 없다. 이것은 사역자들의 정당한 생존의 영역이기에 경제적인 측면을 무시할 수는 없다. 반전통적인 태도를 지닌다는 비판은 현재성을 중시하다 보니 상대적으로 전통성을 덜 중시한다는 것이지 이를 전면배제하는 것이 아니다. CCM 사역의 폭은 매우 넓다. 주류는 아니지만 몇몇 사역자들은 우리 국악을 접목시키거나 사회문제에 하나님의 정의를 담아내는 예언자적인 메시지를 담아내기도 한다.

그러나 CCM을 비롯한 기독교 대중문화의 문제는 미국에 대한 지나친 의존도와 이상화로 문화종속의 문제를 지닌다. 또한 사회의식이나 역사의식의 결여로 일반 사회와 소통하거나 사회변혁적인 영역에 이르지 못

---

391) 사무엘상 16장 23절.

한다. 이를 극복하기 위해 우리 전통문화에 대한 관심으로 민족주체성을 되살리고 일반사회와의 소통과 사회변혁적인 의미를 제시하는 메시지를 제시해 나가는 등의 노력이 필요하다.

'형식'의 문제는 중요치 않다. 그리스도인들은 자기 취향에 맞는 어떤 음악이든 자유롭게 추구할 수 있어야 한다. 시편을 보면 여호와께 드릴 만한 노래로 새 노래를 말한다.

하나님은 시대와 사회 변화 속에서 가변적인 영역에 속하는 음악을 부정하지 않으신다. 오히려 정체되는 음악이 아니라 새로운 음악으로 하나님을 찬양하기를 바라신다. CCM은 복음과 현대의 만남이자 하나님과 사람 사이에 말을 통하도록 하는 '새 노래'이며, 사람과 사람 사이에 말을 통하게 하는 소통의 문화이다.[393]

세상음악이 교회음악에 사용되었다고 해서 교회 음악이 세속화되었다고 말할 수는 없다. 왜냐하면 세상음악에서도 좋은 것은 교회음악으로 취할 수 있기 때문이다. 세상적인 것이라고 해서 다 악한 것도 아니다. 교회음악과 세상음악은 음악 그 자체만 두고는 쉽게 구분할 수 없고, 그 용도와 목적에 의해서 구분하는 것이 타당하다.[394] 음악사를 보면, 한때는 비윤리적인 것으로 지탄 받던 음악이 어느 시대에 와서는 중요한 음

---

392) 시편 102편 26절.
393) 주현신, "한국 CCM, 대중음악의 대안이 될 것인가", ≪복음과 상황≫(1996년 11월), p.134.
394) 성철종, "교회음악과 세속음악에 관한 역사적 연구"(총신대 대학원 석사논문, 1987), p.62.

악적 스타일로 인정 받는 경우가 많다. 기독교 음악사에서도 한때는 세상에 물든 것으로 정죄되었던 것이 찬송가에 수록되고 전통적인 교회 공예배에서 사용되기도 한다. 최덕신은 오늘날 우리의 찬송가에까지 미국 복음성가 시대에 생키나 블리스의 곡들이 실력 있는 것처럼 CCM이 언젠가는 찬송가로 사용할 수 있을 것으로 전망하였다.395)

4. 나오는 말

오늘날 CCM은 여러 가지 문제에 봉착해 있다. 1990년 CCM의 황금시대는 아주 먼 옛날인 양 싶기도 하다. 이러한 이유 여러 가지이다. 먼저 CCM을 추구하는 사역자들의 영성과 자질에 문제가 있다. 전문적이고 체계적으로 양성되지 않은 이들이 영성과 상업성, 교회와 세상이라는 두 축에서 중심을 잡지 못하고 있다. 이런 점에서 최근 기독교 대학 등에서 이와 관련된 학과가 만들어 전문사역자를 양성해 나가는 것은 바람직하다. 아쉬움은 이른바 역사와 전통을 자랑하는 신학대학에 설치된 교회음악학과는 아직도 전통적인 클래식 교회음악만을 지향하고 있다. 그에 반해 오늘날 기독교 대학이나 기관 등에서 양성하는 CCM관련학과들의 설립은 학생 수 모집이 쉽지 않은 지방대학이나 사설교육기관에 머물러 있다는 점이다. 이른바 명문 신학대나 명문 기독교 대학들에서 클래식교회음악학과만 고집할 것이 아니라 기독교실용음악학과를 만들거나 대학원

---

395) 양동복, op. cit., pp.265~267 참조.

과정으로 전문 사역자를 양성해내는 일에 관심을 가져야 할 것이다.

이와 함께 대중음악계에서 볼 수 있는 것처럼 CCM도 전문기획사가 활성화되어야 한다. 이들 기획사를 통해 CCM 사역자가 음악에 몰입할 수 있도록 협력해 나가는 시스템이 구축되어야 한다. CCM사역자의 영역이 좁아진 이유 중 하나는 기획사의 부재에 따른 결과이다. 대중 가수에 비해 CCM사역자들은 작사, 작곡은 물론이고 매니지먼트와 음반 발매, 홍보와 마케팅에 이르는 전 영역을 전담하는 기획사의 도움을 제대로 받지 못하고 있다. 이러다 보니 CCM사역자가 이를 영역까지 해 나가야만 한다. 이런 구조에서는 CCM의 수준이 저하될 수밖에 없다. 대중문화에서는 이미 하나의 산업으로 인식하면서 초대형 기획사가 대중문화를 주도하는 것과 대조적이다. 앞으로 CCM이 활성화되려면 시대의 변화를 주도하면서 대중 문화산업에 견줄 만한 기독교문화 전반에 전문 기획사가 등장해야 할 것이다.

한국 교회는 CCM의 중요성을 인식하고 이러한 음악을 어떻게 우리의 문화 안으로 끌어 들여 그리스도의 문화로 정착시키는가 하는 고민과 논의를 진행해 나가야 한다. 세상 음악을 무조건 거부할 수 없는 것이 오늘의 현실이다. 오늘 우리 시대는 더 이상 대중적인 음악이라고 해서 CCM을 저급한 것으로 예배나 교회에는 맞지 않는 것으로 여길 수 없다. 이제는 전통적인 클래식음악만이 교회음악이 되어야 한다는 생각도 달라져야 한다.

CCM의 발전을 위해 가장 중요하게 생각해야 하는 것은 우리 기독교인들의 정직한 윤리의식에 대한 것이다. 사실 1990년대 CCM의 황금기에 비해 오늘날 침체된 가장 큰 이유는 CCM 사역자와 기획사의 문제나 시대적 흐름만은 아니다. 더 큰 문제는 우리 기독교인들의 정직하지 못한 비윤리적인 문화의식이다. 이것은 CCM음반을 제값 주고 구입해야 하는 데 손쉽게 컴퓨터를 통해 무단으로 무료 다운로드하는 행위이다. 교회에서도 아무렇지도 않게 CCM음반을 무료 다운로드한다. 이렇게 되는 현실에서는 양질의 CCM음반을 만들어낼 수가 없게 된다.

아울러 CCM에 대한 위상을 정립해 나갈 필요가 있다. 아직도 교회 현장에서는 CCM사역자들을 전통적인 교회 직제로 제한하여 이해하려는 경향이 강하다. 이에 따라 사역자들이 어느 교회 소속인지, 어느 교단인지를 따지고, 이들의 교회 직분에 따라 집사, 사모, 전도사, 목사로 소개한다. 이러한 위계적인 직제는 교회 사역에 따른 직분체계로 CCM사역에 따른 직제는 아니다. CCM사역의 영역을 인정하는 인식으로서 교회 직제가 아닌 CCM사역자 혹은 찬양사역자로 부르는 것이 적합하다. 아니면 목사, 전도사라는 말이 전문사역자를 지칭하는 것처럼 찬양사와 같은 말로 위상을 세워나가는 것도 필요하다.

제10장

· · ·

동성애에 대한 기독교윤리

1. 들어가는 말

현재 한국의 대다수의 사람들에게 있어 동성애는 불결한 성행위(항문 성교 등)로만 간주되는 경우가 많으며, 성 억압적인 사회 분위기 때문에 제대로 그 인식 기반을 가지지 못하고 있는 것이 사실이다. 또한 동성애 문제가 편견과 무관심이라는 중요한 인권 문제와 필연적인 관계를 맺고 있음을 외면하고 있는 실정이다. 이러한 이유로 어느 동성애 모임은 우리나라의 동성애에 대한 인식이 100%를 기준으로 아직까지 0.03%밖에 이르지 못했다는 의미로 모임의 이름을 '마음 003'이라고 밝히면서 앞으로의 의식 변화에 따라 그 이름을 늘려 가기로 했다고 밝히기도 하였다. 그러나 중요한 것은 사회가 아무리 억압한다고 해도 동성애는 결코 사라질 수 없는 문제이며, 오히려 감춰질수록 문제는 더 커지고 음성적인 사회문제가 될 가능성이 크다.

동성애는 결코 동성애자들만의 문제가 아니다. 아니, 동성애자들 자신에게 있어 동성애는 문제조차도 될 수 없는 성질의 것이다. 그럼에도 아직까지도 우리 사회는 동성애를 자꾸만 하나의 골칫거리 정도로만 바라보고 있으며, 동성애를 하나의 사랑의 존재 양태로 인정하기보다는 어떻게든 피해가려는 구실을 마련하기에 급급하고 있다.

동성애라는 말은 더 이상 우리들에게 낯선 단어가 아니다. 하지만 동성애라는 말은 또한 비정상인을 지칭하는 또 다른 단어로서 사용되어지고 있는 것 또한 사실이다. '도대체 동성애라는 것은 무엇인가? 정말 '동성애=AIDS'라는 등식이 성립되고 있는 것인가? 그리고 그들의 실제 모습은 정말 무엇인가?' 등의 이러한 물음에 대해 많은 이들은 확실한 대답을 하지 못하고 있다. 우리 기독교는 여러 가지 물음이 선행돼야 함에도 그들에 대해 이해하기보다는 정죄하기에 바빴다. 그들의 실체를 알지 못하면서 그들을 정죄하는 것은 어쩌면 예수님이 비난하신 바리새인들과 같은 모습을 떠올려보게 한다.

우리가 살아가는 21세기는 '다양성 속의 일치'를 중요하게 여기는 사회를 지향한다. 이에 따라 대체로 우리 사회가 다원화, 다문화사회의 양상을 띠게 됨을 당연하게 여기는 분위기인 것 같다. 이와 함께 절대적인 진리, 혹은 도덕이나 윤리를 배척하는 다원화된 사회로 향하고 있다는 것도 부인할 수 없는 사실이다. 이런 사회적 흐름과는 반대로 교회는 믿음의 본질인 '복음' 이외에도 사회문화, 도덕에 대한 성경적 해석 또는 성경에 입각한 가치를 사수하기 위한 힘겨운 싸움을 하고 있다. 그러나 종교적 신념에 따른 도덕적 기준 또는 가치를 비종교인들에게 강제할 수는 없다. 그렇다 하더라도 성경적인 입장에 따라 행동하고, 비판하고, 주장할 자유 혹은 책임이 기독교인에게 있다. 물밀 듯이 밀려드는 교회를 둘러싼 다양한 사회, 문화적 충돌은 한국 교회의 미래를 위협하고 있다.

최근 한국 사회의 현안 중 하나는 '동성애' 문제다. 동성애가 드라마,

영화, 뮤직비디오 등의 소재로 등장한 것은 이미 오래전의 일이다. 최근 드라마에서는 동성애 코드가 내재되지 않은 것을 찾아보기 어려울 정도로 자주 등장하고 있다. 이들이 사회적으로 등장하기 시작한 것은 1900년 이후 그것도 1950년 이후에 나타나기 시작했지만 예전, 즉 그리스 시대부터 동성애자들은 알게 모르게 역사 속에서 계속적으로 존재해 왔다.[396]

사회적으로 성 개방 풍조와 맞물려 이해되고 있는 이런 동성애에 관한 이해들은 주로 성윤리와 관계 있다. 사회적 정황에 따라 여러 곳에서 동성애를 연구하고 그에 대한 자신들의 의견을 발표하고 있다. 하지만 그것은 매우 표면적인 경우로 '수박 겉핥기'에 그치고 마는 경우가 많다.

우리나라의 많은 기독교인은 성경 본문에 대한 정확한 분석에 근거한 것이 아니라 우리 사회 문화적 감성적인 판단에 따라 동성애를 정죄하고 동성애자들에 대해 증오심을 가지고 있다. 그리고 동성애자들에게는 교회에 출석할 자격도 없으며 구원받을 자격도 없다고 생각한다. 동성애자라는 사실 자체만으로 죄가 된다고 생각한다. 살인을 범한 자들보다도 더 흉악한 죄인이라고 생각한다. 동성애 혐오적인 견해가 심한 한국 교회나 기독교인들이 이러한 태도를 버리고 동성애 수용적인 태도를 가지도록 만드는 것은 쉽지 않은 일이다. 왜냐하면 한국 교회와 기독교학계가 폐쇄적이고 보수적인(narrow-minded, never accept new discoveries and ideas) 상황에서 동성애 같은 주체를 다루는 것은 불필요한 오해와 맹목적인 비난을 받을 위험이 있기 때문이다. 그러나 오늘날 우리에게 동성애 문제는 학문적인 노력을 요구하는 새로운 도전이 주어져 있다.[397] 이제 우리

---

396) 폴 러셀, 『The Gay 100』, 이현숙 옮김(서울: 사회비평사, 1996), p.21.
397) 김희수, "성서는 동성애에 대해 정말 무엇이라고 하는가?", ≪종교문화연구≫(제17호, 2011년), p.210.

는 동성애란 무엇이며 그것이 역사 속에서 어떻게 이해되었고 우리가 그것을 어떻게 이해해야 할지를 기독교윤리적인 측면에서 생각해야 할 시점에 이르렀다.

2. 동성애 이해를 요청하는 오늘의 현실

문화는 사회를 해석하고 이해하는 중요한 키워드이다. 이런 점에서 오늘날 동성애는 중요한 사회윤리적 논의를 요청하고 있다. 동성애는 이제 문화적 아이콘의 하나로 인식돼 등장해 미술, 음악, 패션 등에서 광범위하게 다뤄지고 있다. 대학 내 동성애 동아리들이 학내 정식 동아리로 등록돼 공개적으로 회원을 모집하는가 하면, 음성적이던 동성애자들의 문화가 TV와 인터넷 등을 타고 젊은 층을 대상으로 깊숙이 파고들고 있다. 한국 사회에서 동성애가 공론화되고 있는 것도 사회 고위층, 문화에 술계 인사들 사이에서 은밀하게 퍼져 있기 때문이란 지적도 나오고 있다.

2010년 12월 5일 KBS 취재파일4321은 전국 만 12세 이상 남녀 15,600명을 상대로 동성애에 대한 인식을 묻는 설문조사 결과를 발표했다. 그 결과 전체 응답자 가운데 1.9%가 자신을 동성애자라고 밝혔으며, 6.2%는 양성애자라고 답했다. 또 동성애 문제로 고민하거나, 현재 고민 중이라고 밝힌 응답자도 전체의 8.2%를 차지했다. 이 비율은 특히 10대와 20대 젊은 층에서 크게 높아지는 것으로 조사됐다. 눈에 띄는 점은 동성애에 대한 인식에서 '이성애와 다를 바 없는 사랑의 한 형태'라는 응답과 '비정상적인 성적 취향'이라는 응답이 각각 45% 전후로 엇비슷하게 나왔다는 것이다. 또 동성애자들이 차별 받지 말아야 한다는 차별금지법 제정에 대해서는 절반이 넘는 52.5%가 찬성 입장을, 26.5%가 반대 입장을 각각 밝혔다. 동성애가 비정상적인 성적 취향이라고 생각하는 사람들도 이들이 동성애 성향을 가졌다고 해서 차별 받아서는 안 된다는 생각을 가지고 있는 것이다. 이는 유교문화에 깊은 뿌리를 가진 한국 사회에서 터부시됐던 동성애가 개인적인 성적 취향으로 인식 전환이 이뤄지고 있다는 방증이다.[398]

최근 동성애에 대한 논의로 기독교계의 관심이 일고 있다. 이러한 논의는 최근에 불거진 것은 아니지만 동성애에 대한 논의가 본격화된 것 같은 느낌이다. 이러한 논의에 불을 댕긴 것은 지난 8월 7일 공영방송인 KBS에서 방영한 드라마 '클럽 빌리티스의 딸들'이 방영[399] 에 한국기독교총연합회(한기총)와 한국장로교총연합회 등 기독교보수적인 단체들은 분명한 유감을 표하였다. 이 단체들의 견해는 그동안 부분적으로 동성애를 표현하던 기존 드라마와 달리 여성 동성애 자체를 주제로 내보내고 있어 동성애를 미화하는 프로그램으로 보인다. 공영방송인 KBS에서 동성애를 옹호하는 방송을 하는 것은 잘못된 영향을 미치게 될 것에 대한 우려를 분명히 하였다.

서울시교육청에서 추진하려는 성적 소수자에 대한 조례안[400]과 미국

---

398) "동성애, 불편하지만 '지혜로운' 대응 필요하다" 〈기독교연합신문〉(2010년 12월 12일).

399) 드라마 '클럽 빌리티스의 딸들'에는 동성애는 신이 허락하고 인간이 금지한 사랑"이라는 대사가 등장했다. 여성 동성애 커플을 다룬 이 단막극은 방송 직후 온·오프라인의 항의 방문이 이어지면서 급기야 다시보기 서비스를 중단해야 했다. "동성애, 침묵만이 능사는 아니다", 〈한국기독공보〉(2011년 8월 23일).

400) [서울시학생인권조례안]에 나온 내용에서 성적소수자 학생인권에 관련한 내용이다. 제2장 학생의 인

장로교회(PCUSA)가 동성애자에 대한 안수를 가능하게 만드는 법적 요건을 갖췄다.

미국장로교회(PCUSA)는 지난 11일, 교단 산하 173개 노회 중에서 트윈 시티스 에어리어 노회가 동성애자에 대한 안수 제한을 삭제하는 개정안을 87번째로 승인함으로써 확정에 필요한 수의 과정을 통과하게 돼 이 개정안이 확정됐다고 밝혔다. 이번에 통과된 개정안은 동 교단 헌법의 일부인 규칙집의 G-6.0106b에서 규정하고 있는 모든 목사와 장로, 그리고 집사의 안수 기준을 바꾼 것이다. 이제까지 PCUSA의 안수 기준은 '정절과 순결(fidelity and chastity)'이라는 두 단어로 대변되고 있었다. 즉, 이전의 규칙집은 안수 기준을 '남성과 여성 사이의 결혼이라는 언약에 따라 정절을 지키며(in fidelity) 살아가거나, 독신으로 순결을 지키며(in chastity) 살아가는 사람'으로 규정하고 있었지만, 개정안에서는 이 조항을 삭제, 결과적으로 동성애자가 안수를 받을 수 있는 길을 열어 준 것이다.[401]

동성애자 목사 안수 문제는 최근의 문제는 아니다. 이미 미국과 호주 등에서는 감리교, 성공회 등의 교단에서 동성애자 목사 안수가 허용되었다. 아마도 우리나라에서 장로교회가 많다 보니 미국장로교단에서 논의

권 제1절 차별받지 않을 권리 제6조(차별받지 않을 권리) ① 학생은 성별, 종교, 나이, 사회적 신분, 출신지역, 출신국가, 출신민족, 언어, 장애, 용모 등 신체조건, 임신 또는 출산, 가족형태 또는 가족상황, 인종, 경제적 지위, 피부색, 사상 또는 정치적 의견, 성적 지향, 성별 정체성, 병력, 징계, 성적 등을 이유로 차별받지 않을 권리를 가진다. ② 학교의 설립자·경영자, 학교의 장 및 교직원은 제1항에 예시한 사유로 어려움을 겪는 학생의 인권을 보장하기 위하여 적극적으로 노력하여야 한다. 제2절 폭력 및 위험으로부터의 자유 제7조(폭력으로부터 자유로울 권리) ① 학생은 체벌, 따돌림, 집단 괴롭힘, 성폭력 등 모든 물리적 및 언어적 폭력으로부터 자유로울 권리를 가진다. ② 학생은 특정 집단이나 사회적 소수자에 대한 편견에 기초한 정보를 의도적으로 누설하는 행위나 모욕, 괴롭힘으로부터 자유로울 권리를 가진다. ③ 교육감, 학교의 장 및 교직원은 체벌, 따돌림, 집단 괴롭힘, 성폭력 등 모든 물리적 및 언어적 폭력을 방지하여야 한다.

401) "미 장로교회 사실상 '동성애 안수' 문 열어", 〈한국기독공보〉(2011년 5월 17일).

된 동성애자 목사 안수 건이 중요한 이슈가 된 것 같다.

이러한 소식이 전해지면서 기독교계는 이에 대한 입장을 내야만하는 시기에 놓이게 되었다. 이러한 가운데 기독교윤리실천운동(기윤실) 부설 기독교윤리연구소에서 『동성애에 대한 기독교적 답변』(예영커뮤니케이션)을 출간해 눈길을 끈다. 책임편집자 노영상 교수(장로회신학대학교)는 "한국 교회는 동성애를 긍정하진 않지만 동성애자들을 따뜻한 마음으로 감싸려 하고 있는 입장이 여러 교수님들의 글에서 발견됐다."면서 이 책의 마지막 부분은 이렇게 정리되고 있음을 강조하였다. "동성애자라고 해서 합리적인 이유 없이 차별을 받아서는 안 된다는 입장에는 찬성하지만 동성애가 올바르지 않다고 교육하는 것을 원천적으로 봉쇄하는 법안을 만드는 것에 대해서는 반대하는 의사를 분명히 한다."

곽재욱 목사(동막교회)는 "순례의 공동체로서 교회는 그들을 연민과 사랑으로 치유해야 한다. 교회는 동성애자들에게 있어서 구원의 희망이다. 교회는 그들을 포함하여야 한다. 그리고 그들을 돌보고, 고쳐주어야 한다."고 밝혔다. 이 책의 입장은 부제인 '동성애를 긍정하지 않지만, 동성애자들을 따뜻하게 맞이하는 교회'라는 구절이 주제를 분명하게 드러낸 것처럼 추후에 살펴볼 동성애에 대한 기독교이해에서 둘째 유형에 속하는 접근이다.

아직까지 한국 교회의 주된 정서는 '동성애는 죄'라는 데 변함이 없지만 동성애는 어느새 우리 사회의 핫이슈 중 하나가 돼버렸다. 이렇듯 동성애에 대한 논란은 이번 한 번의 해프닝으로 끝나지 않고 계속될 것이다.

3. 동성애란 무엇인가

성에 대한 일반적인 견해는 남녀 간의 사랑인 이성애이다. 이는 제도적으로 보편화되고 절대시된 것으로 가부장제와 결탁하여 동성애를 비롯한 나머지 성들을 비정상으로 분류하고, 이성애 중심의 남녀 위계적인 지배 질서를 공고히 하였다. 이성애자들은 이성애를 제외한 여타의 성적인 행위를 성적 탈선이나 퇴폐행위로 본다. 그러나 인간의 성적 행위에는 이성애 외의 다른 성적 행위도 존재하고 있다. 그 대표적인 것이 바로 동성애이다.

동성애란 일반적으로 이성(異性)이 아닌 동성(同性)에 대하여 일시적·단기간이 아닌 장기간에 걸쳐 항구적으로 심리-성적인 매력을 느끼고 이에 따라 육체적-성적인 행동을 수행하는 것을 뜻한다. 동성애에 대한 이해의 기초로서 용어적인 정리를 하면 다음과 같다.

동성애라는 말의 시작은 '동성애자(독일어: Homosexeller, 영어: homosexual)'라는 말이 19세기 후반 독일어권의 의사들이 사용하기 시작한 뒤, 여러 유럽어로 차용됐다. 이 말이 의학계를 넘어 일상어로 쓰이게 되었다. 일반인들에게 이 말은 매우 경멸적인 의미로 여겨졌다. 오늘날은 초창기의 경멸적인 의미가 덜한 듯하나, 일반적으로 경멸의 의미가 담긴 말로 호모(homo), 게이(Gay), 레즈비언(Lesbian) 등의 용어를 쓰고 있다.

남성 동성애자의 경우를 '게이'라고 하고, 여성동성애자의 경우를 '레즈비언'이라고 한다. 레즈비언은 시인 사포가 살았던 에게 해의 섬 '레스보스'에서 온 말이다. 사포는 기록에 남아 있는 최초의 여성 동성애자로 간주된다. 여성 동성애는 '레즈비어니즘'이라고 하고, 사포의 이름을 따 '사피즘'이라고도 한다. 남성 동성애를 '소도미'라고 부르는 경우도 있는데, 이것은 아주 부정적인 의미를 지닌 말이다. 왜냐하면 이 말은 음란과 부패의 죄를 지어 고모라와 함께 파괴된 팔레스타인의 도시 소돔(창세기의 기록)에서 온 말로 주로 항문 성교를 가리키는 말이기 때문이다.

우리말 '동성애'는 영어 호모섹슈얼리티(homosexuality)를 직역한 말이다. 이 말은 영어 호모섹슈얼리티를 일본어로 한 '도세이아이(同性愛)'를 거쳐서 온 것이다. 남성 동성애를 뜻하는 '남색'이라는 말도 일본어 '단쇼쿠(男色)'나 '난쇼쿠(男色)'에서 온 말이다. 이처럼 동성애를 뜻하는 순우리말(고유어)은 없다. 동성애에 대한 사회적 편견은 오랫동안 동성애를 뜻하는 용어에 의미가 더해졌다. '남색'이라는 말의 우리말 의미는 토박이말인 '비역'에 질을 더한 말이다. '비역'은 줄여서 '별'이라고도 하고, 경멸의 뜻을 담은 접미사 '질'을 붙여 '비역질'이라고 한다. 흔히 쓰는 욕설에서 "에이, 비역질 할 놈아!", "별짓거리"와 같은 말이 매우 상스러운 욕설인 것은 "당신은 남자동성애할 사람"이라는 의미가 상대방에게 심한 욕설로 쓰인다는 것으로도 알 수 있다. 비역의 상대는 '살친구'라고 한다. 그러니까 '살친구'는 게이들이 자기 파트너를 이르는 말이 된다. '살친구'를 '면'이라고도 한다. '살친구'나 '면'을 한자어로 하면 '미동'(美童)이나 '연동'(戀童)이라고 한다. 언뜻 보면 아름다운 한자어인 듯하나 이는 어린 아이를 동성애로 괴롭히는 듯한 느낌을 준다.

여성끼리의 성행위는 고유어로 '밴대질'이라고 한다. 이 말은 '밴대'라는 명사에서 파생되었고, 다시 '밴대질치다'라는 동사를 파생시켰다.

이 말도 비역질처럼 부정적인 의미인 욕설로 쓰였다. 이렇듯 동성애와 관련된 우리 고유어 어휘는 그 강렬한 부정적 함축 때문에 대부분 금기어에 속한다. 즉 정상적이고 일반적인 대화에서는 함부로 입 밖에 낼 수 없는 말들이다.

동성애의 영어 표현으로 Homo-sexuality는 고대 그리스어(희랍어)에서 '동일하다', '같다'의 의미를 지닌 ho-mos에서 나온 말로 라틴어의 인간을 뜻하는 homo는 동성애와 어원적으로 관련이 없다. 동성애에 대한 심리학적인 정의는 동성에게서만 성적인 매력을 느끼고, 성적인 관계를 갖는 사람들을 말한다. 이처럼 넓은 의미에서 동성애가 의미하는 것은 이성(異性) 간의 성적인 관계를 뜻하는 헤테로섹슈얼리티(heterosexuality)의 반대말이다.

동성애란 동성에 대해 특히 성적인 의미를 갖거나 동성 간에 성적관계를 맺는 것을 말하지만 동성과 친밀해지거나 동성의 대상을 바라보는 것만으로도 성적 만족을 얻는 경우도 있고 반대로 성행위를 직접 하여 성적 만족을 얻는 경우도 있다.[402] 이에 따라 동성애를 논의할 때, 동성애적 성향(homosexual orientation)과 동성 간의 성적행위(same-gender sexual acts)는 구별되어 논의되어야 한다고 보는 이들이 있다. 이러한 사람들은 동성애적 성향이 선천적이거나 결정적인 것으로 자연적 성향이라고 보기에 행위자의 의지의 문제가 아니라 자연적 성향에 따른 경향이기 때문에 행위자에게 윤리적인 책임을 묻기 어려운 것이라고 본다. 그러나 이를 비판하는 이들은 동성 간의 성적 행위는 동성애적 성향이 있는 사람들이 동성 간에 적극적인 성적 행위를 가지는 경우를 뜻하는

---

402) 김중대, 『정신위생학』(서울: 형설출판사, 1984), p.366.

것으로서 동성애적 행위에 대한 윤리적 비판과 평가가 가능하다고 본다. 흔히 동성애라는 개념이 행위자의 성적 관계만을 의미하는 느낌이 강하기 때문에 동성애주의자들은 스스로를 지칭하는 말로서 이성 간의 사랑에 대한 반대개념인 '동성애'라는 말보다 남성 간의 동성애주의자를 지칭하는 '게이'와 여성 간의 동성애주의자를 뜻하는 '레즈비언'을 일반적으로 사용하기도 한다.

킨제이 연구보고서에 의하면, 사람을 이성애자(homosexuality)와 동성애자(homo-sexual)로 명백히 구분할 수 없다. 이 보고서에 의하면, 대개의 사람은 완전한 이성애자도 동성애자도 아니다. 이성애만을 혹은 동성애만을 가진 사람도 있으나 인구의 상당부분이 이성애 경향과 동성애 경향의 쌍방을 가진 사람들로 성립되고 있다.

동성애는 크게 세 가지의 유형으로 나타난다. 첫째, 연령 구조적 동성애(age-structured homosexuality)이다. 이것은 연령이 다른 동성 간에 동성적 관계를 가지는 형태이다. 둘째, 성전환(性轉換)적 동성애(gender-reversed homosexuality)이다. 이것은 자신의 성과 반대의 성적 특징을 따르는 행위를 동반한 동성애를 의미하는 것으로서 흔히 이들은 성전환 수술을 원하는 사람들이다. 셋째, 역할 전문적 동성애(role-specialize homosexuality)이다. 이것은 동성애 사이에도 남녀의 역할분담이 이루어지고 동성애 사이에서 각자의 성역할이 나타난다는 것을 의미한다.

4. 동성애 발생 원인에 대한 논의들

초기에는 동성애를 사회병리적인 성격장애로 여겼다. 1973년 미국 정신의학회 이사회에서 동성애라는 말을 없애고 '성적인 적응장애'로 바꾸기로 가결했다.[403] 그러나 미국 인권운동자들의 반대와 시위로 동성애를 정신과적인 성격장애진단명에서 삭제했다. 이에 따라 동성애를 인간의 성에 대한 성향이 다른 정상적인 것이라고 인정하고 있다. 학자들은 동성애의 원인 규명을 위해 어떤 사람들이, 어떤 이유로 동성애자가 되는가에 관심 갖고 연구하였다. 이러한 학자들의 연구 동기는 동성애의 원인을 밝혀내기만 한다면 동성애자가 되지 않도록 예방하거나 동성애자를 개선을 통해 이성애자로 바꿀 수 있다는 생각이 내포된 것이라고 말할 수 있다.

지금까지 동성애 발생 원인에 대한 명확한 해명은 없다. 전통적으로 정상적인 성적인 발달이나 지향성에서 벗어난 것으로 보는 견해가 주조를 이루어왔으며, 이러한 견해를 뒷받침하는 다양한 논의가 있다. 이러한 논의들은 주로 생물학적, 심리분석적, 그리고 사회학습론적인 분석에 크게 의존하고 있다. 동성애 성향에 대한 윤리적 분석 및 이해에 있어서 두드러지는 견해들은 대략 세 가지 이론으로 축약된다. 환경이론, 유전이론, 그리고 학습이론이 바로 그것들이다. 환경이론이 후천적인 성향고착을 뒷받침하는 이론이라면, 유전적 요인은 동성애적 성향은 유전적으로 타고 난다는 견해를 지시하고, 학습이론은 유전이론을 반박하는 견해

---

403) 박충구, 『한국사회와 기독교윤리』(서울: 성경연구사, 1995), p.281.

를 보이고 있다.404) 지금까지 동성애에 대한 이해는 주로 환경이론적인 관점이 주조를 이루어오고 있었으나 1990년대에 들어서면서 동성애적 성향을 재조정할 수 있는 가능성에 많은 관심이 모아지고 있다.405) 이에 대한 논의를 살펴보면 다음과 같다.

1) 정신분석학적 모델

동성애와 정신분석의 관계는 정신분석학을 정립시킨 프로이트(Sigmund Freud)의 견해로부터 출발한다. 그는 모든 인간이 적극성이나 남성다움과 수동성이나 여성다움에 대한 성향을 함께 유전적으로 물려받지만 정상적으로 아동기 때까지 이러한 소질들은 분명하게 형성되지 않는다고 주장한다. 어린 아이는 정상적인 성인으로 발달해 가면서 여러 가지 복잡한 행동들의 규범을 배운다. 그러면서 이러한 경향이 나중에는 이성애적인 경향으로 성숙된다. 이러한 관점에서 보면 성인이 동성애자가 된 근본적인 원인은 아동기 당시의 성적인 발달에 기인한 것이다.

그는 모든 사람이 원래 양성적 존재로 태어나며, 자라는 도중에 성적 발달이 정지하게 되면 게이가 된다고 믿었다. 그러므로 동성애자가 배척 당해서는 안 된다고 보았다. 프로이트는 동성애를 치료할 필요가 없다고 생각했으며, 성적 지향의 발달은 아동기에 가족과의 관계에서 어떠한 경험을 했는가에 달려 있다고 한다. 특히 자신의 신체 구조가 이성과 다르

---

404) Ibid., p.279.

405) 동성애 발생 인원에 대해서는 김영일은 정신분석, 학습, 생물학적, 사회문화적 측면으로 구분하여 설명하고 있다. 김영일, 『윤리적 삶의 질』(서울: 대한기독교서회, 2006), pp.322~326 참조.

다는 것을 인식하는 3세에서 5세 사이의 경험에 의해서 성적인 발달이
제대로 이루어지거나 정지될 수 있다고 하였다. 아이가 동성애자로 발달
하는 것은 가족의 상호작용이 흐트러졌기 때문이며, 부모 모두가 부모의
역할을 제대로 하지 못했기 때문이라고 말한다. 하지만 프로이트 이후의
정신분석가들은 다른 이론을 전개하고 있다.

(1) 클라인(Klein)

남성이 어린 시절 어머니를 두려워한 감정 때문에 나중에 게이가 되
었다고 해석한다. 아동은 자신의 남근을 보면서 만족감이나 우월감을 얻
지만, 남근이 없는 어머니의 신체를 보면 두려움을 느낀다. 그래서 다시
남근을 잃어버릴 가능성을 생각하게 된다. 이 경우 그 남성은 거세 불안
을 생각나지 않게 하는 다른 남성과 성관계를 가져야만 한다. 곧 어머니
는 남근을 숨기고 있는 옳지 못한 대상이므로 더욱 아버지를 동일시하게
되면서 동성애적 지향이 발달하게 되는 것이다.

(2) 베그러(bergler)

어머니로부터 수유 받는 시기에 너무 만족이 컸기 때문에 남성에게
집착한다고 해석한다. 이 경우 다른 남성들의 성기는 어머니의 젖을 상
징한다고 보고 있다.

(3) 비버(bieber)

동성애를 이성애에 대한 공포가 내재된 현상으로 파악했다. 그리고 그들은 여자와 성적으로 접촉하는 남자가 여성의 생식기로부터 질병이나 상처를 받지 않을까 하는 두려움이 수반된다고 결론지었다. 정신과적인 도움을 얻으려는 동성애자들의 표본으로부터 동성애는 성장과정에서 아동과 부모와의 비정상적인 상호작용의 결과라고 주장한다. 비버의 연구에서 동성애는 아동기의 갈등에서 야기된 무의식적 불안이며, 이 불안을 해소시키는 것이 동성애의 치료라고 보았다.

결론적으로 프로이트, 그리고 프로이트와 다른 이론을 제시한 후세대의 정신분석가들 모두 동성애의 원인에 대해 생에 초기의 경험으로서 설명하고 있다. 이들은 동성애가 어머니에 대한 성적 욕망의 공포증이나 혹은 오이디푸스 콤플렉스(oedipus complex)에서 발생한다고 말한다. 즉 이들은 인간이 원래 양성적 존재로 태어나는데, 동성애자들은 성장하면서 부모와의 갈등과 가족의 상호작용이 원만하지 못하여 동성애적 성향이 고착된다고 보았다. 또한 동성애를 아동기의 발달 장애로 규정하여, 동성애가 이성애보다 미숙한 형태의 성적 행위로 말한다. 그러면서 이들은 동성애를 의식적 선택 결과가 아니라 심리적 콤플렉스의 결과로 말하면서 조루증으로 인한 여성의 질에 대한 공포증, 여자는 남성의 성기 삽입에 대한 두려움 등 생물학적 기질이 아닌 환경과 심리적인 현상이 동성애의 발생 원인이라고 말한다.

이들의 주장에 따르면, 발달 단계에서 동성애가 될 시기가 있다. 이유

아기에는 남녀가 남성에 무관심하다가 아동기에 들어서면서부터 성적 호기심이 일어나기 시작한다. 동성교우(unisexual friendship)의 경향은 성장과 더불어 강화된다. 사춘기의 부정적 경향의 일면으로, 이성으로부터 단기간 멀어지려는 시기가 있다. 이런 경향은 소년보다 소녀에게 두드러지게 나타난다. 성의 생리에 대해 잘 알지 못해 성 일반에 대한 불안, 수치, 혐오의 현상이 일어난다. 남성을 혐오하거나 냉담해짐과 동시에 거친 태도를 취하고, 주위 사람들에게서 받는 성적 변화에 대한 놀림으로 수치심이나 공포가 생긴다. 그리고 연장자를 동경(동성애와 영웅숭배)하는 시기다. 이때 동경하는 대상이 동성일 경우 심취(crush), 이성일 경우 영웅숭배(hero worshipping)라고 한다. 심취는 육체적 접촉보다 정신적 공명의 희열감이 중심이 되는 동성애 심리가 작용하게 되며, 13~16세까지 일어나는 현상으로 동성애가 아닌 정상적 현상이다. 이 시기에 동성애자가 될 가능성이 있다.

2) 심리-사회학습이론적 모델

심리적인 이유로 동성애가 되는 것으로 보는 견해로는 비정상적 가정환경에서 동성애가 될 가능성을 제시한다. 어머니의 과보호에 따른 사랑은 상대적으로 아버지의 사랑을 경험하지 못하는 결핍을 가져오게 된다. 이렇게 자란 아들은 동성애에 빠지기 쉽다는 것이다. 즉 동성애란 의식적 선택 결과가 아니라 환경과 심리적인 콤플렉스에서 온다는 것이다. 학습 이론에 기초해서 동성애를 부모나 가족 환경으로 영향을 받은 조건형성이라는 것이다.

동성애를 학습이론으로 설명하기 시작한 연구자들은 이른바 "킨제이 연구보고서"에서 시작된 것으로 보인다. 이들은 동성애를 하나의 성적 지향이라기보다는 동성을 선택하는 기호로 보았으며, 그 기호의 형성은 조건형성의 역할로 해석하였다. 그래서 이들은 인간유기체 근본적으로 단순한 이성애적이거나 동성애적인 것으로 보지 않고, 양성으로부터의 자극들에 반응한다고 본다. 사회학습의 이론406)으로 동성애를 설명할 수 있는 상황의 예들은 어린 시절 의복의 착용이나 장난감의 선택, 또는 놀이방법의 선정에서 직접적으로 강화 받았다거나 직접적 강화가 없는 상태에서 동료나 성인의 행동이 강화 받는 것을 관찰했다거나 어떤 사건 이 발생하면서 우연히 보상의 효과를 얻는 것 등이다. 일부 연구자들은 학습이론에 생리학적 요소를 가미시켜 합병이론을 만들었다.

그들은 임신한 쥐의 자궁에 호르몬을 투입할 때 쥐의 성적 활동이 극 적으로 달라진다는 점에서 착안하여 인간 태아의 두뇌에도 남성이나 여 성 호르몬 수준에 매우 민감한 영역들이 있다고 가정했다. 즉 출생 전 호르몬이 어느 정도에 생성되는가에 따라서 출생 후의 남성적 또는 여성 적인 행동발달을 미리 결정한다는 것이다.

이 연구자들은 또 동성애자들을 1차적 및 2차적 동성애자로 구분하기

---

406) 반듀라가 제창한 사회학습이론에 의하면 인간의 행동은 보상이나 처벌의 조작결과로서 형성되는 것 이 아니라, 다른 사람의 행동을 관찰하고 모방한 결과로서 이루어진다. 그는 모방과 관찰학습을 강조 하였다. 운전 중에 차 앞에 웅덩이가 있는 것을 보고, 이것을 관찰하여 차가 손상되지 않고 웅덩이를 피하기 위해서 차를 비껴가게 운전할 것이다. 이 경우 운전자는 자신의 관찰로부터 학습은 했으나, 관찰한 것을 모방하지는 않았다. 그에 따르면, 운전자가 학습하는 것은 인지적인 처리를 거친 정보이 며, 이롭다고 생각되는 방식으로 실행하였다. 그러므로 관찰학습은 다른 사람의 행동을 흉내 내는 단 순한 모방 이상의 복잡한 것이다. 사람들은 어떤 행동이 자신과 타인에게 주는 효과를 관찰 한 후 그 결과를 바탕으로 자신의 행동을 평가하고 미래의 성공 여부를 가늠한다고 보았다. 만약에 자신이 성 공적으로 수행할 수 있다는 기대가 성립되면 필요한 행동을 수행하려는 결정을 내린다. 이것은 행동 을 수행할 수 있다는 자기 확신감으로 그는 자기효율성(self—efficacy)이라고 불렀으며, 개인의 자기 효율성은 반복된 과제관련 경험을 통하여 점진적으로 발달한다.

도 하였는데, 1차적 동성애자들은 이성애의 내력이 전혀 없는 경우를 지칭한다. 이들의 이론에 의하여, 남아가 태어나기 전 어머니의 자궁 속에서 어떤 여성 호르몬의 영향을 받았다면 아동기 때에 그는 여자와 같은 행동을 할 것이다. 특히 부모로부터 여성적인 행동을 격려 받는다면 더욱 그렇다. 여성 호르몬의 영향을 받았더라도 곧바로 동성애자가 되지 않을 수 있지만, 그는 불가피하게 나중에 그러한 방향으로 기울어지게 된다고 가정한다.

3) 생물학적 모델

최근까지 동성애가 생물학적으로 결정되는가를 확인하려는 연구들은 주로 유전설(세포 유전학), 호르몬설(내분비계), 뇌 구조설(신경해부학)로 나뉜다. 유전설은 부모로부터 받은 유전적 요인이 동성애적 지향을 결정하는가를 밝히기 위한 방법으로, 주로 쌍둥이를 표집 집단으로 삼고 있다. 동성애가 유전되는 것은 아니지만 자궁 내에 있을 때 신경계통의 이상으로 출생하면서 동성애 기질을 갖고 태어난다는 설명이다.

유전적 요인이 동성애적 지향을 결정하는가를 밝히기 위한 고전적인 방법으로 일란성 쌍생아의 행동을 비교하는 연구였다. 1952년도에 발표된 칼만(Kallman)의 연구에 의하면, 일란성 쌍생아의 동성애 일치율이 100%인 반면에, 이란성 쌍생아의 동성애 일치율은 15% 정도라고 결론지었다. 독일 슈레겔(Schlegel)은 쌍생아의 동성애 일치율이 95%인 반면에, 쌍생아의 경우는 5%에 불과했다고 발표하면서 칼만의 입장을 지지하였다.

　이처럼 여러 연구들에서, 일란성 쌍생아의 경우 동성애 일치율이 일반 형제들 간의 일치율보다 훨씬 높은 50% 정도에 해당하므로 어느 정도 생물학적인 근거를 지지해 주었다. 마이클 베일리(Michael Bailey)와 리차드 필라드(Richard Pillard)는 단순히 정상적으로 태어난 남성 일란성, 이란성 쌍둥이만을 조사하지 않았다. 오히려 일반적인 가정에 입양된 남성 일란성, 이란성 쌍둥이들까지 포함된 광범위한 조사를 하였다. 조사 결과 칼만과 비슷하게 쌍둥이 중 한 쪽이 동성애적 경향을 가지면 다른 쪽도 동성애적 성향을 가짐을 밝혀냈다. 또한 일란성 쌍둥이가 이란성 쌍둥이보다 그 수치가 높음도 밝혀냈다. 이와 유사하게 베일리는 여성 일란성 쌍둥이나 이란성 쌍둥이도 조사하였다. 조사결과 남성 쌍둥이들과 큰 차이가 없음도 밝혀냈다. 1993년 중반 미국 국립 암센터에서는 동성애적 성향이 있는 사람들을 대상으로 조사하였다. 그 결과 그동안 밝혀지지 않았던 동성애적 성향과 관련이 있어 보이는 X염색체를 발견하였다. 더불어 동성애적 성향이 있는 사람들의 가족들도 조사하였다. 조사 결과, 놀랍게도 일반적 가정들보다 동성애자나 양성애자의 수치가 높음이 밝혀졌다. 더 놀라운 것은 조사대상들 중 부계 쪽보다 모계 쪽에서 더 높은 동성애나 양성애의 성향이 높음도 찾아냈다.

　그러나 이 연구들은 연구에 대한 문제점 때문에 객관성을 상실한 것으로 인정 받지 못하였다. 예를 들면 칼만의 경우 그 표본이 교도소 및 정신병원 수감자들을 대상으로 한 것으로 연구결과를 일반화시킬 수 없으며, 일란성 쌍둥이라는 진단에 대한 설명이 부족한 상태에서 연구되었다. 최근 쌍생아연구에서는 유전인자가 동성애 근본적인 원인이 아님이 밝혀지기도 하였다. 파커(Parker, 1964)는 수많은 일란성 쌍생아 가운데 단지 한 명만이 동성애자였음을 지적하였다. 또한 동성애자들을 치료하는 과정에서 그들의 95%정도는 원래 태어날 때부터 동성애자가 아니었음을 밝혀냈다.

두 번째 접근 방법으로 동성애가 호르몬의 영향 때문인가를 확인하려는 연구들이 나왔다. 동성애자들이 표현하는 감정이나 행동들은 변화에 대한 저항이 매우 강한 편인데, 그 이유를 호르몬의 불균형이라고 가정한 접근방법이다. 사람도 동물처럼 태아기 동안 호르몬의 영향으로 중추신경계의 구조와 기능에 변화가 생기면, 그 결과로 남성이 여성적인 또는 여성이 남성적인 성적 지향을 보이게 된다고 가정해 보는 것이다. 흰 족제비의 연구에서는 그러한 가정이 증명되었다. 즉 흰 족제비의 암컷이 뇌의 성 분화가 이루어지는 태아기 동안 남성호르몬 테스토스테론을 주입시킨 결과, 태어난 족제비는 암컷과 교미하려는 행동이 나타났다. 또, 가장 중요한 실험은 성인 이성애자와 동성애자의 호르몬에 관한 비교이다. 이 실험에서 밝혀진 것으로 남성 동성애자들은 테스토스테론(testosteron: 남성 호르몬의 일종)의 수치가 적다는 것과 에스트로겐(estrogen: 발정호르몬)의 수치가 높게 나타났다. 또한 여성 이성애자들보다 여성 동성애자들에게서 테스토스테론이 높게 수치가 나왔다.

세 번째 접근방법으로 게이들의 뇌의 구조가 이성애자들의 구조와 다른 가를 살피는 연구가 나왔다. 1991년 성행동과 관계된다고 알려진 시상하부의 크기가 이성애자와 동성애자가 서로 다르고, 대뇌의 청각피질에서 두 집단 간의 반응이 다르다는 연구결과가 나오기도 하였다. 1991년 리베이(LeVay)는 성행동과 관계가 깊다고 알려진 뇌구조물의 부위인 시상하부에서 게이와 이성애자 간의 차이가 있음을 제시하였다. 그는 죽은 사람들의 해부 실험을 통해 시상하부에 존재하는 INAH-3라는 물질을 축출해 내는 데 성공했다. 특히 이 물질이 이성애적 남성보다 동성애적 남성에게 훨씬 적게 나타났다. 그의 연구는 동성애 발생 원인이 더 이상 후천적인 요인보다 선천적 원인에 기인하고 있음을 밝혀낸 것이다.

이 연구 결과는 동성애적 성향이 선택적이거나 사회적 영향에 의한 것이 아닌, 태어나면서부터 결정된 사항이라는 결론에 도달하게 되었다. 하지만 그의 연구는 조사대상자들이 모두 에이즈로 사망한 사람들이었다는 약점을 가지고 있다. 최근에는 정신질환의 경력이 없는 성인 남성 중에서 이성애자 9명과 게이 8명의 뇌파를 비교했더니, 대뇌의 청각피질에서 반응이 다르게 나타났다는 연구 결과가 발표되기도 하였다.

4) 사회문화적 요인

수마트라(Sumatra) 섬의 북서부에서 파푸아뉴기니(Papua New Guinea)를 걸친 태평양의 멜라네시아(Melanesia) 문화권의 여러 종족들 간에는 동성애 생활이 사회적으로 제도화되어 있다. 뉴기니의 동부 고원지방에 사는 삼비아(Sambia) 족들의 남성들은 제도적으로 동성애 생활을 한다. 그들의 전통은 남자 아이가 9세가 되면 가족들과 함께 살지 않고 마을 중앙에 남자들만이 사는 큰집에서 생활해야 한다. 즉, 삼비아 족의 남자 아이들은 어머니와 자매들의 세상에서 벗어나 남성다움의 상징인 일등 사냥꾼이 되기 위하여 비밀사회에 들어가는 것이다. 그들은 거기에서 결혼할 나이인 19세까지 살아가는데, 그동안 동성애적인 활동에 참가해야 한다. 어려서는 엄마의 젖을 먹고 자랐지만 비밀스러운 사회에 들어온 남자 아이는 이미 성숙한 미혼남성의 정액을 먹어야 한다. 젊은 미혼남성들의 의무는 어린 남자 아이들을 성숙시키기 위하여 정액을 먹이는 것이다. 그러나 이미 성숙하여 정액의 사출이 가능한 남자 아이에게 정액을 먹이는 것은 금지되어 있다. 이러한 생활을 하던 남성이 결혼할 나이가 되면 그의 가족들은 부인이 될 여자와 협상하여 결혼을 주선한다. 그리고 나서 그의 인생은 이성애적인 생활로 전환하게 된다. 그러나 그들의 문화권에서는 얼마나 동성애적인 경험을 충분히 가졌느냐에 따라서 완전한 남성이 된다는 기준을 가지고 있다. 그들은 충분한 동성애생활을 근거로 일등 사냥꾼의 특징을 갖추어야 결혼 후에도 완전한 남성이 될 수 있다고 믿는다.

멕시코의 동남부 유카탄(Yucatan)반도의 마야(Maya) 족들도 결혼하기 전까지 동성애가 유행하였다. 그들은 오히려 결혼 전에 이성과의 성관계를 갖지 못하도록 금하였다. 이와 같은 문화권에서는 동성애적인 경험을 기피하는 남성을 일탈된 남성으로 보았다.

이에 반해 우리나라와 같은 문화권에서는 동성애적인 경험을 가진 사람들을 비난하고, 일탈된 사람으로 취급하는 문화권이다. 우리가 가지고 있는 동성애에 대한 생각을 위에서 살펴본 멜라네시아 문화권이나 마야 족들에게 적용시키는 것은 불가능할 것이다.

이처럼 동성애의 발생 원인을 밝히려는 노력과 연구는 지금까지 수없이 이루어져 왔다. 아직도 많은 사람들이 동성애 발생 원인을 밝히기 위한 연구를 하고 있지만 그 해답은 미지수이다. 그러나 주목해서 볼 것은 동성애 발생 원인을 찾는 연구에 비해 이성애 발생 원인을 찾기 위한 연구는 눈에 띄지 않는다는 사실이다. 이런 이유의 기저에는 이성애를 정상적이고 자연스러운 것이므로 이유가 필요 없는 것으로 여기고, 동성애를 비정상적인 병이기 때문에 그 원인을 찾아야 한다는 전제가 있기 때문이다. 그러나 동성애 발생 원인은 이성애의 원인 그 이상도 이하도 아니다. 이성애의 원인이 밝혀지지 않았듯이 동성애 발생 원인도 모른다.

이렇게 다양한 시각에서 동성애 발생 원인을 찾으려는 노력에 대해 비판하는 이들은 이런 연구를 '동성애에 대한 테러'라고 규정하며 비판하기도 한다. 1995년에 발표된 동성애자 인권 선언문에는 동성애의 원인을 밝히려는 모든 노력을 이 사회의 광기와 폭력이라고 선언하였다.

동성애란 잘못된 선천적인 자질도 아니고, 나아가 성장과 교육의 왜곡에 따른 비정상적인 결과도 더더욱 아니다. 동성애를 해부하고 규명하려는 그 어떤 치밀하고 집요한 노력, 그것은 동성애의 존재 자체를 부정하고, 이것이 많은 이들의 삶속에 자리 잡고 있다는 사실을 부인하려는 광기와 폭력에 다름 아니다.

이들은 이성애자들이 자신의 이성애 성향에 대해 원인을 묻지 않듯이 동성애 성향에 대해서도 원인을 묻지 않아야 한다고 말한다. 동성애의 발생 원인을 밝히려는 지금까지의 노력들은 동성애와 동성애자에 대한 테러일 뿐이다. 동성애는 자연스러운 것이다. 단지 이성애에 비해 소수일 뿐이지 언제나 어디서나 이성애와 함께 있어왔던 성의 한 형태일 뿐이라고 말한다.

동성애 발생 원인으로 논의되는 것들은 동성애자들만이 아닌 이성애자에게도 나타나는 것들이다. 그럼에도 끊임없이 동성애 발생 원인을 찾기에 열심이다. 심지어 동성애자들조차도 자신의 성향에 대한 원인을 찾으려고 노력하기도 한다. 그러나 그 원인을 찾으려고 하면 할수록 패배감밖에는 들지 않을 것이다. 그 원인이란 것이 대부분 부정적인 시각에서 출발하고 전제하고 귀결된다. 실제로 선천적으로 신체이상이거나 유전적인 결함이거나 뇌 구조의 비정상, 가정불화, 아버지나 어머니가 폭력적이었거나 어릴 때 동네 아저씨로부터 성추행을 당했다 등이 동성애의 발생 원인으로 등장한다. 이처럼 그 어느 것도 긍정적인 것이 없다. 어느 누구도 "우리 집은 화목한 가정이었죠. 그래서 전 동성애자가 된 것 같아요."라고 말하지 않을 것이고 화목한 가정이었는데 동생애자가 되었다면 또 다른 이유를 찾아보면서 자책할 것이다.

5. 동성애 이해의 역사적 흐름

역사적으로 동성애자들은 사회에서 격리되어 왔다. 때때로 일부사회와 고대 사회에서는 동성애를 상류층들의 고유한 문화로서 이해되어지는 시기가 존재하기도 했지만[407] 그것은 역사 속에서 아주 일부에 지나지 않고 대부분 동성애는 죄로서 낙인 찍혀 왔다. 이러한 동성애에 대한 혐오는 중세에도 계속되었다. 동성애자들은 대부분 마녀(魔女)나 마남(魔男)으로 치부되어 화형(火刑)을 당했으며, 또 히틀러 통치 하에서는 가스실에서 죽음을 당해야 했다.[408] 이러한 극단적인 차별의 시대가 아니었다 하더라도 역사에서 동성애자들은 부끄럽고 잘못된 인간으로 간주되어 왔다. 이러한 역사적 이해는 그나마 1960년대 인권운동이 촉발되면서 정당한 인간으로서 대우 받아야 하는 것으로 여겨지게 되었다.

---

407) 박충구, op. cit., p.281.
408) Ibid., p.278.

이러한 관심은 AIDS라는 질병이 동성애자들에 의하여 전염된다는 사실이 전파되면서 주춤하게 되었다. 이러한 오해들로 인해 동성애는 하나님이 동성애자들에게 내린 질병이라는 말이 나오기까지 하였다.[409] 물론 AIDS가 동성연애를 할 경우 이 바이러스가 전염될 가능성이 높은 것은 사실이지만[410] 이것만으로 AIDS가 곧 동성애자라는 등식이 성립하지는 않는다. 실례로 AIDS는 동성애자들 사이에서보다 이성애자들 사이에서 더욱 많이 확산되고 있고, 오히려 동성애자들은 이러한 사회적 편견 때문에 더 조심한다.

오늘날에는 동성애에 대한 연구가 계속되어지면서 동성애가 선천적이거나 후천적으로 성적 성향이 고착된다고 믿는 일련의 연구결과들로 인해 동성애가 더 이상 비난 받아야 할 대상에서 제외되기도 하였다. 왜냐하면 '도덕적 책임'이란 자신의 의지로 선택한 것에 한해서 지워져야 하는 것이기 때문이다. 그런 점에서 동성애가 선천적인 요인(유전, 성 호르몬의 불균형)으로 인해 생기는 것이라는 연구 결과는 자연적 성향으로 그것을 질병이나 정신 이상, 변태 등으로 구분하거나 죄라고 판명할 수 없다. 오늘날에는 동성애의 경향이 있는 사람이 동성과의 성적 관계를 가지는 것은 이성적 성향이 있는 사람이 이성을 만나 성적관계를 가지는 것과 동일하게 보아야 한다는 견해도 나오고 있다.[411] 이러한 결과들로 인해 동성애를 정신병환으로 생각해 오던 미국정신과 의사협회는 1973년 동성애를 정신질병의 범주에서 제외시켰으며 1975년 미국 심리학회에서

---

409) 윤가현, 『성심리학』(서울: 성원사, 1990), p.174.
410) 하재청·노영복·유태형·김병기 편저, 『성의 과학』(서울: 아카데미서적, 1992), p.219.
411) Robert L. Strivers, et al. *Christian Ethics*(New York: Orbis Books, 1990), p.245.

도 심리학적 비정상적 사람들에서 심리치료의 대상에서 제외시켰다.

6. 동성애를 바라보는 기독교적 시각

일반적으로 동성애자들이 자신들과 다르거나 이상하거나 별스럽거나 혹은 그들의 말대로 괴상하다(queer)라는 이유로 동성애자들을 반대하고 모욕한다. 그들은 우리 사회에서 이방인, 곧 외국인이 되도록 강요한다. 그들은 가족에게 거절당하고 자녀들과 헤어지며 직장에서 해고당하고 아파트와 동네에서 쫓겨나며 유명 인사들에게 모욕당하고 설교자에게 비난받으며 라디오와 텔레비전 종교방송에서 비방당한 다음 학교에서 구타당하고 길거리와 산간벽지에서 살해당한다. 종교라는 이름으로 추측에 근거한 유대 기독교의 도덕성이라는 이름으로 이 모든 일들이 벌어진다. 이와 같은 사악함이야말로 소돔 사람들이 지었던 바로 그 죄다. 그와 같은 잔혹함으로 성경이 진정으로 거듭해서 단죄하는 것이다. 따라서 추측에 근거한 '소돔의 죄'를 이류로 동성애자들을 억압하는 사람들 자신이야말로 진짜 '소돔 사람들'일지 모른다.[412]

헬미니악은 성경이 동성애에 대한 답을 주지 않음을 지적하였다.

성경이 기록될 당시에는 하나의 성적 지향으로서 동성애에 관한 복잡한 이해가 존재하지 않았다. 고대 이스라엘 인들은 섹스를 그런 관점에서 생각하지도 않았다. 다만 동성 간 성 접촉이나 동성 간 성행위, 이른바 동성 성교(homogenitality)나 동성 성교 행위 (homogenital acts: 동

---

412) 다니엘 A. 헬미니악, 『성서가 말하는 동성애』, 김강일 옮김 (서울: 해울, 2003), pp.49-50 참조.

성 간 성행위 동성연애)라 할 수 있는 것에 대한 일반적인 의식만 존재했을 뿐이다. 오늘날 우리
의 질문은 사람들과 그들의 관계에 관한 것이지 단순히 성행위에 관한 것이 아니다. 우리의 질
문은 인간으로서 존재하는 한 가지 특별한 방식인 동성애에 관한 것이지 단순히 동성 간 성교
행위에 관한 것이 아니다. 우리의 질문은 성별이 같은 사람들을 향한 자연스러운 애정과 성관계
로 그 애정을 표현하는 윤리적 가능성에 관한 것이다. 이것은 성경 저자들이 염두에 두었던 질
문이 아니기 때문에 성경이 해답을 주리라는 기대 할 수 없다.[413]

헬미니악의 말대로 성경에서 동성애에 대한 윤리적 근거를 명확히 제
시하기는 어렵다. 또한 성경에서 동성애에 대한 평가나 의견은 명확하게
드러나 있지 않다. 구약성경 레위기 18장과 20장과 바울서신[414] 정도에
서 이에 대한 언급을 찾아볼 수 있다. 구약성경에서는 동성애자를 사형
에 처할 대상으로 지정되어 있고, 바울서신에서도 유업을 받지 못할 대
상과 우상적 행위 등으로 규정하고 있다. 그러나 이러한 성경 규정에 대
해 좀 더 깊은 맥락적 이해를 해야 한다는 견해들도 있다. 구약성경 본
문은 동성애에 대한 언급이 아닌 성적불륜에 대한 언급의 한부분이라는
점과 바울서신도 이교적인 동성애 제의를 비난하는 맥락에서 제시된 구
절이기 때문에 오늘날의 상황에 무비판적이고 무조건적으로 적용하기에
는 주의를 기울여야 한다.

성경에 나오는 동성애 관련 구절에 대한 해석은 같은 본문을 어떤 시

---

413) 헬미니악, op. cit., p.32; 헬미니악은 동성애 관련 성경구절들에 대한 심층적 분석을 제시하였다. 창
세기 19장 1-11절(소돔의 죄), 레위기 18장 22절, 로마서 1장 18-32절, 고린ㄷ고전서 6장 9-10
절과 디모데전서 1장 10절 참조.

414) 하나님께서는 이 때문에 그들을 수치스러운 정욕에 내버려 두셨습니다. 여자들은 남자와의 정상적인
관계를 비정상적인 관계로 바꾸고 남자들도 마찬가지로 여자와의 정상적인 관계를 버리고 서로 정욕
으로 불타올랐습니다. 그들은 같은 남자끼리 부끄러운 일을 저질렀고 이런 타락한 행위로 인해 그들
자신이 마땅한 징벌을 받았습니다.(로마서 1장 26~27절) 음란한 짓을 하는 사람과 남색하는 사람
과 사람을 유괴하는 사람과 거짓말하는 사람과 거짓 맹세하는 사람과 그 외에 건전한 교훈을 거스르
는 사람 때문에 세워진 것이다.(디모데전서 1장 10절)

각에 따라 보느냐에 따라 전혀 다른 해석과 그에 따른 윤리적 이해가 제시되었다. 이상원은 성경 구절을 제시하면서 근본적으로 동성애를 정죄했다.[415] 가이슬러는 동성애에 대한 성경 해석을 긍정과 부정을 정리하여 제시하면서 결국 부정적인 것이 성경의 올바른 해석임을 강조하였다.[416] 이에 반해 박원기는 당시의 시대문화적 배경을 고려해서 해석해야 함을 강조하면서 긍정적인 견해를 보였다.[417] 박충구도 성경에서 동성애를 전적으로 부정적으로 보는 것이 아님을 말했다.[418] 김영일도 성경 해석을 보다 신중하게 해야 하고 사회문화적으로 보아야 함을 강조하였다.[419] 고상균은 성경을 사회적 약자와 함께하시는 하나님의 시각에서 보아야 함을 강조하면서 해석하였다.[420]

이처럼 '같은 성경구절을 어떤 시각에서 바라보는가?'에 따라 그에 따른 윤리적 시각이 달라진다. 그러므로 성경구절을 자기비판력 없이 문자적으로 보거나 특정 신학적 견해에 의한 성경 해석을 무비판적으로 수용하고 믿는 것에 주의를 기울여야 한다. 이런 점에서 논자는 신학자나 목사만이 아니라 신자들도 성경에 대한 깊은 공부와 신학적 이해가 필요하다고 본다. 이를 위한 좋은 방법은 함께 성경을 읽고 이를 자신의 삶으로 해석하며 나누는 성경공동학습과 토의과정이 필요하다. 오늘날 한국교회는 일방적인 설교는 많은데 상호소통하고 나누는 공동성경학습은

---

415) 이상원, 『기독교교육과 윤리』(서울: 대한예수교장로회총회, 2007), pp.61~62 참조.

416) 노르만 L. 가이슬러, 『기독교윤리학』, 위거찬 역 (서울: 기독교문서선교회, 1991), pp.335~355 참조.

417) 박원기, 『기독교사회윤리 이론과 실제』(서울: 이화여자대학교 출판부, 1994), pp.256~257 참조.

418) 박충구, op cit., pp.282~283 참조.

419) 김영일, op cit., pp.327~332 참조.

420) 고상균, "'성적 지향!' 진정 무엇을 이유로 삭제하려는가?: 차별금지법 입법 과정에서 나타난 개신교 동성애 혐오의식의 문제점", ≪시대와 민중신학≫(제10집, 2008년), pp.73~82 참조.

그다지 많지 않다. 이에 대한 논의와 노력과 실천이 활성화되기를 기대해본다.

1960년대 이후 교회에서 동성애자에 대한 이해는 정죄의 대상에서 목회적 돌봄의 대상으로 인식되기 시작하였다. 이렇게 되면서 오늘날 교회에서 바라보는 동성애 이해는 대략 세 가지로 나타나는데 그 내용은 다음과 같다.

첫째, 가장 두드러진 입장으로 징벌적 거절의 태도가 있다. 성경구절들을 사회문화적 맥락을 따라 읽지 않고 문자적으로 이해하는 신학적 입장이다. 이러한 입장에서는 동성애자들은 완전히 거부되고 정죄 받아야 하는 대상이다. 이 입장은 로마 가톨릭과 개신교 근본주의적이고 보수적인 교단과 신학적 입장이다.

이상원은 동성애에 대해 성경이 타협의 여지없이 금지한 것으로 본다. 이에 따라 교회는 동성애자들에게는 어떠한 교회의 직분에 임명해서는 안 된고 이미 임명된 직분자라면 면직시켜야 하고 교인들에게 동성애가 음란죄를 해당하고 비정상적인 것임을 가르쳐야 한다고 말했다.[421] 가이슬러도 이와 같은 견해이다. 그는 구약성경에 보면 동성애자는 사형에 처해야 하는 범죄로 여겼고, 신약 바울서신에 보면 동성애자는 결코 하늘나라를 차지할 수 없다고 하면서 성경에 나오는 동성애는 비정상적이고 불결하고 부끄럽고 추잡하고 변태적이고 혐오스러운 행위라고 말했다. 그러면서 동성애는 성경만이 아니라 도덕적·사회적으로 비난받아 왔고 이는 당연한 것이라고 말했다.[422] 여기서 주목할 점은 이처럼

---

421) 이상원, op cit., p.64.
422) 노르만 L.가이슬러, op cit., p.360.

보수적인 견해들이 동성애를 명백하게 죄로 보는 것에서 그치지 않는다는 점이다. 이상원과 가이슬러 모두 죄는 미워하되 죄인을 불쌍히 여기시는 하나님의 사랑으로 이들에 대한 사랑의 실천도 제시하였다.

이와 같은 동성애 논란에 대한 교회의 입장은 단호하다. 반드시 고쳐야 할 '정신질환'이며 성경에서 명시한 '죄'라는 것이다. 동성애를 성적 취향으로 인식해 이들에 대한 인권적 차원의 접근이 온당치 못하다는 주장이다. 동성애 차별금지법 입법 저지 운동을 벌이고 있는 의회선교연합 김영진 의원(민주당)은 "이 법안이 통과될 경우 교회, 학교, 상담소 등에서 동성애를 비판하거나 주장하거나 개도할 수 없게 된다"며 "동성애를 인정하는 내용을 법안에 담는 것은 차별에 반대하고 인권을 보장하는 것과는 별개의 문제"라며 선을 그었다. 법안 통과 이후의 직면하게 될 심각한 상황에 대한 우려도 크다.

성시화운동본부 총재 전용태 장로(변호사)는 "이 법안이 발효되면 동성애가 우리 사회에서 공식적으로 확산되는 것을 막을 길이 전혀 없다"며 "이 법이 통과되면 한국은 망한다. 동성애는 일제 침략보다 더 무서운 영적인 침략"이라고 강하게 비판했다. 동성애 반대에 대한 과학적 증거도 제시한다. 길원평 교수(부산대 자연과학대)는 "남자와 여자는 성기관을 갖고 있으며, 구조적으로 남자와 여자의 성기관이 결합하여서 성행위를 하도록 만들어져 있다"며 "항문에 성행위를 함으로써 치질, 출혈, 장질환(직장암), 성병 등이 생기며, 간염, AIDS도 전염된다"고 주장했다. 최근 동성애 관련 차별금지법 입법에 반대하는 기독교계 단체들은 상설 기구 설치를 논의하고 있다. 또 백만인 서명운동을 통해 범국민적인 입법 반대 운동을 전개할 계획이라고 밝혔다. 423)

둘째, 비징벌적 거절의 태도이다. 동성애가 하나님의 섭리에 어긋나고 우상적인 행위라는 것은 전제로 하지만 동성애적 성향(orientation)과 행동(act)을 구별해야 한다는 것이다. 이로써 동성애적 행위가 아닌 동성애적 성향에 대해서는 비징벌적으로 바라보고 이에 대해 인간적인 가치를 인정해 주려는 시각이다. 즉, 행위는 죄로 인정하지만 성향에 대해서는 단죄하지 말고 목회적 관심과 돌봄으로 바라보아야 한다는 것이다.

이렇듯 동성애 성향과 행위를 구분하여 이해하고 목회적 돌봄의 차원에서 이들을 사랑해야 함을 강조하는 시각들은 일련의 감리교 신학자들이 제시한 경우가 있다.[424] 이러한 시각은 이른바 온건개혁적인 신학노선을 취하는 대한예수교장로회(통합) 학자들과도 그 맥을 같이한다. 이들은 동성애에 대한 깊은 이해를 강조하면서 동성애자들을 사회적 약자로서 바라보아야 함을 강조하였다.[425] 이러한 견해는 이른바 온건개혁 노선이거나 복음주의적 경향의 목사들에게 볼 수 있다. 이러한 경향을 대표적으로 보여 주는 백주년기념교회 이재철 목사의 입장이다. 그는 "동성애자를 따뜻하게 포용하며 함께 살고 그들의 인권을 지켜줘야 하지만, 적어도 동성애의 비정상성은 교회가 분명하게 이야기할 수 있어야 한다"고 말했다. 그 이유로 동성애자의 인권은 당연히 존중해야 하지만 동성애 자체는 창조 순리에 어긋나기 때문이라고 하였다.[426]

셋째, 동성애에 대한 문화비평적 수용 가능성을 전제하는 입장이다.

---

423) "동성애 차별금지 입법은 영적인 침략", 〈기독교연합신문〉(2010년 12월 6일).

424) 박원기, op cit., pp.250~252 참조; 박충구, op cit., p.291; 김영일, op cit., pp.336~339 참조.

425) 기독교윤리실천운동부설 기독교윤리연구소 편, 『동성애에 대한 기독교적 답변』(서울: 예영커뮤니케이션, 2011) 참조.

426) "이재철 목사 '동성애 무조건 '괜찮다'고 하기보다…", 〈베리타스〉(2010년 6월 18일).

이 견해는 동성애의 환경이론에 근거하여 동성애적 가치와 행위를 이성애적 문화적 자리 위에서 정죄하는 것은 옳지 못하다고 보는 것이다. 이것은 동성애를 긍정하고 있다는 면에서 긍정적이지만 동성애를 하나의 이성애와 같이 자연스러운 것으로 이해하기보다는 막무가내식의 비판은 삼가야 한다는 소극적인 이해의 태도이며 동성애자들을 진심으로 인정하고 수용하기보다는 연민이나 동정의 대상으로 인식한다는 데 문제가 있다. 그러나 여기서 한 걸음 더 나아가 이성애적 성향과 행위가 합법적이고 자연스러운 것이라는 것과 같이 동성애도 마찬가지라는 인식이다. 즉, 이성애적 기준이 인간의 성(sexuality)에 대한 절대적 기준이 될 수 없다고 보는 경향도 있다. 이렇듯 진일보한 견해로 주목을 끄는 이는 고상균이다. 그는 민중신학적 입장에서 동성애를 사회정의와 소수적 인권의 측면에서 바라보아야 함을 강조하였다.427) 기독교 신앙 내의 동성애 혐오와 차별의 문제점을 깊이 인식하고, 이에 대한 대안 마련과 해결을 위한 활동에 집중하면서 나온 연구 성과물도 주목을 끈다.428)

아직은 작은 목소리지만 교계의 강경한 입장과 대응에 대한 반대 목소리도 있다. 진보적인 시각에서는 동성애를 무조건 반대할 것이 아니라 인권이나 치유 차원에서 접근해야 한다는 것이다. 무조건적인 혐오와 공격보다는 대안 있는 반대, 문화적 접근이 필요하다는 지적이 나오는 이유다. 동성애가 대중문화 속으로 깊숙이 파고들면서 아름답고 환상적인 것으로 치장되는 것에 대한 교회의 문화적 대응과 문화변혁을 위한 노력

---

427) 고상균, "민중신학적 입장에서 바라본 동성애"(한신대 신학전문대학원 석사학위 논문); 고상균, "'성적지향.' 진정 무엇을 이유로 삭제하려는가?: 차별금지법 입법 과정에서 나타난 개신교 동성애 혐오의식의 문제점", op cit., pp.60~84 참조 등.

428) 숨 프로젝트 편, 『하나님과 만난 동성애』(서울: 한울, 2010).

이 필요하다는 목소리가 높다.[429]

이렇게 세 가지의 견해 중에서 대부분의 한국 교회는 첫째와 둘째 중 하나의 견해인 것이 현실이다. 이에 반해 오늘날 우리 사회와 세계는 셋째와 넷째를 넘나드는 이해의 폭을 보여주고 있다. 이에 따라 오늘날 기독교는 보다 적극적으로 동성애에 대한 이해의 정립을 요청받고 있다. 이것이 오늘날 기독교윤리의 중요한 과제일 것이다.

7. 나오는 말

우리 사회에서 동성애자가 얼마나 되는지 객관적인 통계수치가 나오지는 않았지만 정신과 의사들의 견해에 따르면, 상당수의 동성애주의자들이 우리 사회에서도 함께 살아가고 있다.[430] 최근에는 동성애자들이 당당하게 커밍아웃을 하고 자신들의 모임을 표면화하고 있다. 현재 공식적으로 동성애자를 위한 모임은 36개 정도로 추산되며, 비공식적으로 100~200개가 있는 것으로 알려지고 있다. 이는 우리 사회가 동성애에 대해 급격히 '담론의 장(場)'을 마련하기 시작했다는 의미를 내포하고 있다. 음지에서 활동하고 있었던 동성애자 모임이 양성화되기까지는 무수한 우여곡절이 있다.

---

429) 신국원은 기독교적 확신에 입각한 참여가 대중문화 변혁의 열쇠라며 기독교적 세계관을 토대로 대중문화에 대한 이해와 그 문제점을 인식하고, 대안과 개선 방향을 어떻게 보편적인 언어로 바꿀 수 있겠는가가 중요함을 강조했다. 신국원, 『변혁과 샬롬의 대중문화론』(서울: 한국기독학생회출판부, 2004) 참조.

430) 박충구, op cit., p.291.

이런 상황에서 1995년에는 서울대학교 내에 동성애 동아리 QIS(Queer In SNU)가 생겼고 지금까지 수십여 명의 회원이 활동 중이다.[431] 이처럼 이전에 비해 동성애자들의 모습이 드러나고 공론화된 것이 사실이나 아직까지도 명백하게 동성애적 행위를 하는 이들은 비교적 소수이다. 이는 성향을 지닌 이들은 많으나 실제로 행위로 이어지는 경우는 적기 때문이다. 또한 이들은 우리 사회 구조가 동성애에 대한 편견과 사회적 차별과 억압에 따라 자신의 성향과 행위를 감추기 때문이다. 이처럼 아직까지 우리 사회에서 동성애자들은 부정적인 이미지로 사회적 편견과 억압과 차별에 놓여 있다.

앞에서 살펴본 것처럼 동성애에 대한 기독교계의 입장은 부정적인 것이 대부분이다. 이러한 시각에서 보면 동성애는 논의할 가치조차 없는 정죄의 대상이 되고, 섬멸해야 할 악의 축이다. 그러나 이렇게만 본다면 이들을 향한 하나님의 사랑을 말하기 어렵다. 다행스럽게도 보수적인 기독교계도 이들에게 죄인도 사랑하시는 하나님의 사랑으로서 불쌍히 여기고 감싸 안으려는 자세를 보이고 있다. 이렇게 차갑게 정죄하는 자세만이 아닌 따뜻한 사랑의 자세는 동성애에 대해 비교적 열린 시각을 지닌 이들과 대화를 가능케 하고, 동성애자들을 상처로 신음하는 우리의 이웃으로 받아들일 수 있게 한다. 마치 성경에서 찾아볼 수 있는 것처럼 고통 받는 이웃을 보고 즉시 적극적으로 돕지 않고 이에 대해 토의주제로 삼는 바리새인이나 예수님의 제자들을 연상시킨다.

---

431) 얼마 전 서울대학교에 갈 일이 있어 가보니, 공개적인 자료 비치대에 서울대 동성애 동아리 QIS(Queer In SNU)가 발행하는 회지를 볼 수 있었다. 서울대 성소수자 동아리로서, 1995년 '마음 001'이라는 이름으로 만들어져 오늘에 이른다. 여기서 내는 회지에는 그들의 삶을 진솔하게 드러내는 이야기들이 많다. 이 내용들은 http://www.queerinsnu.com에서도 볼 수 있다.

오늘날 우리는 동성애자들을 보고 신학적 논의나 정죄하는 것에 열중하느라 정작 그들의 고통을 외면하고 하나님의 사랑을 가리는 어리석음에서 벗어나 이들을 향한 하나님의 사랑으로 바로 즉시 전해야 한다. 하나님은 우리의 이웃으로 우리와 함께 이들의 고통에 귀 기울일 것을 원하신다.

제11장

- - -

여성 목사 안수에 대한 기독교윤리적 이해

1. 들어가는 말

한국 교회의 여성 목사 안수에 대한 논의가 확산되는 분위기이다. 이렇듯 여성 목사 안수에 대한 논의는 우리 기독교계의 성숙에 따른 것이 아니라 변화된 사회의 민주화, 평등, 인권과 같은 사회적 분위기가 기독교계에도 영향을 미친 것이라고 말할 수 있다. 이는 사회적으로 수용되고 활성화된 여성해방론과 여성의 사회적 지위와 역할 증대의 흐름을 교회가 거부할 수 없게 된 것이다. 이에 따라 기독교계에서도 성차별을 없애기 위한 제도적 장치로서 중요한 과제인 여성 목사 안수 허용이 이루어져야 한다는 논의가 촉발된 것이다. 그러나 우리 기독교계의 현실은 아직까지도 여성 목사 안수를 허용하는 교단보다는 불허하는 교단이 더 많다.

이러한 한국 교회의 성차별에 따른 여성 목사 안수 불허는 양성평등에 대한 논의가 일반화되고 교육현장에서 이를 가르치고 실천해야 하는 것이 의무로 규정된 사회 속에서 비민주적이고 불평등하고 반인권적인 종교집단으로 규정될 수 있는 문제를 안고 있다. 왜 우리 기독교계의 대부분의 교단들은 여성안수를 불허하는 것일까?

이 글은 이러한 변화된 사회 속에서 굳이 변화하지 않으려고 몸부림 치는 듯한 기독교계의 모습에 대한 고민, 그리고 오늘날 교회학교 현장 에서 하나님의 사랑과 공의와 연관해서 여성 목사 안수 문제는 어떻게 가르쳐야 하는가에 대한 물음에서 글을 전개해 보려고 한다.

2. 여성 목회자의 현실과 여성 목사 안수의 현실

오늘의 한국 교회가 발전해온 배경에는 오롯이 복음에 대한 사명감 하나만으로 소리 없이 목회사역에 임한 여성목회자들의 헌신이 있었다. 이를 인정한다면 여성 목회자들의 삶의 질을 개선하는 일에 중지가 모아 져야 한다. 그러나 현실은 그렇지 않다. 여성 목회자들은 남성에 비해 현저히 낮은 사례금으로 인해 생계는 물론 존재감마저 낮게 느껴진다. 남녀의 차별은 여기서 그치지 않는다. 노후를 좀 더 안정적으로 보내기 위해서 각 교단에서 실시하고 있는 은급제도에서도 소외되고 있다. 은급 제도는 사례금에 비례하여 연금을 내는 제도이기에 낮은 사례에 시달리 는 여성 목회자들에게는 은퇴 이후의 삶을 위해 저축할 여유가 없다. 그 나마 한국기독교장로회(기장), 기독교대한감리회(기감), 대한예수교장로 회(통합), 대한예수교장로회(합동)와 같은 중·대형 교단은 나은 편이지 만 이들 교단이 아닌 교단의 여성 목회자들에게 연금은 그림의 떡일 뿐 이다.

또한 사례문제에 있어서 차별과 함께 여성 목회자들을 힘들게 하는 것은 개선되지 않고 있는 성차별 문제이다. 똑같이 신학교육을 받았지만 단지 여성이라는 이유만으로 사역의 폭과 영역은 제한되어 있다. 실제로 여성이 담임목사로 청빙되는 경우는 본인이 개척한 경우 이외에는 찾아보기 힘들다. 가부장적인 한국 교회 현실에서 설교권, 정책결정권에서 배제되어 있다. 실제로 대부분의 여성 목회자들은 담임목사의 비서 역할을 하거나 파트 목회자나 심방전도사 역할을 수행하는 정도이다. 그야말로 동등하게 공부하고 자격을 얻었지만 인권적 처우개선은 아직 갈 길이 멀다.

지난 2011년 12월 10일은 세계인권선언일로 한국 교회가 이 주간을 인권주간으로 보냈다. 세계 인권 선언일(世界人權宣言日, Human Rights Day)은 1948년 12월 10일에 열린 국제 연합 총회에서 세계 인권 선언이 채택된 것을 기념하는 날로, 1950년 12월 4일에 열린 국제 연합 총회에서 매년 12월 10일을 세계 인권 선언일로 기념하는 결의안이 채택된 이후 전 세계 각국에서는 이날을 세계 인권 선언일로 기념하고 있다. '국제인권기념일'이라고도 한다. 세계인권선언은 전문(前文)과 본문 30개조로 되어 있는데, 그 내용을 살펴보면 인간으로서 시민적·정치적 자유 및 사회보장·노동권, 공정한 보수를 받을 권리, 노동자의 단결권, 노동시간의 제한과 휴식, 교육에 관한 권리, 문화생활에 참여할 권리 등 사회적·경제적 권리에 관해 규정하고 있다. 2011년 한국기독교교회협의회가 발표한 인권선언문에는 다음과 같은 내용이 담겨 있었다. "사회적 약자의 인권을 세우는 일이 시급하고, 경제 정의를 통해 경제적 약자들의 인권을 확대해야 한다." 그러나 약자의 인권을 세우고 보호하는 일에 앞장서야 할 교회가 정작 여성 목회자들의 인권문제를 회색지대에 방치한

채 구호만 외치고 있어 안타깝다.[432]

더욱이 여성 목사 안수 문제는 아직도 해결점을 찾지 못한 실정이다. 얼마 전 보수적인 신학노선을 지닌 비교적 중형 규모 교단들인 대한예수교장로회(백석) 총회와 대한예수교장로회(개혁) 총회에서 여성 목사 안수 허용안을 통과시켰다. 그러나 이들 교단 내부에서는 총회의 가결에 대해 절차상 불법으로 규정하고 이에 반발하기도 하고, 교단을 탈퇴하겠다는 목소리가 들리고 있다. 이렇듯 한국 교회에서 여성 목사 안수 문제는 아직도 쉽지 않은 과제로 남아 있다. 더욱이 우리나라에서 보수적인 신학노선을 대표하는 교단인 대한예수교장로회(합동)[433]과 기독교한국침례회[434]가 연이어 여성 목사 안수의 불가입장을 재확인함으로써 여성 목회자들은 또 다시 좌절감을 느껴야 했다.

이러한 여성 목사 안수에 대한 보수교단의 대표적인 사례는 지난 2003년 11월 12일 총신대 채플에서 대한예수교장로회(합동) 88회 총회

---

432) "여성 교역자들에 대한 처우개선 절실", 〈크리스챤신문〉(2011년 12월 18일).

433) 대한예수교장로회 합동총회는 9월 20일 여자 목사 실태 조사 위원회의 보고를 통해 교단 내 여성 목사가 10명임을 확인하고 이들의 사역을 금지하기로 했다. 합동은 여성 목사를 인정하지 않을 뿐 아니라 총회신학교인 총신대학교는 여성 목사 안수를 불허하고 있다. 10명의 여성 목사는 교단 산하교회에서 사모나기도원 원장, 해외선교사로 활동하고 있는 것으로 밝혀졌다. 여자 목사 실태 조사 위원회는 총회 헌법 및 "여자의 머리는 남자요"(고전 11:3), "여자의 가르치는 것과 남자를 주관하는 것을 허락지 아니하노니 조용할지니라"(딤전 2:12~14)는 말씀을 그 근거로 여성 목사를 인정하지 않는 이유를 설명했다. 총신대 신학대학원 여동문회 10여 명은 이날 오전 총회장 입구에서 여성안수와 여선교사 성례권의 시급함을 알리는 전단지를 배부하기도 했다. 하지만 여성 목사 안수에 대한 총회 차원에서의 결의는 순탄치 않을 전망이다. 이기창 총회장은 "여성의 사역은 귀하나 권리를 행사하는 것에 있어서는 성경적 접근이 필요하다"며 "정치적 시각보다는 교단의 본질을 지키는 게 중요하다"고 밝혔다. "'이슈' 합동, 이번에도 여성 목사 안수 불가", 〈국민일보〉(2011년 9월 21일).

434) 기독교한국침례회 제101차 총회에서도 5년째 끌어온 여성 목사 안수 건과 관련해 '성경적이냐 아니냐, 신학적이냐 아니냐'를 놓고 갑론을박(甲論乙駁)을 벌였다. 상정 안건에 대해 찬반 표결로 가기 직전, 대의원 일부가 이 안건을 총회 규약으로 봐야 하기 때문에 3분의 2 이상의 찬성을 받아야 한다는 의견을 내놓았다. 결국 규약이냐, 아니냐를 놓고 기립 표결에 부쳤고 과반수 성립이 안 돼 안건 자체를 무효처리했다. "기독교한국침례회 총회, '여성 목사 안수' 찬반투표 무산돼 무효 처리", 〈국민일보〉(2011년 9월 21일).

장이었던 임태득 목사의 설교 내용이 논란의 논란으로 알 수 있다. "내 총신대학교 왔으니깐 한 마디 하지. 우리 교단에서 여자가 목사 안수를 받는다는 것은 택도 없다! 여자가 기저귀 차고 어디 강단에 올라와? 우리 교단에서는 택도 없다!" 이 내용이 교단의 총회장을 지낸 원로가 공식적인 신학대학 설교 현장에서 행한 발언이기에 총신대 총학생회와 기독교계와 여성계가 사과를 요구하며 강하게 반발했었다.[435]

이렇듯 여성 목사 안수가 쉽지 않은 상황이지만 점차적으로 여러 교단들에서 여성 목사 안수 허용이 이루어져 왔다. 우리나라 최초의 여성 목사 안수는 1954년 장로교 재건교단[436]에서 최덕지 목사이다. 한국기독교장로회의 경우 여성 목사 제도가 1974년 59회 총회에서 통과되었다. 기독교대한감리회는 1930년부터 비교적 일찍 여성 장로와 여성 목사 제도를 허용했고, 1955년에 전밀라, 명화용 목사를 배출했다. 대한예수교장로회(통합)는 1995년부터 여성 목사 안수가 허용되었다. 순복음교회로 알려진 기독교대한하나님의성회는 1996년 임시총회에서 여성 목사제를 통과시켰다. 대한성공회는 1999년도에 전국 의회에서 여성의 성직을 허용했다. 성공회는 부제, 사제, 주교의 제도로 구성되어 있는데 각 교구 주교의 역량 하에 사제, 즉 목사의 서품이 행해지고 있다. 구세군 대한본영은 초기부터 군령 군율에 '남녀 사관은 동등히 대우받는다'고

---

435) "합동 총회장 발언 대책위 연합기도회", 〈한국기독공보〉(2004년 1월 10일).

436) 1938년 9월 조선예수교장로회 제27회 총회에서 신사참배가 가결되자 이에 불복하는 총대들(목사)이 지하교회를 조직하였다. 그러나 수난을 당해 투옥되고 1945년 해방된 후 이들이 1948년 대한예수교 재건교회를 창립하였다. 이들은 기성교회가 타락한 교회라고 하여 별도로 올바른 신앙의 절개를 지키는 교회를 재건하기로 하여 1974년 이북에서 월남한 이들과 같이 남한의 재건교회가 합하여 창립하였다. 이들 중에는 한상동,주남선,이기선,이광록,박신근,최덕지,김인회,주상수,전봉선,박신근 목사 . 전도사(당시) 등이 있다.
후의 교단 명칭은 대한 예수교 장로회 (재건).

명시해 여성 교역자가 50% 정도를 차지하고 있다. 그러나 이러한 움직임에도 여성 목사는 여성 목사 안수 50년이 지난 2009년까지도 한국 교회 전체 목사 중 5.3% 정도에 그치고 있다.[437]

2010년 현재 여성 안수를 빨리 받아들인 기독교대한감리회의 경우 전체 목사 9,597명 중 608명이 여성 목사이다. 이들 대부분은 도시의 큰 교회 부목사 또는 중·소교회를 담임하고 있다. 이것은 교회의 인사를 담당하고 있는 교회지도자들이 여성에 대한 편견을 버리지 못하고 있기 때문이다. 이것은 비교적 진보적인 교단인 한국기독교장로회도 전체 목사 2,645명 중 여성 목사는 140명에 불과하다. 2004년에 여성 목사 안수가 통과된 기독교대한성결교회는 4,520명 중 18명, 예수교대한성결교회는 전체 3,000명 중 60명만이 여성 목사이다. 이처럼 여성 목사 안수가 더딘 이유 중 하나는 아직도 교단의 지도자들과 신자들이 여성 목사에 대한 편견을 버리지 못하고 있기 때문이다.[438]

여성 목사 안수불허는 여성신학교육자의 배출에도 제약을 주고 있다. 2008년 기준으로 침례신학대학 학생의 56%가 여성이다. 그러나 신학분야의 여성 교수는 단 한 명도 없다. 그 이유는 여성박사가 없어서가 아니라 신학분야 교수는 "목사"여야 한다는 규정 때문이다. 학생의 56%가 여성이며 적지 않는 여성들이 M.Div.(교역학 석사 혹은 목회학석사), Th.M.(신학석사), Ph.D.(철학박사) 혹은 Th.D(신학박사)[439] 과정에서

---

437) "여성 목사 안수 50년, 여성 목사 비율 5.37%", 〈이대학보〉(2009년 3월 9일).

438) "교회의 마지막 희망은 여성 목사다", 〈크리스챤신문〉(2010년 12월 4일).

439) 논자는 목회자의 학위명을 우리말이 아닌 영어로 표기하거나 말하는 경우를 많이 보았다. 영어 등 원어로 표기하면 권위가 있어 보이는 듯해서 그런지 모르나 대부분의 신도들은 전문적인 신학계의 학위명을 모른다. 신학을 공부하는 이들만이 알아보고 듣는 것이 아닌 누구나 이해하고 소통하는 것이 좋다는 생각이다. 이에 대해 논자는 이를 우리말로 하거나 원어를 표기하고 괄호로 우리말로 해설해 주

신학을 공부하고 있음에도 "목사"가 되지 못하는 법 때문에 교수가 될 수 없다는 것은 일반사회의 인권이나 남녀평등 등을 굳이 거론하지 않더라도 이해할 수 없는 부분이다.440)

이런 상황에 안타까운 현실은 그나마 여성에게 목사 안수를 허용한 교단에서도 남성에 비해 여성 목사들은 차별을 받는다는 사실이다. 일반적으로 목사 안수를 받으려면 교단 산하 교회에서 '전도사'로서 목회수련과정을 거쳐야 한다. 그런데 아직까지도 한국 교회 현장은 목회자로서 여성보다는 남성을 선호하는 경향이 두드러지다 보니 여성 목회수련생들은 수련과정에 참여하는 것에서부터 난관에 봉착하게 된다. 여성 목회수련생들은 목사 안수를 받기 위해 수련목회자 과정에 참여하기 위해 교회에 이력서를 내면 남성에 비해 부당한 대우를 요구 받거나 아예 기회조차 차단당하는 경우가 많다. 그렇다 보니 정해진 목사 안수를 위한 수련규정을 채우기도 어렵다. 이러다 보니 많은 여성 목사들은 동기 남성 목사들보다 목사 안수를 받는 기간이 늦어지곤 한다.

여성 목회자의 경우, 교회 현장과 교단에서 겪는 사적 영역인 사생활에 대한 질문에 감정이 상하곤 한다. 남성 목회자나 신자들은 예의에 어긋나는 줄도 모르고 질문을 하곤 한다. 미혼이면 "결혼은 언제 할 것이냐?"고 묻고, 기혼이면 "남편이나 섬기지 왜 목회를 하느냐, 아이 낳으면 어떻게 할 것이냐?"고 묻는다. 이러한 인식은 한국 교회 현장에서도 아주 쉽게 찾아볼 수 있다. 여성 목회자에게 유난히 사생활에 대한 질문과 관심이 많다.

는 친절이 필요하다고 본다.

440) 오관석, "여성 목사 안수는 시대적 요청이다", 〈침례신문〉(2008년 6월 12일).

3. 여성 목사 안수를 반대하는 이유와 그에 대한 반론

일반적으로 보수적인 시각에서 여성 목사 안수를 반대하는 근거로는 다음의 몇 가지 성경 구절이 있다. 성경은 목사의 자격 요건을 제시하주고 있다.

그러므로 감독은 비난받을 일이 없고 한 아내의 남편이며 절제하며 신중하며 단정하며 나그네를 잘 대접하며 가르치기를 잘하며[441]

장로는 흠 없고 한 아내의 남편이며 방탕하다는 비난을 받거나 불순종하는 일이 없는 믿음의 자녀를 둔 사람이라야 한다.[442]

자기 집안을 잘 다스리며 자녀들을 모든 단정함 가운데 복종하게 하는 사람이어야 한다.[443]

그러므로 목사는 반드시 '결혼한 남자'로서 신실한 자녀를 둔 가장이어야 한다. 성경을 보면, 목사의 자격으로 "한 아내의 남편"이라고 명시되어 있다. 그런데 여자를 목사로 세운다면, 그 '여자'가 '한 아내의 남편'이 되어 버린다. 그러나 이 구절들을 여성 안수를 반대하는 의미로 해석하기에는 논리적인 근거가 빈약해 보인다.

이와 같이 여자들도 존경할 만하고 남을 헐뜯지 않으며 절제하고 모든 일에 믿을 만한 사람이라야 한다.[444]

---

441) 디모데전서 3장 2절.
442) 디도서 1장 6절.
443) 디모데전서 3장 4절.
444) 디모데전서 3장 11절.

여기서 여자들이란 여성 '집사'를 말하는 것이다. 그런데 여기서 집사는 오늘날 교회 직제에서 말하는 집사가 아니라 '안수직'이기 때문에 오히려 여성 안수를 증명하는 구절이라고 볼 수 있다. "감독은 한 아내의 남편이 되며"(디모데전서 3장 2절), "감독은 한 아내의 남편이며"(디도서 1장 6절)라는 구절을 근거로 여성을 배제시키기에는 그 근거나 논리성이 약하다. 여기서 바울이 말한 "한 아내의 남편"이라는 의미는 감독의 자격을 남성으로 제한한 말이 아니라 남성에게 축첩을 두지 못하게 하려는 것이다. 또한 만일 이 구절을 문자 그대로 해석한다고 하면 남성이라고 해도 목사나 장로가 되려면 미혼자나 독신자는 될 수가 없는 데 오늘날 여성 목사 안수를 반대하는 교단들은 남성 미혼자나 독신자를 배제하지 않고 있다. 이러한 구절들 이외에도 성경에 나타난 가부장제적 문화전승에 따른 구절들로 여성을 비하하면서 여성 목사 안수를 불허하는 구절들이 많다.

여성 신학자들은 기존의 신학, 즉 남성 신학자들의 시각에서 주목하지 않던 가부장적 성차별적 문화 속에 감춰진 여성의 한(恨)과 여성지도력에 집중하는 연구를 진행해오고 있다. 울리케 아이힐러, 알제 뮐너와 같은 이들은 성경과 기독교문화 속의 성폭력을 신학적으로 조명한 책을 내기도 하였다.445) 그러나 이들 구절들을 성경이 쓰이던 시대의 문화적 배경을 무시한 채 그대로 오늘날에 적용하는 것은 성경의 근본적인 메시지에 어긋나는 해석에 따른 적용이다. 성경 전반에 흐르는 하나님의 뜻은 모든 인간이 그 어떤 조건이나 차별적 근거 없이 하나님의 형상에 따

---

445) 울리케 아이힐러·알제 뮐너 편저, 『깨어진 침묵—성폭력에 대한 여성신학적 응답』, 김상님 옮김(서울: 한국여신학자협의회 여성신학사, 2001) 참조.

라 지음 받은 소중한 존재[446]이고 예수 그리스도의 십자가 사랑의 대상
이 된다. 이는 성경이 쓰이던 시대·문화적 한계 속에서도 분명하게 여
성을 인정하고 여성 지도력이 발휘되어온 것을 통해 알 수 있다.[447]

4. 구약성경에 나타난 여성 지도자

구약성경 기록을 보면 여성은 남자의 소유물(출애굽기 20장 14절)이
었고, 일생동안 미성년자 취급을 받았고, 증인이 될 수도 없었고, 재산을
상속받을 수도 없었다(민수기 30장 1~17절). 심지어 악의 근원으로 보고
여자의 종교적 서원은 남편의 허락 여부에 달려 있을 정도였다(민수기
30장 8, 12절). 그럼에도 성경에는 하나님의 뜻을 이 땅에 실현하는데
빼놓을 수 없는 여성지도력의 사례를 드러내 주고 있다. 이에 대해 살펴
보면 다음과 같다.

1) 출애굽의 영웅 미리암

미리암은 모세와 아론의 누이로서 여성선지자(예언자)였다. 선지자의

---

446) 이를 이른바 천부인권(天賦人權)이라고 한다. 즉 인간의 존엄함은 하나님이 부여한 것으로 그 어떤
인간적 조건이나 규정으로도 인간의 존엄함을 축소하거나 제한할 수 없다. 이에 대해서는 김명용, 『현
대의 도전과 오늘의 조직신학』, pp.144~146 참조; 졸저, 『쉽게 읽는 기독교윤리』(파주: 한국학술
정보, 2010), pp.148~165 참조; 졸저, 『고령화사회의 현실과 효윤리』(파주: 한국학술정보,
2011), pp.297~334 참조.

447) 성경에 나타난 여성지도력에 대한 것은 다음의 책을 참고하였다. 이경숙, 『구약성서의 여성들』(서울:
대한기독교서회, 1994); 최영실, 『신약성서의 여성들』(서울: 대한기독교서회, 2003); 최만자·박경
미 편, 『새하늘 새 땅 새여성』(서울: 생활성서사, 1993); 한국여신학자협의회 편, 『새롭게 읽는 성
서의 여성들』(서울: 대한기독교서회, 1994).

사명은 예리한 영적 통찰력으로 하나님이 역사의 현장에서 무엇을 하고 계시는지, 그리고 미래에서 무엇이 오고 있는지를 살피는 것이고, 백성의 탄원과 하나님의 응답을 듣고 그것을 다시 백성에게 선포하는 것이다. 그녀는 아므람과 요게벳의 딸[448]로 처참한 죽음의 상황에 내몰리는 동생 모세를 불쌍히 여겨 어떻게든 모세를 구하려고 행동하였고 그 결과 모세가 애굽 왕궁에서 자라면서 생모에게서 양육되도록 하였다.

아기의 누나는 멀찌감치 서서 어떻게 될지 지켜보고 있었습니다. 그때 마침 바로의 딸이 나일 강에 목욕하러 내려오고 그녀의 시녀들은 강둑을 따라 거닐고 있었습니다. 바로의 딸은 갈대 사이에 있는 상자를 보고는 자신의 여종에게 가져오라고 시켰습니다. 바로의 딸이 상자를 열어 보니 울고 있는 한 아기가 있었습니다. 바로의 딸은 불쌍한 마음이 들어 "히브리 사람의 아기인가 보다"라고 말했습니다. 그때 아기의 누나가 바로의 딸에게 "제가 가서 공주님 대신에 아기에게 젖을 먹일 히브리 여자를 한 명 데려올까요?"라고 말했습니다. 바로의 딸은 그렇게 하라고 대답했습니다. 그러자 아기의 누나는 가서 그 아기의 엄마를 데려왔습니다.[449]

이러한 그녀의 행동은 노예계급으로 체제순응적인 수동적인 여성상과 전혀 다른 담대함으로 지도자다운 면모를 보여준 것이다. 이렇게 볼 때, 그녀는 갈대 상자 속에서 울고 있는 죄 없는 생명의 탄원 같은 비명을 들으면서 그 비극의 현장에 전능자의 손이 나타날 것을 확신하였기에, 주의 깊게 갈대상자 속의 모세를 지켜보았고, 담대하게 애굽 공주에게 다가가서는 지혜를 발휘하여 유모를 소개시켜 줄 수 있었다. 그녀는 출애굽의 절정인 홍해를 건널 때, 승리의 노래를 부르며 춤을 추었다.

---

448) 아므람의 아내의 이름은 요게벳으로서 레위의 딸이었는데 그녀는 이집트에서 레위에게 태어났습니다. 그녀는 아므람에게 아론과 모세와 그 누이 미리암을 낳아 주었습니다.(민수기 26장 59절) 아므람의 자녀는 아론, 모세, 미리암입니다. 아론의 아들은 나답, 아비후, 엘르아살, 이다말입니다.(역대상 6장 3절)
449) 출애굽기 2장 4~8절.

바로의 말과 전차와 마병들이 바다 속으로 들어갔을 때 여호와께서 그 위로 바닷물을 전과
같이 덮으셨습니다. 그러나 이스라엘 백성들은 마른 땅 위로 바다를 가로질러 건넜습니다. 그때
아론의 누나인 여예언자 미리암이 손에 탬버린을 들었습니다. 그러자 모든 여인들이 미리암을
따라 탬버린을 들고 춤을 추었습니다. 미리암이 그들에게 노래했습니다. "여호와께 노래하라.
그가 영광스럽게 승리하셨다. 말과 말 탄 사람 모두를 바다 속으로 처넣으셨다."450)

이것은 그녀가 출애굽 과정에서 큰 역할을 했음을 상징적으로 드러내
주는 것이다. 그녀의 노래의 전승과정을 추적해 보면 이 노래가 전쟁 후
의 승전가이며 찬송시로 볼 수 있다. 그녀의 노래는 민중들의 해방 열기
를 북돋우며, 탈출을 위해서 구체적인 준비를 해온 실질적인 지도자로서
그녀가 받던 신뢰를 반영한 것으로 볼 수 있다. 그녀는 이스라엘이 애굽
으로부터 해방에서 아론과 모세와 함께 세 명의 지도자로 계속해서 전승
에 인용된다.

내 백성아, 내가 네게 뭘 어쨌느냐? 내가 너를 어떻게 괴롭혔느냐? 대답해 보아라. 내가 너를
이집트 땅에서 이끌어냈고 그 종살이하던 땅에서 너를 구해냈으며 내가 네 앞에 모세와 아론과
미리암을 보냈다.451)

그녀는 홍해를 건넌 후 경축의 노래를 부르며 이스라엘의 여성들을
인도하는 제사장으로 불린다. 그러나 성경의 기록은 그녀의 활약상에 제
동을 걸어 여성지도력을 애써 외면하려는 듯한 인상을 준다. 이것이 그
유명한 미리암의 문둥병 사건이다. 민수기 12장에 보면 모세가 구스 여
자를 취한 사건으로 아론과 미리암이 모세를 비난한 사건이 벌어졌다.

---

450) 출애굽기 15장 19~21절.
451) 미가서 6장 3~4절.

이 사건으로 미리암은 문둥병에 걸려 고통을 당하다가 고침을 받게 된다. 이 사건 이후 그녀의 지도력에 대한 언급이 제대로 드러나지 않는다. 이 사건에 대한 해석으로 모세의 권력에 대해 아론과 미리암이 연합하여 대항하거나 견제를 한 것인지는 불분명하다. 그러나 분명한 것은 같은 사건인데 아론에 비해 미리암의 배제가 분명해진 것이다. 이는 아론에 비해 미리암이 여성이라는 이유로 더욱 배제된 것이 아닐까 하는 조심스러운 추측을 해본다. 아무튼 미리암의 배제는 출애굽을 통해 새로운 노예와 떠돌이에서 벗어나는 새로운 자유와 평등과 정의의 나라를 건설해 나가는 데 있어서 양성평등의 지도력이 함께 어우러지지 못하게 된 시대적 아쉬움으로 남는다. 성경 기록에서 분명한 것은 미리암은 모세의 출생부터 출애굽과 그 이후 공동체를 형성하는 단계에서 주도적인 역할을 한 지도자 중의 한 사람이었다는 것이다.

2) 나라를 구한 지도자 드보라

성경이 쓰인 시대는 가부장제적 사회문화가 당연시되던 시대였다. 그런 시대정신이 담겨진 성경에서 놀랍게도 드보라에 대해서는 어떠한 내용으로도 비하하거나 업적에 흠집을 내는 내용이 없다. 이는 그녀의 지도력이 그만큼 대단했고 그 당시와 그 이후 시대에서 존경을 받았음을 보여준 것이다.

그녀는 드보라의 딸(아버지와 이름이 같음)로 랍비돗의 아내이며 사사와 선지자의 사명을 겸한 이스라엘의 네 번째 사사였다.[452] 여자였지만 통찰력과 판단력이 예민하며 정확하였고 하나님의 영감이 풍성하여 백성들의 어려운 문제를 지혜롭게 재판하였다. 이스라엘 민족의 풍속과 통념 속에는 많은 사회생활에서 여자들의 발언권이나 권위가 무시되었는데 그녀가 한 시대의 통치자였다는 것은 그녀의 인품과 능력을 짐작할 수 있다. 그녀는 위기에 처한 나라를 구한 지도자인 동시에 억눌린 이스라엘의 민중들을 해방시킨 사사였다.

그녀는 자신이 여성임을 부끄러워하거나 감추고 남성 지도자처럼 행하는 방식이 아닌 여성적인 자의식을 분명히 하면서 주체적으로 지도력을 발휘하였다. 그녀가 하나님의 소명을 받던 때는 가나안 왕 야빈이 군대장관 시스라와 함께 이스라엘 백성을 극심하게 괴롭히던 때였다. 이러한 괴롭힘이 너무 심하여 이스라엘 백성은 어찌할 바를 몰라 하나님께 간절히 부르짖었다. 이토록 강한 민족 앞에서 약한 민족의 설움으로 고통 받는 이스라엘의 기도에 하나님은 응답하셨다. 여기서 놀라운 것은 하나님은 강하고 담대한 남성 지도자를 세우신 것이 아니라 한 남자의 아내인 드보라를 위기에 처한 이스라엘의 지도자로 세우셨다는 사실이다. 이렇게 지도자가 된 그녀는 용사 바락과 협력하여 스불론과 납달리 지파에서 뽑은 1만 명의 군대로 야빈과 시스라와 가나안 군대를 섬멸시켰다. 사사기 5장에 나오는 그녀와 바락이 하나님을 노래하여 기록한 시는 히브리인의 유명한 산문시가 되었다.

이처럼 하나님은 족장시대에서 미리암을 지도자로 세우신 것처럼 사사시대에도 드보라를 세우셨다. 이처럼 하나님은 지도자를 세움에 있어 남성만을 세우지 않으시고 필요에 따라 얼마든지 여성을 세우셨다. 드보라가 기혼 여성인 것처럼 하나님이 세우시는 여성 지도자에게는 기혼이

452) 랍비돗의 아내인 여 예언자 드보라가 사사로서 이스라엘을 통치했습니다.(사사기 4장 4절)

나 미혼은 문제가 되지 않는다. 드보라의 지도력에서 주목해 볼 점은 용사 바락과 협력하고 백성들의 마음을 얻어낸 공감과 포용력과 같은 여성적인 성품이 지도력으로 잘 활용되었다는 점이다. 이처럼 그녀는 남성과 협력하고 지배하기보다는 포용해내는 지도력을 발휘하였다.

3) 올곧은 선지자 훌다

훌다는 여선지자로 요시야 왕 시대에 예복을 주관하던 살룸의 아내였다.[453] 그녀는 예루살렘의 둘째 구역에 살았는데, 요시야 왕이 보낸 사람들로부터 성전에서 발견된 율법책에 대한 질문을 받았다. 이때 그녀는 하나님의 말씀을 근거로 하여 예루살렘이 멸망할 것이라는 심판의 예언을 하였다. 그녀는 이스라엘 백성이 하나님을 떠나 다른 신에게 분향하며 죄를 범하였으므로 이에 대해 엄중하게 경고하면서 회개를 촉구하였다.

대제사장 힐기야가 서기관 사반에게 말했습니다. "내가 여호와의 성전에서 율법책을 발견했습니다." 그가 사반에게 율법 책을 주었고 사반은 그것을 읽었습니다.[454]

제사장 힐기야와 아히감과 악볼과 사반과 아사야가 살룸의 아내인 예언자 훌다에게 가서 말했습니다. 살룸은 할하스의 손자며 디과의 아들로 궁중예복을 관리하고 있었습니다. 훌다는 예루살렘의 두 번째 구역에 살고 있었습니다. 훌다가 그들에게 말했습니다. "이스라엘의 하나님 여호와께서 이렇게 말씀하시니 당신들을 내게 보낸 그 사람에게 가서 말하시오. '여호와가 말한다. 보라. 내가 유다 왕이 읽은 그 책의 모든 말대로 이곳과 여기에 사는 사람들에게 재앙을 내

---

453) 제사장 힐기야와 아히감과 악볼과 사반과 아사야가 살룸의 아내인 예언자 훌다에게 가서 말했습니다. 살룸은 할하스의 손자며 디과의 아들로 궁중예복을 관리하고 있었습니다. 훌다는 예루살렘의 두 번째 구역에 살고 있었습니다.(열왕기하 22장 14절)

454) 열왕기하 22장 8절.

리려 한다. 그들이 나를 버리고 다른 신들에게 분향하며 그들 손으로 만든 모든 우상들로 내 진노를 자아냈으니 내 진노가 이곳을 향해 타올라 꺼지지 않을 것이다.' 여호와께 묻기 위해 당신들을 보낸 유다 왕에게 이렇게 말하시오. '이스라엘의 하나님 여호와가 네가 들은 그 말에 관해 말한다. 이곳과 여기에 사는 사람들이 저주를 받고 폐허가 될 거라고 내가 말한 것을 듣고 네 마음이 순해지고 네가 여호와 앞에 겸손해졌으며 또 네가 내 옷을 찢고 내 앞에서 통곡했기에 나도 네 소리를 들었다. 여호와가 말한다. 그러므로 내가 반드시 너를 내 조상들에게 가게 할 것이고 네가 평화롭게 묻힐 것이다. 또 내가 이곳에 내리는 그 모든 재앙을 네가 눈으로 보지 않게 될 것이다.'" 그러자 그들은 왕에게 훌다의 대답을 전했습니다.[455]

힐기야와 왕이 보낸 사람들은 여 예언자 훌다에게 갔습니다. 훌다는 하스라의 손자며 독핫의 아들로 예복을 관리하는 사람 살룸의 아내였습니다. 훌다는 예루살렘의 둘째 구역에 살고 있었습니다. 훌다가 그들에게 말했습니다. "이스라엘의 하나님 여호와께서 말씀하시니 너희를 내게 보낸 그 사람에게 말하라. '여호와가 말씀한다. 내가 유다 왕 앞에서 읽힌 그 책에 기록된 모든 재난을 이곳과 그 백성들에게 보내려 한다. 그들이 나를 버리고 다른 신들에게 분향해 그들 손으로 만든 모든 우상들로 내 진노를 자아냈으니 내 진노가 이곳에 쏟아져서 꺼지지 않을 것이다.' 너희를 보내 여호와께 여쭤 보게 한 유다 왕에게 말하라. '이스라엘의 하나님 여호와께서 네가 들은 그 말에 관해 말하건대 네가 이곳과 백성들에 대해 하나님이 말한 것을 듣고 네 마음이 약해지고 또 네가 하나님 앞에서 겸손해져서 네 옷을 찢고 내 앞에서 통곡했으니 나도 네 말을 듣겠다. 여호와가 말한다. 그러므로 내가 너를 네 조상들에게 가게 할 것이고 너는 평화롭게 묻힐 것이다. 너는 내가 이곳과 여기에 사는 사람들에게 내릴 그 모든 재앙을 보지 않을 것이다.'" 그들은 그 대답을 왕에게 가져갔습니다.[456]

이것은 선지자로서 그녀의 능력이 제사장보다도 뛰어났음과 그 당시 제사장은 선지자적 기능을 상실한 자로 왕에게 빌붙어 사는 종교적 관리에 불과하였음을 보여 준다. 그러니 그 당시 제사장의 역할은 한 마디로 어용(御用)으로서 권력자의 통치를 종교적, 정신적인 명분을 뒷받침하는

---

455) 열왕기하 22장 14~20절.
456) 역대하 34장 22~28절.

위치에 있었다. 이에 따라 하나님은 제사장이 아닌 선지자 훌다를 통해 말씀하셨다.[457] 이처럼 구약성경에서 여성 지도자들의 수효가 적고, 그에 따라 지도력도 일시적인 것으로 미흡한 것은 사실이다. 그러나 앞에서도 지적한 것처럼 구약 성경이 쓰이던 시대적 한계 속에서 여성 지도력이 두드러지게 기록된 것은 그만큼 여성 지도력이 감춰질 수 없을 정도로 대단했고 이들을 쓰신 하나님의 뜻이 분명하셨다는 사실이다.

4) 구약성경에 나타는 여성지도력의 의의

오늘날 기독교계에서는 구약성경 시대에 여성 선지자가 있었음은 인정하지만, 여성 제사장은 없었기 때문에 여성 목사 안수 허용은 불가하다고 주장하기도 한다. 그러나 이러한 논리는 그 자체가 모순이다. 구약 제사장 전승에서 여성이 단 한사람도 없었기 때문에 성경에 입각해서 여성 목사 안수가 안된다면 같은 논리로 레위인이 아닌 이방인은 제사장이 될 수 없기에 성경 시대의 제사장 제도를 오늘날의 시대와 상황을 전면 배제하고 그대로 적용한다면 우리나라 남성은 목사가 될 수 없다는 논리가 된다. 또한 성막이나 성전이 이스라엘 백성들의 터전에서만 세워진 것이고 그에 따라 제사장과 레위인들이 필요했던 것으로, 오늘날 우리나라에 세워진 교회와 교회에서 일하는 일꾼들로 세워진 목사와 교회직분 제도도 성경을 그대로 따른 것이 아니니 인정할 수 없게 된다. 그러므로 이러한 논리는 교회제도와 남성 목사라는 제도는 성경 기록을 문자 그대

---

457) 역대하 34장 20~28절 참조.

로가 아닌 변화된 시대상에 따라 변용한 것인데, 유독 여성 목사 안수는 성경 그대로 해야 한다는 논리는 불평등하고 비인간적인 것으로 성경 본연의 정신과 위배된다.

신학적으로는 하나님의 공의를 기준으로 하면 구원 받을 수 없고 목사가 될 수 없는 이방인인 우리나라 남성들이 예수님의 십자가의 보혈의 공로에 힘입어 구원 받고 목사가 될 수 있는 것처럼 여성들도 남성과 같은 자격을 지닌다. 또한 오늘날 목사라는 직제는 구약성경의 혈통으로 정해진 이들만 수행이 가능한 제사장의 전승을 이은 것이라기보다는 예수님이 보여 주시고 제자를 삼으신 것처럼 하나님의 뜻에 따라 부르심을 받은 선지자의 전승에 따른 것으로 볼 수 있기에 구약성경에 나오는 여성 선지자들의 지도력을 오늘날 여성 목사의 경우로 보는 것이 더 적절한 것으로 보인다.

이상에서 살펴본 것처럼 구약성경에 나타난 여성 지도력을 보면, 여성의 목회 지도력에 있어서 한계를 느끼거나 제한을 받는 것은 차별적인 문화에서 더 많이 기인된 것일 뿐, 하나님의 부르심 자체에 차별적 성격이 있는 것이 아님을 알 수 있다.

5. 신약성경에 나타난 여성 지도자

신약성경은 오늘날의 시각에서 본다면 지도력의 체계나 각 직책의 기능에 대하여 분명한 지식을 제공해 주지는 않는다. 선지자, 사도, 감독,

장로, 집사로 불리는 직책이 있었으나 그 구조가 명백하지 않고 유동적이고 다양하였다. 즉 어떤 표준적인 지도력 체계가 확립되었다기보다는 공동체의 필요성에 따라 호칭과 기능면에서 조금씩 달리하는 융통성과 유연한 구조에 따라 공동체의 필요에 부응하는, 그리고 변화를 수용하는 지도력을 발휘할 수 있었다. 여성 지도력과 관련된 신약 성경의 기록은 크게 네 가지로 나눌 수 있다.

첫째, 교회 설립의 경우이다.

그곳에서 그는 아굴라라는 유대 사람을 만났습니다. 그는 본도에서 출생한 사람인데 유대 사람들은 모두 로마를 떠나라는 글라우디오 황제의 칙령 때문에 얼마 전 자기 아내 브리스길라와 함께 이탈리아에서 내려온 것입니다. 바울은 그들을 찾아가[458)

바울은 얼마 동안 고린도에 머물렀습니다. 그리고 나서 그는 형제들과 작별하고 배를 타고 시리아로 가게 됐는데 그때 브리스길라와 아굴라도 동행했습니다. 배를 타고 출항하기에 앞서 바울은 전에 서원했던 것이 있어서 겐그레아에서 머리를 깎았습니다. 그들은 에베소에 도착했습니다. 바울은 브리스길라와 아굴라를 그곳에 남겨 두고 혼자 회당에 들어가서 유대 사람들과 토론했습니다.[459)

내가 유오디아에게 간청하고 순두게에게 간청하니 주 안에서 같은 마음을 가지십시오. 그리고 나와 멍에를 같이한 진실한 동역자여, 내가 당신에게도 부탁하는데 이 여인들을 도우십시오. 이들은 클레멘트와 그밖의 내 동역자들과 함께 복음을 위해 나와 함께 달음질하던 사람들이며 그들의 이름이 생명책에 기록돼 있습니다.[460)

---

458) 사도행전 18장 2절.
459) 사도행전 18장 18~19절.
460) 빌립보서 4장 2~3절.

둘째, 공식적인 예배 기능의 경우이다.

또한 누구든지 여자가 머리에 무엇을 쓰지 않고 기도하거나 예언하는 것은 자기 머리를 부끄럽게 하는 것입니다. 이는 머리를 민 것이나 다름없기 때문입니다.[461]

셋째, 교사 역할의 경우이다.

그가 회당에서 담대히 말하기를 시작하자 그의 말을 들은 브리스길라와 아굴라는 그를 집으로 데려다 하나님의 도에 대해 더욱 정확하게 설명해 주었습니다.[462]

넷째, 예언자의 경우이다.

그에게는 결혼하지 않은 네 명의 딸이 있었는데 그들은 모두 예언하는 사람들이었습니다.[463]

내 친척이며 나와 함께 옥에 갇혔던 안드로니고와 유니아에게 안부를 전해 주십시오. 그들은 사도들 사이에서 뛰어난 사람들이며 나보다 먼저 그리스도 안에 있는 사람들입니다.[464]

또한 누구든지 여자가 머리에 무엇을 쓰지 않고 기도하거나 예언하는 것은 자기 머리를 부끄럽게 하는 것입니다. 이는 머리를 민 것이나 다름없기 때문입니다.[465]

신약성경에는 기독교 초기 교회에서 여성 지도력에 대한 기록을 찾아보기 어렵다. 그러나 외경으로 전해져 오는 「마리아행전」에 의하면, 최

---

461) 고린도전서 11장 5절.
462) 사도행전 18장 26절.
463) 사도행전 21장 9절.
464) 로마서 16장 7절.
465) 고린도전서 11장 5절.

초의 부활목격자인 막달라 마리아와 같은 여성들이 기독교 초기 교회 안에서 베드로나 다른 제자들보다 더 높은 위치에 서서 공동체와 제자들을 지도한 것으로 나타난다.[466]

1) 예수 그리스도의 사역에 등장한 여성 사역자들

복음서의 시작에서 주목을 끄는 이는 선지자 안나의 경우이다.

또 아셀 지파의 바누엘의 딸인 안나라는 여자 예언자도 있었습니다. 안나는 나이가 많았는데 결혼해서 남편과 7년 동안 살다가 그 후 84세가 되도록 과부로 지냈습니다. 안나는 성전을 떠나지 않고 밤낮으로 금식하고 기도하면서 하나님을 섬겼습니다. 바로 그때 안나가 그들에게 다가와 하나님께 감사하고 예루살렘의 구원을 간절히 고대하는 모든 사람에게 그 아기에 대해 이야기했습니다.[467]

그녀는 아기 예수님이 부모의 품에 안겨 성전에 들어올 때 메시아임을 알아본 나이 많은 선지자였다. 그녀는 아셀 지파에 속한 바누엘의 딸로 결혼한 지 7년만에 과부가 되어 여든네 살이 될 때까지 성전을 떠나지 않고 기도하며, 예배하며, 금식하며 예루살렘을 위해 기도하는데 평생 동안 전념하였다. 그녀는 아기 예수님을 만나고 난 후, 성전에 모인 사람들에게 아기 예수님에 관한 이야기와 그가 예루살렘을 구속할 것이라는 예언을 하였다. 이렇게 예수님의 탄생시기부터 여성 지도력은 드러났다.

---

466) E. S. 피오렌자, 『크리스챤 기원의 여성신학적 재건』, 김애영 역(서울: 종로서적, 1986), pp.369~376 참조.
467) 누가복음 2장 36~38절.

처녀의 몸으로 아기 예수님을 잉태한 모친 마리아, 예수님과 함께 다 닌 동반자 혹은 후원자들로 마리아, 요안나, 수산나 그리고 자매들로 묘 사된 많은 여자들이 있었다.

예수께서 그에게 대답하셨습니다. "누가 내 어머니이고 내 형제들이냐?" 그리고 손을 내밀어 제자들을 가리키며 말씀하셨습니다. "보라. 내 어머니이고 내 형제들이다. 누구든지 하늘에 계 신 내 아버지의 뜻을 행하는 사람이 내 형제요, 자매요, 어머니다."[468]

그 후에 예수께서는 여러 마을과 고을을 두루 다니시며 하나님 나라의 복음을 선포하셨습니 다. 열두 제자들도 예수와 함께 동행했습니다. 악한 영과 질병으로부터 고침받은 여자들도 예수 와 함께했습니다. 이들은 일곱 귀신이 떠나간 막달라 마리아였고 헤롯의 청지기인 구사의 아내 요안나 또 수산나와 그 밖의 많은 여인들이었습니다. 이들은 자신들의 재산으로 예수의 일행을 섬겼습니다.[469]

복음서에 나타난 여성들의 사역은 예수님의 선교 여행에 있어서 동료 및 제자들로서 나타난다. 그 당시 여성들이 예수님의 제자가 되기 위해 서 필수적인 요건인 '따름'과 '섬김'을 수행하기 위해서는 남성 제자들 과는 달리 넘어야 하는 또 하나의 커다란 벽이 있었다. 그것은 바로 인 습(因襲)의 벽이었다. 이러한 벽을 넘기 위해서는 여성들 스스로의 주체 성과 함께 자기 결단이 필수적인 것이었다. 이와 같은 결단의 구체적인 표현은 예수님의 십자가 죽음을 미리 내다보고 그분께 향유를 부은 익명 의 여성에게서 찾아볼 수 있다.

---

468) 마태복음 12장 48~50절; 같은 내용의 구절로 마가복음 3장 33~35절이 있다.
469) 누가복음 8장 1~3절.

예수께서 베다니 마을에서 '나병 환자 시몬'이라는 사람의 집에서 식탁에 기대 먹고 계시는데 한 여인이 값비싼 순수한 나드 향유가 든 옥합 하나를 가져왔습니다. 그리고 그 여인은 옥합을 깨뜨려 향유를 예수의 머리에 부었습니다. 거기 있던 사람들이 화를 내며 서로 수군거렸습니다. "왜 향유를 저렇게 낭비하는가? 저것을 팔면 300데나리온은 족히 될 텐데. 그 돈을 가난한 사람들에게 주었으면 좋았을 것을." 그러면서 그들은 여인을 심하게 나무랐습니다. 예수께서 말씀하셨습니다. "가만두어라. 어찌해 이 여인을 괴롭히느냐? 이 사람은 내게 좋은 일을 했다. 가난한 사람들이야 항상 너희 곁에 있으니 너희가 원하기만 하면 언제든지 도울 수 있지만 나는 너희 곁에 항상 있는 것이 아니다. 이 여인은 자기가 할 수 있는 일을 했다. 내 몸에 향유를 부어 내 장례를 미리 준비한 것이다. 내가 너희에게 진실로 말한다. 온 세상 어디든지 복음이 전파되는 곳마다 이 여인이 한 일도 전해져서 사람들이 이 여인을 기억하게 될 것이다."[470]

한 바리새파 사람이 예수를 저녁 식사에 초대했습니다. 그래서 예수께서는 그 바리새파 사람의 집으로 들어가 식탁에 기대어 앉으셨습니다.[471]

놀랍게도 남녀에게 기대되었던 전통적인 성 역할에서 벗어나 양성평등을 시사(示唆)하는 기사를 복음서에서 찾아볼 수 있다. 이것은 바로 예수님이 '마리아와 마르다'(누가복음 10장 38~42절)를 제자로 삼아 가르치신 장면이다. 이 기사에서 마리아는 전통적으로 남성에게 기대되었던 '선생에 대한 제자의 역할'을 수행하고 있다. 예수님이 집에 들어왔을 때 마리아는 예수님 발 아래 앉아 예수님의 말씀을 들었고 마르다는 집안 일을 했다. 이에 대해 일반적인 이해는 집안 일을 하는 것이 좋다는 식이었다. 이는 말씀 듣는 것을 남자의 전형으로 만들어 선포나 듣는 것은 남자들에게 한정된 것으로 만든 것이라는 것이다. 그러나 본문의 상황을 살펴보면 예수님이 마리아에게 말씀을 들도록 허용한 것은 그 당

---

470) 마가복음 14장 3~9절.
471) 누가복음 7장 36절.

시로는 충격적인 일이었다. 왜냐하면 당시 여자들은 말씀을 들을 수 없는 상황이었기 때문이다. 예수님이 여자에게 말씀을 듣는 것을 허용한 것은 그 당시 남자들이 가지고 있던 율법의 선입견을 깨기 위한 것이라고 말할 수 있다. 오늘날 그것을 적용시킨다면 여성이 말씀을 선포할 수 있다는 논증도 가능해진다. 아쉽게도 이러한 남녀의 전통적 역할 변경에 대한 기사가 많지 않지만 복음서 전반에서 예수님은 당시의 가부장제적 사회문화 속에서도 남녀를 우열로 구분하지 않고 평등한 지위로 인정하셨다.

예수님은 누가복음에서 성차별을 넘어서는 양성평등을 분명하게 일깨워 주셨다. 누가복음 15장의 잃은 양과 잃은 동전 그리고 잃은 아들에 관한 비유에서 모든 잃은 영혼에 대한 하나님의 관심을 묘사하였으며, 그의 왕국에서 여성의 위치에 대해서도 말씀하셨다. 각 비유에서 한 사람은 하나님을 나타내며, 두 분실물과 돌아온 탕자는 회개한 죄인들을 나타낸다. 이러한 비유에 대해 일반적으로 잃은 양에 대한 목자의 관심은 잃은 죄인에 대한 하나님의 관심을 나타내는 것에 초점을 맞추는 데 반해, 하나님을 상징하는 데 여성이 사용된 것에는 주목하지 않는다. 예수님은 하나님을 상징적인 배역으로 여성을 사용하셨는데 이것은 하나님의 속성이 남성성만이 아닌 여성성을 지니신 것임을 드러낸 것으로 볼 수 있다. 이러한 비유를 통해 예수님은 남성이나 여성 모두 하나님 나라의 사역에서 지도자의 역할을 할 수 있음을 보여주셨다.

누가복음 13장 18~19절 20~21절에서도 한 남자가 한 알의 겨자씨를 취하여 그의 정원에 심었더니 그 씨가 자라 큰 나무가 되었고, 한 여자가 밀가루 서 말에 누룩을 넣었더니 일정한 시간이 지나자 발효하여 밀가루 반죽이 부풀었다는 비유가 나온다. 둘 다 하나님 나라의 확장을 묘사하는데, 예수님은 남성뿐 아니라 여성들도 하나님 나라 확장을 위해 동일하게 공헌할 것을 보여 주셨다. 유대교에서는 여성들이 회당에서 하나님의 말씀을 듣도록 허용하기는 하지만 절대로 랍비의 제자가 될 수는 없었다. 그러나 8장 1~3절을 통해 여자들도 예수님의 제자가 되는 과정에 있었던 것을 볼 수 있다.

여성들이 제자로 예수님을 따른 것은 십자가 사건과 부활의 현장에 여성들이 변함없이 있었다는 데에서도 나타난다. 남성 제자들이 다 도망가고 없는 십자가의 현장에도 여성 제자들은 있었고,[472] 십자가형을 받은 사람의 무덤을 찾아가는 것이 정치범으로 오해 받을 수 있는 상황이었음에도 이른 새벽 예수님의 무덤을 찾아가 예수님의 부활을 처음 목격하고 부활의 증인이 된 것도 여성 제자들이었다. 예수님이 사역하시던 시대적 상황이 가부장제적 사회구조가 일상화된 시점에서 예수님은 여성들을 복음의 책임 있는 증거자로, 영향력 있는 선포자로 인정하셨다. 예수님은 여성들을 남성들과 동일하게 하나님 나라의 일꾼으로 인정하셨다.[473] 이러한 예수님의 모습은 유교질서의 가부장제에 짓눌려 여성 지도력이 배제되고 여성의 자존감이 무시되던 우리나라에 성적 차별을 넘어서게 하는 복음이었다.

---

472) 여인들도 멀리서 이 광경을 지켜보고 있었습니다. 그 가운데는 막달라 마리아, 작은 야고보와 요세의 어머니 마리아, 살로메도 있었습니다.(마가복음 15장 40절)

473) 김영일, 『윤리적 삶의 길』, p.239.

2) 기독교 초기 교회에 등장한 여성 사역자들

예수님이 공생애를 마치시고 승천하신 후, 제자들이 마가의 다락방에 모여 기도할 때에 그 모인 무리 중에는 예수님의 어머니 마리아를 비롯한 많은 수의 여성들이 있었다. 백이십 문도는 마가의 다락방에서 가룟 유다를 대신할 제자를 뽑았는데 여기서 여성들을 배제되었다는 기록이 없는 것으로 볼 때, 여성들이 투표에 참여했던 것으로 보인다.

여성참정권이 일반적으로 허용된 것은 생각보다 오래되지 않았다. 고대 그리스와 로마 공화정치사에서 여성들은 투표에 참여하지 못했으며 18세기말 유럽에 나타났던 몇몇 민주정치 선거에서도 제외되었다. 이처럼 여성들에게 투표권이 주어진 것이 오랜 역사적 성숙을 거친 이후임에 비해 기독교 초기 교회에서는 매우 중요한 결정을 행하는 시점에서 여성들이 주도적으로 목소리를 내고 주체적으로 참여했다는 것은 매우 의미 있는 일이다.

오순절 마가의 다락방에서 기도하던 무리들은 약속대로 성령을 받았고 성령의 능력은 요엘 2장의 예언대로 남자만이라는 제한된 성이 아니라 남성과 여성 모두 예수님을 믿는 모든 사람에게 주어졌다. 성령은 신자가 그리스도를 영접할 때, 그의 안에 오시며 각 신자들에게 예수님의 몸된 교회를 세워나가도록 은사를 하나 혹은 그 이상 주신다.[474]

바울은 성령의 은사를 받은 사람에 대해 국적, 성별 혹은 신분에 따라 구분하지 않았다. 바울은 로마서 16장에서 자신과 동역했던 많은 동역자의 이름을 나열하는데, 총 26명 중 9명이 여성의 이름이다.[475] 겐그레

---

474) 고린도전서 12장 4~12절; 에베소서 4장 11~12절 참조.

아 교회의 뵈뵈는 바울의 중요한 동역자 중 한 명이었다. 로마서를 로마까지 가지고 간 것으로 보아 바울의 신뢰를 받는 중요한 동역자였다. 바울은 로마서 16장 1~2절에서 뵈뵈의 권위를 암시하는 듯한 표현을 쓰고 있다.[476] 아마도 그녀가 기독교 초기 교회의 중요한 지도력을 행사한 것으로 추측된다. 또한 바울은 적극적인 동역자로 브리스길라, 아굴라 부부를 제시하였다.

그곳에서 그는 아굴라라는 유대 사람을 만났습니다. 그는 본도에서 출생한 사람인데 유대 사람들은 모두 로마를 떠나라는 글라우디오 황제의 칙령 때문에 얼마 전 자기 아내 브리스길라와 함께 이탈리아에서 내려온 것입니다. 바울은 그들을 찾아가[477]

바울은 얼마 동안 고린도에 머물렀습니다. 그러고 나서 그는 형제들과 작별하고 배를 타고 시리아로 가게 됐는데 그때 브리스길라와 아굴라도 동행했습니다. 배를 타고 출항하기에 앞서 바울은 전에 서원했던 것이 있어서 겐그레아에서 머리를 깎았습니다.[478]

그가 회당에서 담대히 말하기를 시작하자 그의 말을 들은 브리스길라와 아굴라는 그를 집으로 데려다 하나님의 도에 대해 더욱 정확하게 설명해 주었습니다.[479]

그리스도 예수 안에서 내 동역자들인 브리스가와 아굴라에게 안부를 전해 주십시오.[480]

아시아의 교회들이 여러분에게 안부를 전합니다. 아굴라와 브리스길라가 그들의 집에 모이

---

475) 로마서 16장 3~18절 참조.
476) 나는 겐그레아 교회의 일꾼이요, 우리의 자매인 뵈뵈를 여러분에게 추천합니다. 여러분은 성도의 합당한 예절로 주 안에서 뵈뵈를 영접하고 그가 필요로 하는 것은 무엇이든지 돕기 바랍니다. 이는 뵈뵈가 많은 사람들과 나를 돕는 사람이 됐기 때문입니다.
477) 사도행전 18장 2절.
478) 사도행전 18장 18절.
479) 사도행전 18장 26절.
480) 로마서 16장 3절.

는 교회와 함께 주 안에서 진심으로 여러분에게 따뜻한 안부를 전합니다.[481]

브리스가와 아굴라 그리고 오네시보로의 집안사람들에게 안부를 전하여라.[482]

이 부부는 당시 알렉산드리아 출신의 아볼로를 불러다가 하나님의 말씀을 자세히 풀어 가르치기까지 하였다. 바울은 이 부부를 향해 동역자라는 찬사를 아끼지 않았는데, 항상 아굴라보다 브리스길라의 이름이 앞서 나오는 것으로 보아 브리스길라는 매우 적극적인 그리스도 복음의 일꾼이었음을 짐작하게 한다. 이처럼 남성에 대한 여성의 가르침이나 주관을 금하고 있다는 근거로 제시하는 디모데전서 2장 11~12절에 대한 보수신학계의 해석은 논리적 근거가 부족하다. 바울서신에 나타난 여성에 대한 기록을 근거로 여성지도력을 제한하거나 배제하는 것은 바울서신과 성경 전체의 맥을 통한 성경해석을 하지 않은 것이다. 그 외 신약성경에는 빌립보 교회의 유오디아와 순두게가 바울의 동역자로 언급되며, 글로에,[483] 압비아,[484] 라오디게아에 있는 눔바와 그 여자의 집에 있는 교회,[485] 복음을 위한 안드로니고와 유니,[486] 부부인 빌롤로고와 율리아,[487] 신약의 여선지자이면서 예언자였던 빌립의 네 딸들[488]의 이름이 나온다.

---

481) 고린도전서 16장 19절.

482) 디모데후서 4장 19절.

483) 내 형제들이여, 글로에의 집 사람들을 통해 여러분에 대한 말, 곧 여러분 가운데 다툼이 있다는 말을 내가 들었습니다.(고린도전서 1장 11절)

484) 자매 압비아와 우리와 함께 군사가 된 아킵보와 그대의 가정교회에 편지를 씁니다.(빌레몬서 1장 2절)

485) 라오디게아에 있는 형제들과 눔바와 그녀의 가정 교회에 안부를 전합니다.(골로새서 4장 15절)

486) 내 친척이며 나와 함께 옥에 갇혔던 안드로니고와 유니아에게 안부를 전해 주십시오. 그들은 사도들 사이에서 뛰어난 사람들이며 나보다 먼저 그리스도 안에 있는 사람들입니다.(로마서 16장 7절)

487) 빌롤로고, 율리아, 네레오와 그의 자매와 올름바와 그들과 함께 있는 모든 성도에게 안부를 전해 주십시오.(로마서 16장 15절)

488) 이튿날 길을 떠난 우리는 가이사랴에 이르러 일곱 사람 가운데 하나인 전도자 빌립의 집에 머물렀습

이처럼 기독교 초기 교회의 공동체에는 남자와 여자가 같이 사역하였다.

그들은 예루살렘 안으로 들어와서 자기들이 묵고 있던 다락방으로 올라갔습니다. 거기 있던 사람들은 베드로, 요한, 야고보, 안드레, 빌립, 도마, 바돌로매, 마태, 알패오의 아들 야고보, 열심당원 시몬 그리고 야고보의 아들 유다였습니다. 그들은 모두 그곳에 모인 여자들과 예수의 어머니 마리아와 예수의 동생들과 함께 한마음으로 기도에 전념하고 있었습니다.[489]

더욱이 남녀 할 것 없이 점점 더 많은 사람들이 주를 믿게 돼 그 수가 늘어났습니다.[490]

그러나 사울은 교회를 파괴하면서 집집마다 돌아다니며 남자와 여자를 가리지 않고 끌어내 그들을 감옥에 보냈습니다.[491]

다매색의 여러 회당들에 써 보낼 공문을 요청했습니다. 거기서 그 도를 따르는 사람을 만나기만 하면 남자와 여자를 가리지 않고 잡아다가 예루살렘으로 끌고 오기 위해서였습니다.[492]

그때 몇 사람들은 바울을 따르며 믿게 됐습니다. 그 가운데는 디오누시오라는 아레오바고 시회 의원과 다마리라는 여인과 그 외에 몇 사람이 더 있었습니다.[493]

일부이기는 하지만 분명히 몇몇 여성들은 높은 사회적 지위를 갖고 있었다.

몇몇 유대 사람들은 그 말에 설득돼 바울과 실라를 따랐고 하나님을 경외하는 많은 그리스인

니다. 그에게는 결혼하지 않은 네 명의 딸이 있었는데 그들은 모두 예언하는 사람들이었습니다.(사도행전 21장 8~9절)

489) 사도행전 1장 13~14절.
490) 사도행전 5장 14절.
491) 사도행전 8장 3절.
492) 사도행전 9장 2절.
493) 사도행전 17장 34절.

그래서 그들 가운데 많은 유대 사람들이 믿게 됐고 적지 않은 그리스 귀부인들과 많은 그리스 남자들도 믿게 됐습니다.[495]

이와 같이 예수님의 사역에서 시작된 양성평등 및 여성 지도력 인정이 기독교 초기 교회의 시대적 한계 속에서도 두각을 나타낸 것으로 볼 수 있다.

3) 바울신학에 나타난 여성관과 여성 지도자

바울의 여성관은 명확하게 규정짓기 어려운 측면이 있다. 그는 예수님에 비해서 분명히 여성을 비하하거나 여성지도력을 제한하는 듯한 인상을 준다. 보수적인 시각에서는 이러한 구절을 통해 여성을 비하한다. 그러나 주의 깊게 살펴보면 바울은 여성을 옹호하고 여성지도력을 인정하면서 여성과 함께 동역한 것을 강조하기도 한다. 이렇듯 바울이 보여주는 여성관은 이중적이다. 그러므로 바울서신의 몇 구절만 가지고 바울의 여성관을 단정짓기는 어렵다. 그러나 바울서신 전체를 살펴보면 바울도 예수님처럼 여성에 대한 차별의식보다는 동역자의식이 강했다. 다만 그의 주된 관심과 목적이 여성친화, 여성해방이 아닌 종말론적인 시각에 따라 시급하게 선교에 매진하는 것이었다. 그러기에 시대적 한계 속에서 여성해방적인 논의가 자칫 시급한 선교적 사명을 감당하는 데 지장을 초

---

494) 사도행전 17장 4절.
495) 사도행전 17장 12절.

래할 수 있었다. 바울은 시대적 한계와 종말론적 선교적 사명 감당 속에서도 여성을 동역자로 존귀히 여겼다.496)

그는 예수님의 사역에서 여성 지도력이 배제되거나 제한되지 않았던 것을 알고 있었다. 그러기에 그는 이를 반영하는 "남자와 여자의 차별이 없다!"라는 선언을 인용하였다. 그러면서 그는 사도를 남성으로 제한하는 예수 현현(顯現) 전승을 복음으로서 인용497) 하는 데 그치지 않고, "여자의 머리는 남자다!"라는 사실을 창세기 주석에 의해서 증명해 나갔다.

여러분이 나에 대한 모든 것을 기억하고 있고 또 내가 여러분에게 전해 준 대로 전통을 굳게 지키므로 내가 여러분을 칭찬합니다.498)

일반적으로 바울서신에서 남녀 관계에 대한 집중적 논의를 고린도전서 7장으로 보는 견해들이 많은데 실제로는 남녀관계에 대한 규정이라기보다는 주된 내용이 결혼과 독신 문제이다. 그러므로 교회의 사역과 여성의 지도력에 대한 규정이라는 주제로 보기는 어렵다.499)

주의 깊게 살펴보면 바울은 내용 전개의 측면에서 양성평등 내지는 상호배려의 관점에서 서로 다른 성에 대해 언급한다. 특히 아내가 남편의 몸을 주장한다는 놀라운 진술도 나온다. 그리고 여성들이 주의 일에 마음을 집중하기 위해 결혼생활이 초래하는 여러 가지 근심거리에서 벗

---

496) 최영실, 『성경과 여성』(서울: 민들레책방, 2004), pp.132~133 참조.

497) 내가 전해 받은 가장 중요한 것을 여러분에게 전했습니다. 그것은 그리스도께서 성경의 말씀대로 우리 죄를 위해 죽으시고(고린도전서 15장 3절)

498) 고린도전서 11장 2절.

499) Ibid., pp.121~131 참조; 박원기, "기독교화 여성해방", 숭실대학교 부설 한국기독교문화연구소 편, 『한국기독교와 윤리』(서울: 숭실대학교 출판부, 1992), pp.206~211 참조; 김영일, op. cit., pp.239~240 참조.

어나야 한다고 말한다.

　그러나 음행에 빠지게 하는 유혹이 있기 때문에 남자마다 자기 아내를 두고 여자마다 자기 남편을 두십시오. 남편은 아내에게 남편으로서의 의무를 다하고 아내도 남편에게 그렇게 하십시오. 아내는 자기 몸을 자기 마음대로 하지 못하고 오직 남편에게 맡겨야 합니다. 이와 같이 남편도 자기 몸을 자기 마음대로 하지 못하고 오직 아내에게 맡겨야 합니다. 부부 간에 서로 멀리하지 마십시오. 단 기도에 전념하기 위해 얼마 동안 떨어져 있기로 합의한 경우는 예외입니다. 그러나 그 후에는 다시 합하십시오. 이는 여러분이 절제하지 못하는 틈을 타서 사탄이 여러분을 유혹할까 염려되기 때문입니다.[500]

　결혼한 사람들에게 명령합니다. (이것은 내 명령이 아니라 주의 명령입니다.) 아내는 남편과 갈라서지 마십시오. (만일 갈라섰거든 재혼하지 말고 혼자 지내든지 그렇지 않으면 남편과 화해하십시오.) 남편도 아내를 버리지 마십시오. 내가 나머지 사람들에게 말합니다. (이것은 내 말이지 주의 말씀은 아닙니다.) 만일 어떤 형제에게 믿지 않는 아내가 있는데 그녀가 계속 그와 함께 살고 싶어 한다면 그녀를 버리지 마십시오. 또 어떤 자매에게 믿지 않는 남편이 있는데 그가 계속 그녀와 함께 살고 싶어 한다면 그를 버리지 마십시오. 믿지 않는 남편이 그 아내를 통해 거룩해지고 믿지 않는 아내가 그 남편을 통해 거룩해집니다. 그렇지 않다면 여러분의 자녀들도 깨끗하지 못할 것이나 이제 그들은 거룩합니다. 그러나 만일 믿지 않는 사람이 헤어지자고 한다면 그렇게 하게 하십시오. 이런 경우에는 형제나 자매나 얽매일 필요가 없습니다. 하나님께서는 여러분이 평화롭게 살도록 부르셨습니다. 아내여, 당신이 남편을 구원할는지 어떻게 알겠습니까? 남편이여, 당신이 아내를 구원할는지 어떻게 알겠습니까?[501]

　그러나 당신이 결혼하더라도 죄를 짓는 것은 아닙니다. 또 처녀가 결혼하더라도 죄를 짓는 것은 아닙니다. 그러나 이런 사람들은 육신에 고난을 당하게 될 것이므로 내가 여러분을 아끼는 마음에서 이런 말을 하는 것입니다.[502]

---

500) 고린도전서 7장 2~5절.
501) 고린도전서 7장 10~16절.
502) 고린도전서 7장 28절.

나는 여러분이 걱정 없이 살기를 바랍니다. 결혼하지 않은 남자는 어떻게 하면 주님을 기쁘시게 할까 하고 주의 일에 마음을 씁니다. 그러나 결혼한 남자는 어떻게 하면 자기 아내를 기쁘게 할까 하고 세상일을 걱정하므로 마음이 나눠집니다. 남편이 없는 여자나 처녀는 주의 일을 걱정해 몸과 영을 다 거룩하게 하나 결혼한 여자는 어떻게 하면 남편을 기쁘게 할까 해 세상일을 걱정합니다.[503]

공적인 예배에서 여성의 행위와 관련해서 여성들은 교회 안에서 기도하고 예언할 수 있다.

또한 누구든지 여자가 머리에 무엇을 쓰지 않고 기도하거나 예언하는 것은 자기 머리를 부끄럽게 하는 것입니다. 이는 머리를 민 것이나 다름없기 때문입니다.[504]

바울은 그리스도 안에서 남녀 모두 하나임을 강조한다.

유대 사람도 없고 그리스 사람도 없고 종도 없고 자유인도 없고 남자도 없고 여자도 없습니다. 여러분 모두는 그리스도 예수 안에서 하나기 때문입니다.[505]

이러한 견해는 창세기 1장 27절[506]의 반영이라고 할 수 있다. 갈라디아서 3장 28절은 기본적인 남녀관계를 이해하는 성경적인 기준이다. 즉 남자나 여자 없이 그리스도 예수 안에서 하나이다. 즉 믿음으로 말미암아 그리스도와 연합하여 하나님의 자녀가 된 사람들에게는 그리스도의

---

503) 고린도전서 7장 32~34절.
504) 고린도전서 11장 5절.
505) 갈라디아서 3장 28절.
506) 하나님께서 사람을 그분의 형상대로 창조하시니, 곧 하나님의 형상대로 사람을 창조하시되 하나님께서 그들을 남자와 여자로 창조하셨습니다.

몸을 이루는 지체로서 하나가 된다. 즉 믿음을 공통분모로 하는 사람들에게는 인종이나 신분이나 성별의 차이에 상관없이 하나이며 믿음으로 하나님께로 나아갈 수 있다. 아울러 여성의 모든 관계나 행위는 이러한 기준에서 판단되고 평가되어야 한다. 브루스(F. F. Bruce)는 고린도전서 14장 13절 이하 혹은 디모데전서 2장 11절 이하 등은 갈라디아서 3장 28절에 비추어 이해해야 하는 것으로 보았다.

6. 나오는 말

이상으로 아직까지도 여성 목사 안수조차 허용되지 않는 한국 교회 현실을 바라보면서 이에 대한 이해와 성경을 중심으로 한 여성의 지도력의 근거를 제시해 보았다. 안타까운 사실은 여성 목사 안수불허와 같은 전근대성은 우리 기독교가 세상을 향해 하나님의 사랑과 정의를 선포하며 이에 대한 모델로서 우리의 모습을 드러내야 하는데 정작 불평등한 부정의와 사랑부족을 보여 주고 있다. 일반 사회와 교육현장에서 실현해 나가는 양성평등에 비해 우리 기독교가 앞서가지는 못할망정 뒤쳐져 있는 모습이다. 이러한 모습으로 인해 자칫 다음 세대 내지는 젊은 세대가 교회의 모습을 부정적으로 인식하지나 않을까 하는 우려를 해본다.

사실 여성 목사 안수나 여성지도력에 대한 논의에서 가장 중요하게 다루어지는 논거들이 성경구절이다. 그런데 문제는 같은 하나님을 믿고 같은 성경을 보는데 같은 구절을 해석하고 적용하는 내용이 정반대라는 사실이다. 이는 성경은 변함이 없는 하나님의 말씀으로 우리에게 주어져 있는데 이를 바라보는 시각의 차이에 따른 것이다. 어떠한 시각으로 성경을 대하느냐에 따라 성경은 전혀 다르게 해석되고 적용된다.

성경에서 여성의 문제를 취급하는 본문들을 해석할 때 그 말씀들이 하나님의 말씀으로서 보다 본질적·보편적·우주적인 계시의 내용인지, 아니면 그 반대로 역사적·상황적 제한성을 띠고 쓰인 말씀인지를 분별해야 한다. 성경 해석의 정당한 원리들은 그 어떤 구절이든지 성경이 쓰인 사회적 상황과 배경의 조명 아래서 해석할 것을 요구한다. 극단적인 예로 오늘날 성경 해석하는 사람이 일부다처제가 사회적으로 용납되는 시대 속에서 살았던 믿음의 조상 아브라함이 여러 아내와 더불어 살았다는 것을 근거로 제시하며 일부다처제적 사고를 신앙인들에게 믿음의 표준으로 제시할 수는 없다. 예수님은 율법의 문자주의에 얽매인 바리새인들의 비난에도 안식일에 질병으로 고통당하는 이들을 과감하게 고치셨다. 논자는 성경 전반의 흐름을 하나님의 사랑으로 본다. 하나님의 사랑에는 그 어떤 차별이나 제한이 없다. 여성 목사 안수 문제와 여성관 그리고 여성지도력에 대한 논의를 위한 성경구절들에 대한 접근에서도 성경이 쓰이던 당시의 사회문화적 제약을 감안하면서 그 속에서도 변치 않는 하나님의 사랑을 전제로 읽어야 한다고 본다.

많은 사람이 오늘날 한국 교회의 위기를 이야기한다. 한국 교회 내의 집단이기주의나 공동체성 상실 등은 한마디로 교회가 보여 주는 사랑이 일반적인 사람들의 기대에 못 미치기 때문일 것이다. 이런 상황에서 여성지도력에 주목하는 이유가 있다. 여성 목회자들은 남성 목회자들의 '뒷바라지'나 하는 부교역자의 위치에 머물지 않고, 한국 교회의 변화와 발전의 중심축으로 부각되기도 하였다. 여성 목회자들은 남성 목회자들이 중요하게 여기지 않던 생명사랑나눔, 창조질서회복, 평화통일, 돌봄과 나눔 등의 사역에서 여성의 강점인 섬세함과 포용력, 모성애를 연상케 하는 무조건적인 사랑, 평화와 치유를 중시하는 자세를 보여왔다. 이러한 여성지도력의 강점이 오늘날 선교적 경쟁력을 잃어버린 한국 교회에 더욱 확산되기를 기대해 본다.

우리 여성들은 문맹 사회에 살고 있지 않으며 여성이 재산으로 간주되는 사회에서 생활하고 있지도 않다. 여성들도 그리스도 안에서 구원의 확신을 가지고 소명을 받아 헌신하고 신학 교육기관에서 남성들과 동일하게 교육과 훈련을 받고 하나님의 부르심에 응답하고 있다. 이들에게 남성과 동등한 사역을 할 수 있도록 하는 여성 목사 안수 허용은 시급히 해결해야 할 한국 교회의 과제이다.

제12장

. . .

전통적인 하나님 이해에 대한 여성신학적 비판[507]

---

507) 이 글은 여성 안수 문제를 다루면서 덧붙여서 글을 전개해 본 것이다. 논자는 성공회대학교와 한신대학교 신학대학원에서 여성학(한명숙 선생님), 여성신학 분야(최만자, 이호순 선생님)를 깊이 있게 배우는 기회를 가졌다. 논자는 학문만이 아닌 깊은 삶의 울림을 간직하신 분들에게 배우는 광영을 누렸다. 이분들은 여성학과 여성신학을 급진적인 시각에서 차갑고 전투적이기 보다는 포용과 화합으로 함께 하는 열림과 사랑과 인내가 곁들여진 사람학으로 전개해 나가셨다. 이 귀한 가르침을 되새겨 보면서 어렴풋하나마 여성신학의 시각을 정리해 본 것이다. 정리하고 보니, 조금은 차갑게 급진적으로 전개한 듯하여 아쉬움이 남는다.

1. 들어가는 말

아담은 자기 앞에 마주 서 있는 여자를 바라보면서 감격에 겨워 이렇게 고백하였다.

아담이 말했습니다. "드디어 내 뼈 가운데 뼈요 내 살 가운데 살이 나타났구나. 이가 남자에게서 취해졌으니 여자라고 불릴 것이다."[508]

이 말은 남자와 여자는 대립 존재가 아닌 나누어져 있으면서도 공통의 끈으로 메여 있는 하나의 공동 존재임을 뜻한다. 이 세상에는, 우리 믿음의 공동체인 교회 안에는 얼마나 많은 여성이 있는가? 그 수많은 여성을 지금까지의 역사는 철저히 무시해 왔고 왜곡시켜 왔다. 그 결과 수많은 여성이 역사의 주체로서 자기 정체성(Identity)을 형성하지 못하고 자기 스스로를 비하하거나 남성 의존적으로 살아왔다. 이러한 가부장적인 남성 위주의 역사와 문화, 여성의 역할 및 가치 규정에 대하여 우리 기독교는 단호히 거부해야 한다. 기독교 정신은 하나님께서 바라시는 우

---

508) 창세기 2장 23절.

리의 모습을 남성과 여성이 합력하여 선을 이루시기를 바라신다.

우리는 하나님을 사랑하는 사람들로서, 그 뜻을 따라 부르심을 받은 사람들로서 남성과 여성이 한데 어우러져서 손과 손을 맞잡고 하나님이 만드신 이 세상을 구원하는 사명자들이다. 우리 교회가 속한 세상 속에서 남성과 여성이 동등한 제자직을 수행해 나가는 모습을 분명하게 드러내기를 기도한다. 이를 위한 이해로 여성신학에서 바라보는 하나님 이해를 살펴보고자 한다.

2. 하나님의 남성성

세계 종교들의 상징, 신조, 교리, 제의 등을 만든 것은 여성이 아닌, 남성이었으며, 기독교의 종교, 사회적 지도자들 역시 남성이었다는 것은 부인할 수 없는 사실이다. 물론 여성은 기독교의 발전에 큰 역할을 해왔지만, 남성의 대등한 파트너로서의 역할을 지속적으로 해오지 못했고, 오히려 남성 지배사회의 피해자가 되었다. 이런 의미에서 가부장주의는 여성들의 에너지, 정체성, 그리고 온전한 삶을 박탈해 왔으며, 모든 것을 왜곡시키는 "반전(reversal)의 종교"라 할 수 있다.

---

509) 로마서 8장 28절.

의 이분법적 구별이 우월과 열등, 높고 낮은 것 등의 서열을 만드는 대립적 이원론을 야기하게 되었다고 지적하면서, 여성을 열등한 육체, 자연, 불합리성의 범주에 놓았다는 사실에서부터 여성에 대한 부정적인 이미지가 기인함을 비판하며, 이러한 대립적 이원론의 사고양태가 모든 종류의 사회적 억압을 위한 모델을 제공해 주었다고 분석한다. 류터는 사회적 억압의 모든 형태들의 상호관계성을 강조하면서, 성차별주의는 다른 억압의 문제로부터 분리되어 독자적인 문제로 간주될 수 없음을 역설한다. 하지만 역사적으로 성차별주의가 지배의 본래적인 형태이며, 인간의 통전성을 파괴하는 이원론의 모델 역할을 한다고 분석한다. 그러므로 모든 이원론적 사고구조를 극복하는 열쇠는 성차별주의의 극복과 여성의 해방이다.

류터는 기독교 복음의 핵심은 해방의 예언적 성장구조이며 억압받는 자와 함께하는 것이라는 신념을 고수하고 있기 때문에, 아버지로서의 신의 이미지에 대한 반응이 데일리와 다르다. 류터에게는 신 상징의 남성성 자체가 문제가 아니라 남성성을 지배와, 여성성을 복종과 일치시키는 대립적 이원론이 문제인 것이다. 그래서 "단지 남성적 초월적 신을 여성적 내재적 신으로 대치하는 것"은 불충분하다.

류터는 하나님의 여성적 상징에 많은 관심을 보이지 않는다. 그녀에게 하나님은 남성도 여성도 아닌, 양성신(God/ess)이다. 또한 류터는 아버지-어머니로서의 신 이미지가 인간을 언제나 의존적인 존재로 만드는 "영적인 유아주의"를 형성한다는 이유 때문에 비판적으로 본다. 더 나아가 이런 "부모로서의 신" 개념은 남성과 여성의 관습적인 역할을 강화할 수 있어서, 여성을 해방하는 개념이 아니라 가부장주의를 다른 형태로 강화하는 결과를 가져올 수 있다고 본다. 류터가 대안적으로 제시하는 신 개념인 양성신은 부드러운 여성과 강한 남성, 순종적 여성과 지배적 남성 등 고정적인 개념의 통합이 아니라, 남성과 여성의 이미지와 경험을 모두 통합하는 창조자로서의 신, 존재의 근원, 존재의 평화, 위대한 모형(the Great Matrix)으로서의 신의 이미지를 제시하고 있는 것이다. 양성신과의 만남은 관계 속에서, 관계를 통하여 경험되며, 우리의 육체, 타자, 자연과의 깨어진 우리의 관계들을 회복시켜 준다.

7. 급진주의적 여성신학자들의 이해

성경과 전통은 본질적으로 성차별주의적이라고 보는 급진적 여성 신학자들은, 그러한 성차별적 전통은 거부되어야 하며, 현재적 경험, 또는 성경 종교가 아닌 다른 종교를 토대로 해서 새로운 종교 전통을 창출해야 한다고 본다. 이들은 남성적 하나님 상징은 완전히 거부되어야 하며, 여성적 하나님(female God) 또는 여성 하나님(Goddess)으로 대치되어야 한다고 주장한다. 이들은 주로 고대종교 전통 속에 있는 여성신의 자취를 찾아 여성 신을 중심으로 새로운 종교를 형성하고자 한다. 이러한 입장으로는 후기의 데일리, 골든버그, 스타호크, 스톤, 크리스트 등이 있다.

스톤은 『하나님이 여자였을 때(When God was a Woman)』라는 책에서, 종교가 처음으로 형성되기 시작했을 때 "하나님은 여자였다"는 사실이 여성의 종속을 강화하고 합리화해 온 남성우월의 가부장적 신앙과 가치관으로부터 여성을 해방시키는 데 커다란 역할을 할 수 있다고 본다.

크리스트는 여성신의 존재 자체가 심리적, 정치적 효과를 가진다고 밝히면서, 여성 하나님의 상징이 다음과 같은 의미를 가지고 있음을 밝힌다. 첫째, 여성 하나님 상징 속에 함축되어 있는 여성의 힘(지배, 권위, 조종 등의 관습적 의미가 아닌, 인간을 자유롭게 하고, 통전적으로 만들며, 분열을 하나되게 하는 치유능력으로서의 힘)에 대한 긍정은, 여성이 자신의 힘이나 다른 여성들의 힘을 긍정적으로 인식하는 효과를 가진다. 둘째, 여성 하나님 상징은 성경과 기독교 전통에서 부정적으로 취급되어 왔던 여성의 몸과 삶의 주기를 창조적인 힘으로 인식한다.

크리스트의 이러한 남성신(God)으로부터 여성신(Goddess)으로의 전이는, 새로운 각성과 깊은 통찰, 통전적인 삶의 추구가 가능한 세계로 여성들을 인도하고자 하는 의도로 이해되고 있다.

8. 나오는 말

논자는 신학공부하는 시절 이외에는 특별히 여성학과 여성신학을 깊이 공부하지는 않았다. 이것은 논자 자신이 결국은 여성이 아닌 남성이기에 그럴 것이다. 그렇지만 학창시절 공부한 기억이 어렴풋하게나마 머리에 맴돌면서 조금이나마 이와 관련된 논의에 귀 기울이곤 하였다. 사실 앞에서 살펴본 여성신학적 논의에 따른 신학함이 논자의 입장에서 보면 좀 급진적인 듯하다. 그러나 이런 논의의 기저에는 오랜 세월 억압되어온 여성의 눈으로 성경을 보고 신학을 하고 교회관을 정립하려는 치열한 목소리들이 깔려 있는 듯하다. 그 목소리에 귀기울여본다.

논자는 오늘의 기독교가 이해하는 하나님이 전지전능한 부성적인 이미지가 지나쳐, 포근히 감싸주시는 모성적인 이미지가 제대로 드러나지 않은 것으로 느껴진다. 강희천은 기독교교육 현장에서 덜 강조되고 잊힌 돌봄과 양육의 속성이 강조되는 모성적 하나님의 이미지에 대한 교육을 해 나가야 함을 강조하였다.[510]

논자가 한신대 신학대학원 재학 중 만난 김이곤 교수는 하나님의 속성을 명쾌하게 드러내주었다. 그는 모성적 하나님의 특성은 '긍휼(라훔)'이라고 하였다. '긍휼'은 호세아 11장 8~9절에서 말하는 것처럼, 불쌍한 사람을 불쌍히 여기지 않고는 못 견디는 속성[511]이다. 궁극적으로는 분노를 거두시고 심판을 거두시는 속성이며,[512] 십자가의 본질이다. 긍휼을 의미하는 하브리어 '라훔'은 어원적인 기원을 '레헴(자궁)'에서 찾는다.[513] '긍휼'은 자신의 자궁에서 배태하고 고통 가운데 출산한 자식에 대한 모성애적인 연민을 의미한다. 호세아 선지자는 이스라엘 백성에 대한 유일한 희망은 모성적 긍휼이라고 하는 사랑 이외에는 없다고 외쳤다.

---

510) 강희천, 『종교심리와 기독교교육』(서울: 대한기독교서회, 2000), pp.125~126 참조.

511) 그러자 여호와께서 말씀하셨습니다. "내가 내 모든 선함을 네 앞에 지나가게 하겠고 내가 네 앞에 내 이름 여호와를 선포하겠다. 나는 내가 불쌍히 여길 자를 불쌍히 여기고 긍휼히 여길 자를 긍휼히 여길 것이다."(출애굽기 33장 19절)

512) 하나님께서 그들이 그 악한 길에서 돌이킨 행위를 보셨을 때 마음을 누그러뜨리시고 그들에게 내릴 거라고 말씀하신 재앙을 내리지 않으셨습니다.(요나서 3장 10절)

513) 김이곤, "하나님의 심장에 박힌 십자가", ≪신학논단≫(1997), p.38; 김이곤, "구약성서에 나타난 영성", ≪기독교시상≫(2000년 12월호), p.128.

에브라임이여, 내가 어떻게 너를 포기하겠느냐? 이스라엘이여, 내가 어떻게 너를 넘겨주겠느냐? 내가 어떻게 너를 아드마처럼 하겠느냐? 내가 어떻게 너를 스보임처럼 만들겠느냐? 내 마음이 바뀌어 내 긍휼이 뜨겁게 솟아오른다. 내가 내 진노를 쏟지 않고 내가 다시는 에브라임을 멸망시키지 않을 것이다. 나는 하나님이고 사람이 아니며 네 가운데 있는 거룩한 신이기 때문이다. 내가 진노하러 오지 않을 것이다.[514]

논자는 이러한 하나님의 모성성을 통해 위로받고 힘을 얻어 남성과 여성이, 부자와 가난한 자가 함께 어우러지는 세상을 기대해 본다.

베르그손은 도덕과 종교에는 두 가지 원천이 있다고 하였다. 두 종류의 도덕과 두 가지의 종교가 있다는 말이다. 처벌에 대한 두려움과 대가를 바라는 것이라면, '닫힌도덕'이요 '닫힌 종교'이다. 반대로 보상에 대한 기대와 희망을 바라는 것이라면 '열린도덕'이요, '열린 종교'이다. 기독교윤리는 하나님의 은혜의 복음에서 시작해야 한다. 율법과 행위의 성과로 변질되어서는 안 된다. 주어진 은혜에 감사하면서 응답하는 믿음이 중요하다.[515]

긍휼 베풀지 않는 사람에게는 긍휼 없는 심판이 있을 것입니다. 긍휼은 심판을 이깁니다.[516]

---

514) 호세아 11장 8~9절.
515) 문시영, "은혜의 윤리학", 목회와 신학 편집부 엮음, 『기독교윤리』(서울: 두란노아카데미, 2010), pp.17~18 참조.
516) 야고보서 2장 13절.

제13장

다음 세대와 함께하는 교회 윤리

1. 들어가는 말

지나고 나면 느끼게 되는 것이 하나 있다. 1월을 맞이한 게 엊그제 같은 데 벌써 12월로, 새해 달력이 나오는 연말을 맞이하였다. 해마다 이맘때는 이리저리 분주하게 지내느라 바쁘다. 그렇게 지내고 나면 또 어김없이 새해를 맞이한다. 이번 연말에는 한해를 마무리하고 새 해를 맞이하는 데 좀 더 진지해지면 어떨까 하는 생각을 해본다.

이맘때 각 교회현장에서는 한 해를 마무리하는 감사도 하고 새해를 준비하는 목회계획도 세우거나 정책당회를 진행하거나 하는 일들로 분주하다. 그런 점에서 연말연시는 묵은 해를 보내면서 반성하고 새 해를 준비된 자세로 맞이하게 하는 중요한 시점이다. 이에 논자는 오늘 우리의 현실에서 중요하게 다룰 교회 윤리적 주제로 다음 세대와 함께하는 교회상을 논의해 보려고 한다. 왜냐하면 다음 세대에 대한 윤리적 논의는 그 어떤 논의보다 교회학교[517] 현장에 꼭 필요한 실제적인 것이고,

---

[517] 이 글에서는 '주일학교'라는 말이 주일만 교육하는 의미를 담고 있는 듯한 인상을 주기에 지양하고, 편의상 '교회학교'라는 말로 통일하여 사용하고자 한다. 손원영은 이 말도 교회에서만 운영하는 공간적 제약이 있기에 적합하지 않다고 보면서 '어린이교회'라는 개념을 제시하기도 한다. 이에 대해서는 손원영, 『기독교문화교육과 주일교회학교』(서울: 대한기독교서회, 2005), pp.258~275 참조.

오늘 우리 시대에 시급히 요청되는 것이기 때문이다.

오늘날 많은 사람들의 입에서 한국 교회를 걱정하는 목소리가 심심치 않게 들려오고 있다. 오늘 우리의 현실은 한국 기독교역사에서 가장 심각한 위기에 직면해 있는지도 모른다. 이는 오늘 우리 교회가 성장세에서 정체기를 넘어 감소 추세에 들어선 것을 말함이 아니다. 문제는 여기서 그치는 것이 아니라, 이보다 더 큰 위기가 우리 앞에 직면해있다. 왜냐하면 한국 교회의 위기는 오늘에 그치지 않고 내일로 이어질 것이기 때문이다. 이에 대한 현실인식과 대비는 신속하고 정확하게 해 나가야 한다. 우려스러운 현실은 교회학교 학생 수가 지속적으로 감소하고 있음에도 교회 수, 목사 수는 계속 증가하고 있다는 사실이다. 실제로 대형 교단들이 배출하는 신학생 수는 상식 밖의 인원수이고, 목사 안수의 전제조건으로 교회개척을 요구하기도 한다. 이에 따라 목사 안수를 받기 위해 목사들 사이에서 교회나 교인을 사고파는 양상마저 보이고 있다. 현 시점에서 교회학교의 문제를 분석하고 교육의 질을 개선하기 위한 노력은 교회 내적인 상황이나 여건만 진단하는 것으로는 불충분하다.

김만형은 교회학교의 현실을 다섯 가지 5불(五不)로 꼽았다. 첫째, 시간 부족이다. 1주일 하루, 그것도 70분이 넘지 않는 시간, 질(質)도 절대량이 있어야 가능하다. 둘째, 공간 부족이다. 교회학교 교육을 위한 전용공간 하나 제대로 확보되지 않는 열악한 환경이다. 셋째, 교육철학의 부재이다. 구색용, 액세서리 교회학교로 철학 없는 눈대중으로 대충 가는 교육풍토이다. 넷째, 교육투자가 전무하다. 언제나 찬밥덩어리 교회학교로 세상교육의 열풍과 광풍 앞에서 속수무책이다. 다섯째, 전문인의

부재이다. 교회학교 교육담당은 장년층을 맡기 위한 준비 단계이다.[518]

교회 밖의 실정이 어떠한지도 관찰해야 한다. 여기서 교회 밖 실정이란 우리 주변 환경의 시대적·사회적·문화적인 요소들을 말한다. 김만형은 교육은 선포와 다른 것으로 열성만으로 되는 것이 아니라 시대의 표징을 알아야 함을 강조한다. 알아먹게 만들려면 가르치는 대상을 알아야 한다. 펜티엄 시대를 구가하는 학생에 숫자판 세대 교사라……. 심각해져만 가는 문화 격차를 해소해 나가야 한다. 우리가 접하는 다음 세대의 특징과 문제점은 물질적 풍요, 민주화의 수혜 시대, 핵가족화, 대중매체 영향력, 정보통신의 발달이다. 이를 이해하고 교육에 임해야 한다.[519]

지금 이 시점에서 교회학교의 위기를 분명하게 직면하게 되는 것은 2012년부터 전국 초·중·고교에 전면적으로 주 5일제가 도입된다는 사실이다. 위기는 기회라는 말처럼 우리 교회는 주 5일 수업제에 대한 의미와 직면하게 될 현실을 예측하여 이를 잘 준비하여 대처해 나가야 한다.[520] 미래를 준비하자는 것은 단순한 구호에 그쳐서는 안 된다. 열심히 연구하고 그 전략과 대책을 세워 나가야 한다. 지금 교회학교는 엄청난 위기에 처해 있다. 그 위기 요인을 하나씩 찾아보고 이에 대한 대책을 세워 나가야 할 것이다. 이 글은 이러한 교회학교의 위기에 대한 이해와 문제의식에서 출발하고자 한다.[521]

---

518) 김만형, 『SS혁신보고서』(서울: 규장, 1998), p.25.

519) Ibid., p..51.

520) 이상원은 주 5일제와 주일 성수에 대해 비성경적인 것으로 단호히 막아야 하는 것으로 보았다. 이상원, 『기독교교육과 윤리』, pp.132~140 참조; 그러나 이는 막을 수 없는 현실이다. 이에 대해 찬성과 반대의 논의는 적합하지 않다. 오늘의 시점에서 이를 인정하고 대비해 나가는 논의가 더욱 설득력을 지닐 것이다.

521) 이 글에서는 교회학교 구성원들을 통칭하는 개념으로 다음 세대라는 용어를 사용하고자 한다. 이 개념은 대한예수교장로회(통합) 제95회기 총회주제의 핵심개념어이기도 하다. 성경에서 세대라는 말은

2. 교회학교의 위기

1) 경쟁력을 갖추지 못한 교회학교

오늘날 교회학교 감소세의 문제 중 하나는 바로 교회학교가 경쟁력을 갖추지 못하고 있다는 사실이다. 교회현장에서 교회학교는 여러 교회 조직과 제도에서 중요하게 다루어지지 않고 있다. 이러한 모습은 의아할 정도이다. 우리나라 사람들은 세계적으로 자녀교육과 후진양성에 중요성을 두고 예산을 투입하고 제도적 장치를 마련하고 조직체계를 갖춰나간다. 이에는 가정이나 사회나 국가가 동일할 정도로 그야말로 교육 중심적이다. 이러한 교육열이 오늘의 우리나라를 이룩했다고 해도 지나친 말이 아니다. 오늘날 세계적으로 급속하게 교회가 성장한 요인도 마찬가지이다.

일반적으로 우리나라 가정에서는 자녀교육의 중요성을 인식하여 가정의 소득과 시간을 집중적으로 투입하는 것을 당연하게 여긴다. 그러기에 부모들은 자녀교육을 위해서라면 자신의 몸이 으스러지더라도 일에 종사하고 빚을 내는 것도 아까워하지 않는다. 중산층 가정에서 자녀교육을 위해 파출부를 마다않는 어머니나 자녀의 유학을 위해 기러기 아빠를 마다치 않는 아버지의 모습이 낯설지 않은 게 우리나라의 가정이다.

교육은 국가차원에서도 매우 중요하게 여겨지는 핵심가치이다. 그러

61번 나온다. 세대라는 말은 공통의 체험을 기반으로 공통의 의식이나 풍속을 전개하는 일정 폭(幅)의 연령층을 의미한다. 다음 세대에 대한 이해는 X세대, Y세대, N세대, C세대, P세대 등으로 다양하게 논의되고 있다. 김치성, "교회와 함께 가는 다음 세대", ≪교육목회≫(통권 39권, 2011), pp.10~12 참조.

기에 정부부처에서 교육을 담당하는 교육과학기술부는 정권의 핵심 부처로 인식되고 있고, 막대한 예산을 교육에 투입하는 것을 당연하게 여긴다. 교육은 지방자치제에서 더욱 중요하게 편성되어 운영되고 있다. 이는 16개 지자체에 자치단체장이 행정수반으로서 그 직을 수행함에 교육만큼은 그 틀에서 독립하여 16개 시도교육청을 두어 독립적으로 운영하는 것으로도 알 수 있다.

이처럼 가정과 국가와 지자체가 모두 교육을 중시해 나가는 것과 달리 한국 교회의 현실은 교회조직, 제도, 예산 등에서 중요한 위치를 점유하지 못하고 있다. 그럼에도 교회 현장에서 오늘날과 같은 교회학교가 유지되어 온 것을 보면 그야말로 교회학교 교역자와 교사들의 열정과 헌신의 성과라고 말할 수 있다.

오늘날 교회학교 운영 시간은 축소에 축소를 거듭하여 교육적인 효과를 기대하기 어려운 지경에 이르렀다. 한국 교회가 급성장하던 1970년대에는 교회학교의 교육 시간이 많았다. 주일이면 다음 세대들이 주일 아침예배와 공과공부를 합쳐 2시간 정도 교회에 있었고, 오후에도 교회에 나와서 1시간 30분 정도 지냈다. 그리고 수요일에도 오후 시간이 있어서 예배와 특별프로그램으로 1시간 30분 정도 보내게 되었다. 그렇다면 여름성경학교와 수련회는 어떠한가? 1970년대에는 여름성경학교가 5일씩 되었고, 새벽, 오전, 오후에 걸쳐 진행되었다. 이에 따라 대부분의 교사들이 여름휴가를 하나님께 드리며 기쁨으로 여름성경학교를 위해 봉사하곤 하였다. 그러나 1990년대에 들어와서는 3일로 줄어들었으며 2000년대에 와서는 여름성경학교나 수련회는 1박 2일로 하는 곳도 점차 대중화되고 있는 추세이다.

2) 근시안적인 어른들의 의식

그러면 왜 이렇게 세상에 비해 교회학교의 가치는 변방으로 밀려 있는 것일까? 이에 대한 응답으로 우선 꼽을 수 있는 것은 천박하고 근시안적인 사고방식에 따른 어른들의 의식이다. 이는 그야말로 경제 논리를 앞세운 어른 중심의 사고방식이다. 경제적 능력과 힘을 지녔기 때문에 대접 받는 문화가 교회 안에까지 존재하는 것이다. 이는 교회학교는 교회의 재정에 도움이 되지 않는 것은 물론이고, 계속해서 재정을 쏟아부어야 하는 '밑 빠진 독'이라는 의식이다. 그렇다 보니 담임목사의 목회 방향이나 교회 정책의 중심은 장년에 중점을 두고 있다.

한국 교회는 빠듯하게 재정을 운영하고 있다. 재정 확보의 1차적인 해결 방법을 교세 증가에서 찾고 있음을 부인할 수 없다. 한국 교회는 재정운영의 악순환을 거듭하고 있다. 교인수가 증가하면 대부분의 교회들은 건축을 우선 생각하고, 건축을 마무리하면 교회당 규모와 건축비 충당을 위해 교세 확장에 중점을 맞추고, 또 성장하면 건축을 하는 것이 도식화되어 있다.[522] 즉 이 같은 순환이 반복되면서 한국 교회는 건축과 교세 확장 이외에 다른 분야에는 눈을 돌리지 않고 있다. 교회학교에 대한 무관심은 결국 한국 교회가 앓고 있는 성장병과 무관하지 않다. 이 성장 속에는 교회학교는 중요하게 다루어지지 않는다.

담임목사와 장로들의 의식에도 문제가 있다. 교회학교는 담임목사나 장로들의 실적에 크게 도움이 되지 않는다. 교회학교는 앞으로 대략 20

---

522) 한국 교회 설교는 단 세 마디로 요약할 수 있다는 지적마저 나온다. '모이자 · 돈 내자 · 집짓자' 이는 로마가톨릭교회의 타락상을 보여 주는 것이다. 배덕만, "기독교개혁, 그리고 한국 교회(상)—우리가 잃어버린 것은 무엇인가", 〈기독교연합신문〉(2011년 10월 30일).

년 정도는 지나야 열매를 거둘 수 있다. 그런데 대개의 경우 중형교회의 담임목사의 연령대가 40대 중반에서 50대 중반이고 장로들의 평균 연령대가 50~60대로 추정할 때, 교회학교의 성과는 담임목사와 장로들의 입장에서는 퇴임 후에나 나타날 일로 단기간의 성과에 집중하는 조급함에는 맞지 않는다.

세상 교육은 21세기의 다음 세대를 위해 우수한 교육시설을 갖추고 있다. 교육에 대한 정부예산이나 교육자치제에 따른 예산은 교육을 우선적 가치로 두기에 학교 교육 시설은 나날이 개선을 거듭하고 있다. 물론 아직까지 OECD 기준에는 미치지 못하는 분야가 있지만 이전 시대에 비해 학교교육 시설은 매우 우수하다. 또한 교사의 질은 그야말로 세계적인 수준이다. 실제로 교사가 되기 위한 예비교사를 양성하는 교대와 사범대의 입시는 법대와 경영대를 앞지른 지 오래이다. 또한 교사임용고사는 하나의 고시로 불릴 정도로 치열한 경쟁률을 자랑할 정도이다. 여기에 사교육은 하나의 초대형 시장을 형성하면서 엄청난 산업화의 양상을 띠면서 치열한 경쟁을 통해 교육적 성과를 내고 있다. 그럼에도 우리 사회는 교육의 위기를 중요한 화두로 논의되고 있고 이를 타개하려는 정부와 시민단체와 가정에서 다양한 시도들이 나타나고 있다. 그런데 우리 교회의 교육현실은 어떠한가?

세상교육에 비해 오늘날 교회교육은 상식적으로 이해가 되지 않을 지경이다. 이는 한마디로 21세기 다음 세대를, 20세기 교육자가, 19세기 시설에서 교육하는 꼴이다. 사회는 이미 21세기 디지털시대의 첨단문화로 달려가고 있는데 우리 교회학교는 아직도 아날로그 또는 진공관 세대의 시설과 프로그램으로 운영되고 있다. 장년들을 대상으로 하는 예배가 이른바 주일대예배로 담임목사는 여기에 집중하고 이른바 중심되는 예배당인 본당은 장년예배용이다. 그에 비해 교회학교는 변두리 시설에서 제대로 된 공과공부 시설도 갖춰지지 않고 예배단이나 음향 등의 시설이 미비한 곳에서 예배와 교육이 이루어진다. 이런 열악한 시설에서 학교 교육시설을 경험하는 21세기의 다음 세대들이 과연 교회학교를 통해 교육복지적인 만족을 누릴 수 있을지 의문이다. 아직까지는 이런 실정에서도 교회학교를 사랑하는 몇몇 기관들과 일꾼들이 이름도 빛도 없이 헌신하여 왔기에 지금의 모습이라도 유지하고 있는 것이다. 이를 앞으로도 당연한 것으로 여기고 수수방관한다면 앞으로 한국 교회는 감당하기 어려운 위기에 직면하게 될 것이다.

3) 교사의 질

교육에서 흔히 일컫는 말로 "교육은 교육자의 질에 비례."라고 한다. 이 말은 교육에 있어 그 어떤 것보다 중요한 게 교육자라는 말이다. 그런데 교회학교는 교사들의 직무만족도가 떨어지고 있다.[523] 오늘날 대부분의 교회에서 연말이 되면 교회학교 교사지원자를 찾는 데 어려움을 겪고 있다. 그 이유는 찬양대와 같은 봉사에 비해 교회학교 봉사는 이른바 3D 영역으로 이해되기 때문이다. 왜 이렇게 교회학교 봉사에 대한 열정과 지원율이 떨어진 것일까? 그 이유는 교사들이 직무만족을 하지 못하고 있기 때문이다. 직무만족이란 일반적으로 한 개인의 직무 혹은

---

523) 김민형, op. cit., pp.36~37 참조.

직무에서 경험에 대한 평가로부터 얻어진 즐겁거나 긍정적인 감정 상태를 말하는 것으로 욕구나 필요, 역할, 조건, 보상과 같은 요인들이 결정적인데 한국 교회는 교사들에게 적절한 직무만족을 제공해 주지 못하고 있다. 교회학교 교사들이 보람 있게 교사의 직무를 수행할 수 있도록 긍정적인 직무풍토를 조성해 나가야 한다.

교회학교 교사들은 자원봉사자들이다. 이들은 교회에 시간과 에너지를 기꺼이 제공한다. 그러면서 자신의 노력에 대해서 금전적인 대가를 바라지 않고 다른 방법으로 보상 받기를 바란다. 또한 이들은 교회를 위해서, 교회를 통해서 무언가 가치 있는 일을 하기 원한다. 교회를 통해 봉사하는 과정을 통해 그들이 삶의 깊이와 넓이가 확대되기를 기대한다. 이러한 자원봉사자를 잘 활용하는 제도와 조직과 관심이 중요하다. 교회 지도자들은 자원봉사자의 본질과 그들을 활용할 방안들에 대해 잘 알아둘 필요가 있다.

존슨(Douglas W. Johnson)의 말은 주목을 끈다. "자원봉사자는 스태프가 아니다." 이는 교회가 자원봉사자들을 대상으로 행사할 수 있는 권위가 제한된다는 의미로써, 이들과 일할 때는 권위보다는 설득으로 이끌어야 한다는 말이다. "자원봉사자는 전임사역자가 아니다." 이는 자원봉사자가 시간을 잘 내지 못할 수도 있다는 말이다. 이들의 삶은 교회에 완전히 속한 것이 아니다. 때에 따라서는 아주 적은 시간밖에 낼 수 없거나 거의 시간을 못 낼 수도 있다. "자원봉사자의 봉사는 당연하다고 여겨질 수 없다." 자원봉사자는 시간을 내서 수고를 할지 안 할지를 스스로 결정하는 사람들이다. 때에 따라서는 감정적으로 시간을 내기도 하고 안 내기도 할 수 있는 사람들이다. 존슨의 말대로 자원봉사자인 교사

들에게 봉사를 당연한 것으로 강요할 수 없다.524)

교회는 자원봉사자인 교사들의 필요를 채워 주는 노력이 필요하다. 이에 대해 다음의 세 가지가 중요하다. 첫째, 인정이다. 담임목사와 담당교역자와 장로 등은 이들의 수고를 진심으로 인정하고 "고맙다."라고 말로 표현해야 한다. 사람들은 누군가에게 필요한 존재라는 사실을 인정받기 원한다. 교회학교 교사들이 없어서는 안 될 귀한 사람들이라는 사실을 말로 확인시켜 주어야 한다. 설사 부족한 점이 있다 하더라도 그들이 이룬 귀한 일들, 애쓴 노력에 대해서 칭찬을 아끼지 말아야 한다. 또한 말로만이 아닌 공손히 대접해야 한다. 이들을 함부로 대해서는 안 된다. 교역자들과 교회중직들이 교사와 특별히 친하다 보면 그들을 정중히 대하지 못하는 경우가 있다. 사랑은 무례히 행치 않는 것이다(고린도전서 13장 5절). 친한 건 좋으나 존중해 주어야 한다. 더욱이 교회학교 현장에서 다음 세대와 함께할 때는 교사로서 예의를 갖춰야 한다.

4) 교회학교 전문가 문제

교회교육 전문가가 부족한 실정이다. 오늘날 신학대학원 지원자나 졸업생은 넘쳐나도 교회학교 사역에 헌신하고 활동하려는 사역자는 드물다. 하나같이 장년층 목회를 생각하고 이렇다 할 교회교육 전문가를 찾아볼 수 없다. 이러한 이유는 교회학교 전담교역자를 장기적으로 사역케 하는 교회가 많지 않기 때문이고 교회조직과 제도에서 교회학교를 위해

---

524) Ibid, pp.261~262 참조.

서 얼마나 많은 관심과 얼마의 예산을 투입하는지를 보면 참으로 개탄스러운 실정이다.

한국 교회는 담임목사에게만 지나칠 정도의 관심을 집중한다. 한국 교회의 신문과 저널들도 하나같이 담임목사에게만 초점을 맞춘다. 이는 신학생들도 담임목사의 길을 고집하고 신학 교육기관에서 가르치는 대부분의 내용이 담임목사를 만드는 데 초점을 둔다. 사정이 이렇다 보니 대부분의 교역자들이 교회학교 사역을 마치 인턴이나 레지던트처럼 전임 사역을 위해 잠시 거쳐가는 중간과정쯤으로 여긴다. 언제라도 담임목사 자리가 나면 언제든지 옮겨도 된다고 생각한다.525)

오늘날 교회의 교회학교를 담당하는 교역자들 대부분이 기독교교육이나 교회교육을 전공한 전문가가 아니라 이른바 '교육전도사'라는 이름으로 불리는 비전공자들로 그것도 제대로 신학을 공부한 이들이 아닌 아직은 아닌 설익은 신학생들이라는 사실이다. 이러한 체제는 마치 의사의 경우 의대에서 충분한 교육을 받고 인턴이라는 훈련기간을 거쳐서 전문의로 나가는 제도와 분명한 대조를 보여 준다. 그야말로 한국 교회는 교회학교를 충분히 교육 받고 준비된 교역자가 아닌 실습생들에게 내맡기고 있는 실정이다. 보통 신학생이 교육전도사로 부임해 1~2년 교육을 담당하다가 신학대학원을 졸업하면 떠나버리고 새로운 신학생이 바통을 이어받는 일을 반복하곤 한다. 현실이 이렇다 보니 교육의 맥이 이어지지 않을 뿐만 아니라 교육에 대한 전문성도 갖추지 않은 신학생들이 교회학교 교육을 담당하기 때문에 교육의 전문성을 요구할 수도 없는 상황이다.

---

525) Ibid., p.303.

그래도 어느 정도 규모를 갖춘 교회는 교육전도사보다는 낫지만 크게 진일보하지 못한 실정이다. 실제로 전임교역자가 교회학교를 맡는 경우, 교회학교 전담교역자가 아닌 겸임인 경우가 대부분이다. 그러다 보니 교역자는 교회의 다른 업무에 우선하고 교회학교는 주일에 설교만 하는 정도에서 사역이 이루어지곤 하는 실정이다. 신학생이나 신학대학원을 준비하는 신학대학교 졸업생들이 교회학교를 감당하고 있는 경우나 겸임 전임교역자는 그나마 나은 편이다. 중・소형 교회의 경우는 아예 교회학교에 교역자 자체가 없는 경우도 있다. 이런 경우 설교를 담임목사나 사모나 장로나 교사들이 편의에 따라 하게 되어 교회학교에 적합한 설교를 기대하기 어렵다.

한국 교회는 교회학교 전담 전문교역자들을 양성하고 배치해 나가야 한다. 전임교역자들이 배치됨으로 오는 유익은 대단히 크다. 그들은 일주일 내내 교육 현장을 들려보며 연구할 수 있다. 새로운 시도들, 혹은 개선해야 하거나 문제가 되는 내용들에 대해 필요할 때마다 자체적으로 워크숍도 진행할 수 있다. 훌륭한 사례와 모범들에 대해 수시로 토론할 수 있다. 교사들과 다음 세대들을 언제든지 만날 수 있고 심방할 수 있다. 뿐만 아니라 교육에 있어서 매우 중요한 부분인 연계성, 그리고 이를 이루기 위한 부서 간의 협력과 연합성 등이 효율적으로 조정되고 이루어질 수 있게 된다. 부서 간 교역자와 교역자뿐 아니라 교역자와 교사 간, 교사와 교사 간, 교역자와 다음 세대 간, 또 다음 세대들과 교사간의 관계도 더욱 긴밀해진다.

이런 측면에서 무엇보다도 중요한 것은 담임목사와 당회의 결단이다. 패러다임의 전환을 위해 고려되어야 할 여러 가지가 있다. 물론 교회의 규모나 기타 여건들이 맞지 않을 수도 있다. 그러나 교회현실에서 그 어떤 과제보다 교육을 우선적인 과제로 여길 때, 전문 교역자도 가능하다.

이와 같은 한국 교회의 전통적 조직형태 안에서 혁신적인 교육목회를 위해 가장 중요한 것은 장로교회의 경우, 당회의 과감한 결단이 필요하다. 그동안 전통적인 담임 중심 체제, 또는 당회 중심 체제의 조직에서 한 부서를 독립시스템으로 부각시켜 전문 교역자들을 배치시키고 자율권을 최대한 보장해 주어 대등한 운영을 할 수 있도록 허용하기 위해 결단을 내리는 것은 결코 쉬운 일이 아니다. 여기엔 신뢰와 비전의 공유가 바탕이 되어야 한다. 교회학교에 대한 지대한 관심과 비전을 공유하는 당회라면 교육에 헌신하려는 전문교역자들을 세우고 그들 그룹에게 과감히 맡겨 줄 수 있는 역량 또한 필요하다.

5) 교회학교 예배

오늘날 한국 교회는 교회학교 예배를 온전한 주일예배로 인정하지 않는 분위기가 지배적이다. 실제로 주일에 드려지는 예배를 서열화하는 것은 신학적인 문제를 안고 있다. 대부분의 교회학교 교사들은 교회학교 예배만 참석할 경우, 주일예배를 드리지 않는 사람으로 인식되고 있다. 이는 담임목사가 설교하는 이른바 대예배만이 온전한 주일예배라고 여기는 교회현실에 따른 문제이다. 이는 오후예배를 대예배에 비해 낮은 예배로 여기는 문제와도 그 맥을 같이한다. 많은 경우 오후예배 내지 저녁예배 설교를 부교역자들이 담당한다. 이렇게 되다 보니 오후예배 혹은 저녁예배는 마치 부교역자들의 설교실습용 예배처럼 느껴지는 경향도 있다. 이렇게 되니 교인들은 바쁜 일이 있으면 주일 대예배만 드리면 되는 것이고 이를 빠지면 온전한 주일성수를 못한 것처럼 느끼는 경향이 있다. 그러니 교회학교 예배만 드린 경우 교사 자신은 물론 교회에서는 온전한 예배를 드리지 않은 것으로 인식하는 것이다.

여기에는 교회학교 예배설교를 담임목사가 아닌 부교역자나 교육전도사가 하기에 낮은 예배로 보는 의식이 담겨 있다. 이런 의식은 교회학교 예배의 위상을 왜곡하는 것으로 나타날 우려가 있다. 이는 잘못이다. 어린이 예배를 비롯한 교회학교 예배는 예배가 아니라는 인식을 버려야 한다. 신령과 진정으로 드리면 시간과 장소가 문제가 되는 것이 아니다. 대학·청년부 예배에서 중·고등부 예배, 심지어 유아부 예배라 할지라도 하나님과의 만남, 말씀과 깨달음이 있다면 그것이 바로 예배이며, 예배의 구분이 따로 있을 수 없다. 이에 대한 장로회신학대 예배설교학 주승중 교수의 말이다.

"어린이 예배를 비롯한 주일학교 예배는 예배가 아니라는 인식을 버려야 한다. 신령과 진정으로 드리면 시간과 장소가 문제가 되는 것은 아니다. 대학·청년부 예배에서 중·고등부 예배, 심지어 유아부 예배라 할지라도 하나님과의 만남, 말씀과 깨달음이 있다면 그것이 바로 예배이며, 예배의 구분이 따로 있을 수 없다."[526]

만약 교회학교 예배가 담임목사가 설교하지 않았기에 온전한 주일예배가 아니라면 다음 세대들은 제대로 주일성수를 못하는 것이 되고 만다. 그렇다면 다음 세대들은 이른바 주일 대예배에 참석하여 예배시간을 지키고 교회학교에서는 예배를 드릴 필요가 없게 될 것이다.

---

526) "주일학교 예배도 '온전한 예배' 인식 시급", 〈기독교연합신문〉(2004년 7월 25일).

교사들이 관리자나 감독의 자세로 교회학교 예배에 참석하기 때문에 갈등하게 된다. 교사들의 경우 자신이 교회학교를 담당하고 있는 교사이면서도 교사 스스로가 다음 세대들과 함께 예배드리지 못하고 다음 세대들이 바르게 예배를 드리도록 관리하고 감독하는 신분으로서만 참석하기 때문에 교회학교 예배를 소홀히 여기게 되고 예배로 생각하지 않는 실수를 범한다. 또한 담임목사와 비교하여 부교역자이거나 교육전도사가 하는 설교를 낮게 보는 의식이 다음 세대가 드리는 예배를 낮게 여기는 경향이 있다. 유아·유치부를 포함한 모든 예배는 이른바 대예배에 비해 그 중요성이나 비중에 있어서 결코 모자람이 없다. 교회는 주일예배와 중복돼 드리는 부서에서 봉사하는 교사를 위해 교회학교 이전 예배를 증설하는 것이 원칙이고 교사에 대한 배려이다.

6) 다음 세대의 현실

우리나라가 극심한 경쟁사회임은 누구나 다 아는 현실이다. 이에 따라 치열한 경쟁에서 살아남기 위한 발버둥이 학교공부에 매달리고 있다. 이에 따라 부모들의 경제적, 정신적 압박감은 이루 말할 수 없다. 불안한 사회에서 줄달음질을 하듯이 살아가는 현대의 부모 밑에서 아무 일도 없었다는 듯이 편안하게 살아가는 자녀들은 거의 없다. 요즘 다음 세대들에게 나타나는 병적인 증상은 두통과 복통이다. 이들은 경쟁적이며, 쉽게 흥분하며, 조급하며, 화를 잘 낸다. 손바닥은 땀이 많이 나고 심장은 가쁘게 뛰며 깊은 잠을 못 이루는 경우도 종종 있다.527) 정신적으로 안정된 부모 밑에서 자녀들이 자라나야 그들도 건강할 수 있다. 이렇게 우리나라는 부모와 자녀 모두 불안하고, 정신적으로 피폐된 상태로 살아간다. 이에 따라 20대와 30대에 속한 어머니들은 날로 증대하는 교육비에 대한 부담을 줄여보기 위해 남편을 도와서 일을 하기 위해 사회로 뛰어들면서 결국 치열한 경쟁 속에서 지치고 찢긴 자신들의 마음을 어쩔 수 없어서 정신과를 찾게 되기도 한다.

오늘날 다음 세대의 교회학교 출석 이유는 70~80%가 부모의 강요에 의한 것이라고 하는 보도를 본 적이 있다. 이들은 주일에 교회 출석하는 것까지는 하지만 더 이상의 신앙교육에는 아무런 의미를 두고 있지 않다. 실제로 중·고등부 학생들 대부분은 예배하는 자리에는 와서 앉아 있지만 끝나면 바로 교회를 빠져나갈 뿐만 아니라 주중에는 교회와 무관한 생활을 하고 있다. 이에 대해 교회학교 교사들은 그나마 교회에 나와서 앉아 있는 것만 해도 기특하게 여겨야 한다는 말을 한다. 교회학교에서 쉽게 볼 수 있는 모습은 대학 입시를 이유로 교회에 발걸음조차 하지 않는 교회 중직자의 자녀들도 쉽게 볼 수 있다.

다음 세대들이 교회를 멀리하는 요인으로 교회가 급변하는 현대사회에서 적절한 영향력을 발휘하지 못하기 때문이다. 현대는 극심한 세속화의 물결이 몰아치는 바다와도 같다. 이러한 세속의 물결 속에서 방향을 잃은 작은 배와도 같은 교회는 더 이상 사회에서 영향을 발휘하지 못하는 형편이 되었다.[528] 넬슨은 미국 기독교인들의 상황을 예로 들면서 68%나 되는 활동적인 장로교인들이 더 이상 전통적인 혹은 인습적인

---

527) 졸린 로엘키파르테인 편, 『아이들이 몰려오는 주일학교 만들기』, 오현주 역 (서울: 디모데, 1998), p.32.
528) C. Ellis Nelson, "Christian Education in a Secular Society", *The Presbyterian outlook*(176권 16호, April 25, 1984), p.6.

(conventional) 기독교 신앙을 갖고 있지 않다는 통계를 제시하면서 현대 기독교인들의 위험한 "평신도 자유주의"(lay-liberalism)를 경계했다. 이는 평신도들이 신학도들이 가질 수 있는 어떤 특별한 신학의 체계에 의존하는 현상을 말하는 것이 아니라, 마치 무속종교를 생각 없이 받아들이는 것과 같은 기독교 신앙의 진리들에 대해 어렴풋이(fuzzy) 아이디어만 갖고 교회생활을 하며 과거에는 일반적으로 가정되었던 일반 신자들의 기본적인 성경 지식이나 성경 이야기들의 공유가 더 이상 현실에서 기대될 수 없다는 것을 의미한다.[529] 또 다른 연구에 의하면 자신이 복음주의자라고 생각하는 사람들 중의 35.5%만이 매일 성경을 읽고, 35.8%가 일주일에 한 번씩 세 번 성경을 읽고, 10.1%가 한 달에 한 번에서 세 번 성경을 읽고, 18.6%가 한 달에 한 번도 읽지 않는다는 지적이다.[530] 이는 성경의 이야기를 알아듣지 못하는 교인이 많아지게 되었다는 것을 말한다. 이는 미국만이 아니라 우리의 상황도 비슷하다. 그럼에도 교회는 이에 대한 위기감조차 제대로 느끼지 못하는 것 같다.

이에 대해 옥성호는 오늘의 한국 교회가 기독교의 본질을 잃고 심리학이나 경영학과 같은 세속적인 방법에 물들어 있다고 비판하였다. "오늘날 대부분의 미국과 한국 복음주의 교회의 가장 큰 문제 중의 하나는 심리학과 경영학의 원리들을 성경의 진리보다 더 믿는 사이비 기독교 신앙이 치명적인 전염병처럼 퍼져 있다는 점입니다."[531] 김성수는 성경적

---

529) Ibid..

530) James Davision Hunter, *American Evangelism: Conservative Religion and the Quandary of Modernity*, p.67을 라차드 오스머, 『교육목회의 회복』, 박봉수 역(서울: 한국장로교출판사, 1996), p.300에서 재인용.

531) 옥성호, 『심리학에 물든 부족한 기독교』(서울: 부흥과개혁사, 2007) 참조; 이어서 그는 한국 교회가 심리학과 경영학적인 방법론으로 마케팅과 엔터테인먼트에 물든 기독교도 비판하였다. 고 옥한흠(사

이지 않은 오늘날의 교회와 신앙인들의 모습을 날선 검으로 쪼개듯 한다. 그가 쓴『그런 기독교는 없습니다』는 무려 703쪽에 달하는 대작이다. 그는 기복주의, 만사형통주의, 신비주의, 실용주의 등에 물들어 무속신앙화한 교회를 보고 애통해 하였다. "어느 신학자의 말처럼 한국 기독교는 비빔밥 종교가 되어버렸다. 기독교가 '기복교'가 되어버렸다는 웃지 못할 농담이 정설이 된 것 같다.", "이제 크리스천들은 절대 파워를 지닌 어떤 비인격적 존재를 달래고 닦달해 자기 소원이나 이루고 문제해결이나 받는 무속신앙에서 벗어나야 한다."[532]

이처럼 오늘의 기독교가 본래성을 잃고 세속화될 때 성경의 표현대로 기독교는 좋은 곡식(알곡)은 없고 쭉정이만 남게 되는 무서운 결과를 가져올지 모른다.

회개에 알맞은 열매를 맺으라. 너희는 행여나 속으로 '아브라함이 우리 조상이다'라고 생각하지 말라. 내가 너희에게 말한다. 하나님께서는 이 돌들로도 아브라함의 자손을 일으키실 수 있다. 도끼가 이미 나무뿌리에 놓여 있다. 그러므로 좋은 열매를 맺지 않는 나무는 모조리 잘려 불 속에 던져질 것이다. 나는 너희가 회개하도록 물로 세례를 준다. 그러나 내 뒤에 오실 분은 나보다 능력이 더 많으신 분이시다. 나는 그분의 신발을 들고 다닐 자격도 없다. 그분은 너희에게 성령과 불로 세례를 주실 것이다. 그분이 손에 키를 들고 타작마당을 깨끗이 해 좋은 곡식은 모아 창고에 두고 쭉정이는 꺼지지 않는 불에 태우실 것이다.[533]

랑의교회 설립목사)의 아들 옥성호가 날카롭게 지적해 낸 오늘날의 기독교의 모습은 하나님을 위한 공적인 소명을 담아내기보다는 개인의 사적 욕망을 채우기 위한 도구로 전락하였음을 잘 드러내 주고 있다. 그의 또 다른 책들도 있다. 『마케팅에 물든 부족한 기독교』(서울: 부흥과개혁사, 2007), 『내가 꿈꾸는 교회』(서울: 부흥과개혁사, 2008), 『엔터테인먼트에 물든 부족한 기독교』(서울: 부흥과개혁사, 2010) 등이 있다.

532) 김성수, 『그런 기독교는 없습니다』(서울: Praise Publishing, 2008); 이외에도 김성수 목사의 책들은 방대한 분량으로 이어지고 있다. 또한 그가 섬기는 남가주 서머나교회 홈페이지(http://www.smyrnachurch.com)를 통해 그의 설교를 접할 수 있다.

533) 마태복음 3장 8~12절.

이는 신앙이 다음 세대로 잘 이어가지 못한 요인도 있다. 신앙의 제1세대는 신앙의 본질과 형식을 다 지닌 경우가 많았다. 그들은 신앙과 생활을 분리하지 않고 하나로 여기며 살았다. 그러나 신앙의 2세대들은 본질과 형식 중에서 본질보다는 형식에 치우쳤다. 이들이 여전히 교회에 출석하고 헌금도 하는 기독교인이다. 그러나 본질을 잃어버린 상태이다. 신앙과 생활이 분리된 기형적인 삶이다. 하나님과의 영적 교제도 없고 단지 영적 형식만 남아 있다. 이러한 제2세대의 신앙은 교회와 세상을 분리시키고 개인과 사회를 분리시켰다. 이러한 신앙관에 제3세대인 다음 세대들은 규제에 따른 제도적 교회 생활에 흥미를 잃었다. 이러한 시점에 더욱 안타까운 것은 오늘날 한국 교회의 개탄스러운 현실도 하나의 이유가 된다. 이는 오늘날 사회적으로 안티기독교가 확산되고 있는 것도 다음 세대의 감소를 가져오는 이유가 된다는 말이다.

영화 〈도가니〉의 관객 수가 4백만을 넘어섰다.[534] 〈도가니〉는 지난 2005년, 전남 광주에 소재하고 있는 청각 장애학교인 인화학교에서 실제로 일어난 장애인 아동 성폭력과 그것에 얽힌 법조 비리와 같은 우리 사회의 가장 그늘지고 부패한 부분을 고발하는 사회윤리적 고발 영화로서 현재 우리 사회에 큰 반향을 일으키고 있다. 그러나 언제부터인가 한국 교회는 그와 같은 매체들 앞에서 무섭게 야단치는 선생님이 무서워

---

534) 영화 〈도가니〉는 지난 2000년부터 4년 동안, 광주인화학교에서 일어난 청각 장애 아동을 대상으로 교장을 비롯한 교직원들이 저지른 성폭행 사건을 바탕으로 쓰인 공지영의 소설 『도가니』(서울: 창비, 2009)를 바탕으로 제작되었다. 이 영화의 줄거리는 다음과 같다. 주인공 강인호가 기간제 교사로 일하게 되어 전라북도의 영화 속의 도시 무진으로 내려가게 된다. 그는 청각 장애아들을 가르치기로 했지만 부임 첫날부터 심상치 않은 예감을 받게 된다. 바로 학교와 기숙사에서, 학생들에게 끔찍한 구타와 성폭행, 성추행이 오랫동안 빈번하게 자행되어왔던 것이다. 강인호는 대학 선배이자 무진인권운동센터 간사인 서유진, 최요한 목사, 그리고 연두 어머니 등과 함께 사건의 실체를 파헤치고 이를 세상에 알리려고 한다.

등교하기를 서성이는 학생과 같은 자리에 서있음을 본다.

영화 〈도가니〉는 이중적 교훈을 포함하고 있다. 도가니는 이미 대중에게 잘 알려진 그 학교의 소재인 광주를 '무진'이라는 가상의 도시로 가려서 처리해 준 것과는 대조적으로 그 범인이 기독교인 장로라는 것과 그 학교가 기독교 학교라는 점을 영상과 줄거리에서 계속하여 줌인(zoom-in) 반복하고 있다. 내용이 전개되는 내내 그 학교의 교장실의 성구가 쓰여 있는 액자와 벽에 걸린 십자가, 그리고 교장의 가슴에 달려 있는 금빛 나는 배지와 십자가 학교 상징 등을 두루 비추고 있다. 찾아보았더니 인화학교의 학교 상징에는 십자가가 들어 있지도 않았다. 흉악하고 파렴치한 범행을 일삼는 교장을 비롯한 학교 관계자들은 여러 번 자신들의 신앙을 들어 변명하고, 교회의 목사와 교인들은 그러한 교장의 구명을 위해 시위 기도회를 열고, 부패와 연관관계에 있는 담당 형사는 그가 바로 '존경 받는 장로'임을 역설적으로 보여 준다.

한 마디로 그 영화 〈도가니〉는 기독교의 모습을 조롱하고 이 사회의 공적으로 몰아세우고 있다. 지난 역사 동안 우리 사회의 윤리적·사회적 개선을 위해 선구자의 역할을 해왔던 우리 기독교가 어쩌다 이런 지경에까지 이르렀는가? 만일 영화가 몰아세운 대상이 불교나 천주교였다면 이처럼 노골적인 조롱은 아니었을 것 같다. 오늘 우리나라 최고 통치자가 기독교의 장로이고, 막강한 신도수와 교회당을 자랑하는 이 시점에서 우리 기독교는 천덕꾸러기 같은 양상을 띠는 것만 같아 안타깝다.

현대사회는 이미지의 시대이다. 내용과 본질이 중요하지만 그에 못지않게 외양과 이미지도 중요하다. 현대인들은 모양새와 이미지에 따라 자신들의 마음을 열거나 닫는다. 그런데 오늘날 한국 교회의 이미지는 좋지 않다. 오늘날 교회에 대한 부정적인 이미지들이 다음 세대들에게 알려지면서 교회 다닌다는 것이 자랑스러운 게 아니라 감추고 싶은 마음이 들게 하여 전도하려는 마음이 안 생기고 단지 교회 다닌다는 이유만으로도 친구들 사이에서 집단따돌림을 당하기도 한다. 최근 목회자들의 윤리문제 등이 사회적으로 알려지고, 특히 일부 교계 지도급 인사들에 의해 극우적인 성격을 띠고 행해지고 있는 시국집회가 안티기독교의 원인이되고 있다. 이러한 한국 교회의 모습은 다음 세대들이 교회로 오지 않는것은 물론이고 그나마 교회에 남아 있는 다음 세대마저 교회 밖으로 나가게 될 것이다.

오늘날 우리 사회에 '안티 기독교' 현상이 급속히 확산되고 있다. 하나의 예로 이화여자대학교에서는 비기독교인 학생들 사이에 "기독교 전도자 퇴치법 10계명"이라는 우스갯소리가 널리 유포되어 있다고 한다. 제1계명은 '절대로 혼자 식당에서 밥 먹지 말라'다. 왜냐하면 학생들의 약 15분 동안의 평균 식사시간 동안에 최소한 5명 정도의 전도자를 만나기 때문이다. 제2계명은 누가 다가와 "교회 나가시느냐?"고 물으면 "네~" 하고 말꼬리 내리지 말고 "넵!" 하고 단호하게 말하기다. 제3계명은 또 누군가 다가와 "나와 같이 성경공부 해보지 않겠냐?"고 물으면 "아니요~" 하고 말꼬리 내리지 말고 "아니욥!" 하고 확실하게 거절하기 등이다.[535]

또한 다음 세대들에게 교회의 이미지는 시대착오적이고 비상식적인 모습으로 비춰지기도 한다. 이러한 이유로 교회에 가지 않는다. 이상화는 청년들이 교회를 떠나는 이유를 구체적으로 제시하였다. 이상화가 정리한 것들 중에서 몇 가지만 간추려서 제시하면 다음과 같다. 교회에 가

---

535) 장윤재, "당신 진짜요?", ≪기독교사상≫(2011년 7월호), p.249.

면 "하지 말라!"는 것이 너무 많고 경직된 분위기 때문에 숨쉬기가 곤란하다고 말한다. 현실과 동떨어진 설교, 교회가 자기 중심적인 것 같다, 교인들이 모였다 하면 싸운다, 교인들의 교회 안과 밖의 행동이 너무도 다르다. 목사에 대한 신뢰감이 없다, 교회는 너무 따분하다.[536]

지나고 나면 잊어버릴 수도 있지만 이러한 부정적 이미지들이 축적되어져 계속 간다면 기독교는 이 사회에서 꼭 있어야 할 종교가 아니라 그 반대적으로 인식되어질 수 있다. 특히 우리가 살아가는 세상은 시장원리에 의하여 지배당하고 있는 세상이다. 심지어 다종교의 모습으로 존재하는 이 세상에서 모든 교회는 사회적으로 "좋은 이미지"를 구축하는 데 최선을 다하여야 할 것이다. 그래서 사회 속에서 신뢰도를 회복하고 사회를 싱그럽게 하고, 지친 사람들에게 안식을 선사하는 이미지를 구축하여야 할 것이다. 그래야 사람들이 우리 기독교를 향하여 마음을 열지 않겠는가? 또한 우리나라 옛말에 '윗물이 맑아야 아랫물이 맑다'고 하였다. 어른들이 기독교에 대한 좋은 이미지를 구축할 때에 아이들이 모여들게 되는 것이다. 이러한 의미에서 여러모로 주일학교의 부흥은 우리 어른들의 몫이 된다. 이렇게 어른 세대가 좋은 이미지를 구축할 때, 다음 세대들이 교회로 모여들 것이다.

7) 저출산에 따른 교회학교 위기

한국 교회 역사에서 교회학교 성장은 1990년을 전후해서 정점에 도달

---

536) 이상화, 『청년들이 교회를 떠나는 33가지 이유』(서울: 브니엘, 2007) 참조.

했다가 이후부터 서서히 감소추세를 보이면서 좀처럼 회복할 기미를 보이지 않고 있다. 이러한 이유 중 결정적인 이유로 지목되는 것이 바로 저출산에 따른 결과이다. 그야말로 오늘날 우리에게는 '고령화문제'도 감당키 어려운 문제[537]인데 여기에 급속하게 저(低)출산이라는 쓰나미가 몰려오고 있다. 사회적으로도 지속적인 경제발전과 사회를 지탱해 나가기 위한 인구의 자연증가 측면에서 볼 때, 저출산 문제는 시급한 사회적 문제이다.

유엔인구기금(UNFPA)이 발간한 '2005 세계 인구현황 보고서'에 따르면 2005년 한국의 합계출산율(여성 1명이 평생 낳는 자녀의 수) 추정치는 1.22명으로 나타났다. OECD 회원국 중에 가장 낮은 수치이다. 세계평균은 2.6명으로 미국을 비롯한 선진국들은 1.57명, 개발도상국들은 2.82명 그리고 저개발국은 4.86명이 될 것으로 보고서는 추정했다. 문제는 앞으로의 전망이 더 어둡다는 사실이다. 한 여론조사 기관의 발표에 의하면, 현재 우리나라 미혼여성 10명 중 3명은 "결혼과 직장 중 선택하라면 결혼을 포기 하겠다."라고 말하며, 결혼한 여성들도 10명 중 3명이 "출산과 직장 중에 선택한다면 출산을 포기하겠다."라고 답했다고 한다. 결혼은 하되 아이는 낳지 않겠다는 이른바 '딩크(double income no kids)족'이 2003년에 비해 1년 사이에 50%나 증가했다고 한다.

서구에서는 자녀 없는 가정의 비율이 점차로 증가하고 있다. 이들을 일컬어 '딩크족'이라고 한다. 딩크족이란 'double income, no kids'의 약칭이다. 1986년경 미국에서 만들어진 말로서, 1990년대에 들어 여피족(Yuppie)이라는 말과 함께 우리나라에서도 사용되기 시작했다. 이들

---

537) 졸저, 『고령화 사회의 현실과 효윤리』 참조.

은 여가나 취미활동에 큰 비중을 두며, 자녀로 인한 경제적 부담을 피하
려는 현실적인 이유로 딩크족이 되려 한다. 그리고 자녀를 갖는 문제에
구애 받지 않는 스타일은 'DCF(Dual Career Family)'라고 부른다. 미국
의 경우 '전국자유선택 부모연맹'이라는 자식을 갖지 않을 부모의 권리
를 옹호하는 단체가 있는가 하면, 영국의 경우는 '전국무자녀협회'라는
유사한 조직도 생겼고, 의도적으로 자녀를 갖지 않으려는 커플이 늘어나
고 있다.538)

그러나 안타깝게도 한국 교회는 이에 대한 심각성을 체감하지 못하고
있다. 현재 대부분의 교단과 교회는 사회적으로도 심각하게 논의되고 있
는 저출산 문제를 실제적인 중요 의제로 다루지 않고 있다. 더욱이 통계
수치로도 교회학교 아동부와 청소년부가 줄어들고 있는 데도 이 문제를
저출산으로 인한 인구감소에서 원인을 찾기 보다는 현재 우리 사회의 교
육 현실과 신세대들의 문제에서 원인을 찾으려고 하는 경향을 보인다.
이는 문제의 핵심을 제대로 보지 못하는 그야말로 헛다리 짚고 고민하는
양상으로 심각한 우려를 갖게 한다. 그러다 보니 뚜렷한 대안 없이 그저
교회 내에서 교육을 담당하고 있는 교육목회자와 교사들의 헌신을 의심
하고 더욱 전도와 교육에 헌신할 것을 강요하는 지시만이 공허한 메아리
처럼 들려오는 것만 같다. 실제로 교회학교 학생의 감소세는 심각한 실
정이다.

2006년 8월 24일 교육인적자원부와 한국교육개발원이 발표한 2006년
도 교육통계연보(4월 1일 기준)에 따르면 저출산 등에 따른 인구수 감소
로 초등학생 수는 392만 5,000여 명으로 지난 1962년 교육통계조사 이

---

538) 이성희, 『미래사회와 미래교회』, p.93.

래 최저 수준이라는 것이다. 이는 역대 최대였던 1970년 초등학생 수 574만 9,000여 명과 비교해 68% 수준이며 지난해와 비교해도 9만 7,758 명이나 줄어든 결과다. 이뿐만 아니라 저출산이 지속될 경우 오는 2015 년에는 만 5살부터 14살까지 우리나라 학령 인구수는 지난해와 비교할 때 200만 명 가까이 줄어든 460만 명이 될 것으로 추산되고 있다. 이러한 결과는 교회학교의 위기로 연결된다. 실제로 이른바 대표적인 대형 교단의 통계는 이를 잘 보여 주고 있다.

대한예수교장로회(통합) 교세통계자료에 따르면, 1996년 영유아 및 아동부 교인이 39만 9,468명으로 나타났지만 유년부가 소폭 증가한 것을 제외하고는 2000년 영아부를 비롯해 아동부 40만 3,191명에 비해 1만 2,028명이 줄어든 39만 163명, 2004년 38만 6,560명에 이어 지난해에는 38만 3,378명으로 꾸준히 감소하고 있는 상황이다. 기독교대한감리회는 지난 1994년 26만 4,785명이던 학생 수가 2003년에는 23만 5,795명으로 2만 8,990명으로 약 11%가 줄었으며, 기독교대한성결교회는 지난 1995년 18만 1,703명이었던 교회학교 학생 수는 2003년 10만 3,695명으로 대폭 감소했으며 2004년 10만 7,612명 2005년 10만 4,788명으로 드러났다.[539] 이러한 감소세는 최근 늘어난 조기유학을 비롯해 주 5일제 근무, 교인들의 수평이동에 다른 교회 간·지역 간 격차가 극심해지면서 더욱 표면화될 것으로 보인다.

저출산 문제는 심각하게 고민해야 할 한국 교회의 위기이다. 이에 대한 심각성을 인식하고 대비해 나가야만 내일의 한국 교회를 기대할 수 있다. 교회학교 학생수 감소현상에 대해서는 교단과 교회 전체가 위기감

---

539) "교회학교가 무너지고 있다—저출산과 교회학교의 위기", 〈한국기독공보〉(2006년 9월 18일).

을 공유하며 이 문제를 풀어나갈 지혜를 모아가야 한다. 한국 교회의 성장이 불투명한 시점에서 한국 교회가 해결해야 할 '교회학교 침체' 극복 과제는 절실해 보인다. 교회학교 침체 원인 중의 하나로 꼽히고 있는 저출산 문제는 사회의 문제이기도 하지만 한국 교회 문제이기도 하다. 국가적으로는 다자녀 출산의 경우 세금감면과 장려금 지급 등을 실시하는 데 반해 한국 교회는 일부 교회만이 이에 대한 제도적 장치를 실시하고 있다.

직설적인 표현인지는 모르나 최고의 전도정책, 최고의 부흥정책이 바로 출산장려이다. 이는 이미 이슬람 국가에서 일부다처제를 통하여 계속적으로 인구를 불려 나가는 모습에서도 잘 알 수 있다. 한국 교회는 '생육하고 번성하라'는 말씀에 순종하는 그리스도인의 자세를 회복해 나가야 한다.540) 이렇게 될 때 교회는 '텅 빈 자리'를 모면할 수 있을 것이다. 이를 위해 교단과 교회는 출산장려운동을 전개해 나가야 한다. 또한 입양에 대한 의식고양을 통해 고아수출국이라는 오명을 벗어나는 노력도 필요하다.

교회는 그동안 사람들을 기독교인과 비기독교로 구별하는 배타적 성격을 가지고 있었다. 이러한 배타적 구분으로는 더불어 살 수 있는 공간을 만들 수 없다. 하나님의 사랑 안에서 새로운 가족이라는 개념을 가지고 사회를 바라볼 수 있도록 공동체 의식을 통한 사회연대의식을 확대해 나가야 한다.

이를 위해 우리나라에서 국내입양이 활성화되도록 해야 한다. 보건복지부의 기록에 따르면, 해외 입양은 1953년에 시작됐다. 당시 아이 4명이 외국으로 입양됐다. 50여 년에 이르는 역사를 지닌 입양은 시대에 따라

---

540) 김지성, op. cit., p.13.

다양한 형태를 띠었다. 1950년대 입양은 대부분 혼혈인 해외입양이었다. 미군과 한국인 여성 사이에 태어난 혼혈아가 사회 문제가 되자 정부는 그 해결책으로 해외 입양을 추진했다. 1955~1959년 해외 입양인 2,887명 가운데 약 70%인 1,995명이 혼혈인이다. 이 비율은 1970년대 들어 10% 이하로 떨어졌다. 현재 혼혈인 입양은 거의 없다. 1950년대 미국의 난민보호법은 입양 부모가 아이를 보지 않고 입양할 수 있는 대리입양을 한시적으로 인정했다. 이 때문에 대규모 입양이 가능해 1957년에는 한국 아이 243명이 전세 비행기 3대로 미국으로 건너가 화제가 되기도 했다. 입양 초기에 80~90%의 입양인이 미국으로 갔다. 이후 입양국이 프랑스, 노르웨이 등으로 다양해지면서 미국의 비율은 50~60% 정도로 줄었다. 하지만 유럽으로 입양된 아이들이 인종차별을 겪는다는 사실이 알려지자 1980년대 중반부터 다문화국가인 미국으로 입양되는 아이의 비율이 다시 높아지는 추세다.[541]

지난 2006년 국내 출산율이 사상 최저치를 기록하고 있는 가운데 인구감소 억제를 위해 입양이 날이 제정되었다. 이는 입양에 대한 우리 사회의 관심이 높아지면서 '입양 촉진 및 절차에 관한 특례법'이 개정될 때 신설된 것이다. '한 가정이 한 아이를 입양하자'는 의미에서 가정의 달인 5월 중 11일을 선택되었다. 우리나라는 매년 2,000여 명의 아이를 해외로 입양 보내고 있다. 이제 우리나라는 '해외입양 송출국'이라는 오명(汚名)을 벗어나기 위해 국내 공개입양에 대한 의식이 확산되어야 할 것이다.[542]

---

541) "1953년 첫 해외입양…60%가 미국行", 〈동아일보〉(2006년 4월 12일).
542) 졸저, 『고령화 사회의 현실과 효윤리』, pp.255~256 참조.

8) 주5일제 수업

한국 교회가 다음 세대를 위한 신앙적인 교육에 발등의 불이 떨어졌다. 정부는 주 5일제 근무를 지난 1998년부터 서서히 추진하더니 5년 전(2006년) 매 격주 토요일마다 학교 전 수업을 폐지하고 이른바 '놀토'라는 것을 만들어 시험적으로 시행해 오다가 다가오는 2012년 3월부터 시·도 교육감의 승인을 받아 초·중·고교도 매 토요일마다 쉬는 날로 정하고 본격적인 주5일제 수업을 실시한다고 발표했다. 내년부터 시행되는 주5일제 수업은 교회학교 교육에 가장 부정적인 영향을 줄 것으로 예상된다. 이에 따라 가족 여행 또는 나들이, 가족 행사, 중·고등학생들의 집중 과외 등으로 인한 주일성수의 불가와 이로 인한 교회학교의 공동화 현상을 들 수 있다.

실제로 주5일 근무제가 시행된 이래로 주말을 보내는 형태에 적지 않은 변화가 생긴 것이 사실이다. 주 5일제 수업이 전면 실시된다는 것은 단순히 다음 세대들이 토요일에 학교를 가지 않는다는 정도의 변화가 아니다. 우리나라의 생활 패턴이 전면적으로 변화되는 엄청난 사건이다. 그동안 격주로 토요일에 학교에 가지 않는 상태에서는 일정한 계획을 잡기가 어려웠지만 이제는 직장과 학교가 모두 토요일 휴무제가 되기 때문에 가족들의 동반 움직임이 가능해진다. 그러므로 교회학교 정도가 아니라 교회 전체의 패턴의 변화가 불가피하다.

이에 따라 크게는 가정과 사회, 학원, 각종 단체들에서 눈에 띄는 변화가 있을 것이다. 먼저 가정은 그동안 주 5일 근무제 실시로 가족과 함께하는 시간이 늘어나면서 가족문화 형태의 나들이가 늘어날 것이다. 여기에 발맞춰 여행사들마다 각종 가족 여행 상품들을 개발해서 내놓을 것이다. 여기엔 금요일 밤에서 주일 저녁까지 가까운 일본, 괌, 사이판, 필리핀 등에 다녀오는 주말 번개여행이 급증할 것이다. 또한 주말 이들을 가족과 함께하기 위해 놀이공원, 테마파크 등을 찾는 경우가 많을 것이고 공연, 전시, 각종 예술 체험, 외식, 레저 등을 한 곳에서 즐길 수 있는 대도시 근교의 나들이가 많아질 것이다.

사회적으로는 대학생들의 변화가 예상된다. 취업준비생들은 급여액도 중요하지만 주5일 근무제 시행 업종에 취업하려는 경향이 강해질 것이다. 또한 대학생들은 주5일제에 편성되는 각종 주말 아르바이트를 하게 됨으로써 교회 예배 참석이나 봉사활동에 참여하지 못하는 경우가 많을 것이다. 각종 취미를 향유하도록 하는 학원들도 직장인들을 위한 주말반을 편성할 것이다.

이처럼 주5일제 근무와 함께 주5일제 수업은 소득수준, 문화시설의 차이에 따라 문화를 즐길 수 있는 기회의 격차가 두드러질 것이다. 도시민, 여유층, 정규직 근로자, 남자, 미혼자가 주로 문화를 즐기는 반면, 그 반대층은 소외감이 더 심해질 것이다. 이에 따라 젊은 세대들은 더 나은 레저를 즐기기 위해 결혼을 꺼리거나 자녀출산을 꺼리는 풍조가 생겨날 것이다. 또한 지역 간, 계층 간, 세대 간 갈등도 더욱 증폭될 것이다.

우리나라 한국 근현대사를 볼 때, 한국 사회의 개화와 발전의 동력은 기독교 학교 교육과 교회교육이었다. 미국의 주일학교 교육을 표방한 주일학교의 교육활동은 우리나라 근대 교육을 주도했다. 그런데 언제부터인가 교회교육의 입지가 달라졌다. 교육 내용은 물론 활동과 방법, 그리고 교육시설과 교사의 자질과 역량이 일반교육에 비해 비교하는 자체도 난감한 지경에 이르렀다. 그리고 학력지상주의 사회현상은 다음 세대를 학원가로 몰아넣고 있다. 내년부터 본격적으로 시행될 주 5일제 수업이 전면적으로 실시되면 상황은 더욱 부정적일 수밖에 없다. 이것이 우리 교회학교의 현실이다. 이에 대해 주 5일제 수업이 미칠 교회학교의 위기를 구체적으로 살펴보면 다음과 같다.

'주5일 수업제'라는 것은 일주일에 5일만 학교에 등교하여 정규교과 수업을 하는 것을 의미한다. 즉 5일간은 학교에서 수업을 하고, 1일은 가정에서의 다양한 체험으로 학교 학습을 심화·보충하는 학교 운영 방법이다. 이를 추진하는 이유는 학생들에게 주체적 학습능력과 자질을 길러 주고, 가족과의 유대 증진 및 지역사회에서의 다양한 체험을 통해 바람직한 인간성을 형성시키고자 하는 것이다.[543]

이러한 주5일 수업제가 시작되면 교회에 심각한 문제를 불러올 것이다. 주5일 수업제 결정에 관광업계, 스포츠, 레저, 문화계, 예술계는 대환영을 하면서 사업과 시행에 있어 벌써부터 마스터플랜을 갖췄다. 문제는 정부가 10년 내지 5년 동안 각 부서에서 또는 '놀토'라는 어유기간을 두고 실험해 왔지만 한국 교회는 한 번도 시험해 보지 않고서 맞이하게 되었다는 점이다. 주 5일 수업제가 시작된다면 금요일 오후부터 외지로 떠나려는 교인들이 생겨날 것이다. 이 같은 현상은 이미 유럽 교회가 보여 주는 현실이다. 오늘날 유럽 교회들은 주일예배에 거동이 불편한 노인들이 대부분이고 젊은이들과 다음 세대를 보기 어렵다. 동방 교회도

---

543) "주5일 수업제 시행"의 기본 방향은 2012학년도 1학기부터 전면 자율 도입하되, 구체적인 시행은 지역별, 학교별로 시행 여건이 상이한 점을 감안하여 학교운영위원회 심의를 거쳐 시도교육감의 승인 하에 자율 실시하도록 한다는 것이다. "주5일 수업제 대안은?", 〈한국기독공보〉(2011년 6월 29일).

휴가철이 되면 주일에 아예 교회 문을 닫고 목회자까지 교회를 떠나는 모습이다. 이러한 모습이 내일의 한국 교회의 모습이 될 수도 있다.

한국 교회를 특징짓는 중요한 것으로 꼽히는 것이 주일 성수이다. 한국 교회는 구약성경에서 강조한 십계명 중 하나인 "안식일을 기억하여 거룩히 지키라"는 하나님의 명령을 신약시대에 와서 예수 그리스도의 부활을 기념하는 주일(主日)로 안식일을 이은 것이기에 주일을 거룩히 지켜야 함을 강조해 왔다.

너는 안식일을 기억하여 거룩하게 지켜라. 6일 동안은 네가 수고하며 네 일을 할 것이요 일곱째 날은 네 하나님 여호와의 안식일이니 너나 네 아들딸이나 네 남녀 종들이나 네 가축들이나 네 문안에 있는 나그네나 할 것 없이 아무 일도 하지 마라. 여호와가 6일 동안 하늘과 땅과 바다와 그 안에 있는 모든 것을 만들고 일곱째 날에는 쉬었기 때문이다. 그러므로 여호와가 안식일에 복을 주고 거룩하게 했다.[544]

그러므로 여러분은 먹고 마시는 일이나 절기나 초승달 축제나 안식일과 관련된 문제로 아무도 여러분을 판단하지 못하게 하십시오. 이런 것들은 앞으로 올 것들의 그림자일 뿐이요, 그 실체는 그리스도께 속해 있습니다.[545]

주5일제 수업일은 이러한 주일 성수에 대해 근본적인 재해석을 요구한다. 한국 교회를 부흥으로 이끈 요인 중에는 주일 성수 이외에도 새벽기도, 철야기도, 구역(속회), 부흥성회 등을 들 수 있다. 이러한 요인들은 일정부분 교인들이 한 날, 한 곳에 모여야 하는 모이는 교회상에 따른 것들이었다. 이제 주5일제 수업일은 점차 모이는 교회, 지역 교회의 개념을 벗어나야만 하는 시점임을 일깨워 주고 있다.

---

544) 출애굽기 20장 8~11절.
545) 골로새서 2장 16~17절.

우선 교인들의 주일 출석에 부정적 영향이 미칠 것이고, 더 큰 문제는 교회학교가 타격을 받게 될 것이다. 주5일근무제 이후 주말 생활의 변화는 주5일 수업제와 맞물리면서 더 크게 변화될 것이다. 즉, 가족전체가 주 2일을 정규적으로 쉬게 됨으로써 주말에 다양한 여가활동과 나들이 및 여행이 가능해진다. 이렇게 되면 교인들과 다음 세대의 주일 출석에 부정적인 영향을 미치게 될 것이다. 또한 다양한 주말 프로그램이 등장할 가능성이 있다. 주5일 수업제가 실시되면서 각급 지자체들과 많은 학교들이 양질의 주말 프로그램들을 기획하고 있다. 이에는 정부와 각종 사회단체들이 저소득층 학생들과 30%에 달하는 주5일 근무제에 참여하지 않은 근로자 자녀들의 주말 돌봄을 위해 다양한 복지를 펼쳐나갈 것으로 전망된다. 여기에는 토요일만으로 그치는 것이 아니라 주일까지 포함된 프로그램으로 교회학교의 전도 환경을 어렵게 할 것이다.

우리나라는 극심한 학력지상주의 사회이다. 이에 따라 주 2일은 사교육 현장에도 변화를 가져올 것이다. 대학입시학원들은 토요일과 주일 양일간 문을 여는 체제나 주말기숙학원 형태도 등장할 것이다. 교회학교는 그렇지 않아도 중·고등학교에서 자율학습이나 모의고사를 주일에 실시하거나 입시에 필요한 각종 자격시험이 주일에 있어 어려움이 컸는데 이제는 본격적인 사교육현장과도 생존을 놓고 경쟁해야 하는 상황이 벌어질 것이다.

3. 다음 세대를 위한 교육과제-주5일제 수업제 극복방안을 중심으로

　교회학교의 위기는 심각한 지경에 이르렀다. 다음 세대에 대한 전도는 점점 힘들어지고, 자칫 교회학교가 문을 닫을지 모른다. 그런데도 오늘날 교회학교의 현실은 장년층 교회의 문제가 교회학교에서도 그대로 재현되고 있다는 점이다. 이는 장년층의 교회 간 경쟁과 수평이동과 양극화처럼 교회학교들 사이에서도 이러한 양상이 더욱 심화될 수 있다. 이에 한국 교회의 교육과제로서 시급하게 논의될 것 중에서 주5일제에 대한 대비를 위한 논의를 전개해야 할 필요가 있다.

　이제 한국 교회는 주5일 수업제에 맞서서 힘겨운 싸움을 해야 할 상황이다. 교회 상황에 맞게 적극적으로 대비해야 한다. 우선 신학적으로 주일 성수에 대한 논의가 요청된다. 교단과 교회들은 이에 대한 신학적인 대안을 정립해야 할 것이다. 이를 통해 주일 성수의 의미를 변화된 시기에 맞게 제시해 나가야 할 것이다. 다음으로 경쟁력 있는 주말 프로그램을 개발해 나가야 한다. 만일 교회가 철저하게 준비하여 경쟁력 있는 양질의 주말 프로그램들을 준비할 수만 있다면, 주5일 수업제는 교회학교에 전화위복의 기회를 제공해 줄 수도 있다. 교회 또한 주말에 이웃 사람들이 스스로 교회를 찾는 계기를 만들어 이웃과 소통할 수 있고, 이에 따라 전도도 할 수 있는 기회를 만들 수 있을지 모른다. 그나마 다행인 것은 내년 주5일 수업제에 대해 주요 교단들이 대비책을 내놓고 있다.

　대한예수교장로회(통합) 총회교육자원부 주최로 2012년 교육목회에

도움을 주기 위한 세미나를 27일 서울 영락교회에서 개최했다. 여기서 소개된 프로그램으로는 영유아유치부는 충신교회의 '행복한 주말 문화학교', 창동염광교회의 '성품학교', 염산교회와 동일교회의 '직업 체험' 프로그램이 발제됐다. 충신교회의 경우, 교회학교 주일예배와 가정교회학교 외에 플러스 과정으로 '나. 에. 요' 프로그램을 진행하고 있다. 이 프로그램은 봄, 가을 학기로 토요일 또는 주일 오후에 10주 정도 진행하며, 결과물은 온가족 저녁예배로 올려지고 뮤지컬이나 전시회로 마무리된다. 아동부는 어린이들이 모여 문화를 배우며 스스로 만들어가는 프로그램 '헤븐키즈'가 소개됐다. 어린이들이 문화를 경험하며 재능을 발견하고 결국 하나님 나라에 헌신하도록 돕는 과정이다. 청소년부는 '국제청소년성취포상제'와 안양제일교회의 '리틀 바나바 사역'이 주말 교육목회 대안으로 제시됐다. 국제청소년성취포상제는 14~25세의 청소년들에게 봉사, 자기개발, 신체단련, 탐험 등의 활동영역을 부여하고 성취목표를 달성하면 여성가족부가 이를 포상하는 제도로 총회 교육자원부가 중앙운영기관으로 선정돼 진행하고 있다. '리틀 바나바 사역'은 청소년 새신자들을 어떻게 하면 1회성이 아닌 정착까지 안내할 수 있을까에 대한 고민에서 시작했다. 이 사역은 교사들의 멘토훈련, 학생들의 전도훈련 등이 전제돼야 한다.[546]

염광교회는 위기는 기회로 보고 적극적으로 대처하는 모습을 보여 주고 있다. 이 교회는 주5일제 수업일은 학교가 사용하는 이름이고, 놀토와 휴토는 직장인들에게 어울리는 이름이라고 보고 교회의 관점에서 "더 요일"이라는 용어를 쓴다. '더'에는 여러 가지 의미가 들어 있다. 우

---

546) "내년도 교육목회 '이렇게'", 〈한국기독공보〉(2011년 11월 5일).

선 영어의 정관사 'the'를 연상시켜 우리만을 위한 특정한 날을 의미한다. 또 우리말의 '더하다'를 연상시키고, 발음은 토요일의 '토'와 비슷하다. 이 세 가지 의미를 종합하면 토요일은 기쁨과 행복과 복음이 더해진 우리만의 날 "더 요일"이 된다. 이 교회가 운영하는 프로그램으로 여섯 가지의 더 요일 프로그램이 있다. 첫째, 재미를 더한 문화홀 프로그램이다. 둘째, 땀방울을 더한 봉사활동이다. 셋째, 미래를 더하는 비전스쿨이다. 넷째, 재미를 더한 체험학습이다. 다섯째, 영어를 더한 연극 교실이다. 여섯째, 애국심을 더한 병영 방문 프로그램이다.[547]

대한예수교장로회(합동)는 총회교육부 주최로 교회학교의 현 상황을 점검하고 2012년의 교육 목표를 세우는 심포지엄이 열렸다. 2012년의 총 주제를 'START(See Targeting Action Revival Teamwork)! 다음 세대를 세우는 총회교육 백년대계'로 총회 설립 100주년을 맞아 또 다른 100년을 준비하자는 의미를 담았다. 이는 교단 차원에서 현재 교회학교 학생들이 급격하게 줄고 있는 것은 물론이고 교회공동체의 붕괴 현상이 늘어나고 있으며, 교사와 학생 또는 세대 간 소통이 미비한 상황을 인식한 것이다. 이에 따라 교사교육에 대한 대안, 현장성 있는 교재 개발, 총회와 지속적인 연관성을 갖는 시스템을 구축해 백년 교육을 준비할 필요가 제기된 것이다. 교육부는 놀토에 아이들을 잡으려는 공교육과 사교육의 대응이 빨라지는 데 반해 교회의 반응은 현저히 더디다고 진단하고 방과 후 교육을 효율적으로 진행하는 사례들을 준비했다.[548]

---

547) 이에 대한 자세한 사항은 이진우, "토요일은 지역 사회와 호흡하는 날", ≪목회와 신학≫(2012년 1월호), pp.134~135 참조.
548) "'놀토'를 잡아야 교회교육 산다", 〈기독신문〉(2011년 11월 2일).

앞으로 한국 교회가 놀토 세대를 잃어버린다면 한국 교회의 미래는 암흑으로 물들게 될 것이다. 위기를 분명하게 분석하고 준비해서 놀토를 세상에서 노는 날이 아니라 교회에서 노는 날로 만들어야 교회교육이 새로운 시대, 새로운 다짐, 새로운 전진으로 발돋움할 것이다.

1) 소통의 자세

21세 이하 젊은이의 절반이 종교가 없으며, 이중 75%는 결코 교회에 가지 않겠다고 말하는 현실 속에 다음 세대를 교회로 인도할 현실적 방법이 과연 있을까? 그래서 요즘 빈번히 듣게 되는 말이 있다. 바로 '문화선교'이다. 이제는 '문화목회'란 말도 심심치 않게 들을 수 있다. 문화를 통해서 다음 세대를 만나야 한다는 것을 한국 교회가 점점 확실하게 깨달아 가고 있는 듯 보인다.

다음 세대 사역을 열심히 하고 있는 사역전문가들은 입을 모아 말한다. 새로운 감각을 가지고 있는 다음 세대에게 여전히 옛 틀을 가지고 접근하기 때문에 문제라고 말이다. 교회가 다음 세대와 통할 수 있는 새로운 문화를 생성하고 변혁하는 것에 실패한 것이 한국 교회의 위기라고 진단한다. 이제 교회는 건강한 문화로 새롭게 옷을 입어야 할 때다.

다음 세대와 통하지 않고는 결코 다음 세대의 흥함은 없다. 그럼 다음 세대와 통하려면 어떻게 해야 하는가? 다음 세대의 코드를 찾아야 한다. 다음 세대와 통하게 하는 효과적이며 전략적인 방법을 찾기 전에 먼저 자세를 가다듬어야 한다. 예수님은 인간을 구원하시기 위해 높고 높은 보좌를 버리시고 낮고 천한 이 땅으로 오셨다. 이것을 우리는 성육신

(incarnation)이라고 부른다. 예수님은 하늘 보좌를 버리시고 육체를 입고, 인간의 언어권으로, 인간의 문화권 안으로 들어오셨다. 이것이 성육신이다. 오직 인류 구원이라는 목적을 가지시고 말이다. 이런 관점에서 우리가 다음 세대들을, 그리고 특별히 연약한 자들을 돕기 위해 가져야 할 태도가 있다면 그것은 성육신적인 낮아짐의 자세이다. 이것을 일반적으로 '눈높이 교육'이라고 부른다. 예수님의 성육신적 자세를 가지고 시선을 낮추어 다음 세대의 눈높이에서 그들을 만나려는 노력이 바로 문화 코드접속의 원리이다. 문화는 다음 세대와 통하게 만들어 준다. 다음 세대와 통하면 하나님의 교회는 흥하게 될 것이다.

2) 긍정적인 의식

주5일 수업제는 교회학교 교육 시간의 양적인 증가로 인한 교육 기회의 다양화를 가져다 줄 수 있다. 이에 따라 교회학교의 성숙과 부흥을 위한 새로운 기회로 활용될 수 있다. 오늘날 교회학교 교육에 있어서 심각한 문제 중의 하나는 교육 시간의 부족 또는 교사와 학생들 사이의 만남의 시간이 부족하다는 것이다. 일주일에 한 번, 주일에 모여서 1~2시간 안에 예배와 성경공부를 끝내는 일방적인 전달 위주의 집회 형식의 교육은 그야말로 기형적인 형태로 소정의 교육적 효과를 기대하기 어렵다. 이러한 의미에서 주5일 수업제는 보다 더 많은 교육 시간과 다양한 교육의 기회를 제공해 주고, 교사와 학생들 간의 만남의 장이 더욱 확대되는 기회로 활용될 수 있다. 또한 교육 기회가 많아짐에 따라 제한된 시간으로 인하여 활용되지 못하던 경험, 만남, 참여 중심의 다양한 창의

적 교육방법들이 폭넓게 활용될 수 있다.[549]

지금까지 교회학교 교육이 주일이라고 하는 하나의 축만을 중심으로 이루어져 왔다면, 주5일제 수업은 주일과 토요일, 그리고 그 사이에 놓여 있는 평일 모두를 효과적으로 포괄하는 교육을 실시할 수 있다. 또한 교사-학생의 관계에 있어서 학생들의 주도성이 활성화될 수 있다. 지금까지의 교회학교 교육이 교사 주도의 일방적 전달식 교육에 치우쳤던 중요한 이유 가운데 하나가 교육시간의 부족이었다. 이제 이를 극복하고 보완할 수 있게 되었다. 그리고 교회 안팎의 여러 교육 현장들과 자원들 사이에 긴밀한 네트워크를 만들어 나가는 교육을 할 수 있다. 지금까지 교회학교 교육이 교회 중심, 그것도 각 부서 중심으로만 이루어지는 파편적인 형태의 교육이었다면, 이제는 다른 현장들과 유기적인 연결 속에서 이루어지는 교육이 가능하다. 우선 가정과 교회학교 사이의 활발한 의사소통, 학부모의 지원, 참여를 통한 유기적인 연결이 가능하고 지역 학교와 문화시설과 봉사활동기관 등과 연계해 나갈 수 있다.

듀이(John dewey)는 "행동하면서 배운다(Learning by doing)"는 말로 교육에 있어 경험이 중요함을 강조하였다. 다음 세대가 교회학교 생활에서 참된 가치를 발견하고, 경험함으로 변화되어 세계관과 비전을 갖게 해 나가야 한다. 기독교교육은 본래 참여적이고 체험적이다. 그리고 하나님과 사람에 대한 봉사가 철저하게 전제되어 있다. 주5일 수업 시대는 교회학교 교육이 주일에 단기간으로 그치는 것이 아니라 신앙, 역사,

---

549) 기독교교육은 제한된 시간과 공간에서 지식전수로 그치는 것이 아니다. 교수자와 학습자가 한데 어우러지는 것이고 함께 실천하는 것을 전제로 한다. 이러한 실천성(praxis)과 경험(experience)에 대해서는 강희천, 『기독교교육의 비판적 성찰』(서울: 대한기독교서회, 1999); 문동환, 『생명공동체와 기화교육』(천안: 한국신학연구소, 1997); 손원영, 『기독교교육과 프락시스』(서울: 한국장로교출판사, 2001) 참조.

나갈 필요가 있다.

현재 몇몇 교회학교들이 다음 세대들의 선호도를 조사한 결과를 바탕으로 연극부, 축구부, 밴드부, 독서부, 여행부 등 다양한 강좌를 주제로 토요학교를 실시하고 있는데 아동들은 물론 부모들의 호응이 큰 것으로 보도되고 있다. 이러한 토요학교 학생들 대부분은 교회학교로 연결되어 교회학교가 활성화되고 있다. 사실 맞벌이가 일반화되고 분주한 삶에 지친 교인들에게 토요학교 봉사를 요구하기가 쉽지 않은 게 현실이다. 그러나 교회 내의 인적자원을 최대한 활용하고 교회에서 정책적으로 배려해 준다면 토요학교 운영도 생각보다 어렵지는 않을 것이다. 교회 여건과 지역 상황을 고려해 가능한 프로그램을 운영한다면 정체되는 교회학교의 새로운 대안이 될 수도 있을 것이다. 토요학교를 통해 다음 세대 전도는 물론 부모 전도까지 연결시키는 어린이를 전도해 가정을 구원시키는 전통적인 전도모델이 새롭게 부각되는 형태를 기대해 볼 수도 있다.

교회학교는 주일학교라는 등식이 굳어진 현재의 한국 교회에서 토요학교의 실시는 교사들은 물론 교역자와 이를 뒷받침해야 하는 교회에 새로운 부담이 될 수 있다. 그러나 시대의 대세가 주 5일 근무제로 주 5일 수업제로 나가는 이상 이에 대한 대비가 필요하다.

4) 봉사활동의 활성화

봉사활동을 활성화해 나가는 노력이 필요하다. 현재 중·고등학교는 연간 봉사활동 시수를 정해서 그 시간 이상을 수행해야 상급 학년으로 진급이 가능하게 되어 있다. 이처럼 봉사활동은 중요한 교육적 과제이다. 앞으로 대학입학사정관제와 취업에서도 봉사활동 실적은 매우 중요한 지표가 될 전망이다. 이를 교회학교는 눈여겨 보아야 한다. 지난 2010년 3월부터 시작한 '국제청소년성취(에딘버러)포상제'라는 제도가 있다. 국제청소년성취포상제는 14~25세의 청소년들에게 봉사, 자기개발, 신체, 탐험 등의 활동영역을 부여하고 성취목표를 달성하면 여성가족부가 이를 포상하는 제도이다. 이 제도는 특히 학습과 창의적 체험, 사회봉사 등이 적절히 어우러지며 리더십 함양에도 도움이 된다. 또한 포상제이기에 봉사활동과 그에 따른 포상은 입학사정관제와 취업에도 유리하게 된다. 이런 제도를 교회학교에서 활용해 나간다면 다음 세대들의 발걸음을 자연스럽게 교회학교로 오게 만드는 효과를 기대할 수 있다. 교회가 포상제의 운영기관이 되면 청소년을 대상으로 다양한 활동을 진행할 수 있다. 여기엔 평소 교회학교에서 진행하던 다양한 사회봉사 활동이나 악기연습, 성가연습, 영어성경공부, 1박 2일 일정의 탐험활동 등을 수행하게 하면 된다.

이런 제도 이외에도 지역자원봉사센터와의 협력을 통해 자원봉사학교를 진행해 나갈 수도 있다. 중·고등부 학생의 경우 1년에 16시간 봉사활동을 해야 하지만 의무감에서 하는 시늉만 하는 경우가 많거나 또한 봉사 활동을 위탁 받는 관공서나 시설들도 학생들이 찾아오는 것을 귀찮아하는 경우가 많다. 교회학교가 자원봉사학교를 통해 섬김의 의미를 깨우쳐 주고 실질적인 활동에 참여함으로써 교회와 지역의 거리를 좁혀나갈 수 있다. 이렇게 되면 지역 섬김과 나눔의 미덕을 배우며 직접 실천하는 것을 통해 교회의 이미지도 좋게 할 수 있다. 그러므로 교회는 다음 세대들의 인성 교육은 물론 지역과의 친밀함을 통해 선교적 역량을 높일 수 있는 기회가 될 것이다.

5) 주변 학교에 관심 갖기

교회 주변의 학교는 다음 세대 부흥을 위한 황금어장이다. 교회는 학교 앞 전도뿐만 아니라 학교에서 필요한 부분을 채워 주며 그들에게 보다 가까이 다가가기 위한 노력이 필요하다. 이를 위한 가장 손쉬운 방안은 장학금이나 급식비 전달을 통해 학교와 긴밀한 관계를 맺어가는 것이다. 이외에도 수험준비에 힘들어하는 고3 수험생들을 대상으로 아침 등교시간에 빵과 우유를 나눠 주는 활동도 유익하다. 대부분 아침식사를 못하고 오는 수험생들에게는 이와 같은 교회의 활동이 더할 나위 없이 고마울 것이다.

입시위주 교육 하에서 교회에 다니는 청소년들마저 눈앞에 닥친 시험에 맞춰 교회 예배 일정을 조정하는 현 시점에서 청소년들에게 복음을 전하기 위해 한국 교회와 기독교인들은 어떤 역할을 감당해야 하는가? 학교복음화 전략의 하나로 학교와 교회가 연계해 나갈 필요가 있다. 같은 지역 내 학교의 기독교사와 교회가 연계해, 교회가 학교 내 기독교반 계발활동(C.A.)에 인력과 재정을 지원하고 기독 교사들은 학생들의 문화코드에 맞는 프로그램을 진행해 전도된 청소년들은 이후 지원한 교회에서 지속적인 신앙생활을 할 수 있도록 돕는 것이다. 또한 학교 내의 신우회나 기독학생반 활동을 지원하는 것도 좋다. 기독교학교의 경우 교목실과 자매결연을 맺고 협력해 나가는 노력도 좋다.

한 걸음 더 나아가 계발활동과 같은 정규 교과시간을 활용하는 방안도 좋다. 이는 기독교교육이 학교 정규수업 안으로 들어가 학생 청소년들에게 회심할 수 있는 기회를 제공할 뿐 아니라, 이들 중 학생 리더십 개발 및 학내 기독학생의 전통을 세우는 데 중요한 역할을 감당할 수 있다.

학교를 품에 안고 나가는 "새문안교회"의 경우는 좋은 사례일 것이다. 교회 내 청소년 학원선교부를 통해 인근 학교의 기독학생반 돕기에 앞장서고 있는 새문안교회는 크게 기독교학교와 비기독교학교로 사역을 나누어 관리하고 있다. 기독교학교의 경우는 학원선교사(교목) 파송 및 선교활동비 지원, 학원선교 협력 목사 선교활동비 지원, 교육1부 전도사의 기독학생반 명예교사 파송, 기독교학교 학교운영비 지원 등의 방법으로 도움을 준다. 한편, 비기독교학교는 학교사역 지원금을 기독학생반 혹은 기독학생반의 지도교사에게 지원하는 형식으로 지원하거나 교회 내 교사를 세워 학교에 자원봉사자로 파송하는 방식을 적용하고 있다.[553]

4. 나오는 말

오늘날 한국 교회는 위기를 맞고 있다. 한동안 줄기차게 늘어만 가던 등록 교인 수에 대한 신화는 이미 옛날이야기로 남게 되고, 21세기를 맞이하게 되었다. 숫자의 증감이 모든 것을 말해 주는 것은 아니지만 예측되는 위기상황을 고려할 때 이는 시급히 대책을 강구할 시점에 이른 것이다. 한국 교회가 성장을 멈추고 있는 가장 중요한 원인은 바로 교회

---

553) "기독교사·지역교회 협력이 건강한 학원선교 밑거름", 〈기독신문〉(2009년 2월 23일).

학교에 대한 무관심과 방치에 기인한다고 말할 수 있다.

교육을 나무를 기르는 것에 비유하여 '백년지대계(百年之大計)'라는 말로 대변해 왔으나 21세기에는 교육을 채소 가꾸기에 비유하여 '십년지대계' 또는 '오년지대계'라고 부르기도 한다. 지금의 교회학교 아동부가 10년만 지나면 대학생과 청년이 되고, 중·고등부 학생들은 10년이 지나면 결혼하고 교회의 일꾼이 된다. 교육환경을 위한 투자, 교사 교육, 프로그램 개발 등의 집중적인 지원과 함께 그들의 가슴에 복음의 진리와 그리스도의 사랑을 심어줄 수 있는 열정을 회복해야 한다. 이에 교회마다 현재 교회학교 교육의 심각성을 인식하고 새로운 방향성을 모색하기 위해 당회를 중심으로 연구해야 함은 물론이요, 총회적인 대책과 방안을 모색하여 전 교회가 노력해 나가야 할 때이다. 교회학교는 미래교회의 운명을 좌우하는 교회의 못자리이다. 즉 생명을 잉태하는 모태인 것이다. 발등의 불을 끄느라 바쁜 사람은 평생 그렇게 현실에만 집착할 수밖에 없다.

미래를 읽고 준비하는 일이 당장 눈앞에 닥친 문제해결만큼 중요한 까닭은 또한 준비해서 맞는 현실이 훨씬 발전을 가져올 수 있기 때문이다. 교회마다 내년 목회 계획을 세우는 시기이다. 늦었지만 지금이라도 이 문제를 심도 있게 논의해야 할 것이다. 그리고 교회상황에 맞게 나름대로 철저하게 대비해야 할 것이다. 주 5일 수업제 시대가 교회학교에는 어떤 영향을 끼칠 것인가? 일각에서는 어린이와 청소년의 감소 추세가 완연한 현재의 교회학교에 주5일 수업제의 실시가 큰 위기로 다가올 것이라 진단하기도 하지만 또 다른 쪽에서는 주 5일 수업제가 되어도 많은 어린이들은 학교에 가지 않는 요일에는 학교로부터도 자유롭고 경제활동에 바쁜 부모들로부터는 방치될 가능성이 높기 때문에 이들을 교회로 품는 기회가 될 수 있어 감소되는 교회학교를 활성화시킬 또 다른 기회라는 목소리도 높다.

주5일제가 보편화되면 금요일 오후부터 교외로 물밀 듯이 도시를 빠져나가게 될 것이다. 그러면 주일 성수도 서서히 무너지게 될 것이다. 빠져나가는 성도들을 어떻게 교회로 인도할 것인가, 여러 가지 대안을 모색해야 할 것이다. 아무래도 주5일제가 본격 시행되면 주말을 이용해 나들이 가는 가정이 늘 것으로 보여 교회학교에서 대비에 나서야 한다는 목소리가 높다. 또한 기독교교육 전문가들은 학생들이 시간적 여유가 늘어나면 다양한 교육을 받을 기회가 많아진다는 점에서 이를 충족시켜 줄 교회학교 프로그램의 개발이 필요하다고 말하고 있다.

교육은 근본적으로 사람 키우는 일이다. 그런데 사람을 키우는 일은 하루아침에 이루어지지 않는다. 우리가 나무에서 큰 기둥감과 대들보를 얻기 위해서도 긴 세월의 시간과 정성이 필요하듯이 사람은 더욱 그렇다. 우리는 그동안 다음 세대를 위해 사람을 키우는 일에 너무 소홀했다. 그동안 우리가 이뤄낸 고도성장의 원동력은 그 무엇보다도 교육이었다. 학부모의 높은 교육열과 교사들의 정성어린 교육과 교사들의 땀과 노력이 우리 사회를 이만큼 발전시킨 것이다. 이는 교회도 마찬가지이다. 우리는 지금 중대한 갈림길에 서 있다.

오늘날 교육은 학교 교육만이 아니라 평생교육이다. 우리 교회교육도 다음 세대를 아우르면서 장년도 교육해 나가는 평생교육의 차원에서 교육정책을 수립해야 한다. 최대의 투자란 돈을 물 쓰듯이 쓴다는 좁은 의미에서 이해해서는 안 된다. 최대의 투자란 주의 깊게 관심 갖고 계획하고 그 계획을 실행하며 양질의 교육을 유지해 나가기 위해 쏟는 물질적, 정신적, 영적 투자를 의미한다. 우리는 항상 "최소의 투자로 최대의 결과를 기대하는" 비인간적인 낮은 수준의 경제논리에 익숙해 있다. 이것이 경제원칙에 적합한 것인지는 몰라도 교육에는 적합하지 않는 반교육적인 논리이다.

교육은 먼 장래를 내다보며 오늘의 꿈나무들을 인내와 지혜로 키워내는 일이다. 교단과 교회마다 말로는 교육을 우선한다고 하면서 실제로는 교회 예산 대비 교육비는 턱없이 부족하고 뚜렷한 교육철학이나 비전을 제시하지 못하고 있다. 이제 교회는 급변하는 사회 속에서 교육에 대한 장단기적인 계획 속에서 필요한 교육시스템을 구축해 나가야 한다. 교회교육의 장(場)은 의미 있고 신뢰할 만한 인간관계를 형성하는 사랑과 관심의 장으로, 신앙의 근본진리를 철저하게 교육하는 장으로, 당장에는 힘들어도 최대의 투자를 통하여 최대의 결과를 기대하는 장으로, 전통과 변혁을 지혜롭게 조화하여 진정으로 개혁하는 교회교육의 장으로, 건강한 사회 시민으로서 역할을 감당하여 소금과 빛이 되게 하는 장이 되도록 해야 한다.

논자의 대학 시절 스승인 신영복 선생님의 『처음처럼』이라는 서화 에세이집에 보면 귀한 글샘이 마음깊이 되새겨진다.

높이 나는 새는 몸을 가볍게 하기 위하여 많은 것을 버립니다. 심지어 뼛속까지 비워야(骨空) 합니다. 무심히 하늘을 나는 새 한 마리가 가르치는 이야기입니다.[554]

---

554) 신영복, 『처음처럼』(서울: 랜덤하우스코리아, 2007).

사람의 뼈는 몸무게의 약18%정도를 차지하지만, 새들의 뼈는 몸무게의 4%정도 밖에 되지 않는다. 그리고 새의 뼛속은 비어 있다. 그러나 비어 있다고 해서 칼슘이 부족한 것도 아니고, 그 뼈가 약한 것은 더욱 아니다. 구조적으로 아주 강하게 조직되어 있다. 그래서 새는 자신의 무게보다 5배 이상의 하중을 날개가 받더라도 부러지지 않고 날 수 있는 것이다.

여기저기에서 교회의 성장이 둔화된 것에 대해 걱정하는 목소리가 많다. 여기에 심각성을 더하는 것은 교회에서 다음 세대가 줄어들고 있다는 사실이다. 이는 우리 교회학교 교육이 위기를 맞고 있다는 인식은 그저 교회학교 학생 수의 감소라는 양적인 측면에서만은 아니다. 질적인 면에서 오늘의 교회학교는 본질적인 신앙교육이 생명력 있게 이루어지지고 있는 가하는 자성의 목소리가 들려오고 있다. 교회학교 학생수 감소는 무기력한 교회교육에 그 원인이 있다는 진단이 가능할 것이다. 학생들과의 접촉점을 잃어버린 교회교육, 학생들의 문화를 담아내지 못하는 교육활동, 무엇보다도 영적인 감동이 없고 생명력을 잃어버린 예배와 분반공부로 인해 오히려 학생들을 교회 밖으로 내몰고 있다는 생각마저 들곤 한다.

교회학교 학생수 감소는 이제 한국 교회가 신앙의 대잇기에서 실패하고 있음을 일깨워 주는 듯하여 안타까움을 더한다. 교회의 가장 중요한 사명 중 하나는 세대 간 신앙의 대를 이어가는 것이다. 릴레이 경기에서 가장 중요한 것이 바통을 다음 주자에게 정확하고 빠르게 넘겨주는 것처럼, 신앙의 경주에서도 대를 잇는 것처럼 중요한 것이 없다.

다음 세대와 함께하는 교회의 틀을 분명히 하여 신앙의 대잇기가 이루어지는 교육적 성과를 이루어가기를 기도한다. 이것이 그저 그런 구호로만 그치지 않기 위해서는 지금까지의 교회구조에 대한 각성이 선행되어야 할 것이다. 이제 더 이상 장년 중심의 교회구조로는 더 이상 다음 세대를 품에 안을 수 없다. 오늘날의 교회학교 교육은 상식적인 차원에서 이해되지 않는 모습들이 많이 보인다.

이를 단적으로 말하면 19세기 교회구조가, 20세기 교사가, 21세기를 살아가는 세대를 교육하는 모습일 것이다. 이런 교회교육 현장에서 선한 것을 기대한다는 것이 어려울 지경이다. 높이 나는 새가 뼈를 가볍게 하듯이 다음 세대와 함께하는 교회가 되려면 기존의 교회구조에서 불필요하거나 덜 중요한 것들에 대한 대대적인 성형수술과 구조조정을 감행해야만 한다. 이에는 교회구조와 재정과 조직의 민주화, 투명화를 통한 교회의 신뢰성을 회복하는 것부터 해야 할 것이다. 이를 위해 우리 기성세대가 지닌 교회의 기득권을 내려놓고 그리스도 안에서 새로운 교회로 변화되어야 할 것이다. 이것이야말로 우리 교회학교가 새롭게 도약할 유일한 길이다.

제14장

기독교학교가 이루어가는
선교적 사명[555]

---

555) 다음 세대를 위한 기독교윤리로 기독교학교의 사명이 중요하다. 이에 관련된 글로 논자가 쓴 "우리학교가 이루러가는 선교적 사명", 〈황등중학교교보〉(제14호, 2011년 2월 10일), p.4를 수정하여 제시한다.

대한예수교장로회(통합) 제 95회기 총회 주제는 '다음 세대와 함께 가는 교회'이다. 많은 기독교교육학자들의 연구에 의하면, 앞으로 향후 2~30년 후의 한국 교회는 중추적 인적자원이 절대 부족하다. 그러나 위기는 깨어 있는 자에게는 새로운 창조와 부흥의 기회이다. 갈수록 반기독교운동이 확산되는 현실 속에서 교회와 우리 민족을 이끌 다음 세대인 우리 청소년들로 하여금 험한 세상 속에서도 진실하며 용기 있고 신앙과 사명에 충실한 인재들이 되도록 양육하는 데 힘써야 할 때이다. 위기를 창조적 도약의 기회로 만드는 종합적인 학원선교가 가능하도록 뜨겁게 기도하고, 헌신하고, 실천하고자 한다.

다음 세대로 복음이 이어지도록 하기 위한 중심터전이 바로 학원선교지이다. 저 멀리 해외선교도 중요하지만 그보다 먼저 우리 지역에서 다음 세대를 품고, '가르치며 선교하고 선교하며 가르치는' 기독교학교 현장이야말로 아무리 강조해도 지나치지 않는 복음전파와 전수를 위한 황금어장일 것이다. 우리가 지향할 복음전파의 사역지는 먼 곳이 아니다. 우리가 쉽게 접하는 학생들 마음속에 있다. 해외선교와 교회개척을 통한 선교도 중요하지만 하나님이 세우시고, 이끄시는 학교에서 복음이 전해져서, 다음 세대인 청소년들의 가슴 속에 복음의 씨앗이 심겨져서 30배,

60배, 100배의 결실이 되어 교회와 세상의 빛과 소금이 되도록 하는 일도 중요하다.

논자가 재직하고 있는 학교는 "하나님을 경외하고 이웃을 사랑하자·신의 있고 성실한 사람이 되자"는 교육지표를 가슴에 품고 교사들은 믿음과 실력 있는 교사로서, 하나님 사랑으로 제자를 가슴으로 품는 교육을 하기 위하여, 학생들은 하나님의 뜻이 이 땅에 이루어지도록 언제나, 어디서나, 누구에게나, 섬기고 배우고 나누며 돌보는 예수님의 제자다움 삶을 위하여 노력하고 있다. 이러한 교육지표가 보다 분명하게 드러나기 위해서는 마치 삼위일체와 같이 세 가지가 함께 어우러지는 교육이 실현되어야 할 것이다.

첫째, 실력향상이다. 우리 학교는 농촌이라는 지역적 한계에 의해 작은 학교이지만 우리의 꿈은 작지 않다. 우리 학교는 날마다 실력향상을 위해 최선을 다하고 있다. 매일 아침 영재수업, 아침독서, 방과후학교, 꿈나무 공부방을 통해 학생들의 꿈을 펼쳐나가도록 지도한다. 또한 교사들의 수업개발을 통해 더 나은 수업이 되도록 노력하고 있다. 하나님을 믿는 학교가 실력도 좋다는 말이 나오도록 학생들의 꿈을 마음껏 키워주고자 한다.

둘째, 인성교육이다. 우리 학교는 머리 좋은 것도 좋지만 그보다 우선적으로 마음이 좋은 사람이 될 것을 강조한다. 오늘 이 시대의 청소년 문제는 심각한 지경이다. 우리나라는 OECD 국가 중에서 청소년 자살률 1위라고 한다. 청소년 우울증 환자가 급증하고, 청소년 범죄의 심각성은 오늘 내일의 일이 아니다. 이러한 시대에 기독교학교로서 아이들이 하나님의 사랑 안에서 자신의 꿈을 펼쳐가도록 요셉과 같이, 다니엘과 같이 자라나도록 마음을 강하고 담대하게 하는 교육을 한다. 또한 더불어 살아가도록 기본 생활습관을 익혀 나가도록 하고, 준비되고 알찬 봉사활동에 임하도록 교육한다. 아울러 어려운 학생들에게 교내외적인 장학금을 지급하는 등 관심과 사랑으로 함께 한다.

마지막으로 신앙교육이다. 지식교육과 인성교육의 기초요, 뿌리는 바로 하나님의 말씀이다. 이를 위해 매일 아침기도회, 종교수업, 매주 교직원회의 시간에 찬양 및 말씀과 기도로 한 주간을 시작하기, 수요방송예배, 월례예배, 학생신앙수련회, 교직원 신앙수련회 등으로 믿음을 굳건히 한다. 현재 우리 학교는 모든 회의나 행사를 진행하기 전, 기도로 시작하여 하나님의 말씀이 교정에 두루 운행하시도록 하고 교육 전반에 어우러지도록 한다.

오늘날 학교를 통한 기독교교육은 참으로 어려운 상황이다. 현실적으로 우리 학교와 같은 중학교는 거주지 인근 배정에 따른 의무교육으로 특정 종교교육을 하지 못하도록 교육법으로 규정되어 있다. 그렇다 보니 선교적 사명을 감당하는 데 많은 어려움을 겪고 있다. 이러한 어려움 속에서 "뱀처럼 지혜롭고 비둘기처럼 순결해야 한다."(마태복음 10장 16절 이하)의 말씀처럼 주어진 여건 속에서 지혜롭게 학원선교의 사명을 감당해 나가고 있다. 굳건한 믿음의 반석 위에 건강한 마음과 실력을 갖춘 하나님의 일꾼들을 길러내도록 최선을 다할 것을 다짐한다. 오늘보다는 내일의 교회와 하나님이 기뻐하시는 세상이 되도록 하기 위해 다음 세대를 품기 위한 학원선교 사역에 교회와 지역교인과 기독교단체들의 많은 관심과 기도로 후원이 있기를 기대해 본다.

아래의 글은 논자가 기독교학교로서 학교의 방향을 되새기고자 매주 방송예배와 월례예배와 학교신문에 첫 면에 게재하는 우리학교의 사명이다.

우리학교의 사명

일등만을 인정하는 교육
환경을 죽이고 물질을 숭상하는 교육
기계와 기술이 인간을 대신하는 교육
그런 메마른 교육으로는
새로운 세상을 열어갈 수 없습니다.
지금 우리에게 필요한 것은
한 사람의 지도자가 아니라
더불어 살 줄 아는 열 명의 사람입니다.

제15장

· · ·

자기 딸을 존경한다는
어떤 아빠 이야기[556]

---

556) 이 글은 논자의 글이 아니다. 언젠가 염동권 목사님이 학교를 방문하셔서 이야기 나눈 적이 있다. 그런데 목사님이 쓰신 책에 논자의 이야기가 낯부끄러울 정도로 과찬으로 가득 차 있어서 어찌할 바를 몰랐다. 이미 출판된 것을 지울 수도 없었다. 한참을 고민하였으나 어찌할 수 없는 상황을 받아들이면서 마음을 가다듬었다. 이렇게 살아서가 아니라 이렇게 살라는 선배 목사님의 고견으로 받아들이고자 한다. 이런 뜻에서 이 글을 목사님의 허락을 받아 삼가 졸작에 게재한다. 논자의 삶을 되새기고자 게재함으로 독자 제위의 양해를 구한다. 염동권, "자기 딸을 존경한다는 어떤 아빠 이야기", 『존재로부터 긍정하는 님에게』(서울: 쿰란출판사, 2011년), pp.251~258.

하나님은 우리에게 많은 것을 깨닫고 느끼게 하며 또 가르쳐 주신다. 그 많은 것 중에서 가장 소중하고 위대한 것은 생명외경(生命畏敬)일 것이다. 슈바이처 박사는 일평생을 생명외경에 투신했다. 자신의 부와 명예를 다 버리고 오지의 땅 아프리카로 건너가서 문명으로부터 버림 받은 그들과 함께 살았고 전 세계에 생명의 소중함을 온 몸으로 일깨워 주었다. 미개한 아프리카 원주민들을 우리와 똑같은 하나님의 형상을 지닌 하나님의 형제 자매로, 모든 인류와 함께 존중받아 마땅한 고귀한 한 인간으로서 대접한 것이다.

생명체! 생각할수록 신비하고 오묘한 비밀이 여기에 들어 있다. 영특한 사람은 별것을 다 만들어도 한 가지 못하는 것이 있다. 생명을 만들어내는 것이 그것이다. 하나님만이 생명을 만들고 다루실 수 있다. 그래서 하나님만이 모든 생명의 아버지시다.

단세포로 이루어졌건 복잡한 다세포로 이루어졌건 모든 생명체는 그만이 가진 생명현상이 있다. 생명체마다 하나님이 명하신 비밀 코드(Code)가 있고, 생명의 의지를 찾아 나서는 적합성(適合性)을 추구한다. 동·식물학자나 의학자들이 아무리 많은 연구를 한다 할지라도 생명의 비밀은 여전히 수수께끼로 남을 것이다. 봄이 되면 정확하게 날짜에 맞추어 싹이 움트는 것을 본다거나 그 가느다란 작은 모기조차도 잡을라치면 잽싸게 도망치는 것을 보면 신비롭기는 마찬가지다. 가늘고 작은 몸집 그 어디에 눈이 붙어 있고 알아차릴 수 있는 감각기관이 있으며, 생명 순환 기관이 한 치의 오차도 없이 기능(機能)한단 말인가! 바닷가에 어미 거북이가 알을 까면 알을 깨고 나온 수천 수만의 새끼 거북이가 바닷가를 향해 죽을 힘을 다해 수백 미터 이동을 한다. 그 이동하는 모습은 마치 인천상륙 작전을 방불케 한다. 기를 쓰고 바닷가에 도달한 놈만이 생존할 수 있기 때문이다. 해안에 도달해야 산다고 어느 누가 가르쳐 주었을까? 신이 명한 비밀코드가 생래적(生來的)으로 발동하기 때문일 것이다. 한 마디로 신비 그 자체다. 이런 사실을 깨닫고 나면, 들에 핀 민들레나 풀 한 포기도 예사롭게 볼 수 없고, 들짐승도 함부로 해치거나 학대할 수 없게 된다. 하나님 말씀에 동물도 까닭 없이 해치거나 학대하면 죄가 된다고 했다.(창세기 1장 20~22절, 출애굽기 23장 12절, 레위기 22장 28절)

내가 책 보급을 위하여 익산에 갔다가 선생님 한 분을 만났는데, 그는 내게 깊은 감동을 주었다. 익산 황등중학교에서 교목과 선생님이면서 황등교회 아동부 목사로 일하시는 한승진 선생님은 특별한 하나님의 사람이다. 그는 내가 쓴 책『한 입 가득 베어 문 레마』를 김 용우 목사님(주님의 교회)으로부터 선물 받아 읽게 된 것이 인연이 되어 이제는 매주 이메일로 만나는 아주 가까운 사이가 되었다. 어느 날 한승진 선생님으로부터 메일이 왔다. 책을 통해서 나를 알게 되었다는 인사말과 언제 한 번 뵙고 싶다는 내용이었다. 내가 익산에 가면 꼭 만나 뵙겠다고 답신을 보냈더니 자신이 일하고 있는 황등중학교는 가난한 시골의 작은 학교인데 자기는 차가 없어서 쉽지 않을 것이란다. 나는 곧 답신을 보냈다.

"제가 차가 있으니 제가 찾아가면 되고, 시골이라지만 내비게이션으로 찾으면 아무런 문제도 되지 않습니다……."

우리들의 만남은 그렇게 해서 이루어졌다. 요즘 세상에 자동차 없는 선생님도 있는가? 그럴만한 무슨 사연이라도 있는가? 하는 호기심이 들기도 했다. 나는 그분이 쓴 미숙아 딸과 함께 한 어느 아버지의 일기『사랑한다 내 딸 사랑아』와 『아빠와 함께 읽는 성경이야기』라는 두 권의 책을 선물 받았다.(2010년 다산글방에서 간행)

그는 7년 전에 딸을 낳았는데 그 눈물 겨운 이야기가 고스란히 이 책에는 들어 있다. 임신중독으로 위태로운 산모를 살리기 위해 28주 1일 만에 920그램의 초극저체중 미숙아를 제왕절개 수술로 태어나야 했던 피치 못할 사연, 딸의 이름을 '한사랑'이라 짓고 그 딸에게 자신의 모든 것을 바친 아버지의 사랑이야기

한(韓): 크다, 나라.
사(思): 생각, 마음.
랑(朗): 밝다, 환하다.

삶과 죽음의 경계선을 오르내리며 무려 98일간의 병원 생활을 이겨낸 그 과정을 한 권의 책으로 펴낸 것이다.

2004년 6월 14일(아기 몸무게 790그램) 부터 2004년 9월 7일(아기 몸무게 1950그램)이 되어 퇴원할 때까지 매일매일 한 편 씩의 일기 글을 써서 책으로 나오게 되었는데, 마치 임상실험 수기 형태의 글을 통해서

생명의 소중한 가치가 무엇이며, 그 무엇을 주고도 바꿀 수 없는 생명의 신비가 주는 깨달음이 기록되어 있다. 생명의 신비는 사랑 그 자체이며, 모든 것을 다 주어도 다함이 없다는 행복한 사랑 그 자체라는 것이다.

나는 그와 만난 자리에서 그 자신의 어린 성장과정을 자세히 들었다. 어린 시절, 남다른 병치레를 해야 했고, 수많은 역경을 이겨내며 남이 하지 않는 일을 하며 공부했던 이야기, 그리고 하나님의 은혜와 인도하심 가운데 오늘 이 자리에 있게 된 자기 자신(그는 〈창조문예〉 수필로 등단했고, 현재 공주대학교 윤리교육학 박사과정에 있다), 그리고 가난한 시골학교에서 교사생활을 하면서도 어린 아기를 입양하여 지금 3살이 되었는데 그 아들을 위하여 『아빠와 함께 읽는 성경 이야기』이라는 책을 써서 아들에게 바치기도 했다. 이제 조금 있으면 어린 생명 또 하나를 입양하여 키울 계획이라고 한다. 자신이 어렸을 때 남다른 아픔이 있었기 때문에 하나라도 더 그런 생명을 거두어주고 싶다는 것이다.

그는 믿음의 삶을 산다는 것이 어떤 것인가를 삶으로 나타내 주고 있다. 그는 가난한 시골 학생들의 눈높이에 맞춰야 제자들 마음에 상처를 주지 않는다고 하면서 차를 사지 않고 민들레가 피어있는 논둑길을 걸어다니는 편을 택했고, 양복 대신 학생들과 친화력을 주는 소박한 옷을 고집하며 살고 있다.

그는 선천성 심장질환으로 건강치 못한 여건이다. 그런데 어떻게 그렇게 헌신적으로 사랑하며 최선을 다하는 삶을 꾸려갈 수 있는지, 그리고 제 핏줄도 아닌 남의 아이를 입양하여 자기 친자식처럼 키울 수 있는지 존경심이 저절로 났다. 나는 그의 외모나 삶의 철학을 보면서 문득 동화작가 고 권정생 선생을 떠올렸다.

나는 그의 진지한 이야기를 들으면서 나도 모르게 눈물이 났다. 어떤 사람은 한 어린 생명을 살리기 위해서 자신의 있는 모든 것을 아낌없이 다 내어 던지는가 하면, 또 어떤 사람들은 자살 사이트에서 만나 연탄불을 피워놓고 집단 자살을 한다. 어젯 밤 뉴스에 춘천에서도 8명이나 함께 목숨을 끊었다. 아! 어쩌도 그리 생각이 다르단 말이냐. 무엇이 그토록 괴로워 고귀한 생명현상마저 거스르고 자기 생명조차도 자기가 파괴해야 한단 말이냐.

"저는 사랑이와 아내를 존경합니다……."라는 한 승진 선생님의 말을 한번이라도 들었더라면 생명을 그렇게 하찮게 다루지는 않았지 않았을까 생각해 본다.

오늘 새벽, 이 땅의 수많은 미숙아들을 위해, 그리고 소아암과 소아백혈병 등으로 고생하는 아기들과 부모님들을 위해서 간절히 기도했습니다. 오늘은 저희 사랑이도 청력 검사 관계로 병원에 가는 날입니다……. 지금 사랑이는 잘 자고 있습니다. 편안히 자는 모습에 저 혼자 흥에 겨워 감동과 감격에 빠져봅니다. 사랑이 볼에 뽀뽀를 해주었습니다. 얼마나 자랑스럽고 대견한지요. 사랑이는 갑작스러운 아내의 임신중독으로 태아 기간을 7개월로 그쳐야만 했습니다. 이 세상에 나오기 위해 준비하는 시간이 34주는 되어야 한다는데, 28주 1일만에 갑작스럽게 제왕절개로 세상에 나오면서 '초극저체중미숙아'로 98일간의 신생아중환자실 생활을 해야만 했습니다.

무려 98일간의 병원 생활을 이겨낸 자랑스러운 딸입니다. 사랑이를 위해 기도해 주시고 염려와 사랑으로 성원해 주신 분들께 이루 말할 수 없는 감사한 마음을 갖습니다. 그분들을 위해 늘 기도하면서 감사한 마음으로 살 것을 다짐합니다. 저는 사랑이를 존경합니다. 또한 사랑이를 지극 정성으로 돌보는 아내를 존경합니다. 저는 사랑이에게 별다른 기대나 욕심이 없습니다. 그래서 행복합니다. 사랑이의 있는 모습 그대로를 사랑할 것입니다. 그저 하나님의 사랑 안에서 남에게 피해 주지 않고 제 앞가림하면서 살기를 바랄 뿐입니다. 이 정도는 큰 욕심이 아니겠지요? 저는 절대로 공부 잘하라고 강요하지 않을 생각입니다. 공부 잘하면 좋겠지만 연약하게 태어나서 98일간의 힘든 병원생활을 이겨낸 것만으로도 사랑이는 효도를 다하고도 남습니다. 그리고 제가 학교에 몸담고 가르치는 삶이지만, 늘 느끼는 것은 이 땅의 아이들이 공부에 지쳐 사는 모습이 안타깝습니다.

　사랑이는 그저 자기가 하고 싶은 공부하면서 들꽃처럼, 민들레처럼 살았으면 좋겠습니다. 저는 사랑이가 공부 잘하는 것보다는 열린 마음과 사랑의 실천적 발걸음과 손길을 중요하게 여기며 살기를 바랍니다. 저보다 진짜 아버지이신 하나님이 사랑이를 알아서 키우시겠지요. 저와 아내는 그저 참 아버지 하나님의 도우미로 사랑이를 도울 뿐입니다. 그러니 사랑이는 저의 소유물도, 제가 이루지 못한 수많은 소망을 이루어줄 기대물도 아닙니다. 그저 하나님의 딸을 돕는 도우미일 뿐입니다. 하나님의 사랑 안에서 들숨과 날숨을 쉴 수 있다는 것 하나만으로도 참 감사합니다.……

　오늘의 자녀 교육을 어떻게 할 것인가? 이 땅의 생명체를 어떻게 대해야 할 것인가? 오늘 우리는 어떻게 사랑하면서 살 것인가? 하는 수많은 질문에 대한 대답이 그의 삶 속에는 무르녹아 있다. 하나님의 은총이 한승진 선생님께 더욱 가득 넘치시기를 기원 드리면서…….

* 예수님은 가난한 자로 오시어 가난한 자 가운데 계시면서 자신을 가난한 자와 일치시키시었다. 자유와 평등을 강조하는 출애굽 경험은 갈릴리 예수 복음 운동과 맥을 같이 한다.(고린도후서 8장 9절)
* 띠가 사람의 허리에 속함같이 우리는 하나님께 속하여 그의 백성이 되고 그의 이름과 칭예와 영광이 됨을 최고의 가치로 알자.(예레미야 13장 11절)
* 모든 인류는 하나님 아버지 안에서 혈육, 인종, 민족, 국경을 초월하여 '하나'라는 인식은 성경이 가르쳐준 가장 뛰어난 깨달음 중의 하나다.(에베소서 1자 9~10절; 사도행전 10장 45절; 사도행전 14장 15~18절, 사도행전 17장 24~31절)

* 어리석은 사람은 늘 내일만 있지 오늘은 없다. 오늘 축복의 시간을
  심자.(신명기 5장 3절; 예레미야 10장 8절, 예레미야 17장 11절)
* 하나님이 가장 기뻐하시는 것 세 가지 정직한 진실, 있는 것 모두를
  드리는 헌신, 그리고 목숨까지 내어놓는 순교의 피다.(창세기 22장
  16~18절, 요한계시록 12장 11절, 에베소서 1장 7절)
* 더 열심히 그 순간을 사랑할 것을 모든 순간이 다아 꽃봉오리인 것
  을(로마서 12장 11절, 고린도후서 11장 2절, 갈라디아서 4장 18절)

참고문헌

국내 단행본

『우리말성경』(C3TV기독교교인터넷방송 제공)
『논어』(論語), ≪안연≫(顔淵).

강사문,『구약신학자료집』(서울: 장로회신학대학 출판부, 1992).
강희천,『기독교교육의 비판적 성찰』(서울: 대한기독교서회, 1999).
_____,『종교심리와 기독교교육』(서울: 대한기독교서회, 2000).
공지영,『도가니』(서울: 창비, 2009).
기독교윤리실천운동부설 기독교윤리연구소 편,『동성애에 대한 기독교적
        답변』(서울: 예영커뮤니케이션, 2011).
김기원,『기독교사회복지론』(서울: 대학출판사, 1998).
김균진,『생태계의 위기와 신학』(서울: 대한기독교서회, 1991).
김덕준,『기독교 사회복지』(서울: 미광문화사, 1985).
김도일,『교육인가 신앙공동체인가?』(서울: 한국장로교출판사, 1998).
김동수,『성서로 본 열린 세계』(서울: 한들출판사, 2006).
김동호,『생사를 건 교회개혁』(서울: 규장문화사, 1999).
김득룡,『기독교 교육론』(서울: 총신대학교 출판부, 1982).
김만형,『SS혁신보고서』(서울: 규장, 1998).
김명용,『열린 신학 바른 교회론』(서울: 장로회신학대학교 출판부, 1997).
_____,『현대의 도전과 오늘의 조직신학』(서울: 2005).
김병서,『한국사회와 개신교』(서울: 한울, 1995).
김선주,『한국 교회의 일곱 가지 죄악』(서울: 삼인, 2009).
김성수,『그런 기독교는 없습니다』(서울: Praise Publishing, 2008).

김열규, 『메멘토 모리 죽음을 기억하라』(서울 : 궁리, 2001).

김영일, 『그리스도교 윤리』(서울: 대한기독교서회, 1998).

______, 『윤리적 삶의 질』(서울: 대한기독교서회, 2006).

김정우, 『죽음과 삶-그리스도교적 죽음 이해에 대한 연구』(서울: 가톨릭대
학교, 1982).

김중대, 『정신위생학』(서울: 형설출판사, 1984).

김재은, 『가정교육』(서울: 조선일보사회부, 1981).

김천일, 『교육원리』(서울: 학문사, 1973).

김철영, 『믿음과 삶의 윤리학』(서울: 장로회신학대학교 출판부, 1994).

김혜선·고성혜, 『가족상담 및 치료』(서울: 한국방송대학교 출판부, 2004).

"교회의 사회봉사와 기독교 교육적 이해", 『교회사회봉사총람』(서울: 한
국장로교출판사, 1994).

권이종, 『청소년학개론』(서울: 교육과학사, 1996).

노치준, 『한국개신교사회학』(서울: 한울, 1998).

______, 『한국의 교회조직』(서울: 민영사, 1995).

문동환, 『생명공동체와 기화교육』(천안: 한국신학연구소, 1997).

문시영, 『기독교윤리이야기』(서울: 한들출판사, 1996).

______, "시민사회를 향한 교회의 아름다운 몸짓, 공공성" 목회와 신학 편
집부 엮음, 『기독교윤리』(서울: 두란노아카데미, 2010).

박상진, 『교회교육현장론』(서울: 장로회신학대학교, 2008).

박원기, "기독교화 여성해방", 숭실대학교 부설 한국기독교문화연구소 편,
『한국기독교와 윤리』(서울: 숭실대학교 출판부, 1992).

______, 『기독교사회윤리 이론과 실제』(서울: 이화여자대학교 출판부, 1994).

박정관, "복음성가 논쟁의 핵심에 연루된 용어의 혼란", 『제2회 여름 목회
자 아카데미 자료집』(장로회신학대학교 목사계속교육원, 1997).

박재순, 『예수운동과 밥상공동체』(서울: 천지, 1988).

박정신, 『한국기독교읽기』(서울: 다락방, 2004).

박창빈, "한국 교회와 사회선교-향후 10년의 사회변동의 전망과 한국 교
회의 사회선교적 과제" 유의웅 편저, 『현대교회와 사회봉사』(대한
예수교장로회출판국, 1991).

박철수 외, "교회의 본질과 모습", 『오늘의 기독교 어떻게 거듭나야 하는
가?』(서울: 대장간, 1991).

박충구, 『한국사회와 기독교윤리』(서울: 성경연구사, 1995).

박화경, 『하나님 나라와 기독교교육』(서울: 한국장로교출판사, 2006).

서남동, 『전환시대의 신학』(천안: 한국신학연구소, 1976).

서인석, 『성서의 가난한 사람들』(왜관: 분도출판사, 1991).

서정운, "사회선교에 대한 선교신학적 이해", 유의웅 편저, 『현대교회와 사회봉사』(서울: 대한예수교장로회총회출판국, 1991).

손규태, 『세계화 시대 기독교의 두 얼굴』(서울: 한울아카데미, 2007).

손동희, 『나의 아버지 손양원 목사』(서울: 아가페출판사, 1994).

손원영, 『기독교교육과 프락시스』(서울: 한국장로교출판사, 2001).

______, 『기독교문화교육과 주일교회학교』(서울: 대한기독교서회, 2005).

신국원, 『변혁과 샬롬의 대중문화론』(서울: 한국기독학생회출판부, 2004).

신영복, 『처음처럼』(서울: 랜덤하우스코리아, 2007).

신현광, 『교육 목회와 교회성장』(서울: 민영사, 1997).

숨 프로젝트 편, 『하나님과 만난 동성애』(서울: 한울, 2010).

양동복, 『새로운 대중음악 CCM』(서울: 참빛미디어, 1995).

이경수, "다문화교육 프로젝트-다문화교육연수 프로그램을 중심으로", 전라북도교육연수원 편, 『중등교감・전문직 다문화교육 직무연수자료자료집』(전북: 전라북도교육연수원, 2009).

이경숙, 『구약성서의 여성들』(서울: 대한기독교서회, 1994).

이상화, 『청년들이 교회를 떠나는 33가지 이유』(서울: 브니엘, 2007).

이상원, 『기독교교육과 윤리』(서울: 대한예수교장로회총회, 2007).

여성가족부, 『여성결혼이민자의 가족의 사회통합 지원 대책』(미간행자료집, 2006).

이성희, 『미래사회와 미래교회』(서울: 대한기독교서회, 1996).

이수인・이수윤, 『서양지성사』(서울: 법문사, 2000).

이원규, 『한국 교회의 현실과 전망』(서울: 성경연구사, 1994).

______, 『힘내라, 한국 교회』(서울: 동연, 2009).

이재철, 『회복의 목회』(서울: 홍성사, 1998).

______, 『비전의 사람』(서울: 홍성사, 2010).

이종록, "너희도 전에는 게르였다-외국인 노동자 선교를 위한 구약성경적 이해", 대한예수교장로회총회전도부 외국인근로자선교회후원회 엮음, 『외국인 노동자 선교와 신학』(서울: 한들출판사, 2000).

이형기, 『교회와 사회』(서울: 장로회신학대학 출판부, 1987).

이혜진, "다문화가정 학생 교육 지원 정책", 서울대학교 중앙다문화교육센터 편, 『2010년 초·중등교사 다문화교육 직무연수자료집』(서울: 서울대학교 중앙다문화교육센터, 2010).

이효재, 『가족과 사회』(서울: 경문사, 1984).

염동권, "자기 딸을 존경한다는 어떤 아빠 이야기", 『존재로부터 긍정하는 님에게』(서울: 쿰란출판사, 2011년).

오인탁, 『기독교교육』(서울: 종로서적, 1984).

오인탁 외 12인 공저, 『기독교교육론』(서울: 대한기독교교육협회, 1988).

오현선, "한국사회 여성이주민의 삶의 자리와 기독교교육적 만남", 오경석 편, 『한국에서의 다문화주의 현실과 쟁점』(파주: 한울아카데미, 2009).

옥성호, 『심리학에 물든 부족한 기독교』(서울: 부흥과개혁사, 2007).

______, 『마케팅에 물든 부족한 기독교』(서울: 부흥과개혁사, 2007).

______, 『내가 꿈꾸는 교회』(서울: 부흥과개혁사, 2008).

______, 『엔터테인먼트에 물든 부족한 기독교』(서울: 부흥과개혁사, 2010).

유영주, 『가족관계학』(서울: 교문사, 1983).

은준관, 『교육신학』(서울: 대한기독교서회, 1976).

______, 『기독교 교육현장론』(서울: 대한기독교출판사, 1994).

윤가현, 『성심리학』(서울: 성원사, 1990).

장인협·이혜경·오정수, 『사회복지학』(서울: 서울대학교 출판부, 1999).

정동호 외, 『죽음의 철학』(서울: 청람, 1987).

정숙자·이은숙, 『기독교 가정교육학』(서울: 도서출판 엠마오, 1989).

정재걸, 『삶의 완성을 위한 죽음교육』(서울: 지식의 날개, 2010).

정재영, "시민사회 참여를 통한 교회 공공성의 회복", 조성돈·정재영 편, 『그들의 자살, 그리고 우리: 한국사회 자살의 경향을 말한다』(서울: 예영커뮤니케이션, 2008).

정재영·조성돈, 『더불어 사는 지역공동체 세우기』(서울: 예영커뮤니케이션, 2010).

제3시대그리스도교연구소 편, 『한국기독교 그 어두운 자화상』(서울: 다산글방, 2002).

조용훈, 『동서양의 자연관과 기독교 환경윤리』(서울: 대한기독교서회, 2002).

조현연, 『한국 현대정치의 악몽-국가권력』(서울: 책세상, 2000).

조태환,『환희와 함께 가는 가정교회』(서울: NCD, 2009).

조혜정,『한국의 여성과 남성』(서울: 문학과 지성사, 1988).

전국대학사회복지교육협의회 편,『사회복지개론』(서울: 유풍출판사, 1999).

최만자·박경미 편,『새하늘 새 땅 새여성』(서울: 생활성서사, 1993).

최영실,『신약성서의 여성들』(서울: 대한기독교서회, 2003).

______,『성서와 여성』(서울: 민들레책방, 2004).

통합윤리학회 편,『21세기의 도전과 기독교문화』(서울: 예영커뮤니케이션, 1998).

하용조,『사도행전적 교회를 꿈꾼다』(서울: 두란노, 2007).

하재청·노영복·유태형·김병기 편저,『성의 과학』(서울: 아카데미서적, 1992).

한기채,『기독교이야기윤리』(서울: 예영커뮤니케이션, 2006).

한국기독교사회문제연구원 편,『정의·평화·창조질서의 보전 세계대회 자료집』(서울: 민중사, 1990).

한국기독교교윤리학회 편,『삶, 죽음 그리고 기독교윤리』(서울: 예영커뮤 니케이션, 2006).

한국여신학자협의회 편,『새롭게 읽는 성서의 여성들』(서울: 대한기독교 서회, 1994).

한승진,『쉽게 읽는 기독교윤리』(파주: 한국학술정보, 2010).

______,『고령화사회의 현실과 효윤리』(파주: 한국학술정보, 2011).

한용상,『교회가 죽어야 예수가 산다』(서울: 해누리, 2001).

황홍열, "한국 교회의 선교역사", 한국선교신학회 엮음,『선교학개론』(서울: 대한기독교서회, 2001).

현용수,『유대인의 노하우-2권』(서울: 쉐마, 2005).

학술논문 및 잡지

강원용, "죽음에 관한 목회", 《교육문제연구》(1집, 1979년 5월호).

고상균, "민중신학적 입장에서 바라본 동성애"(한신대 신학전문대학원 석 사학위 논문).

______, "'성적지향!', 진정 무엇을 이유로 삭제하려는가?: 차별금지법 입법 과정에서 나타난 개신교 동성애 혐오의식의 문제점", 《시대와 민중신학》(제10집, 2008년).

고용수, "가정과 함께 하는 교육", 《교육교회》(1998년 5월호).

김기복, "호스피스와 임종목회", 《목회와 신학》(41호, 1992년 11월호).

김남국, "한국에서 다문화주의 논의의 전개와 수용", 《경제와 사회》(제80호, 2008).

김명용, "창조보전과 새로운 창조신학", 《장신논단》(제6집, 1990).

김범석, "새로운 나눔의 시작 '사회적 기업'", 《GOOD CHURCH REPORT》(바른교회 아카데미, 2009년 9월호).

______, "한국사회복지현황과 기독교사회봉사위치-복지사회 진입의 시대", 《GOOD CHURCH REPORT》(바른교회 아카데미, 2009년 10월호).

______, "2차적 사회복지 사회적 기업의 모형", 《GOOD CHURCH REPORT》(바른교회 아카데미, 2009년 11월호).

김옥라, "죽음의 준비교육(독일편)", 《삶과 죽음 회지》(2호, 1991년 8월).

김유경, "가족원 특성에 따른 다양한 가족의 실태와 사회적 지원 방안", 《보건복지포럼》(103권, 2005년).

김이곤, "하나님의 심장에 박힌 십자가", 《신학논단》(1997).

______, "구약성서에 나타난 영성", 《기독교사상》(2000년 12월호).

김종렬, "섬기는 교회상의 회복과 정립", 《기독교사상》(통권 365호, 1989년 5월).

김치성, "교회와 함께 가는 다음 세대", 《교육목회》(통권 39권, 2011).

김홍일, "나눔의 집에서 바라보는 한국 교회의 봉사", 《기독교사상》(1999년 9월).

김희수, "성서는 동성애에 대해 정말 무엇이라고 하는가?", 《종교문화연구》(제17호, 2011년).

박구용·정용환, "이주민과 문화다원주의", 《범한철학》(46집, 2007년 가을).

박경미, "신약성서에 나타나는 '외국인' 개념과 초대 기독교인의 자기의식의 표지로서의 '외국인'", 《신학사상》(제113호, 2001년 여름).

박명철, "죽음에서 발생하는 윤리문제", 한국기독교윤리학회 엮음, 『삶,

죽음 그리고 기독교윤리』(서울: 예영커뮤니케이션, 2006).

박영철, "가정에서의 기독교 교육 부활을 위한 기초연구", ≪복음과 실천≫(15집, 1992).

박재순, "본회퍼의 교회이해", ≪신학사상≫(통권 55집, 1986년 겨울호).

______, "외국인노동자와 장애인의 인권과 선교", ≪월간 인권≫(1995년 제29호).

손원영, "주일교회학교의 대안학교화 가능성 탐색", ≪백석저널 2호≫(백석기독교학회, 2002년 가을).

성철종, "교회음악과 세속음악에 관한 역사적 연구"(총신대 대학원 석사논문, 1987).

신명균, "음악은 사용 목적에 그 의미가 있다", ≪월간목회≫(1997년 10월).

이진구, "개신교와 성장주의 이데올로기", ≪당대비평≫(2000년 가을호).

이진우, "토요일은 지역 사회와 호흡하는 날", ≪목회와 신학≫(2012년 1월호).

이원규, "급변하는 한국 사회와 새로운 목회 패러다임에 대한 종교사회학적 고찰", ≪신학과 세계≫(통권 43호, 2001년 가을호).

이윤철, "교회와 지역사회봉사", ≪신학과 사회≫(제9집, 1995).

오영석, "한국 교회의 영성문제와 교회변혁"(한국기독교학술원 제 14회 학술대회 미간행자료집, 2010).

윤세민, "한국에서의 경배와 찬양 움직임", ≪빛과 소금≫(1988년 9월).

윤인진, "외국인 115만 시대, 다문화 사회의 도전과 통합·발전의 길", ≪자유공론≫(2009년 5월).

왕대일, "나그네(게르, גר)- 구약신학적 이해", ≪신학사상≫(제113호, 2001년 여름).

외국인정책위원회 편, 제1차 외국인정책기본계획(안)(외국인정책위원회 회의 미간행자료집, 2008년 5월 30일).

장경섭, "한국가족의 이념과 실제", ≪철학과 현실≫(제22호, 1994).

장석만, "한국종교, 열광과 침묵 사이에서", ≪당대비평≫(2000년 가을호).

장윤재, "당신 진짜요?", ≪기독교사상≫(2011년 7월호).

정달용, "철학적으로 본 죽음", ≪사목≫(70권, 1980).

정우겸, "Good church! 완도 성광교회 정우겸 목사와 인터뷰", ≪GOOD CHURCH REPORT≫(2010년 11월호).

정재영, "한국 교회 소집단의 공동체성 대한 연구"(연세대학교 박사학위
　　　논문, 2002).
조현철, "용산참사 현장의 교회: A. 덜레스의 교회 모형에서 본 교회의 자
　　　기이해", ≪신학과 철학≫(제17호, 2010년 가을호).
조혜영 외, "다문화가족자녀의 학교생활시태와 교사, 학생의 수용성 연
　　　구"(한국여성정책연구원, 2007).
주현신, "한국 CCM, 대중음악의 대안이 될 것인가", ≪복음과 상황≫
　　　(1996년 11월).
"천주교 부동의 1위", ≪시사IN≫(통권 157호, 2010년 9월 18일).
최성민, "한국 다문화가정의 정착방안에 관한 연구", ≪경기교육논총≫
　　　(17, 2008, 경기대학교 교육대학원).
최유신, "한국 가스펠 음악의 모든 것", ≪음악동아≫(1995년 3월).
채수일, "현대 기독교의 동향", ≪신학연구≫(제 51집, 2007).
＿＿＿, "권두언: 다문화의 그리스도교 신앙", ≪기독교사상≫(제606호,
　　　2009).
한국염, "하나님의 형상인 이주여성과 함께하기", ≪교회와 세계≫(238호,
　　　2008년 여름호, 한국기독교교회협의회).
한영현, "전남지역 국제결혼 이주여성의 생활실태 및 문제점", ≪전남 지
　　　역 국제결혼 이주여성 복지실태조사 보고회 자료집≫(경남: 신창
　　　문화사, 2006).
한종호, "한국 종교에 소망은 있는가", ≪기독교사상≫(통권 622호, 2010
　　　년 10월호).
홍영숙, "다문화가정이 봉착하는 자녀교육 문제와 시사점"(광주교육대학
　　　교 교육대학원, 2007).

신문자료

서남동, "환경위기와 신학", <크리스찬신문>(1972년 1월 8일).
박정관, "찬양, 경배운동의 이해", <기독교연합신문>(1990년 4월).
"합동 총회장 발언 대책위 연합기도회", <한국기독공보>(2004년 1월 10일).

"주일학교 예배도 '온전한 예배' 인식 시급", <기독교연합신문>(2004년 7
        월 25일).
"1953년 첫 해외입양…60%가 미국行", <동아일보>(2006년 4월 12일).
"교회학교가 무너지고 있다-저출산과 교회학교의 위기", <한국기독공보>(2006
        년 9월 18일).
"유엔, 韓 '단일민족국가' 이미지 극복 권고", <연합뉴스>(2007년 8월 19
        일자).
"한국 교회, 딱 세 마디, 모여라, 돈 내라, 집 짓자", <뉴스파워>(2008년
        2월 3일).
오관석, "여성 목사 안수는 시대적 요청이다", <침례신문>(2008년 6월 12일).
"기독교사·지역교회 협력이 건강한 학원선교 밑거름", <기독신문>(2009
        년 2월 23일).
임상준, "브로커에 울고 法에 울고…결혼이주여성들 '겹 고통'", <매일신
        문>(2009년 2월 24일).
"여성 목사 안수 50년, 여성 목사 비율 5.37%", <이대학보>(2009년 3월
        9일).
"이재철 목사 '동성애 무조건 '괜찮다'고 하기보다…'", <베리타스>(2010
        년 6월 18일).
"장로 대통령 주신 하나님, 이번엔 은행도 주소서……", <한겨레신문>(2010
        년 11월 1일).
"나겸일 목사, 5년 후에 복귀한다", <에클레시안>(2010년 11월 10일).
"교회 재산 목회자 개인의 것 아니다", <크리스챤신문>(2010년 11월 20일).
"사랑의교회 새 성전 윤곽……부지매입·건축 등 2000억 원을 들여 2012
        년 완공", <국민일보>(2009년 11월 23일).
"교회의 마지막 희망은 여성 목사다", <크리스챤신문>(2010년 12월 4일).
"동성애 차별금지 입법은 영적인 침략", <기독교연합신문>(2010년 12월
        6일).
"동성애, 불편하지만 '지혜로운' 대응 필요하다", <기독교연합신문>(2010년
        12월 12일).
"얼굴과 설교와 태도가 목사의 인격을 말한다", <기독교연합신문>(2010
        년 12월 19일).
"기윤실 2010 신뢰도 조사, 성인 17.6%만-한국 교회 신뢰-교회 지도자·

교인, 언행일치 보여야” 〈국민일보〉 (2010년 12월 14일).

한승진, “우리학교가 이루러가는 선교적 사명”, <황등중학교교보>(제14
　　호, 2011년 2월 10일).

“미 장로교회 사실상 ‘동성애 안수’ 문 열어”, <한국기독공보>(2011년 5
　　월 17일).

“미래목회포럼, ‘시대상황과 교회의 역할, 그 해답을 찾다’ 주제 포럼 개
　　최”, <기독타임즈>(2011년 5월 18일).

“주5일 수업제 대안은?”, <한국기독공보>(2011년 6월 29일).

“동성애, 침묵만이 능사는 아니다”, <한국기독공보>(2011년 8월 23일).

“기독교한국침례회 총회, ‘여성 목사 안수’ 찬반투표 무산돼 무효 처리”,
　　<국민일보>(2011년 9월 21일).

“‘이슈’ 합동, 이번에도 여성 목사 안수 불가”, <국민일보>(2011년 9월 21일).

“연속기획/ ‘이주민 선교’, 선택에서 필수과제로(1)”, <기독신문>(2011년
　　10월 17일).

“기독교개혁 발상지 독일에서 ‘디아코니아’의 길을 찾다”, <기독교연합신
　　문>(2011년 10월 19일).

배덕만, “기독교개혁, 그리고 한국 교회(상)-우리가 잃어버린 것은 무엇인
　　가”, <기독교연합신문>(2011년 10월 30일).

“‘놀토’를 잡아야 교회교육 산다”, <기독신문>(2011년 11월 2일).

“내년도 교육목회 ‘이렇게’”, <한국기독공보>(2011년 11월 5일).

“이제 이들은 어디로 갈꼬!”, <신학춘추>(2011년 11월 22일).

“제자교회 정삼지 목사, 징역 4년 ‘법정 구속’”, <뉴스앤조이>(2011년 12
　　월 2일).

“여성 교역자들에 대한 처우개선 절실”, <크리스챤신문>(2011년 12월 18일).

“2011년 결산-교계, 한기총 사태로 대변되는 ‘후안무치’”, <뉴스미션>(2011
　　년 12월 31일).

“총체적 난국으로 몰고 간 ‘세속화’ 청산의 자정능력 필요”, <기독교연합
　　신문>(2012년 1월 1일).

국내 번역서

가이슬러 노르만 L,『기독교윤리학』, 위거찬 역(서울: 기독교문서선교회,
	1991).
고든 토마스,『자율적인 자녀육성을 위한 부모교육』, 이형득 역(서울: 형
	설출판사, 1992).
그랜도르 베르너 C 편저,『복음주의 기독교교육론』김국환 역(서울: 기독
	교문서선교회, 1992).
나우엔 헨리 J. M,『죽음, 가장 큰 선물』, 홍성현 역(서울: 홍성사, 2000).
______________,『영성에의 길』, 김명희 역(서울: IVP, 2002).
델레스 에버리,『교회의 모델』, 김기철 역(서울: 조명문화사, 1979).
도일 에릭,『태양의 노래』, 정현숙 역(왜관: 분도출판사, 1994).
디켄, 알폰스, "죽음의 준비교육(미국편)", ≪삶과 죽음 회지≫(1호, 1991
	년 6월).
__________,『죽음 준비교육의 목표』, 삶과 죽음을 생각하는 회 옮김(서
	울: 문화지평, 1992).
__________, "인간의 죽음과 죽어감"(미간행 자료집, 연세대학교 간호대
	창립 100주년 기념 초청 강연집, 2006년 5월).
라이커트 엘리자베스,『사회복지와 인권』, 국가인권위원회 사회복지연구
	회 역(서울: 인간과 복지, 2007).
러셀 폴,『The Gay 100』, 이현숙 옮김(서울: 사회비평사, 1996).
로스 엘리자베스 퀴블러,『인간의 죽음』, 성염 역(왜관: 분도출판사, 1979).
__________________,『죽음과 죽어감』, 이진 옮김(서울: 이레, 2008).
로엘키파르테인 졸린 편,『아이들이 몰려오는 주일학교 만들기』, 오현주
	역(서울: 디모데, 1998).
롤하이저 로널드,『성과 성의 영성』, 유호식 옮김 (서울: 성바오로, 2006).
몰트만 위르겐,『십자가에 달리신 하나님』, 김균진 역(천안: 한국신학연구
	소, 1988).
__________,『성령의 능력 안에 있는 교회』, 박봉랑 외 4인역(서울: 한
	국신학연구소, 1990).
__________,『창조 안에 계신 하나님』, 김균진 역(천안: 한국신학연구

소, 1996).

______________, 『희망의 신학』, 이신건 역(서울: 대한기독교서회, 2002).

베스트 헤럴드, 『신앙의 눈으로 본 음악』, 하재은 역(서울: 한국기독교학
　　　생회 출판부, 1995).

본회퍼 디트리히, 『신도의 공동생활』, 문익환 역(서울: 대한기독교서회,
　　　1977).

______________, 『기독교윤리』, 손규태 역(서울: 대한기독교서회, 1982).

______________, 『옥중서신』, 고범서 역(서울: 대한기독교서회, 1991).

볼베르트 하베트, 『오늘의 그리스도교적 죽음』, 심상태 역(서울: 성바오로
　　　출판사, 1982).

브라이캘맨 군터, "노동과 인권", 편집실 역, ≪신학사상≫(겨울, 1977).

세계교회협의회(World Council of Churches), 『세계를 위한 교회』, 박근
　　　원 역(서울: 대한기독교출판사, 1979).

샌델 마이클, 『정의란 무엇인가』, 이창신 옮김(서울: 김영사, 2010).

셸 찰스, 『가정사역』, 양은순·송헌복 역(서울: 생명의 말씀사, 1988).

______, 『가정사역』개정판, 정동섭 역(서울: 생명의 말씀사, 1997).

슈이치 오츠, 『죽을 때 후회하는 스물다섯 가지』, 황소연 옮김(서울: 21세
　　　기북스, 2009).

스토트 존 편, 『복음전도와 사회적 책임』, 한화룡 역(서울: 두란노서원,
　　　1986).

아이힐러 울리케·뮐너 알제 편저, 『깨어진 침묵-성폭력에 대한 여성신학
　　　적 응답』, 김상님 옮김(서울: 한국여신학자협의회 여성신학사, 2001).

이뽈리프 장, 『헤겔의 정신현상학Ⅰ』, 이종철·김상환 역(서울: 문예출판
　　　사, 2000).

어거스틴, 『참회록』, 최정선 옮김(서울: 지성문화사, 1989).

오덴 토마스 C, 『목회신학』, 이기춘 역(천안: 한국신학연구소, 2004).

오스머 라차드, 『교육목회의 회복』, 박봉수 역(서울: 한국장로교출판사,
　　　1996).

와일드 오스카, 『행복한 왕자』, 이정주 옮김(서울: 작가정신, 2004).

에크낫 이스워런, 『죽음이 삶에게 보내는 편지』, 이명원 역(서울: 예문, 2005).

윌리암스 C. W, 『교회』, 이계준 역(서울: 대한기독교서회, 1973).

죌레 도로테, 『사랑과 노동』, 박재순 옮김(천안: 한국신학연구소, 1993).

첼라노 토마스, 『아씨시 성 프란체스코의 생애』, 프란체스코회 한국관구
　　　역(왜관: 분도 출판사, 1998).
콕스 하비, 『세속 도시』, 구덕관 외 옮김(서울: 대한기독교서회, 1995).
　　　　　, 『영성, 음악, 여성』, 유지황 옮김(서울: 동면, 1996)
큉 한스, 『교회란 무엇인가』, 이홍근 역(왜관: 분도출판사, 1997).
　　　, 『교회』, 정지련 옮김(서울: 한들출판사, 2007).
피오렌자 E. S, 『크리스챤 기원의 여성신학적 재건』, 김애영 역(서울: 종
　　　로서적, 1986).
화이트 린, "생태계 위기의 역사적 기원", 《과학사상》(창간호, 봄, 1992).
헨드릭스 H, 『성서와 사회 정의』 정한교역(왜관: 분도출판사, 1984).
헬미니악. 다니엘 A, 『성서가 말하는 동성애』, 김강일 옮김 (서울: 해울,
　　　2003).
홉킨스 제프리 편저, 『달라이 라마, 죽음을 이야기하다』, 이종록 역(서울:
　　　북로드, 2002).

국외물

Alinsky. S. D, *Reveille for Radicals*(New York: Vintage Books, 1969).
　　　　　　　, *Rules for Radicals: A Practical Primer for Realistic
　　　Radicals*(New York: Vintage Books, 1972).
Aries. Philippe, *Hour of Our Death* (New York: Oxford University
　　　Press, 1981).
Barbour. Ian G, *Religion in an Age of Science*(San Francisco: Harper,
　　　1990).
Barth. Karl, *Church Dogmatics IV/3(*Edinburgh: T. S. T. Clark, 1962).
Becker. Ernest, *The Birth and Death of Meaning*(New York: Oxford
　　　University Press, 1973).
Bosch. David J, *Witness to the World: The Christian mission in
　　　theological perspective,* (London: Morgan & Scott, 1980).
Bushnell. Horace, *Christian Nurture*(New Haven, Yale University Press,

1960).

Calvin. John, Institutes *of Christian Religion*(Philadelphia: The Westminster Press, 1939).

Getz. Gene A, "The Role of the Home in Childhood Education" Roy B. Zuck and Robert E. Clark. (ed). *Childhood Education in the Church*(Chicago: John Knox Press, 1965).

Hessel. D. J, *Social Ministry*(Philadelphia: Westminster. 1982).

Hoekendijk. J. C, "The Church in Missionary Thinking" in *The International Review of Missions,* vol.41.(1952).

Irion. Paul E, *The Funeral: Vestige or Value* (Nashville: Abingdon Press, 1966).

Klinken. Jaap van, *DIAKONIA: Mutual Helping with Justice and Compassion*(Grand Rapids: W. B. Eerdmans Publishing Co, 1989).

Moltmann. Jürgen, "The Life Signs of the Spirit in the Fellowship Community of Christ", *in Hope for the Church*(Nashville: Abingdon Press, 1979).

Nelson. C. Ellis, "Christian Education in a Secular Society", *The Presbyterian outlook*(176권 16호, April 25, 1984).

Reiling J. and Swellellengrebel J. L, *A Translator's Handbook on the Gospel of Luke,* UBS(1971).

Ross. Elisabeth Kübler, *Death : The Final Stage of Groth* (NewJersey: Prentice-hall, 1975).

Smith. Leon & Staples. Edward D, *Family Ministry Through the Church* (Tenssee: Nashville press, 1967).

Strivers. Robert L, et al. *Christian Ethics* (New York: Orbis Books, 1990).

인터넷 자료

C3TV기독교인터넷방송(http://www.c3tv.com)
남가주 서머나교회 홈페이지(http://www.smyrnachurch.com).
법무부 홈페이지(www.maj.go.kr)-재한외국인 처우기본법[시행 2007. 7.18]
[법률 제8442호, 2007. 5.17, 제정].
법무부 홈페이지
(http://www.moj.go.kr/HP/MOJ03/index.do?strOrgGbnCd=100000).
서울대학교 동성애동아리 (http://www.queerinsnu.com).
통계청(국가통계포털, www.kosis.kr).

한승진

서울 구로고등학교 졸업
성공회대학교 신학과, 상명대학교 국어교육과, 한국방송통신대학교 국문과·교육과·가정학과, 학점은
행제 사회복지학·아동학 학사학위 취득
한신대학교 신학대학원 기독교윤리학, 고려대학교 교육대학원 도덕윤리교육, 중부대학교 원격대학원
교육상담심리학과, 중부대학교 인문산업대학원 교육학과 석사학위 취득
장로회신학대 교육전도사 교육과정, 서울대 종교교사 양성과정, 원광대 전문상담교사 양성과정, 한국
기독교장로회 총회교육원 선교대학원(교단인정 목회학석사), 강남총회 신학연구원 대학원(교단인정 목
회학석사) 졸업
공주대학교 대학원 윤리교육학과 박사학위 취득(교육학박사)

현) 한국방송통신대학교 청소년교육학과 재학 중
    익산 황등중학교 교목(학교목사)과 교사이면서 황등교회 아동부 목사로 재직 중
    월간 《기독교교육》에 '어느 작은 농촌학교 목사가 띄우는 편지' 연재 중
    주간 〈크리스챤 신문〉에 '한승진 목사가 꿈꾸는 교육이야기' 연재 중

『사랑한다 내 딸 사랑아』
『아빠와 함께 읽는 성경이야기』
『사람은 잇대어 살아야 해요』
『사랑하며 살래요』
『참교육 참사랑의 학교』
『쉽게 읽는 기독교윤리』
『고령화사회의 현실과 효 윤리』

E-mail: esea-@hanmail.net

함께 읽는

기독교
윤리

초판인쇄 | 2012년 4월 6일
초판발행 | 2012년 4월 6일

지 은 이 | 한승진
펴 낸 이 | 채종준
펴 낸 곳 | 한국학술정보㈜
주   소 | 경기도 파주시 문발동 파주출판문화정보산업단지 513-5
전   화 | 031) 908-3181(대표)
팩   스 | 031) 908-3189
홈페이지 | http://ebook.kstudy.com
E-mail | 출판사업부 publish@kstudy.com
등   록 | 제일산-115호(2000. 6. 19)

ISBN   978-89-268-3251-6 93230 (Paper Book)
         978-89-268-3252-3 98230 (e-Book)

내일을여는지식 은 시대와 시대의 지식을 이어 갑니다.